17 November 2006
from FRANCE

Chronique du timbre-poste français

Editions **Chronique**

« Chronique du timbre-poste français »

Sous la direction de Jacques Pessis

Rédaction : Michel Marmin
avec la collaboration de Bruno Larebière, Pascal Meynadier et Laurent Palet

Documentation et iconographie (musée de La Poste) : Pascal Rabier
avec la collaboration de Monika Nowacka (iconographie) et Patrick Thielleux (documentation)

Direction artistique et technique : Audrey Tröndle
Fabrication : Claude Pedrono-CPE CONSEIL
Secrétariat d'édition : Sandrine Bautista
Infographie : Olivier Barbut, Mickaël Rouillard
Correction : Marie-Luce Nemo
Index : Pierre-Henri Gras

Directeur département : Jean-Christophe Delpierre

Nous tenons à remercier les institutions, personnalités et collectionneurs suivants :

▌ L'équipe du Service national des timbres-poste et de la philatélie
▌ Le musée de La Poste (Gilbert Haffner, Patrick Marchand, Laure Fabre, Didier Filoche, Patrick Moreau, Chantal Reynaud, Philippe Sartout)
▌ La Société d'histoire de La Poste et de France Télécom en Alsace (Harry Franz, Maryline Simler)
▌ Le Cercle aérophilatélique français
▌ La Bibliothèque et les Archives du Canada, collections philatéliques, Ottawa (Cimon Morin)
▌ Le Museumsstiftung Post und Telekommunikation, Archiv für Philatelie, Bonn (Andreas Hahn)
▌ Le Musée central des communications A.S. Popov, département de recherches des collections philatéliques, Saint-Pétersbourg (Lyudmila N. Bakayutova et Larisa Rylkova)

▌ Pierre Albuisson, Annette Apaire, Pascal Behr, Pierre Béquet, Laurent Bonnefoy, Jean-François Brun, Elsa Catelin, Jacqueline Caurat, Gérard Collot, Lucien Coutan, Michel Couvé, Robert Deroy, Benoît Gervais, Jean Goanvic, André Hurtré, Claude Jumelet, Jacky Larrivière, Ève Luquet, Yvon Nouazé, Guy Prugnon, Mylène Théliol, Jean-Paul Véret-Lemarinier, Thierry Wirth, Serge Zeyons, et plus particulièrement Luc Guillard et Bertrand Sinais

© 2005 — Editions Chronique-Dargaud s.a.
© Wissen Media Verlag GmbH, pour le système Chronique

ISBN : 2205-05738-3

Dépôt légal : 4e trimestre 2005

Achevé d'imprimer en septembre 2005
sur les presses de Stige, San Mauro (Italie)

Editions Chronique
Dargaud s.a.
BP 34
24752 Trélissac Cedex
Tél. : 05 53 35 91 21
Fax : 05 53 35 14 06
e-mail : chronic@easynet.fr
www.editions-chronique.com

Sommaire

Au fil de la chronologie, nous avons reproduit dans le bandeau, en haut de page, les nouveaux timbres d'usage courant pour la lettre du premier échelon de poids dans le régime intérieur. Ceux dont la date est suivie d'un astérisque sont des timbres d'usage courant provisoires, remplaçant pendant plusieurs mois l'effigie en cours.

Avant-propos

Connaissez-vous dans votre entourage une seule personne qui ne collectionne pas, ou n'ait pas collectionné les timbres-poste ? Je suis certain que la réponse est négative. Nous avons toutes et tous, en effet, au cœur de nos familles, parmi nos amis proches, nos relations professionnelles, des philatélistes acharnés ou nostalgiques. Les premiers sont perpétuellement en recherche de la figurine émise à quelques exemplaires à l'occasion de la prise de pouvoir par des révolutionnaires dans un pays très éloigné, dont le nom ne figure pas toujours sur les cartes. Les seconds ont consacré une partie des loisirs de leurs jeunes années à protéger dans des pochettes transparentes, puis à coller dans des albums, le « Pont du Gard » hérité d'un grand-père ou la Marianne de Cocteau achetée au bureau de poste le plus proche dès le lendemain de son émission. Un matin, ils ont soigneusement rangé l'ensemble au fond d'un placard, avec l'espoir de voir leurs enfants assurer la relève. Et, afin de leur préparer une base solide, ils ont continué à acquérir toutes les nouveautés, aussitôt rangées avec soin dans de grandes enveloppes.

La philatélie, c'est aussi un monde magique où, l'œil brillant et le regard gourmand, on emploie des expressions savantes comme le premier jour, le vermillon ou la dentelure. À Paris, des privilégiés de tous âges et de toutes conditions se retrouvent une ou deux fois par semaine au marché aux timbres du Carré Marigny, où le prix du gramme de certaines raretés dépasse largement celui du kilo de truffes sur d'autres étals. Ils achètent, ils vendent, ils échangent, ils discutent le prix de cachets qui ne seront jamais pris en charge par la Sécurité sociale.

Le timbre-poste raconte notre histoire, mais il est aussi, depuis 1849, un reflet de notre histoire, à travers ses moments de liesse, de gloire, ou, hélas, d'heures beaucoup plus sombres, voire tragiques. Cette *Chronique du timbre-poste français* les évoque, parfois en filigrane, à travers une guerre, une invention, une œuvre d'art, une personnalité, un film, une boîte aux lettres, qui ont marqué une époque. Elle est destinée aux passionnés, mais aussi aux non-initiés qui découvriront, presque au jour le jour, la grande et petite histoire d'un moyen de communication qui fait partie de notre environnement quotidien depuis des temps lointains où la radio et la télévision n'existaient pas. Un miroir grossissant de la société française, même si l'on ne dispose pas d'une loupe à portée de la main...

Jacques Pessis

Des symmaci égyptiens au Black Penny :

On n'a évidemment pas attendu l'invention du timbre-poste pour organiser la circulation de la correspondance ! L'histoire de la poste est en effet presque aussi vieille que celle de l'humanité en général et de la France en particulier...

La poste gallo-romaine, dessin et gravure de Jules Piel (émis le 18 mars 1963).

Réduire l'espace et accélérer la communication quelles que soient les distances. Telle devait être, déjà, l'ambition des Égyptiens, qui avaient mis au point un système très efficace de courriers, les symmaci, circulant en barque et disposant de relais le long du Nil. Plus proche de nous, l'historien grec Xénophon évoque avec admiration une invention de Cyrus II le Grand (550-530 av. J.-C.), fondateur de l'Empire perse, invention « grâce à laquelle il était promptement informé de tout ce qui se passait sur ses territoires. Ayant évalué la distance qu'un cheval pouvait parcourir sans s'épuiser, il fit construire sur les routes de l'empire des écuries séparées entre elles par la même distance ; il y plaça chevaux et domestiques pour les soigner. Il nomma dans chacune d'elles un homme intelligent qui remettait à un courrier les lettres apportées par un autre, accueillait les voyageurs et les chevaux qui arrivaient fatigués et subvenait aux frais d'entretien. La nuit ne retardait pas la marche de ces courriers ; celui qui avait galopé pendant le jour était relayé par un autre pendant la nuit. Ils allaient si vite qu'on assure qu'ils pouvaient devancer le vol des oiseaux. S'il y a

quelque exagération dans ces propos, on peut néanmoins reconnaître qu'il n'existe pas pour l'homme un moyen plus rapide de voyager sur terre. » Reliant Sardes à Suse, la plus longue route postale ainsi mise en place par les Perses ne comptait pas moins de 111 relais, répartis sur quelque 2 500 kilomètres !

Au début de notre ère, pour faciliter la transmission des messages administratifs à travers son immense territoire, l'empereur romain Auguste organise un réseau comparable à celui de Cyrus : le *cursus publicus*, bien connu des historiens grâce, notamment, à des cartes anciennes. Deux types de relais sont installés le long de certaines voies privilégiées : les *mutationes*, tous les 12 kilomètres, où les courriers officiels (dits *tabellarii* car ils transportent des tablettes de bois recouvertes de cire) peuvent changer de cheval, et, tous les 50 kilomètres, les *mansiones*, gîtes d'étape où ils peuvent se reposer.

Rouleau annonçant la mort de l'abbé Vital (1122), réplique d'un parchemin.

le courrier à travers les âges

▌Les messageries médiévales

Du fait des désordres engendrés par les guerres et les invasions, et de la multiplication des États, ce système ne résiste pas à la chute de l'Empire romain. Certains souverains tentent bien de faire perdurer ou d'imiter les structures du *cursus publicus*, tels Théodoric Ier, roi des Wisigoths (418-451), qui utilise des relais datant des Romains, ou l'empereur d'Occident Charlemagne (800-814), qui tente de maintenir des liaisons centralisées et régulières avec l'Espagne, la Germanie et l'Italie. Mais, d'une manière générale, le Moyen Âge ne voit se développer, dans un premier temps, que des réseaux à courtes distances, les seigneurs étant contraints d'organiser leurs propres services de messagers qui, dans la plupart des cas, voyagent à pied. Pour porter leurs messages à travers le territoire, les rois de France eux-mêmes emploient ces « piétons », payés à la course ou à la journée et considérés comme de simples domestiques. Mais bientôt, pour les affaires de plus grande importance, ils font appel à des messagers à cheval qui, dans certaines circonstances, font office de véritables ambassadeurs. Le nombre de ces « chevaucheurs » varie au cours de l'histoire : par exemple, Philippe Ier (1060-1108) en utilise un seul, contre seize pour Saint Louis (1226-1270) ou quatorze pour Louis X le Hutin (1314-1316).

Ces messagers étant réservés au service de l'État ou des grands qui les emploient, les particuliers doivent alors confier leurs missives ou leurs paquets à des voyageurs de passage, un système communément appelé « poste des occasions ». Par ailleurs, d'autres réseaux de communications sont mis en place par certaines catégories de la population et réservés à leur propre usage. C'est ainsi

Coffret de messager,
fin XVIe siècle.

que quelques guildes de marchands, profitant du caractère itinérant de leur commerce, organisent des services postaux en leur sein. De même, dès le IXe siècle, la multiplication et la dispersion des ordres religieux contraignent les abbayes à posséder leurs propres messagers. Ceux-ci sont appelés *rotularius* ou *rotuliger*, du nom du parchemin (*rotulus*) contenant les instructions ou les nouvelles qu'ils sont chargés de transmettre. Dans chaque abbaye où ils se rendent, un scribe rédige une sorte d'accusé de réception, un *titulus*, qui est ensuite cousu à l'extrémité du parchemin, si bien que ce dernier peut atteindre, à la fin d'un long voyage, plusieurs mètres de longueur ! À partir du milieu du XIIIe siècle, pour permettre aux étudiants de communiquer régulièrement avec leurs familles, parfois lointaines, et de recevoir de l'argent, les universités commencent également à employer des messagers dont la charge, compte tenu de la rémunération et des privilèges (comme l'exemption de nombreuses taxes), est bientôt très fructueuse et, par conséquent, fort convoitée. Les municipalités importantes, enfin, entretiennent aussi des corps de messagers, souvent appelés « jurés » car ils doivent promettre de se montrer pieux et honnêtes et d'accomplir leur mission avec discrétion et rapidité.

Messager royal à la fin du Moyen Âge,
dessin et gravure de Robert Cami
(émis le 19 mars 1962).

De la poste aux chevaux...

À l'initiative de Louis XI (1461-1483), soucieux d'accélérer la transmission des informations, un événement important se produit à la fin du XVᵉ siècle : la résurrection d'un système de relais comparable à celui qu'avaient institué les Romains. Le long des routes principales, des stations sont installées toutes les sept lieues (environ 30 kilomètres), ces fameuses sept lieues, d'ailleurs, que les fabuleuses bottes du chat des contes de Perrault permettent de franchir d'un seul bond... Dans chacun de ces relais, des chevaucheurs en postes – qui prendront bientôt le titre de « maîtres de poste » – tiennent « poste assise », avec des chevaux frais qui ne couvrent que la distance les séparant du relais suivant. Le gain de temps offert par ce système est considérable, un message pouvant dorénavant parcourir près de 90 kilomètres par jour, autrement dit un véritable exploit pour l'époque ! Les successeurs de Louis XI s'emploient à perfectionner le système de cette poste aux chevaux. Peu à peu, le nombre de ces routes augmente, passant par exemple de quatorze en 1584 à vingt-sept en 1636. Sur chacune d'elles, les maîtres de poste, qui s'engagent à ne pas faire payer les montures fournies aux courriers et à disposer toujours de chevaux frais, jouissent des mêmes exemptions que les messagers d'université, et ils se voient même confier en 1602 le monopole de la location de chevaux. Une activité très lucrative, par conséquent.

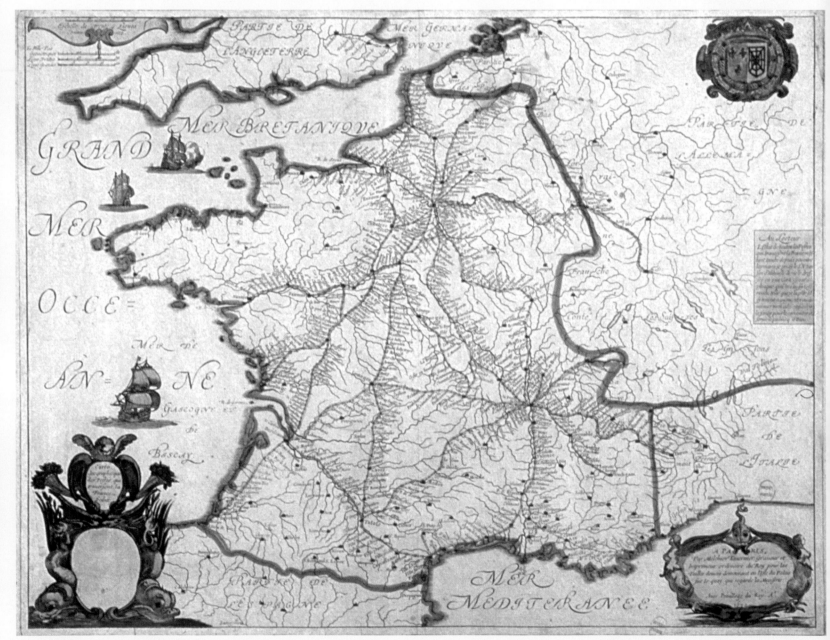

Carte des routes de poste (1632).

Guillaume Fouquet de La Varane,
contrôleur général des Postes d'Henri IV,
dessin et gravure de Raoul Serres
(émis le 29 juin 1946).

relais et rappelle avec fermeté leurs devoirs aux maîtres de poste. En 1672, pour rendre la poste aux lettres plus efficace et rentable, Louvois supprime les charges de maîtres des courriers et les remplace par la ferme générale des Postes. Celle-ci est constituée par des financiers qui, selon les termes d'un bail régulièrement renouvelable, bénéficient des revenus de la poste en échange de versements fixes, et conséquents, au budget royal. Le rôle et la fortune de Louvois ne s'en trouvent pas réduits pour autant... Chargé de fixer les tarifs et de veiller à l'application des règles qu'il fixe, celui-ci conclut des accords avec les postes ou les transporteurs étrangers pour faciliter le fonctionnement de la poste internationale, dont il se voit attribuer les revenus en 1675.

Louvois, surintendant général
des Postes (1668-1691),
dessin et gravure de Raoul Serres
(émis le 15 mars 1947).

... à la poste aux lettres

En 1603, Henri IV (1589-1610) décide d'autoriser l'acheminement de la correspondance privée par les courriers du roi. La poste aux lettres est née, qui se voit placée, avec la poste aux chevaux, sous l'autorité – et pour le plus grand profit ! – d'un seul et même homme, Fouquet de La Varane, nommé contrôleur général, titre qui prendra bientôt le nom de « général des Postes ». Et si, dans un premier temps, ce nouveau service d'État doit subir la forte concurrence des corps de messagerie déjà bien établis, tels les messagers d'université, il finira par entraîner leur disparition. En 1627, Pierre d'Almeras met en vigueur des tarifs unifiés, proportionnels au poids et à la distance. En 1630, les charges des

« maîtres des courriers » sont créées. Ceux-ci, en échange des bénéfices qu'ils peuvent tirer, s'engagent à ouvrir des bureaux dans la région dont ils ont la responsabilité, à employer des commis et à rémunérer les courriers. Ainsi, progressivement, le système gagne en efficacité, empiétant sur le territoire des autres messageries, lesquelles, à partir de 1639, doivent subir les assauts de Jerosme de Nouveau, surintendant général des Postes et Relais – nouveau nom de la fonction –, bien décidé à établir le monopole de la poste aux lettres sur certaines routes.
Un nouveau pas est franchi avec l'arrivée de Louvois, ministre de la Guerre de Louis XIV, qui, en 1668, devient surintendant. Rapidement, il instaure de nouvelles routes postales, crée de nouveaux

La naissance de la petite poste

Sous la férule des surintendants successifs et de la ferme, dont le monopole va croissant – les autres réseaux de messageries sont peu à peu rachetés et englobés, tels les messagers d'université en 1719 –, le réseau français ne cesse de se densifier. C'est ainsi que l'on comptera, au moment de la Révolution, environ 1 500 relais de poste et autant de bureaux de poste contre, respectivement, 800 et 900 vers 1700. Mais, en ce XVIIIe siècle, la progression se fait sur un rythme relativement lent et le trafic reste, finalement, assez faible, une très large majorité des bureaux n'employant qu'une seule personne, le directeur lui-même. Par ailleurs, si elle achemine le courrier vers les bureaux de poste, la ferme ne se charge pas de le distribuer à

Un bureau de poste sous Louis XV (Adhémar Kermabon, 1889).

*Le comte d'Argenson,
surintendant général des Postes (1743-1757),
dessin et gravure de Raoul Serres
(émis le 14 mars 1953).*

*Facteur de la petite poste
de Paris (1760),
dessin et gravure de Raoul Serres
(émis le 20 mars 1961).*

domicile. De même, elle n'assure aucun service de messagerie au sein d'une même ville. Dès 1653, à Paris, un certain Renouard de Villayer avait bien tenté d'apporter une solution à ce problème en créant une « petite poste ». Son entreprise devait se solder par un échec financier, mais l'idée est reprise un siècle plus tard par un conseiller à la Chambre de comptes, Piarron de Chamousset, qui, en 1759, obtient par lettres patentes le privilège d'organiser une poste dans la capitale. À partir de 1760, Paris, qui a été divisée en neuf circonscriptions dotées chacune d'un bureau, est ainsi sillonnée par 117 facteurs. Ces derniers, vêtus d'un uniforme bleu portant une plaque sur la poitrine et secouant un claquoir pour signaler leur passage lors des trois tournées quotidiennes, distribuent le courrier à domicile et relèvent, dans les quelque 500 boîtes ayant été disposées dans la capitale et sa banlieue, des lettres qui, après avoir été triées au bureau, seront à leur tour portées à leurs destinataires. Cette petite poste parisienne, utilisée, notamment, par la marquise de Merteuil des *Liaisons dangereuses*, connaît rapidement un certain succès, au point d'être bientôt imitée dans d'autres villes importantes, comme Bordeaux, Lille ou Marseille. En 1780, elle est rachetée par l'État, tout comme ses avatars, et rattachée à la « grande poste ». Six ans plus tard, un arrêt du Conseil prévoit l'essor, dans toutes les grandes villes qui en sont encore dépourvues, de la distribution urbaine.

Almanach de la poste
de Paris,
1762.

Choiseul,
surintendant général des Postes
(1760-1770),
dessin et gravure de Raoul Serres
(émis le 26 mars 1949).

■ Vers un service public

À la veille de la Révolution, en dépit des progrès effectués et du fait, notamment, du très faible taux d'alphabétisation de la population française, la poste reste réservée à une minorité. Elle fait en outre l'objet de vives critiques, le « cabinet noir » à la solde du pouvoir royal dépouillant clandestinement le courrier pour essayer de sonder l'état de l'opinion ou d'obtenir des informations secrètes. Formulée dans les cahiers de doléances présentés lors des États généraux, en 1789, cette réprobation aboutit, le 10 juillet 1790, à la proclamation officielle par l'Assemblée constituante de l'inviolabilité de la correspondance – en réalité, il faudra encore attendre longtemps avant de voir cette proclamation réellement suivie d'effet... La même année, les maîtres de poste perdent leurs privilèges mais obtiennent des compensations financières de la part de l'administration royale, celle-ci ayant pris au sérieux leur menace de démission et craignant une désorganisation totale du réseau postal. Les directeurs des quelque 1 300 bureaux de poste français ne sont pas mieux lotis : ils seront bientôt remplacés par un personnel élu au suffrage universel.
En septembre 1791, l'Assemblée décrète la création de 41 nouvelles routes de poste, dont plus de la moitié concerne les liaisons entre villes de province. Le 1er mai 1793, le bail de la ferme arrive à échéance et n'est pas prorogé : la Révolution aidant, la poste, d'une affaire commerciale particulièrement juteuse, devient peu à peu un service public, que l'État entend exploiter directement. Une Agence nationale des Postes est donc instituée, qui, grande nouveauté, accepte par souci de rentabilité les voyageurs à bord des malles-poste mises en place cette année-là. Ces véhicules, pourtant, sont assez inconfortables et parfois la proie des bandits attirés par leur chargement, comme le montrera l'affaire du courrier de Lyon, de sinistre mémoire...
En cette époque troublée où les changements politiques sont monnaie courante et où de nouvelles lois sont promulguées à un rythme jusque-là inédit, la relativement faible densité du réseau postal, qui laisse à l'écart la grande majorité des villages de France, pose problème. Aussi, un arrêté du 24 décembre 1796 impose-t-il à toutes les communes d'employer des messagers de correspondance pour le transport exclusif du courrier officiel. Depuis toujours mieux loties, les villes sont les principales bénéficiaires d'une nouvelle avancée, qui survient deux ans plus tard : l'utilisation de facteurs pour tous les bureaux dont les revenus sont supérieurs à 2 000 francs.

Enseigne du relais de poste de Marckolsheim, XVIIIe siècle,
dessin et gravure de Michel Monvoisin
(émis le 28 mars 1977).

*Malle-poste modèle 1818
(maquette).*

Inexorablement, l'emprise de l'État grandit. En 1801, un arrêté institue le monopole des postes. Trois ans plus tard, le Consulat crée, au sommet de la hiérarchie, le grade de directeur général des Postes, placé sous la dépendance du ministre des Finances – car outre un service public, le transport du courrier continue de constituer pour l'État une importante source de revenus.

Ancien militaire, proche de Bonaparte, Lavallette est le premier à occuper cette fonction. Durant cette période, le nombre de routes de poste ne cesse de croître au rythme des conquêtes de la Révolution, puis de l'Empire, et l'on voit bientôt les malles-poste françaises circuler dans toute l'Europe. Mais, même conquise, cette Europe reste bien longue à parcourir, en particulier pour les plis impériaux, qui ne souffrent aucun retard. C'est pourquoi Lavallette crée en 1805 le système des estafettes grâce auquel, les plis n'étant plus confiés à un courrier mais directement aux maîtres de poste et à leurs postillons, les gains de temps étaient considérables... à tel point que ce service, qui sera par la suite également proposé au public, ne disparaîtra qu'en 1872.

À la fin de l'Empire, si la France est exsangue, son administration postale est désormais bien structurée. Mais, malgré ses 1 630 bureaux et ses 3 600 agents, elle souffre encore de graves lacunes, que les pouvoirs successifs vont s'efforcer de combler. Dès 1817, les Français peuvent ainsi transférer de l'argent par mandat. Peu après, des malles-poste plus rapides, inspirées des modèles anglais, sont mises en service, tandis qu'en 1828 est instaurée la périodicité quotidienne des départs des courriers dans toute la France.

Reste le problème, crucial, de l'isolement des campagnes. La création de petits bureaux sur l'ensemble du territoire est bien décidée en 1823, mais la distribution à domicile n'est toujours pas assurée. Un état de fait dommageable pour les particuliers, bien sûr, mais aussi pour la poste qui, compte tenu d'un grand nombre de plis et paquets en attente, et parfois jamais retirés, y voit un grand manque à gagner – la coutume, depuis l'apparition de la poste aux lettres jusqu'à celle du timbre-poste, voulant que le port de la lettre soit payé par le destinataire. Le 1er avril 1830, un véritable service rural est donc enfin mis en place, assuré par 5 000 facteurs qui distribuent d'abord le courrier tous les deux jours, puis quotidiennement à partir de 1832.

*Lavallette,
directeur général des Postes (1804-1815),
dessin et gravure de Jules Piel
(émis le 20 mars 1954).*

*Uniforme de
postillon,
XIXe siècle.*

RÉPUBLIQUE FRANÇAISE
JOURNÉE DU TIMBRE 1954
12f
+ 3f
POSTES
LAVALLETTE
DIRECTEUR GÉNÉRAL DES POSTES
1804-1815

Relais de poste,
XIXe siècle,
dessin et gravure d'Eugène Lacaque
(émis le 26 mars 1973).

▌ D'une révolution à l'autre

Si les facteurs de campagne doivent effectuer à pied leurs longues tournées, l'utilisation de la vapeur améliore considérablement le transport du courrier sur les longues distances. Dès les années 1830, l'administration postale fait ainsi construire des paquebots pour effectuer des liaisons régulières avec différents pays méditerranéens. Sur terre, les malles-poste se modernisent mais ne peuvent bientôt plus concurrencer le train sur les liaisons dotées du chemin de fer : inaugurée en 1843, la première d'entre elles, la ligne Paris-Rouen, transporte des sacs postaux dès 1844 et reçoit son premier wagon postal l'année suivante. Une véritable révolution, donc, à l'heure où une autre révolution, venue d'outre-Manche, fait beaucoup parler d'elle. En 1839, un haut fonctionnaire britannique, Rowland Hill, lance l'idée d'une taxe très avantageuse et unique quelle que soit la distance parcourue sur le territoire. Fixée à 1 penny pour la lettre simple, elle sera payée par l'expéditeur et matérialisée par une figurine à l'effigie de la reine collée sur la lettre. Le timbre-poste est né : c'est le fameux « Black Penny » (le « penny noir ») qui, lancé le 6 mai 1840, permet dès la première année de doubler le nombre de plis acheminés. En France, les débats au sujet de la petite vignette seront houleux et dureront presque une décennie. Ses partisans finiront toutefois par l'emporter et, le 1er janvier 1849, le timbre-poste fera enfin son apparition dans l'Hexagone, inaugurant une nouvelle ère de la grande aventure postale.

La tristement célèbre affaire du courrier de Lyon

La fameuse attaque du train postal Londres-Glasgow en 1963 est un bon exemple de ces événements qui, à la croisée de l'histoire de la poste et de celle du fait divers, marquent profondément la mémoire collective. La tristement célèbre affaire du courrier de Lyon en est un autre, à tel point que la vive émotion qu'elle a suscitée est encore intacte dans le récit qu'en fait *Le Petit Journal* en 1906, soit plus d'un siècle après : « C'est le 8 Floréal an IV [27 avril 1796], au soir, que le courrier de Lyon fut attaqué par quatre hommes embusqués au pont de Pouilly, une lieue avant Melun... » À bord de la malle-poste Paris-Lyon, qui transportait la somme considérable de 7 millions d'assignats destinés à l'armée d'Italie, se trouvaient un postillon, un courrier et « un certain Laborde, qui se disait marchand de vins. Le lendemain matin, on trouvait la malle de Lyon dans un champ de blé. Les assignats qu'elle contenait avaient été volés. Au bord du chemin gisait le cadavre du postillon, littéralement déchiqueté à coups de sabre. Plus loin, celui du courrier Excoffon portant également un coup de sabre à la gorge et trois coups de poignard dans la poitrine ». En revanche, aucune trace du voyageur, M. Laborde. « Un drame terrible devait se greffer sur ce fait divers si commun à cette époque troublée. Ce drame, il n'est personne qui n'en connaisse au moins les grandes lignes

et les figures principales : celles du juge Daubenton, du bandit Dubosq et de l'infortuné Lesurques, le condamné innocent. » Les enquêtes devaient conduire à l'arrestation de cinq hommes : Couriol, Guénot, Richard, Bernard et Lesurques. Ce dernier cria son innocence et fournit des alibis dont, toutefois, le juge ne tint pas compte. Après quatre jours d'audience, Lesurques, Couriol et Bernard furent condamnés à la guillotine, les autres, relaxés. Jusqu'à l'échafaud, Lesurques continua à crier au malentendu. En vain. Quelque temps après, le juge Daubanton, pris de

doutes, décida de rouvrir l'enquête. Un an plus tard, après son arrestation, un certain Durochat – qui n'était autre que le voyageur Laborde – reconnut son rôle dans le vol de la malle-poste et donna, parmi les noms de ses complices, celui de Dubosq, dont la ressemblance physique avec Lesurques était frappante. Dubosq fut aussitôt arrêté, condamné et guillotiné. En dépit des efforts de ses proches, « Lesurques n'a jamais été réhabilité. Mais c'est l'opinion publique qui s'est chargée de réformer le jugement qui condamnait à mort un innocent ».

Pierre Blanchar dans L'Affaire du courrier de Lyon *de Maurice Lehman et Claude Autant-Lara (1937). Pierre Blanchar y tient le double rôle de Lesurques et de Dubosq.*

La République est rétablie en France

Du 23 au 26 juin 1848, Paris est aux mains des émeutiers, comme ici à l'entrée du faubourg Saint-Antoine (lithographie de Victor-Jean Adam et Louis-Jules Arnout).

Paris, 24 février 1848

Louis-Philippe, roi des Français, était monté sur le trône, en 1830, à la faveur d'une révolution ; une autre révolution l'en a chassé, née, comme souvent, de la conjugaison d'une intense propagande en faveur d'un changement de régime et d'une crise économique dramatique. De 1844 à 1847, les cours de la pomme de terre, touchée par le mildiou, et du blé, victime de la sécheresse, ont été multipliés par cinq. Le prix du pain, la denrée de base, a suivi, entraînant une chute de la consommation des produits manufacturés. En conséquence, la France compte aujourd'hui un million de chômeurs. François Guizot, président du Conseil depuis l'an dernier mais véritable maître du pays depuis 1840, qui avait résumé son action par cette formule : « Enrichissez-vous par le travail ! », a perdu tout crédit. Encore fallait-il un incident pour que la grogne sociale se transformât en émeute. Ce fut chose faite

le 22 février, quand, Guizot ayant interdit la tenue d'un banquet républicain, la foule s'empara de la rue. En trois jours d'émeutes, la monarchie de Juillet fut à terre. Aujourd'hui à midi, Louis-Philippe, assiégé au palais des Tuileries, a préféré abdiquer en faveur de son petit-fils, âgé de huit ans, plutôt que de faire tirer sur la foule. Mais il était déjà trop tard pour

> **À 20 h, à l'Hôtel de Ville, le poète Alphonse de Lamartine, député de Côte-d'Or, proclame l'avènement de la IIe République.**

sauver la couronne. À 15 h, la Chambre était envahie et un gouvernement provisoire nommé. À 20 h, à l'Hôtel de Ville, le poète Alphonse de Lamartine, député de Côte-d'Or, a proclamé la République, deuxième du nom, accompagné de l'avocat Ledru-Rollin et de François Arago. Le 26 février, Louis-Philippe, qui s'était réfugié à Dreux, partira pour l'Angleterre

(il y mourra le 26 août 1850). En quelques jours, de nombreuses réformes vont être adoptées : création des Ateliers nationaux pour fournir du travail aux chômeurs ; abolition de l'esclavage dans les colonies ; limitation de la durée quotidienne de travail à 10 h à Paris et 12 h en province ; suppression de la peine de mort pour les crimes politiques. Et, bien sûr, le remplacement du suffrage censitaire par le suffrage universel (réservé toutefois aux hommes). Le 4 mai, les neuf millions d'électeurs porteront une majorité de modérés à la Chambre, mais la crise n'était pas achevée. La fermeture, le 23 juin, des Ateliers nationaux, jugés trop coûteux, entraînera trois jours d'émeutes. La répression, dirigée par le général Louis Eugène Cavaignac, investi des pleins pouvoirs, fera 4 000 morts. Le 12 décembre, Louis Napoléon Bonaparte sera élu président de la République, face à Cavaignac et Ledru-Rollin, avec 5 658 755 voix.

Les usagers vont timbrer leurs lettres

Paris, 24 août 1848

Dans son bureau directorial de *La Presse,* Émile de Girardin ne dissimule pas un soupir de satisfaction. Depuis le début du règne de Louis-Philippe, l'homme qui a démocratisé la presse et modernisé la profession n'avait cessé de faire campagne pour l'abaissement de la taxe postale et l'unification des tarifs. Et l'exemple de la réforme anglaise, avec l'adoption du timbre-poste en 1840, ne l'avait bien évidemment pas découragé ! Mais il lui a fallu attendre une révolution et la chute de la monarchie de Juillet pour voir ses vues réalisées. Des vues partagées d'ailleurs par bon nombre d'hommes politiques, tel Alexandre Glais Bizoin, dont les projets de réforme se sont régulièrement heurtés à l'hostilité du gouvernement. Pour les « réformistes », il s'agissait avant tout d'une œuvre de progrès social et de justice ; quant au manque à gagner entraîné par la baisse de la taxe, il serait compensé par l'augmentation du nombre des taxes perçues et par la simplification administrative entraînée par l'instauration du tarif unique. Pour les adversaires de la réforme, cette compensation était loin d'être assurée : l'exemple de l'Angleterre, où les postes

peinaient incontestablement à retrouver l'équilibre, les incitait à considérer qu'il était urgent d'attendre... Tel n'était pas l'opinion d'Étienne Arago qui, nommé directeur de l'administration des Postes après avoir été l'un des principaux acteurs de la révolution de février dernier, mènera la réforme tambour battant. C'est un réformiste convaincu, le député Félix de Saint-Priest, qui a été chargé par le gouvernement de présenter le 17 août un projet de décret à l'Assemblée constituante. Il a été adopté aujourd'hui, après avoir été brillamment défendu par Saint-Priest et Michel Goudchaux, le ministre des Finances. Ce décret, qui doit entrer en vigueur dès le 1er janvier prochain, instaure un tarif unique de bureau à bureau, quelle que soit la distance, selon trois tranches de poids des lettres : 20 centimes jusqu'à 7,5 g inclus (premier échelon), 40 centimes de plus de 7,5 g à 15 g inclus (deuxième échelon), 1 franc de plus de 15 g à 100 g inclus (troisième échelon). L'article 5 du décret précise que seront vendus « des timbres ou cachets dont l'apposition sur une lettre suffira pour en opérer l'affranchissement ».

> **Un tarif unique de bureau à bureau, quelle que soit la distance, pour la métropole, la Corse et l'Algérie.**

Étienne Arago voulait démocratiser la poste française.

Étienne Arago

Frère cadet du célèbre astronome François Arago, Étienne Arago est né le 9 février 1802 à Estagel (Pyrénées-Orientales). Il fut l'un des premiers collaborateurs de Balzac avant de devenir lui-même un auteur dramatique à succès, avec une centaine de pièces, et de diriger le théâtre du Vaudeville (de 1830 à 1840). Républicain ardent, il participa à la révolution de juillet 1830 et fut ensuite un opposant résolu au régime de Louis-Philippe. Le 24 février 1848, il contribua à l'instauration de la IIe République en s'emparant de l'Hôtel des Postes. Appelé alors à la direction des Postes, Étienne Arago démissionnera après l'élection de Louis Napoléon Bonaparte à la présidence de la République. Sa participation à l'insurrection de juin 1849 lui coûtera dix ans d'exil. Il reviendra au premier plan à la chute de Napoléon III et sera désigné comme maire de Paris le 4 septembre 1870, poste dont il démissionnera le 15 novembre. Décédé le 6 mars 1892 à Paris, il avait été nommé conservateur du musée du Luxembourg en 1879.

Le premier timbre français sera à l'effigie de Cérès

Jacques-Jean Barre et ses maquettes : au crayon (en haut) et à l'encre de Chine.

Paris, 15 septembre 1848

Dès que le décret instaurant le timbre-poste a été publié, le 30 août, des projets ont été proposés par divers artistes à l'administration des Postes. Toutefois, le peu de temps – quatre mois ! – qu'il restait avant sa mise en vente ne permettant pas d'organiser un concours, il fut décidé d'en confier la conception et la réalisation à Jacques-Jean Barre, graveur général des Monnaies. Ce dernier, se faisant fort de tenir les délais, a suggéré que les futurs timbres soient imprimés par la Monnaie de Paris, une proposition de la maison anglaise Perkins ayant été jugée aléatoire et trop onéreuse. Dès le 11 septembre, Barre a présenté son projet au comité consultatif des graveurs : un lavis à l'encre de Chine sur carton et un dessin au crayon sur plaquette d'ivoire. Le thème choisi est la République, ici identifiée à Cérès, la

déesse latine des moissons et symbole de fertilité. Mais on doit y reconnaître aussi une allégorie de la République. Ces maquettes la présentent le visage tourné vers la droite ou vers la gauche ; c'est cette dernière version qui sera choisie. En effet, les choses n'auront pas traîné : aujourd'hui le ministre des Finances approuve le projet et en ordonne l'exécution immédiate. Jacques-Jean Barre avait plusieurs procédés d'impression à sa disposition. Il a convaincu l'administration d'opter pour la gravure typographique (ou en relief), parce que c'est « celle qui offre le plus de garanties contre les faux », comme il le précisera dans un mémorandum. Le graveur général des monnaies avait effectivement, par le passé, démontré la sûreté de ce procédé en l'appliquant à des billets de la Banque de France et à des cartes à jouer. Il ne lui reste plus qu'à graver...

Des galvanotypes pour imprimer les timbres-poste

Anatole-Auguste Hulot (1811-1891).

Paris, octobre 1848

Jacques-Jean Barre avait expérimenté les avantages de la galvanoplastie lorsqu'il dut imprimer en grande quantité, dans un délai très court, des billets pour la Banque de France. Ce procédé avait été mis au point en Russie, en 1838, par le physicien allemand Moritz Hermann von Jacobi. Il consiste, en fait, à reproduire par électrolyse un objet à l'identique, en autant d'exemplaires voulus. Ne perdant pas une minute, le graveur général des monnaies a terminé le 17 octobre la gravure du poinçon original en acier, qui servira de matrice unique pour tous les timbres à l'effigie de Cérès, quelle qu'en soit la valeur faciale : celle-ci, en effet, est gravée sur deux goujons amovibles. Par rapport au projet initial, Barre n'a procédé qu'à de légères retouches, ceci à la demande de l'administration. Pour la reproduction galvanoplastique de ce poinçon, puis pour l'impression, le gra-

veur général s'est déchargé sur Anatole-Auguste Hulot, son adjoint. Âgé de 37 ans, cet ancien fonctionnaire de la préfecture de police est devenu un spécialiste de la galvanoplastie, et c'est lui qui, dépossédant progressivement Barre de ses prérogatives, remplira les objectifs fixés par le ministre des Finances. La matrice originale de Barre sera reproduite ainsi à 150 exemplaires sur une planche appelée galvanotype, deux galvanotypes accolés permettant de tirer des feuilles de 300 timbres. Dès le 7 septembre, le graveur général avait annoncé au président de la commission des Monnaies et Médailles, Théophile Jules Pelouze, qu'il envisageait « la multiplication de 1 800 matrices tirées sur le timbre type pour la confection de six planches [...] composées chacune de 300 timbres en métal galvanique résistant et capable de tirer sans fatigue à 200 000 ».

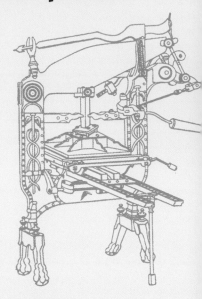

Un modèle de presse à bras utilisé pour l'impression des premiers timbres, à la Monnaie de Paris.

Prêts pour le lancement !

Paris, 31 décembre 1848

C'est un véritable exploit industriel que l'administration postale et la Monnaie ont réalisé. Grâce aux choix et aux prévisions de Barre, grâce aussi à la rigueur intraitable d'Hulot, les délais auront été respectés. Dans une lettre adressée le 10 janvier 1849 au président Pelouze, Hulot précisera que « 25 500 000 timbres à 20 c ont été imprimés ainsi que 500 000 timbres à 1 F, sur lesquels la Poste n'a encore pris livraison que de 10 000 000, dont la moitié au moins est encore en paquet dans ses magasins ». La priorité a été donnée à l'impression du 20 c noir (lettre simple pour le régime intérieur) et au 1 F vermillon, l'émission du timbre à 40 c ayant été différée.

Dans l'atelier de l'hôtel des Monnaies, le personnel dirigé par l'imprimeur Tacquin, promu au rang de « prote spécial » (avec intéressement à la production), a travaillé jour et nuit, sur le matériel fourni par la maison Lacrampe et Cie. Ce sont encore les bonnes vieilles presses à bras qui ont fait leur usage, selon le système inventé par Gutenberg, et les locaux mis à la disposition d'Hulot ne préfigurent que de très loin la future imprimerie de Périgueux ! En effet, selon le précieux témoignage de Maxime Du Camp, ce ne sont que « de vieux locaux souvent étroits, coupés par des cloisons maladroites et réunis à l'aide d'escaliers biscornus qui sont de véritables casse-cou, peu en rapport avec le travail qu'on y accomplit ». Il fallait non seulement imprimer les feuilles, mais également en enduire le verso d'une gomme, avec un pinceau, pour faciliter le collage des timbres sur les enveloppes. Ce système, inspiré de celui de l'Angleterre, n'a pas varié jusqu'à nos jours, du moins dans son principe. Quant au papier lui-même, il a été fourni par le papetier angoumois Lacroix selon des exigences précises. Chaque feuille fournie devait faire l'objet d'une vérification matérialisée par l'apposition d'un petit cachet « C.F. » (pour « contrôle franchise »).

Le poinçon d'acier original de Barre.

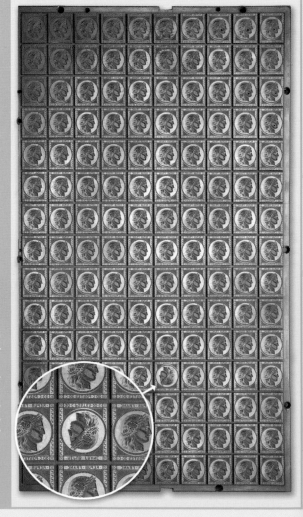

Un galvanotype du 20 c Cérès noir, réalisé sous la direction d'Anatole-Auguste Hulot. Chacun des 150 clichés devait être soigneusement vérifié afin d'en éliminer les défauts au maximum (bavures à faire disparaître, parties bouchées à dégager, etc.). On remarquera toutefois que, sur ce « galvano », l'un des clichés a été disposé par erreur tête-bêche. Les travaux d'impression débutèrent le 4 décembre 1848 à l'hôtel des monnaies.

Jacques-Jean Barre

Disciple du graveur général Nicolas Tiolier, auquel il devait succéder le 20 décembre 1842, Jacques-Jean Barre est né le 3 août 1793, à Paris. Artiste au goût très sûr, dans la lignée du néoclassicisme instauré par David, c'était aussi un technicien hors pair, rompu à tous les procédés de gravure et d'impression.

Sa virtuosité était légendaire : il grava en quinze jours seulement la grande médaille du sacre de Charles X, laquelle ne comportait pas moins de neuf personnages ! Sous la monarchie de Juillet, il fit sensation avec une médaille célébrant une visite de la famille royale à la Monnaie de Paris et avec la médaille du prix de vertu du comice de Seine-et-Oise, considérée comme un chef-d'œuvre du genre, toutes époques confondues. En 1842, la Banque de France fit appel à lui pour dessiner et graver les nouveaux billets de 100 F et 1 000 F. Gravement malade, il mourra le 10 juin 1855 à l'hôtel des Monnaies, laissant sa charge à son fils Désiré-Albert Barre.

À l'origine était une déesse grecque...

Paris, 31 décembre 1848

Entre les pièces de monnaie en vigueur à Syracuse au Ve siècle avant Jésus-Christ (des décadrachmes) et le timbre imaginé par Jacques-Jean Barre, la ressemblance est troublante. Et pour cause : l'artiste s'est fortement inspiré de dessins que son fils avait rapportés de la mer Égée, figurant le profil de la nymphe Aréthuse. Pourtant, c'est le nom de Cérès qui va s'imposer, la déesse romaine des moissons, qui n'est autre que la Déméter des Grecs, déesse mère qui peut être comparée aussi bien à l'Isis des Égyptiens qu'à la Vierge Marie ou, dans l'imagerie républicaine française, à Marianne. Par ses formes douces et rondes, sa chevelure blonde et flottante et sa couronne d'épis, elle est le symbole de la mère protectrice et l'image d'une France paysanne et paisible. Cérès était aussi le nom que l'astronome Giuseppe Piazzi avait donné au premier astéroïde jamais découvert, le 1er janvier 1801...

RÉPUBLIQUE FRANÇAISE.

Liberté, Égalité, Fraternité.

ADMINISTRATION DES POSTES.

AVIS AU PUBLIC.

TAXE DES LETTRES.

Le Directeur de l'Administration générale des Postes de la République croit devoir appeler de nouveau l'attention du Public sur les principales dispositions du décret du 24 août 1848, relatif à la taxe des lettres, dont la mise en vigueur est fixée au 1er janvier prochain, et faire connaître en même temps les mesures d'exécution arrêtées le 13 de ce mois par M. le Ministre des finances.

A partir du 1er janvier 1849, toute lettre circulant de bureau à bureau, dans toute l'étendue du territoire de la France, de la Corse et de l'Algérie, sera taxée ainsi qu'il suit :

Pour une lettre dont le poids n'excédera pas 7 grammes 1/2 .... 20 centimes;
Au-dessus de 7 grammes 1/2 et jusqu'à 15 grammes .... 40 centimes;
Au-dessus de 15 grammes et jusqu'à 100 grammes .... 1 franc.

Les lettres ou paquets dont le poids dépassera 100 grammes supporteront un supplément de taxe de *un franc* pour chaque 100 grammes ou fraction de 100 grammes excédant.

Les lettres chargées et recommandées seront soumises au double port. L'affranchissement de ces lettres est obligatoire.

Les lettres à destination ou originaires des colonies françaises, dont le transport devra être ou aura été effectué par les bâtiments du commerce, ne supporteront plus pour leur parcours en France que la taxe de bureau à bureau ci-dessus fixée, plus le décime fixe pour voie de mer, qui est maintenu.

Il n'est rien changé à la taxe actuelle des lettres de Paris pour Paris ou d'une commune pour la même commune.

Pour faciliter l'affranchissement des lettres ordinaires sans déplacement pour le Public, l'Administration fera vendre dans tous les bureaux de poste, et aussi par les facteurs en tournée, à dater du 25 décembre courant, au prix nominal de 20 centimes, 40 centimes et 1 franc, des estampilles ou *timbres-postes* dont l'apposition sur une lettre suffira pour en opérer l'affranchissement. Les lettres pourront être ainsi affranchies par les envoyeurs eux-mêmes, puis jetées à la boîte sans autre formalité. Si, au lieu d'affranchir lui-même de cette manière, l'envoyeur de la lettre la présentait dans un bureau de poste, les employés ne l'affranchiraient pas autrement que par l'application d'un *timbre-poste*. Si l'envoyeur place sur sa lettre un timbre-poste qui représente une taxe moindre que celle que comporte le poids de la lettre, l'Administration appliquera à la lettre mal affranchie un supplément de taxe qui devra être acquitté en argent par le destinataire.

Les *timbres-postes* sont gommés sur le *verso;* l'envoyeur devra les coller avec soin sur la suscription, et, autant que possible, sur l'angle droit de la lettre.

Il sera fait dans chaque bureau de poste, une demi-heure ou un quart d'heure après la dernière levée officielle de la boîte, selon les obligations particulières au service dans chaque bureau, une dernière levée pour recueillir les lettres affranchies au moyen des timbres-postes. Cet avantage est accordé aux lettres ainsi affranchies d'avance, parce que leur expédition entraîne moins de travail préparatoire.

Les dispositions qui précèdent sont applicables seulement à dater du 1er janvier 1849. En conséquence, toute lettre jetée à la boîte ou présentée à l'affranchissement, dans toute l'étendue de la République, sera taxée, jusqu'au 31 décembre courant, à minuit, de la taxe progressive établie par la loi du 15 mars 1827 actuellement en vigueur, et à partir du lendemain 1er janvier, de la taxe uniforme fixée par le décret du 24 août 1848. Ces taxes seront maintenues et devront être perçues quelle que soit l'époque de la remise des lettres aux destinataires.

Les timbres-postes sont imprimés sur des feuilles qui contiennent 300 timbres et qui sont divisibles par 150; mais ils seront vendus par les directeurs des postes et par les facteurs en aussi petit nombre que le Public le désirera, et par unité même, pour le prix de 20 centimes, 40 centimes et 1 franc.

La vente des timbres-postes est exclusivement réservée aux directeurs des postes et aux facteurs en tournée. Chacun de ces agents est tenu d'en avoir constamment une quantité suffisante pour satisfaire à toute demande du Public.

Il est interdit à tout débitant ou particulier de s'immiscer dans la vente des timbres-postes.

Paris, le 16 décembre 1848.

ÉTIENNE ARAGO.

3 IMPRIMERIE NATIONALE. — Décembre 1848.

La rapidité avec laquelle a été mise en œuvre la réforme postale française est attestée par cette affiche datée du 16 décembre 1848 et signée Étienne Arago, directeur de l'administration générale des Postes de la République. Cet « avis au public » frappe par sa clarté et sa précision. On notera que si la réforme entrera en vigueur le 1er janvier 1849, les timbres-poste pourront être achetés dès le 25 décembre 1848, dans les bureaux de poste ou auprès des facteurs. On observera aussi qu'Arago invite le public à coller les timbres « avec soin sur la suscription, et, autant que possible, sur l'angle droit de la lettre ».

France, 1er janvier 1849
Le tarif postal de la lettre de premier échelon de poids (jusqu'à 7,5 g inclus), de bureau à bureau, est fixé à 20 c.

Rome, 3 juillet 1849
Après que Giuseppe Mazzini a, le 9 mars, instauré la république à Rome et aboli le pouvoir temporel du pape, les troupes françaises, victorieuses des « Chemises rouges » de Giuseppe Garibaldi, occupent la ville. Pie IX est rétabli.

Paris, 16 octobre 1849
Adoption d'une loi contre la contrefaçon. Elle stipule que « quiconque aura sciemment fait usage d'un timbre-poste ayant déjà servi à l'affranchissement d'une lettre sera puni d'une amende de cinquante à mille francs ». En cas de récidive, « la peine sera d'un emprisonnement de cinq jours à un mois, et l'amende sera doublée ».

Paris, 1850
La capitale compte désormais plus d'un million d'habitants.

Paris, 15 mars 1850
Les députés adoptent la loi Falloux, du nom du comte Frédéric Albert de Falloux, ministre de l'Instruction publique (1848-1849). Elle donne un pouvoir de contrôle à l'Église sur l'enseignement primaire et permet la création d'établissements privés (les « écoles libres ») dans le secondaire. Elle rend également obligatoire la création d'une école de filles dans toute commune de plus de 800 habitants et instaure une académie par département.

France, 1er juillet 1850
Le tarif de la lettre jusqu'à 7,5 g de bureau à bureau passe de 20 à 25 c.

France, 1er juillet 1850
Création d'une surtaxe pour les lettres recommandées.

Paris, 8 juillet 1851
Adoption d'une loi ratifiant la convention par laquelle l'exploitation du courrier en Méditerranée est confiée aux Messageries nationales.

Bruxelles, 11 décembre 1851
Victor Hugo, opposé au coup d'État du 2 décembre, s'exile en Belgique.

N'oubliez pas de coller votre timbre !

France, 1er janvier 1849
Il faudra que les Français prennent l'habitude de ne plus jeter leurs lettres telles quelles dans la boîte et laisser aux destinataires le soin d'en payer le port ! Depuis ce matin, ils ont la faculté de les affranchir eux-mêmes en collant dessus un timbre à 20 c (Cérès noir) ou à 1 F (Cérès rouge), le timbre à 40 c n'étant pas encore disponible. Mais, pour entrer dans les mœurs, cette révolution prendra quelque temps. C'est ainsi qu'au 31 décembre 1849, on comptera seulement 21 232 665 timbres-poste vendus pour 134 527 800 lettres taxées. Et ce n'est qu'en 1860 que le pourcentage des lettres non affranchies tombera à 10 %. Il n'empêche que la réforme postale constitue une avancée démocratique considérable, en instituant la taxe unique de bureau à bureau : une lettre simple de Paris à Marseille coûtait auparavant 1 F à l'usager, contre 20 c (montant de la taxe du premier échelon de poids) à partir d'aujourd'hui. Pour les lettres à destination ou en provenance des colonies, la taxe est également de 20 c pour le premier échelon de poids, à quoi s'ajoute une taxe supplémentaire de 10 c pour le transport maritime ; le coût est ramené à 20 c au total si elles sont expédiées d'un port d'embarquement ou si elles sont adressées à un port de débarquement. Il convient toutefois de savoir que cette réforme ne change pas tout. Certains tarifs anciens ont été maintenus. On remarquera à cet égard que ce maintien traduit une parfaite stabilité du franc : ainsi, les lettres expédiées d'une ville donnée pour la même localité restent taxées à 1 décime (soit 10 centimes) en vertu de la loi du 27 frimaire an VIII (18 décembre 1799), et celles de Paris pour Paris à 15 centimes conformément à la loi du 24 avril 1806 (date à laquelle le calendrier républicain

venait d'être abandonné) ! Quant aux lettres à destination ou en provenance de l'étranger, elles restent soumises au tarif de 1828 et aux éventuelles conventions signées avec les États. Si bien que, si l'on se rappelle qu'en 1849 seuls étaient disponibles les timbres à 20 c et à 1 F, le faible pourcentage de lettres affranchies cette année-là doit être relativisé. De plus, pour une lettre de bureau à bureau, cela ne coûte pas

Tous les tarifs n'ont pas été changés. Parmi ceux qui restent en vigueur, certains datent même de la Révolution française !

plus cher de ne pas affranchir : le destinataire ne paiera que la taxe de 20 c qu'eût acquittée l'expéditeur si ce dernier avait collé un timbre sur sa lettre. C'est un problème qui coûtera cher aux finances publiques et que l'administration se devra de résoudre ; elle le fera dans quelques années avec une mesure incitative, à savoir la prime à l'affranchissement pour les lettres intérieures. En attendant, certains usagers font une bonne publicité aux nouvelles normes : dans la lettre reproduite ci-dessus, pos-

tée aujourd'hui 1er janvier de Bordeaux à destination de la Seine-Inférieure (soit l'actuelle Seine-Maritime), le correspondant écrit à son destinataire : « Chaque lettre ordinaire n'est que la somme de 20 c, ne soyez pas si long à nous donner de vos nouvelles et à nous faire réponse dans peu de temps. » En effet ! Mais d'ores et déjà, le Cérès noir et le Cérès rouge vont accélérer la modernisation du pays, mais aussi changer profondément les habitudes des bureaux de poste et des facteurs, dont la tâche sera à terme simplifiée. Et le timbre-poste aura été, à l'aube de la révolution des communications, l'une des inventions les plus importantes du XIXe siècle, mais l'une des plus durables aussi : depuis son lancement le 6 mai 1840 en Grande-Bretagne et ce 1er janvier 1849 en France il n'a pas fondamentalement changé, du moins dans son principe. Tout de même, il faudra patienter quelques années pour voir apparaître les dentelures et être dispensé de découper les feuilles aux ciseaux, et beaucoup plus encore, bien entendu, pour disposer de timbres-poste autoadhésifs...

Les lettres qui n'ont pas été affranchies sont taxées 2 décimes (20 centimes), aux frais du destinataire. Cette taxe est symbolisée par ce cachet apposé à l'encre noire, portant le chiffre de la taxe en forme d'un 2 manuscrit. Cette griffe était utilisée dès 1831.

Le Cérès noir (20 c), créé par Jacques-Jean Barre et utilisé à partir du 1er janvier 1849, est le premier timbre-poste français.

L'oblitération décourage les fraudeurs

Quand le carmin détrône le vermillon

Ci-dessus : lettre de Ribécourt (Oise) au Catelet (Aisne), du 4 juillet 1849. Oblitération : losange grillé.
Ci-contre : lettre de Lille à Saint-Malo, du 5 janvier 1849. Oblitération de fortune : croix à la plume et « barres de Lille » sur un 20 c noir.

Paris, 1er décembre 1849

Successeur d'Étienne Arago à la direction de l'administration générale des Postes, Édouard Thayer signe une circulaire qui a pour but de remédier à des ratés dans l'impression du Cérès 1 F. De quoi s'agit-il ? La couleur vermillon du 1 F pouvait être confondue avec l'orange du timbre à 40 c, dont l'impression a commencé le 14 avril dernier, mais dont la mise en vente a été différée pour cette raison au 3 février prochain. « En conséquence, écrit Thayer, j'ai décidé que les timbres à 1 franc de couleur rouge claire [...] seraient renvoyés à l'administration, qui les remplacera immédiatement par des figurines d'une teinte plus foncée. » Cette teinte, c'est le carmin, qui détrône ainsi le vermillon. Le bilan de cette opération se traduira par les chiffres suivants : sur 509 700 vermillon émis, 387 302 ont été vendus, les 122 398 restants ayant été brûlés. Il eut évidemment été possible de prévoir une autre couleur que l'orange pour le 40 c, et des essais d'impression en bleu furent d'ailleurs effectués. Mais, entre-temps, une autre décision avait été prise : celle de renoncer au noir pour le 20 c et de le remplacer justement par le bleu... Ce petit cafouillage, bien compréhensible en phase de démarrage, aura au moins présenté un avantage pour les futurs philatélistes : le 1 F vermillon est rare !

Paris, 10 janvier 1849

Le bureau central de Paris est le premier à recevoir les nouveaux cachets oblitérants en forme de losange grillé, appelés communément « grilles noires ». Ils ont été conçus par l'administration pour être apposés sur les timbres, afin de rendre impossible leur réutilisation, ce qui était l'une de ses principales craintes. Mais en attendant que tous les bureaux de poste en soient dotés, il a bien fallu recourir à des oblitérations de fortune. Le 3 janvier dernier, une circulaire précisait ainsi que les bureaux pouvaient utiliser provisoirement leurs timbres à date, ou même encore coucher sur la vignette une croix noire à la plume. Le timbre à date, rappelons-le, est un cachet formé de deux cercles concentriques comportant en leur centre la date et, entre les deux cercles, le nom de la commune et le numéro du département (entre parenthèses). Mais dans certains cas, les bureaux vont également utiliser des grilles particulières, dites locales : un exemple significatif en est fourni par l'enveloppe reproduite ci-dessus, à droite, où le timbre est oblitéré à la fois par une croix à la plume et par un cachet artisanal à quatre barres parallèles. Dans son souci d'empêcher les réutilisations frauduleuses, l'administration va prévoir, par une circulaire datée du 25 janvier, la fourniture aux bureaux d'une encre spéciale indélébile, rendant impossible tout « lavage » des timbres ; elle est en effet constituée des mêmes composants chimiques que ceux servant à l'impression des timbres eux-mêmes. De quoi décourager les petits malins... Dans son *Grand Dictionnaire universel du XIXe siècle*, Pierre Larousse, qui offre un article fort bien documenté sur le timbre-poste, pourra écrire : « Le but que l'on se proposait est donc atteint aussi complètement qu'on pouvait le désirer. »

Une erreur qui peut rapporter gros : l'un des clichés du galvanotype qui a servi à l'impression du Cérès 1 F vermillon s'est retrouvé tête-bêche. Ce bloc de quatre timbres a été vendu 924 050 euros (frais compris) le 17 novembre 2003, lors d'une vente à l'Hôtel Intercontinental, à Paris !

Des contrefacteurs adroits et exercés...

Paris, 4 mai 1849

Dans *Le Moniteur*, journal officiel, paraît un article visant à rassurer le public : « Le petit nombre de faux timbres mis en circulation est maintenant sous la main de la justice et, à la connaissance de l'administration, il n'en existe plus aujourd'hui un seul en circulation. » Si cette dernière assertion est optimiste, il n'en demeure pas moins que les timbres gravés par Barre et imprimés par Hulot ne sont pas très faciles à imiter. Ainsi, le 24 avril, les deux hommes adressaient à la Commission des monnaies la note ci-contre où ils montraient en quoi les faux qui avaient été soumis à leur examen ne pouvaient abuser un expert. Ils n'en concluaient pas moins qu'ils étaient l'œuvre d'une « main adroite et exercée » et le résultat d'un report lithographique retouché d'un vrai timbre.

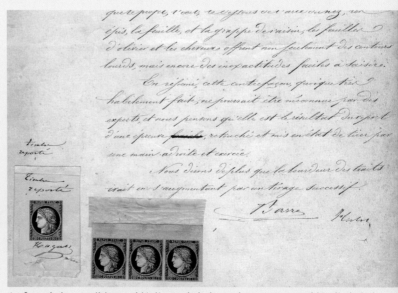

Le faux timbre est lithographié (à gauche), les vrais sont typographiés (à droite).

Les lettres mises à la boîte

Paris, 1850

Massives, monumentales et élégamment décorées, elles sont entrées cette année dans le paysage de la capitale. Elles, ce sont ces boîtes aux lettres cylindriques en fonte, hautes de 1,80 m, que l'administration des Postes a fait installer afin de faire face à l'accroissement du courrier. Une augmentation moins rapide que prévu, mais dont on est fondé de penser qu'elle sera irrésistible. Inspirées d'un modèle belge, ces boîtes aux lettres ont une capacité beaucoup plus grande que les bonnes vieilles boîtes en bois auxquelles le public était accoutumé et dont ceux qui en assurent la garde, les « boîtiers », ont été autorisés à vendre des timbres (cette mesure, destinée à en encourager l'usage, s'appliquant aussi aux débitants de tabac). Les boîtes en bois viennent d'ailleurs d'être équipées de petites portes métalliques mentionnant le jour et l'heure de la dernière levée. Les Parisiens connaissent bien les boîtes aux lettres depuis 1653, lorsque Renouard de Villayer, créateur de la « petite poste », en installa au coin de certaines rues, « de sorte qu'il n'y a point de maison qui ne soit très proche de quelqu'une de ces boîtes ». En réalité, on n'en comptait à la fin du XVIIe siècle pas plus de six, mais leur faveur n'en est pas moins attestée. On en a la preuve à la lecture des *Illustres Françaises*, très intéressant roman de mœurs de Robert Challe, paru en 1713 mais dont l'action est située largement avant, et dont les héros ne manquent pas de déposer leurs lettres dans la boîte avant l'ultime levée pour faire avancer leurs affaires amoureuses ou leurs affaires tout court...

Le Cérès 20 c noir ne donnait pas satisfaction, certaines oblitérations, noires également, pouvant rendre celles-ci peu apparentes, d'où risque de réutilisation frauduleuse. C'est pourquoi des impressions en bleu furent effectuées à partir du 7 avril 1849, puis arrêtées en mai : il restait trop de 20 c noir à écouler. Reprise quelques mois plus tard, l'impression fut à nouveau stoppée en raison du changement de tarif prévu pour le 1er juillet 1850. Le 20 c bleu ne fut jamais émis.

Des inventions explosives !

Paris, mars 1850

L'obsession de la fraude et de la contrefaçon stimule l'imagination des petits inventeurs. L'un d'entre eux, du nom de Charrier, propose un système d'oblitération imparable et le fait essayer. Ce système consiste à insérer dans la gomme du timbre un fil de soie violette dépassant sur la gauche. Une fois le timbre collé, il suffirait en théorie de tirer sur le fil pour couper le timbre en deux... Une invention sans lendemain, bien sûr, mais il y en aura bien d'autres, toutes aussi astucieuses et impraticables les unes que les autres. Celle d'un lithographe de Poitiers, Jean-Alphonse Pichot, sera à cet égard tout à fait étonnante. Dans une notice du 6 novembre 1850, il proposera un moyen fort ingénieux pour empêcher d'éventuelles contrefaçons par la lithographie. Pour cet homme de l'art, il suffira d'imprimer les timbres avec des encres spéciales et, pour les oblitérer, de les « toucher avec l'acide nitrique étendu d'eau des deux tiers de son volume », moyennant quoi ces timbres changeront de couleurs. « Ce qui, ajoutera Pichot, permet à l'employé des postes, avant l'expédition de la lettre, de reconnaître de suite si le timbre est vrai ou faux. » De plus, Pichot fera valoir que son procédé interdira tout report lithographique d'un timbre imprimé avec ces encres, « attendu qu'elles seraient décomposées et disparaîtraient sous les préparations qu'on est toujours obligé de faire subir à tout report lithographique ». L'invention n'aura pas plus de succès que la précédente, de même que cette autre, évoquée par Arthur Maury dans son *Histoire des timbres-poste français* : des timbres qui, enduits d'un peu de fulminate, s'autodétruiraient par explosion sous le choc causé lors de leur oblitération !

1848 — 1900 — 1950 — 2005

Le progrès en marche...

1 - La machine à coudre. Quand l'Américain Isaac Merrit Singer obtient, le 12 août 1851, le brevet n° 8294, il ne peut se prévaloir d'être l'inventeur de la machine à coudre. Le Français Barthélemy Thimonnier en a déjà breveté une en 1830 ; Walter Hunt l'a « réinventée » en 1834 ; et l'Américain Elias Howe en a créé un prototype en 1846. D'où la plainte que ce dernier déposera contre Singer et qui débouchera sur une condamnation. C'est pourtant Singer qui, inventant la location-vente, permit à tous les foyers de s'équiper et érigea l'empire industriel qui porte son nom.

2 - La machine à laver le linge. Inventée en 1851 par l'Américain James King, elle se compose d'un baquet en bois dans lequel se trouve un cylindre muni de pales. Il suffit d'y mettre le linge, de l'eau chaude et d'actionner la manivelle...

Et aussi... L'épingle à nourrice. L'Américain Walter Hunt en déposa le brevet en avril 1849 mais fit une erreur : il le revendit vite pour la somme de... 100 dollars.

L'acheminement du courrier fait diligence

Le courrier ne saurait attendre ! (Vers 1850, peinture anonyme, Ville d'Amboise.)

France, 1850

Expansion du courrier oblige, la France n'a jamais compté autant de relais de poste : environ 2 000 contre 1 400 il y a soixante ans, lors de la Révolution. Et ils ne sont plus distants en moyenne que de 16 km contre 28 km sous Louis XI. Un apogée car, bientôt, le chemin de fer va les rendre obsolètes, ruinant les maîtres de poste et amenant les postillons, qui sont actuellement plus de 8 000, à se reconvertir. Mais s'en plaindront-ils ? Leur métier n'est pas de tout repos. Depuis la libéralisation des transports en 1817, la concurrence est vive entre les différentes entreprises de messagerie ce qui les amène parfois à prendre des risques, en s'écartant des routes réglementaires, jalonnées par les relais. Et il n'est pas question de traîner en route : depuis 1842, les malles-poste sont équipées d'un chronomètre...

Formule Marion

Supprimée le 15 août 1850, la « formule Marion » était agréée par l'administration postale depuis 1846. Il s'agissait d'une enveloppe spéciale pour les lettres recommandées, conçue par le papetier parisien Marion. Grâce à deux trous ronds ménagés au recto et au verso de l'enveloppe, les timbres à date de départ et d'arrivée se trouvaient directement imprimés sur la lettre elle-même, ce qui l'authentifiait. Cette formule, considérée comme très utile pour la correspondance commerciale, présentait cependant des inconvénients qui conduisirent à son abandon. Elle se serait ainsi prêtée à des substitutions de correspondances.

La baisse des tarifs coûtait cher à l'État

Paris, 12 septembre 1850

Après des débats houleux, le Parlement a voté le 15 mai 1850 une loi augmentant les tarifs pour les lettres du premier échelon (qui passe de 20 à 25 c) et du deuxième (qui passe de 40 à 50 c). La baisse consécutive au décret du 25 août 1848 avait coûté 17 millions de francs aux finances publiques en 1849. Aussi, un timbre à 25 c (le Cérès bleu) a-t-il été émis le 1er juillet dernier (il sera, au total, imprimé à 45 millions d'exemplaires). Mais la loi du 15 mai a également prévu l'émission d'un timbre à 10 c pour les lettres locales : c'est un Cérès bistre (ci-dessus, à gauche) qui est émis seulement aujourd'hui ; il servira aussi pour les lettres du deuxième échelon, où il devra compléter le Cérès orange à 40 c. Enfin, pour les lettres de Paris à Paris, les usagers disposent depuis juillet d'un timbre spécifique à 15 c : c'est un Cérès vert (ci-dessus, à droite), qui aura été imprimé à 3,2 millions d'exemplaires.

L'Exposition universelle est une réussite

Le « Crystal Palace » sera démonté et reconstruit à Sydenham, où il rouvrira en 1854, mais il sera détruit par un incendie en 1936.

Londres, 15 octobre 1851

Inaugurant cette *Great Exhibition of the Works of Industry of all Nations*, première exposition internationale jamais organisée à travers le monde, la reine Victoria avait dit, le 1er mai : « C'est un des plus grands et glorieux jours de notre vie. » Le public a répondu présent : six millions de visiteurs sont venus à Hyde Park sous le palais de Cristal fait d'acier et de verre, un ouvrage qui ne manquera pas d'inspirer M. Eiffel. Long de 563 m sur 124 m de large, il a été conçu pour l'occasion par le jardinier en chef de la reine, qui s'est découvert un talent d'architecte, Joseph Paxton. Les exposants, issus d'une vingtaine de pays, sont au nombre de 18 735, dont près de la moitié sont Anglais, mais on compte tout de même 1 735 exposants français, parmi lesquels Anatole-Auguste Hulot. L'adjoint au graveur de l'Hôtel des Monnaies y présente la galvanoplastie et expose plusieurs planches de 300 timbres chacune. Une belle revanche pour Hulot, qui n'avait pas reçu l'autorisation de faire de même pour l'Exposition française tenue à Paris en juin-juillet 1849.

Les timbres de métropole sont valables aux colonies

Malle-poste maritime sécurisée et timbres français pour l'affranchissement de cette lettre adressée de Pointe à Pitre à M. Beuscher à Paris.

Paris, 14 août 1851

Les premiers timbres-poste sont arrivés aujourd'hui en Guadeloupe, conformément à la proposition que le ministre de la Marine avait faite, le 13 juin, au gouverneur de ce territoire français depuis 1674. Il s'agit des 10 c, 25 c et 1 F Cérès usités en métropole. Les courriers seront acheminés « soit par paquebots-poste britanniques, soit par [...] bâtiments de commerce français ». Un deuxième envoi sera effectué en août prochain si le stock de 16 500 timbres a été écoulé. Le même processus est adopté pour l'ensemble des colonies : la Martinique, la Guyane, la Réunion et les établissements français de l'Inde (Pondichéry, Chandernagor, Yanaon, Mahé et Karikal). Ces derniers vont toutefois les refuser, arguant qu'étant contraints de les revendre au prix d'achat, l'opération leur coûte en manutention. Sans parler des complica-

tions comptables, valables pour tous les territoires, puisque si la Poste dépend du ministre des Finances, les colonies relèvent de celui de la Marine. Ce sera un échec et, petit à petit, ces possessions seront pourvues d'abord des timbres des colonies françaises, puis surchargés, puis à leur nom propre. En 1905, les premiers timbres de la Guadeloupe afficheront ainsi des vues de Basse-Terre, de la grande Soufrière ou de Pointe-à-Pitre, tandis que la Martinique attendra 1908 pour diffuser un plan maritime de Fort-de-France. La Guyane les aura précédées en arborant, à partir de 1904, les images insolites d'un fourmilier et d'un laveur d'or ! Quant à la Nouvelle-Calédonie, qui ne deviendra française qu'en 1853, c'est, outre la rade de Nouméa, avec un cagou, oiseau échassier à bec et pattes rouges, qu'elle inaugurera la série de timbres à ses propres couleurs à partir de 1905.

Victor Hugo conquis par le télégraphe

Calais, 13 novembre 1851

Dès 1845, François Arago avait préconisé l'adoption par la France du télégraphe électrique, expérimenté en 1837 par le physicien américain Samuel Morse et mis en œuvre en 1844 entre Washington et Baltimore. Les choses ont été un peu plus lentes en France. Toutefois, depuis le 1er mars dernier, et en vertu d'une loi adoptée le 29 novembre 1850, le télégraphe électrique, qui remplace progressivement le vieux télégraphe Chappe, est mis à la disposition du public. Même Victor Hugo, que ce mode de communication exaspérait, y voit maintenant un progrès pour la diffusion des idées. Mais pour l'instant, il n'est pas question de discourir par télégraphe ! En effet, il est interdit de transmettre des messages à contenu politique, de communiquer des informations boursières ou d'attenter par voie télégraphique à l'ordre public et aux bonnes mœurs. De toute façon, l'utilisation du télégraphe est coûteuse : 3 francs pour toute dépêche de un à vingt mots, à quoi il faut ensuite ajouter 12 centimes par myriamètre (soit 10 kilomètres). Aujourd'hui, un grand pas est franchi : avec le soutien du président de la République, la liaison Paris-Londres est assurée grâce à l'installation par les frères Brett d'un câble sous-marin entre Calais et Douvres.

Un coup d'État entériné par un plébiscite

Paris, 21 décembre 1851

Pour : 7 439 216 voix. Contre : 646 737 voix. À cette très écrasante majorité, les Français ont approuvé le coup d'État que Louis Napoléon Bonaparte a effectué le 2 décembre et dont le comte de Morny, son demi-frère, fut le maître d'œuvre. N'étant pas rééligible au terme de son mandat, qui venait à échéance en 1852, et n'ayant pu obtenir de l'Assemblée le vote d'une révision constitutionnelle, le chef de l'État a dissous la Chambre et fait arrêter les députés récalcitrants. Dans le même temps, il rétablissait le suffrage universel, qui avait été amputé d'un tiers du corps électoral en 1850, pour le scrutin plébiscitaire qui a eu lieu ce jour. Les émeutes qui se sont opérées à Paris et dans le sud de la France ont été vite réprimées : près de 10 000 opposants ont été expédiés en Algérie ou au bagne de Cayenne. Les Français, manifestement, ne lui en tiennent pas rigueur puisqu'ils ont accepté de le reconduire au pouvoir pour dix ans : plutôt son pouvoir autoritaire que le coup de force royaliste qui menace ou, pire, les « rouges » de Ledru-Rollin...

Le député Alphonse Baudin, qui appelle les habitants du Faubourg Saint-Antoine à se soulever contre le coup d'Etat, va être tué par la troupe, le 3 décembre 1851 (tableau d'Ernest Louis Pichio dit Picq).

Coup d'œil sur les premiers timbres de quelques pays d'Europe, d'Amérique et d'Asie... Et l'on verra que le timbre-poste est encore le meilleur moyen d'apprendre l'histoire, ou de se la remémorer ! Ainsi, l'Allemagne n'était encore, au milieu du XIXᵉ siècle, qu'une mosaïque d'États indépendants dont Bismarck ne parachèvera l'unité qu'en 1871, avec la proclamation du Reich à Versailles. L'on se rappellera aussi que la Lombardie et la Vénétie formaient encore en 1850 un royaume dont le souverain était l'empereur d'Autriche...

Grande-Bretagne
1840

À tout seigneur, tout honneur. Avec le premier timbre du monde, le «Black Penny» britannique, c'était la moindre des choses que de rendre hommage à son inventeur, Rowland Hill (1795-1879) !

Brésil
1843

États-Unis d'Amérique
1847

Bavière
1849

Belgique
1849

Prusse
1850

Autriche
1850

Royaume lombardo-vénitier
1850

Canada
1851

Wurtemberg
1851

Bade
1851

Danemark
1851

Pays-Bas
1852

États pontificaux
1852

Portugal
1853

Terre Neuve
1857

Argentine
1858

Hambourg
1859

Venezuela
1859

Équateur
1865

Salvador
1867

Confédération de l'Allemagne du Nord
1868

Guatemala
1871

Corée
1884

France, 9 janvier 1852

Victor Hugo, déjà exilé en Belgique, est officiellement expulsé de France « pour cause de sûreté générale ».

Paris, 14 janvier 1852

Promulgation d'une nouvelle Constitution, qui accorde des pouvoirs étendus au président de la République, élu pour dix ans. Les fonctionnaires et les membres des assemblées doivent prêter serment de fidélité au chef de l'État.

Paris, 23 janvier 1852

Les biens de la famille d'Orléans sont confisqués.

France, 24 janvier 1852

Les titres de noblesse sont rétablis.

Bruxelles, 5 août 1852

Parution de *Napoléon le Petit* de Victor Hugo, pamphlet contre Napoléon III, en deux éditions distinctes, l'une étant de taille réduite afin que son acheminement clandestin en France soit facilité. Hetzel publiera la première édition française le 2 décembre 1870.

Bordeaux, 9 octobre 1852

Louis Napoléon Bonaparte déclare : « Certaines personnes disent : "L'empire, c'est la guerre." Moi, je dis : "L'empire, c'est la paix." Des conquêtes, oui : les conquêtes de la conciliation, de la religion et de la morale. »

Paris, 7 novembre 1852

Un sénatus-consulte proclame Louis Napoléon empereur des Français sous le nom de Napoléon III. Cette décision doit être ratifiée par référendum par les Français.

Paris, 17 novembre 1852

Napoléon III rétablit les formes extérieures de l'Empire. Les uniformes des agents de l'État seront confectionnés en drap de couleur verte, qui se substitue au bleu roi en vigueur depuis 1815. Les pièces métalliques des uniformes, plaques et boutons, seront ornées de l'aigle impérial.

Europe, 3 décembre 1852

L'Angleterre, la Prusse, l'Autriche et la Russie reconnaissent l'Empire français par un protocole secret conclu avec Napoléon III après que celui-ci a renoncé à annexer le royaume de Belgique.

L'île de la Réunion émet son propre timbre

La Réunion, 1er janvier 1852

À Paris, décidément, ils ne comprennent rien... C'est ce qu'a dû se dire le gouverneur de La Réunion quand il a été prié de bien vouloir accepter, comme toutes les autres possessions françaises, les timbres métropolitains. Avec des Cérès à 1 F, 25 c et 10 c, quand l'affranchissement devait être, pour un courrier parcourant l'île, de 30 c, ou supporter, s'il était à destination de la métropole, une taxe locale de 15 c, le compte n'y était pas. Aussi demanda-t-il à M. Lahuppe, imprimeur à Saint-Denis – et qui était aussi typographe – de réaliser les timbres nécessaires au bon cheminement du courrier. Les voici disponibles, à 3 600 exemplaires chacun, un 15 c et un 30 c aux motifs noirs sur fond azuré, le premier arborant une rosace, le second affichant un carré d'entrelacs. La durée de vie du 15 c sera courte : en 1854, la taxe insulaire fut supprimée par décret gouvernemental.

La Réunion, appelée île Bourbon jusqu'en 1793, est territoire français depuis 1638.

Barre grave le profil du prince-président

Paris, 3 janvier 1852

La marche de Louis Napoléon Bonaparte vers le pouvoir personnel se poursuit à vive allure. Alors que la Constitution qui doit faire du prince-président un véritable dictateur n'est pas encore adoptée (elle le sera dans onze jours), d'ores et déjà une loi décide le remplacement, sur les timbres-poste, de la figure de Cérès par l'effigie présidentielle. C'est évidemment le graveur général Jacques-Jean Barre qui est requis pour cette tâche. Pour s'en acquitter, il exécutera d'abord un dessin (ci-dessus) d'après un daguerréotype, puis, après l'approbation des autorités, gravera le poinçon.

Alphonse Pichot ne renonce jamais !

Poitiers, 1852

Jean-Alphonse Pichot – ou plus simplement Alphonse Pichot selon l'usage – ne veut pas abandonner son idée d'imprimer des timbres dont les couleurs changeraient à l'oblitération. Après qu'il a proposé un Cérès en 1850, l'imprimeur de Poitiers (qui a notamment publié en 1841 *Poitiers et ses monuments,* un bel ouvrage agrémenté de gravures) revient à la charge avec des essais de teintes différentes, mais cette fois à l'effigie du prince-président. Le dessin du profil de Louis Napoléon Bonaparte n'est toutefois pas aussi flatteur que celui créé par Jacques-Jean Barre. Mais il n'est guère plus réaliste non plus. Autant dire qu'il est franchement laid ! Encore une tentative sans lendemain, ce qui n'empêchera pas Alphonse Pichot de tenter à nouveau sa chance... en 1870.

Les lettres pourront être suivies à la trace

France, 1er janvier 1852

Si la loi du 16 octobre 1849 punit lourdement « quiconque aura sciemment fait usage d'un timbre-poste ayant déjà servi à l'affranchissement d'une lettre », reste que la fraude n'a pas totalement disparu. La preuve en est que l'administration, par circulaire, annonce que les bureaux de province seront dotés d'un cachet plus sûr pour oblitérer les timbres. Plus sûr que le losange grillé. C'est toujours un losange, mais la grille est remplacée par des points coniques frappant plus profondément la vignette et dont l'empreinte sera, de ce fait, plus difficile à « laver ». Et il y a une autre innovation : « Le nouveau timbre portera, à son centre, un numéro conventionnel qui aidera au besoin à reconnaître l'origine des lettres ; à cet effet, un numéro spécial sera attribué à chaque établissement de poste. » Il s'agit là d'une réforme importante : cette nomenclature des bureaux de province préfigure le code postal moderne. En ce qui concerne la capitale, ainsi que les bureaux ambulants, l'administration précise que les timbres oblitérants « porteront des lettres alphabétiques au lieu de chiffres ». Quant à celui du bureau central, il « n'aura ni lettre ni chiffre » et « se distinguera par sa forme qui sera celle d'une étoile ». Les tout premiers cachets nouvelle manière ont été utilisés dans le courant de ce mois de janvier.

Chaque bureau de province portera désormais un numéro d'ordre.

On les appelle losanges « petits chiffres », par opposition avec les losanges « gros chiffres » qui apparaîtront en 1862.

Une première sur le 10 c type Présidence comme sur le 25 c : Jacques-Jean Barre a signé son œuvre. Une signature qui se résume à un simple B majuscule inscrit en réserve blanche, sous la tranche du cou de l'effigie du prince-président. Le graveur général méritait bien cette reconnaissance : jusqu'à sa mort, en 1855, il aura été un serviteur zélé (et talentueux) de la Restauration, de la monarchie de Juillet, de la IIe République et du Second Empire. Ou, tout simplement, de la France...

Envoyer une lettre, c'est encore un luxe

France, 1852

Tous les Français n'ont pas la possibilité de s'adonner au plaisir de la correspondance. Un timbre à 25 centimes représente en effet le huitième d'une journée de travail de beaucoup d'ouvriers, ce qui est considérable. Sur ce chapitre, il n'est pas difficile de constater que les choses auront évolué dans le bon sens... Le 1er mars 2005, le prix du timbre destiné à affranchir une lettre de moins de 20 g pour la France est passé à 0,53 euro. Si, en se basant sur le Smic du 1er juillet 2004 et sur la semaine de 35 heures, on se livre au même calcul, on verra que le timbre à 0,53 euro représente *grosso modo* un centième de la journée de travail d'un travailleur payé au Smic. Sans doute ce calcul pourrait être affiné ; il n'en donne pas moins une idée de l'évolution du coût du timbre pour l'usager.

Les ambulants

C'est le 24 janvier 1845 que le conseil des Postes a réglementé le transport du courrier par voie ferroviaire, expérimenté en mars de la même année sur la ligne Paris-Rouen. Depuis, ce service s'est développé sur plusieurs lignes : des bureaux ambulants circulent dans des wagons spéciaux où est trié et oblitéré le courrier, la correspondance étant échangée à chaque station desservie par le train. En vertu de la circulaire du 1er janvier 1852, ces ambulants disposent d'un timbre oblitérant spécial, à savoir un losange à points avec, en son centre, deux lettres : la première lettre désigne la ville de départ, la deuxième lettre la ville d'arrivée.

Le type Présidence : timbre de transition

Paris, septembre 1852

Alors que la République se dirige irrésistiblement vers l'Empire, le timbre à 25 c portant l'effigie du prince-président est émis. Imprimé à 25 millions d'exemplaires, il a pour but d'accoutumer les électeurs au visage de leur futur empereur : le timbre-poste est un bon support pour la propagande bonapartiste ! Quelle que soit l'opinion politique qu'inspirent les événements, chacun s'accorde à saluer la qualité du dessin de Barre. Outre ce 25 c bleu, un timbre à 10 c bistre sera émis en décembre et imprimé à quelque 8 millions d'exemplaires. Mais alors, c'en sera déjà fini de la IIe République...

Napoléon III enterre la IIe République

Paris, 2 décembre 1852

La IIe République aura été brève... Le Sénat vient de proclamer les résultats du plébiscite qui s'est tenu en novembre. Il proposait « le rétablissement de la dignité impériale en la personne de Louis Napoléon ». Le résultat est sans appel. Les Français ont été plus de 7,8 millions à répondre oui. Seuls 280 000 ont refusé. Âgé de 44 ans, Louis Napoléon Bonaparte devient donc Napoléon III, après une vie déjà tumultueuse qui l'a vu combattre les Autrichiens au côté des Italiens, être exilé à Londres, expulsé de France vers l'Amérique sous la monarchie de Juillet, fait citoyen suisse et même, en 1840, être condamné à la prison à perpétuité pour avoir voulu renverser Louis-Philippe. Interné au fort de Ham, dans la Somme, il s'en évada six ans plus tard. Que son adoubement par le peuple soit annoncé un 2 décembre ne doit évidemment rien au hasard, puisque cette date est le jour anniversaire du sacre de Napoléon Ier (1804), de la victoire d'Austerlitz (1805) et du coup d'État de l'an passé. Sa mère, Hortense de Beauharnais (1783-1837), était la sœur de l'impératrice Joséphine et la reine de Hollande. Son père ? Louis, roi de Hollande, frère de Napoléon, qui est mort en 1846, rompit avec Hortense à sa naissance, laissant planer un doute sur sa paternité... Napoléon III n'aurait-il aucun lien de sang avec Napoléon Ier ?

Napoléon III vu par Hippolyte Flandrin.

Les postes mises à l'heure de l'Empire

Paris, 27 décembre 1853
La poste a un nouveau directeur général. Il s'appelle Auguste Stourm. Âgé de 56 ans, cet ancien conseiller d'État a pris aujourd'hui la succession d'Édouard Thayer, nommé sénateur il y a tout juste huit jours. Stourm ne restera pas inactif. Il développera notamment le tri de nuit sur une grande échelle, au bénéfice des usagers : la modernisation et la rationalisation de la poste illustrent la volonté de Napoléon III d'installer résolument la France dans l'ère industrielle. Quand il entre en fonction, les premiers timbres à l'effigie de l'empereur, avec la légende « Empire franc », sont déjà émis. C'est l'indispensable Jacques-Jean Barre qui a gravé le nouveau poinçon : l'effigie est la même que sur le type Présidence, mais le minuscule B de la signature du graveur général a disparu. Les timbres émis à ce jour sont au nombre de quatre : dès septembre, le 1 F carmin, et, ce mois de décembre, le 10 c bistre, le 25 c bleu et le 40 c orange. Le 10 c servira à l'affranchissement des lettres locales, capitale comprise : depuis le 1er juillet, en effet, le tarif de Paris à Paris a été abaissé de 15 à 10 c, comme dans le reste du pays. Une mesure de justice bien accueillie !

Auguste Stourm, directeur général des Postes.

La première émission du type Empire est aussi l'une des plus belles, ainsi que des plus recherchées : le 1 F n'a été imprimé qu'à moins d'un million d'exemplaires et, comme le 25 c, il sera réformé après la baisse de tarifs de 1854. Il est destiné à affranchir les lettres du troisième échelon de poids (de plus de 15 g à 100 g inclus), mais il peut également être utilisé pour l'affranchissement des lettres à destination de pays étrangers, associé dans ce cas à d'autres valeurs.

Dans les bureaux de tabac

France, 3 juin 1854
Dans un siècle et demi, aller acheter un timbre dans un bureau de poste ou dans un bureau de tabac sera une démarche on ne peut plus naturelle, et pour cause. C'est en effet le 3 juin 1854 que le gouvernement a rendu la vente des timbres-poste dans les bureaux de tabac obligatoire, alors qu'elle était jusqu'alors seulement autorisée. Cette mesure a bien évidemment pour objectif de développer l'offre et de favoriser l'usage du timbre. Mais il faut dire aussi que les buralistes sont d'excellents auxiliaires du pouvoir en place : depuis que la vente du tabac est un monopole de l'État, c'est-à-dire depuis le règne de Louis XIV (avec une brève libéralisation sous la Révolution), l'attribution de ces bureaux est un bon moyen, pour ledit État, de récompenser des services rendus ou de constituer un réseau d'informateurs dévoués. D'où toutes sortes d'abus, surtout quand les bureaux sont rémunérateurs... C'est en vain que le courageux député Alexandre Glais-Bizoin les dénoncera en 1869. Les buralistes trouveront là, en tout état de cause, une source de profits nouvelle, de nature à donner un lustre supplémentaire à la « carotte » qui orne leurs établissements et dont le facétieux dessinateur Grandville (1803-1847) avait donné une amusante illustration symbolique, avec un plant de tabac (ci-dessous)...

C'est moins cher en timbrant

France, 1er juillet 1854

Il faut décidément inciter les Français à utiliser les timbres-poste ! Aujourd'hui est entrée en vigueur la loi des 20-25 mai 1854, rapportée par Paul Monier de La Sizeranne (déjà chaud partisan de la baisse des tarifs sous Louis-Philippe) et adoptée à l'unanimité. En conséquence, le tarif de la lettre de bureau à bureau du premier échelon de poids est ramené à 20 c si elle est affranchie, mais il est porté à 30 c si elle ne l'est pas, chaque bureau ayant reçu un tampon spécial à cet effet. Le deuxième échelon revient à 40 c, mais il en coûtera 60 si la lettre n'est pas affranchie. Enfin, le troisième échelon bénéficie aussi d'une baisse : le tarif passe de 1 F à 80 c, mais à 1,20 F en cas de non-affranchissement. D'ores et déjà le nouveau timbre à 20 c, type Empire bleu, est disponible : il sera, au total, imprimé à plus de 1,246 milliard d'exemplaires jusqu'en 1862.

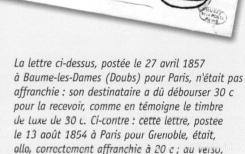

La lettre ci-dessus, postée le 27 avril 1857 à Baume-les-Dames (Doubs) pour Paris, n'était pas affranchie : son destinataire a dû débourser 30 c pour la recevoir, comme en témoigne le timbre de luxe de 30 c. Ci-contre : cette lettre, postée le 13 août 1854 à Paris pour Grenoble, était, olio, correctement affranchie à 20 c ; au verso, son auteur ne l'envoie pas dire au destinataire !

Il y a deux sortes de lettres : les lettres affranchies et les lettres non affranchies.

Cette gravure amusante dit bien ce qu'elle veut dire... Il y a deux sortes de lettres, en effet : les affranchies et les non affranchies. L'habitude de coller un timbre aura mis quelques années à entrer dans les mœurs. Mais la « prime à l'affranchissement », prévue par la loi des 20-25 mai 1854, a porté ses fruits : au 31 décembre 1855, 85 % des lettres avaient été affranchies, contre seulement 22 % en 1852. Les usagers ont vite fait leurs comptes !

Le papier doit être soigneusement contrôlé

Paris, 1854

Lorsque le papier destiné à l'impression des timbres est livré à la Monnaie, il est vérifié feuille à feuille par le contrôleur qui s'assure de la conformité de sa qualité et de son poids. Ce contrôle, comme nous l'avons vu, est attesté par un petit cachet apposé sur la marge supérieure de chaque feuille et portant la mention « C.F. » (« contrôle franchise ») inscrite dans un ovale horizontal. Le cachet en avait été remis par Jacques-Jean Barre au contrôleur le 28 novembre 1848. Ce qui a changé cette année, c'est unique-

ment le cachet lui-même : on ne lit plus « C.F. », mais, toujours dans un ovale, « Contrôle T.P. », ce qui est plus clair, les lettres T et P étant tout simplement les initiales de « timbre-poste ». Reste que ce contrôle est loin de n'être qu'une simple formalité. Au mois de janvier 1849, un bref mais vif conflit avait ainsi opposé l'imprimeur Tacquin à Anatole-Auguste Hulot. L'imprimeur estimait en effet qu'un certain nombre des rames de papier qui lui avaient été fournies après contrôle ne permettait pas d'effectuer des impressions satisfaisantes

1848   1900   1950   2005

Le progrès en marche...

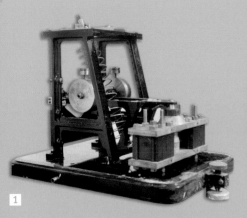

1 - Le sismographe. En 1851, un séisme fait 15 000 morts en Italie. Cinq ans plus tard, le physicien Luigi Palmieri (1807-1896), directeur de l'observatoire du Vésuve, invente le sismographe électromagnétique enregistreur. Grâce à l'oscillation du mercure contenu dans ses tubes, il mesure les mouvements de l'écorce terrestre. Il enregistre l'heure, la durée et l'amplitude des ondes sismiques. Prévoir ne signifie pas empêcher : en 1857, un nouveau séisme fait 12 000 morts de Naples à Salerne.

2 - L'ascenseur. Le premier ascenseur date de 1743 : actionné à la main, il a été installé au château de Versailles pour l'usage exclusif de Louis XV. C'est en 1857 qu'un magasin new-yorkais, qui s'étend sur cinq niveaux, est doté du premier « élévateur public », en fait un monte-charge fonctionnant grâce à un moteur à vapeur. Son inventeur : l'Américain Elisha Graves Otis (1811-1861). Il faudra attendre 1867 pour que l'ascenseur devienne hydraulique et 1880 pour qu'il soit électrique.

1853-1858

Du 1er mai au 31 octobre 1855, le palais de l'Industrie, près des Champs-Élysées, accueille l'Exposition universelle de Paris. Pour faciliter le séjour des exposants, un bureau de poste y est installé, avec son timbre à date particulier. Parmi le personnel du bureau, un facteur détaché par le bureau de Boulogne-sur-Mer. Pourquoi ? Parce que ce facteur parle l'anglais !

Levée spéciale pour bureaux ambulants

Paris, 8 août 1854

Le service des ambulants est réorganisé. Ceux-ci sont désormais rattachés à neuf lignes de chemin de fer principales, en gare de Paris, Marseille et Bordeaux. Le service compte quelque 500 agents pour 59 voitures, des wagons inconfortables, mal éclairés et insalubres. C'est le cas des « petits modèles », qui ont l'inconvénient, de plus, d'être trop légers. Des améliorations devront évidemment être apportées ; ce sera pour plus tard. Mais pour le public, les ambulants présentent bien des avantages. C'est ainsi que dans les bureaux des gares, ou situés près des gares, une levée exceptionnelle pour les lettres affranchies est mise en place, au-delà de l'heure de la dernière levée ordinaire. Les « levées spéciales », comme on les appellera à partir de 1858, sont fonction de l'heure de départ des trains.

Albert Barre à la Monnaie

Paris, 27 février 1855

La France a un nouveau graveur général des Monnaies. Désiré-Albert Barre, communément prénommé Albert, succède à son père Jacques-Jean Barre, décédé le 10 janvier dernier. La fonction créée par Henri II pour assurer l'unité monétaire du royaume est devenue une affaire de famille. Il faut préciser que le fils fut le meilleur collaborateur du père : le choix s'imposait. Né en 1818 à Paris, le nouveau graveur général a reçu une solide formation académique. Il fut l'élève du peintre Paul Delaroche, célèbre pour ces deux tableaux d'inspiration romantique que sont *Les Enfants d'Édouard* (1831) et *L'Assassinat du duc de Guise* (1835). Les leçons de Delaroche, excellent dessinateur, une profonde connaissance de l'art antique acquise en Italie et l'apprentissage auprès de son père laissent augurer d'une belle carrière à la Monnaie.

Auguste Stourm officialise l'Almanach des Postes

France, 1er septembre 1855

Rationalisation et réglementation, telles semblent bien être les lignes directrices du directeur général des Postes, Auguste Stourm. Le traditionnel almanach fourni par les facteurs en échange des étrennes de fin d'année n'y échappe pas. Tradition qui remonte au début du XVIIIe siècle, et qui s'est définitivement enracinée en 1830 dans la France profonde, grâce à la mise en œuvre du service rural (quotidien en 1832). Tradition tellement enracinée qu'en 1849, quand Édouard Thayer a interdit aux facteurs de distribuer des imprimés autres que ceux passant par la poste, il a fait exception pour « la distribution des calendriers à leur profit et pour leur compte conformément à un usage depuis longtemps établi ». Mais là où régnait une certaine anarchie, l'ordre est instauré par Stourm : dans une circulaire, il ordonne aux facteurs de ne plus désormais distribuer que les almanachs fournis par l'administration centrale des Postes ou par les directions départementales. Le premier Almanach des Postes officiel sera donc celui de 1856. C'est un calendrier, avec des informations pratiques sur les services postaux. En 1857, le directeur général ira encore plus loin en conférant le monopole de sa fourniture à l'administration centrale. La fabrication en sera attribuée à l'imprimerie Mary-Dupuis de Noyon (Oise).

L'Almanach des Postes de 1857. Celui de 1858 sera distribué à 900 000 exemplaires et celui de 1868 à près de 2 millions.

Les Postes communiquent

Paris, septembre 1855

Une nouvelle publication est née. C'est le *Bulletin mensuel de l'administration des Postes*. Une sorte de journal officiel interne qui permettra de diffuser toutes les informations législatives, juridiques et réglementaires relatives au fonctionnement du service postal : lois, décrets, circulaires, instructions, etc. Désormais, aucun responsable ne pourra dire qu'il n'était pas au courant ! On y trouvera aussi des informations juridiques et judiciaires, en particulier en matière de répression des fraudes, avec notification de jugements. Cette publication changera à plusieurs reprises de nom jusqu'à la fin du XXe siècle. Elle a été, depuis, remplacée par les « notes chartées » que diffuse l'intranet de La Poste. (Pour les non-initiés, précisons qu'un intranet est un réseau de communication informatique propre à un groupe donné, fonctionnant sur le modèle d'Internet.)

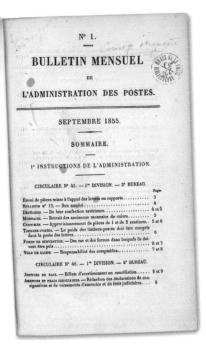

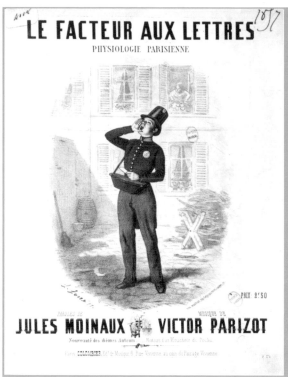

LE FACTEUR AUX LETTRES
PHYSIOLOGIE PARISIENNE

JULES MOINAUX &c VICTOR PARIZOT

Le facteur n'ayant pas le droit de monter dans les étages, il appelle les destinataires. Une scène de la vie parisienne, illustrée en 1857 par cette chanson du vaudevilliste Jules Moinaux, le père de Georges Courteline, et du compositeur Victor Parizot, également auteur de l'air de T'en fais pas Nicolas, sur lequel Eugène Pottier écrira une belle chanson sur la Commune, Elle n'est pas morte, en 1886.

Des timbres français oblitérés à Beyrouth

Monde, 1857

Cette année, les timbres français ont été mis en vente dans les bureaux de poste à l'étranger. C'est en 1830 que la France a ouvert des bureaux dans les pays avec lesquels elle avait des relations privilégiées ou sur lesquels elle voulait exercer son influence. Le premier bureau ouvert fut celui d'Alexandrie, en Égypte. Encore aujourd'hui, c'est sur le bassin méditerranéen que se concentre la présence de la poste française, avec des bureaux au Proche-Orient, à Tanger et à Tunis. Pour les oblitérations, ces bureaux utilisent des losanges « petits chiffres », avec leur numéro d'ordre. La liste en est des plus significatives. Sachant que les bureaux de la France métropolitaine sont numérotés de 1 à 3703, on voit en effet que les premiers numéros ont été attribués à Alexandrie (3704), à Beyrouth (3706), à Constantinople (3707), aux Dardanelles (3708) et à Smyrne (3709), le bureau de Bâle, en Suisse, s'intercalant dans cette liste avec le numéro 3705. Mais le développement des échanges conduira bientôt l'administration postale à établir des bureaux en Extrême-Orient : à Shanghai en 1862, à Yokohama en 1865. L'utilisation de timbres métropolitains sera toutefois abandonnée à partir de 1881, les timbres à date restant en vigueur.

Les aigles impériales volent aux colonies

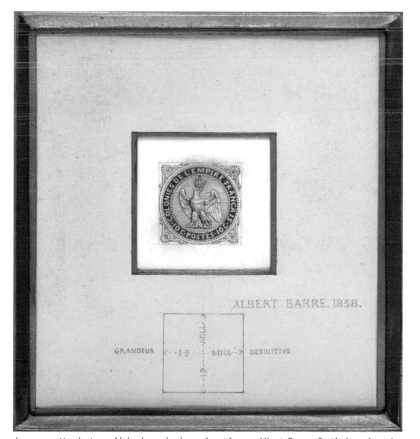

La maquette du type Aigle des colonies présentée par Albert Barre. Ce timbre répandra dans l'Empire colonial français l'emblème napoléonien par excellence : l'aigle impériale. Rappelons que dans le vocabulaire héraldique, l'aigle se dit et s'écrit au féminin !

Paris, 17 juin 1858

L'introduction des timbres-poste métropolitains dans les colonies est fort loin d'avoir donné satisfaction, nous l'avons vu en particulier à propos de la Réunion. C'est la raison pour laquelle le ministère de la Marine et des Colonies a décidé de donner à nos possessions d'outre-mer un timbre spécifique. Après des essais divers, le projet de Barre est adopté ce 17 juin 1858. Ce timbre, c'est celui que les philatélistes ont désigné sous le nom de type Aigle des colonies. De format carré, il est élégamment dessiné et composé avec une recherche certaine et heureuse. Albert Barre va pouvoir maintenant s'atteler à la gravure du poinçon et Anatole-Auguste Hulot, ensuite, à la fabrication des galvanotypes nécessaires à leur impression. Dans un premier temps, deux valeurs seulement ont été commandées : 10 c et 40 c, destinées à l'affranchissement de la taxe locale et de la taxe des lettres à destination de la France ; leur couleur, bistre et orange, est semblable à celle des timbres français de valeur équivalente. Ces timbres, dont l'émission est prévue pour l'année prochaine, seront imprimés par feuilles de 360 vignettes en deux panneaux de 180 séparés par une marge verticale. Des valeurs différentes (1 c et 5 c en 1862, 20 c et 80 c en 1865) verront le jour.

La France se modernise à marche forcée

France, 1859

Il y a neuf ans, la France ne comptait que 5 300 machines à vapeur. On en recense cette année près de 15 000, soit près du triple (il y en aura 100 000 en 1900). Le pays s'industrialise à marche forcée et il est en train de rattraper enfin son retard sur l'Angleterre. Le mérite en revient en grande partie à l'empereur Napoléon III, qui a donné à l'industrie les moyens financiers de son développement, de telle sorte que la France est devenue la première puissance industrielle d'Europe continentale. Grâce notamment à la profonde réorganisation du système bancaire, qui a vu naître le Crédit foncier de France et le Crédit mobilier des frères Pereire (1852), et, cette année, le Crédit industriel et commercial (CIC) – le Crédit lyonnais sera créé en 1863 et la Société générale en 1864 –, les capitaux ont pu être mobilisés. Les deux secteurs qui en ont le plus profité sont les transports et la construction, au point que les économistes parlent déjà de « Transport Building Cycle », cycle qui est en train de

s'achever. Le pays construit tellement que certaines villes sont méconnaissables. C'est le cas de Paris, à laquelle l'empereur vient d'annexer, par décret, onze communes périphériques et qui vient d'être subdivisée en vingt arrondissements. Préfet de la Seine depuis 1853, le baron Georges Haussmann est en train de faire procéder à des travaux pharaoniques, financés par le Crédit foncier et le Crédit mobilier, ainsi

> **En 1850, la France ne comptait que 5 300 machines à vapeur. On en recense cette année près de 15 000, soit près du triple !**

que par la Caisse des travaux de Paris, qui a été créée l'an dernier. La première tranche de travaux est achevée. Les édifices vétustes de l'île de la Cité ont été rasés en grande partie et, grâce au percement des axes Sébastopol/Saint-Michel/Rivoli, qui se croisent place du Châtelet, la ville se voit dotée d'une belle croisée nord-sud/est-ouest. La deuxième tranche est en voie de finition, dont le chantier le plus

spectaculaire est celui qui consiste à faire rayonner douze avenues depuis la place qui, abritant l'Arc de triomphe, sera baptisée en 1863 du nom de place de l'Étoile. Ces travaux, s'ils embellissent la ville et y facilitent les déplacements des habitants et des marchandises, ne font pourtant pas l'unanimité. La contrepartie est en effet que la vie y devient plus chère, trop chère pour tous ceux qui, quittant les campagnes, viennent s'installer en ville. L'exode rural est massif : en 1851, 74,5 % de la population était rurale ; un chiffre qui tombera à 65,2 % en 1881. Cette révolution économique n'est évidemment pas sans conséquences sociales. Napoléon III en est bien conscient, qui a autorisé, dès 1852, la création de sociétés de secours mutuel, permettant aux moins favorisés d'être assurés contre les accidents et les maladies. Que la liberté d'association ne soit pas autorisée ne paraît pas inquiéter l'empereur : auteur, en 1844, de l'*Extinction du paupérisme*, il est persuadé que la prospérité apportera le bien-être à la classe ouvrière.

Le chiffre-taxe est entré dans l'histoire

France, 1er janvier 1859

La perception des taxes pour les lettres non affranchies donnant lieu à des fraudes ou à des erreurs de comptabilité, un arrêté du 15 novembre dernier a créé le chiffre-taxe de 10 c. Émis aujourd'hui, il a été imprimé en lithographie par souci de rapidité. D'abord réservé au service rural, il sera étendu au service local dès le 1er juin (et imprimé en typographie à partir de février). Et les facteurs sont menacés de révocation s'ils distribuent des lettres non affranchies non revêtues de cette vignette. Le chiffre-taxe, qui ne sera appelé timbre-taxe qu'en 1947, est une invention française. Elle sera bientôt imitée en Europe et aux États-Unis.

Les maîtres de poste sont très inquiets

France, 1859

Toute une profession va-t-elle disparaître ? Les maîtres de poste sont de plus en plus inquiets de la concurrence que les chemins de fer font à la vieille poste aux chevaux. Un signal fort inquiétant leur a été donné cette année : l'édition annuelle du précieux « Livre de poste », et des cartes qui l'accompagnaient, a en effet été supprimée. Elle comprenait la liste des relais et des routes, indiquait les distances et mentionnait les tarifs. Le premier « Livre de poste » fut publié en 1708. Il y a un siècle et demi... Mais les maîtres de poste s'accrochent. Ils en appellent à l'opinion publique et au gouvernement. Et ils se font conseiller par des avocats. Leur représentant est Adolphe Dailly, le maître de poste parisien. Il est le signataire de la lettre du 30 janvier 1859 reproduite ci-contre. Elle est adressée à ses confrères, qu'il informe des conclusions de Me Gressier, leur nouvel avocat. Selon ce dernier, il ressort du dossier qui lui a été confié que « la pensée du gouvernement était que l'équité pour le présent et le passé, l'intérêt général pour l'avenir, voulaient que l'on fît quelque chose en notre faveur », la dernière proposition étant soulignée. Sans mettre en cause la bonne volonté dudit gouvernement, Dailly ne nie pas qu'il y a une « difficulté »...

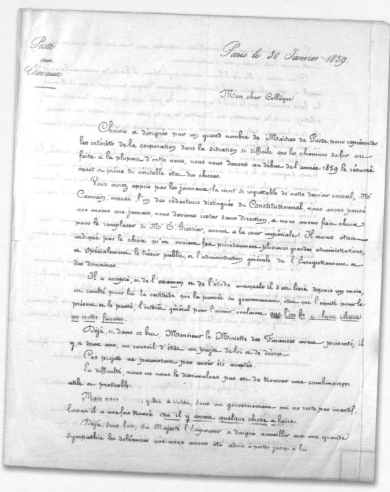

Correspondances avec valeur déclarée

Paris, 1859

Par la loi du 5 Nivôse an V (autrement dit le 26 décembre 1796), le Directoire avait interdit l'insertion de valeurs dans les correspondances. Mais, cette année, le Second Empire l'a rétablie : un service a donc été créé à cet effet. Toute valeur déclarée par l'expéditeur est dorénavant remboursable par le transporteur en cas de perte. Toutefois, ce n'est qu'en 1873 que l'expression « valeur déclarée » sera employée. Pour le moment, on parle de « valeur cotée ». Et le pli qui contient cette valeur est dit « chargé », comme le mentionne parfois d'ailleurs la marque postale. Il y aura des bizarreries dans l'histoire... Par exemple, une lettre présentée le 4 octobre 2003 à l'Académie de philatélie (et postée de Mulhouse en 1936, à destination de Zurich) indiquait un taux de remboursement supérieur à la valeur déclarée : 1 142 F contre 1 000 F.

L'irrésistible avancée des chemins de fer

En coupe, l'intérieur d'un bureau ambulant (wagon « petit modèle »). Pesant environ 10 tonnes charge comprise, ce modèle était beaucoup trop léger et trop instable.

France, 31 décembre 1859

L'inquiétude des maîtres de poste était fondée : le développement des chemins de fer paraît irrésistible, et avec eux celui du service des ambulants. Les chiffres ne laissent pas d'être éloquents. En 1859, ce sont 9 061 km de lignes ferroviaires qui auront été exploités, contre 3 872 en 1852, soit plus du double. Le nombre de voyageurs transportés a, lui aussi, plus que largement doublé : 22,6 millions en 1852, 52,5 millions en 1859. Il faut dire que les chemins de fer constituent l'une des grandes ambitions de l'Empire, et la France fourmille de chantiers. C'est ainsi qu'à Bordeaux, un jeune ingénieur âgé de 27 ans s'est fait remarquer par son génie technique et son sens de l'organisation. Diplômé de l'École centrale des arts et manufactures, il a été engagé par un industriel, Charles Nepveu, qui lui a confié la direction de la construction du pont ferroviaire métallique qui doit traverser la Garonne pour relier Paris à Hendaye. Longue de 511 m, cette merveille sera livrée l'année prochaine, l'ingénieur se faisant fort de respecter le calendrier établi par le cahier des charges. Il s'appelle Gustave Eiffel. Mais qui dit développement du rail dit également petits et gros problèmes d'intendance... Par exemple, les usagers sont de plus en plus nombreux à se plaindre des interminables files d'attente aux guichets. Alors des idées germent pour y remédier. L'une d'entre elles mérite que l'on s'y arrête. Il suffirait, selon ses promoteurs, de créer une billetterie sur le modèle des timbres-poste : la vente des billets de place dans les bureaux de tabac désengorgerait les guichets. Mais une objection a d'ores et déjà été soulevée : les compagnies étant multiples, qui assurera la gestion et la répartition de la recette ?

France, 1860
François Charles Oberthur, imprimeur à Rennes, obtient l'exclusivité de la fabrication de *L'Almanach des Postes* pour une durée de dix ans, après que l'imprimerie Mary-Dupuis s'est révélée incapable de faire face à ses engagements.

Paris, 15 janvier 1860
Dans une lettre publiée par *Le Moniteur*, Napoléon III écrit « qu'il faut multiplier les moyens d'échange pour rendre le commerce florissant ; que sans commerce l'industrie est stationnaire et conserve des prix élevés qui s'opposent aux progrès de la consommation ; que sans une industrie prospère qui développe les capitaux, l'agriculture elle-même demeure dans l'enfance ».

Europe, 23 janvier 1860
Signature d'un traité de libre-échange entre la France et l'Angleterre.

Turin, 24 mars 1860
Par le traité de Turin, consécutif à la campagne d'Italie, la France reçoit la Savoie et le comté de Nice. Ce rattachement sera accepté massivement par les Savoyards et les Niçois par référendum et validé par un sénatus-consulte le 12 juin.

Liban, 30 août 1860
Débarquement d'un corps expéditionnaire français pour protéger les chrétiens maronites contre les Druzes.

Pékin, 18 octobre 1860
Cinq jours après que le corps expéditionnaire franco-britannique s'est emparé de la ville, Lord Elgin ordonne le sac du palais d'Été.

Paris, 24 novembre 1860
Premiers signes de démocratisation du régime : le corps législatif obtient le « droit d'adresse », qui permet aux députés de critiquer le pouvoir impérial, et les journaux peuvent publier la sténographie des débats des deux assemblées.

États-Unis, 20 décembre 1860
À la suite de l'élection de l'anti-esclavagiste Abraham Lincoln à la présidence des États-Unis, la Caroline du Sud proclame son indépendance.

L'Empire colonial français prend forme

Nouméa, 1er janvier 1860
L'un des hommes les plus importants du régime s'appelle Justin de Chasseloup-Laubat. Âgé de 54 ans, ce rejeton d'une famille de la noblesse saintongeaise a le désordre en horreur. Il a soutenu Guizot à la fin de la monarchie de Juillet, il a combattu les insurgés de 1848, il a été au Parlement l'un de ceux qui ont approuvé le coup d'État du 2 décembre. Mais Chasseloup-Laubat est un esprit libre. Lorsqu'il considère que le gouvernement qu'il soutient commet des erreurs, en matière de finances notamment, il le dit haut et fort. Ce qui aurait

En attendant le timbre officiel, un sergent grave un 10 c en Nouvelle-Calédonie.

pu compromettre sa carrière politique. Or Napoléon III a compris qu'il ne pouvait se passer d'un homme tel que lui : il en a fait son ministre de l'Algérie et des Colonies le 24 mars dernier. Et ce portefeuille est loin d'être honorifique ! Ainsi le ministre, traduisant la pensée de son maître, dit : « C'est un véritable empire qu'il faut créer. » Un empire colonial qui est en train de s'agrandir. La Nouvelle-Calédonie a été annexée en 1853 par le contre-amiral Febvrier Despointes. En 1854, le chef de bataillon Faidherbe a entrepris l'unification territoriale, administrative et économique du Sénégal, et Dakar a été fondée sous son autorité en 1857. Enfin, en 1858, l'escadre de l'amiral Rigault de Genouilly est entrée dans les eaux de la Cochinchine pour en préparer la conquête... Une vraie politique coloniale s'est mise en place, qui trouve son expression symbolique dans le type Aigle des colonies, dont les premiers exemplaires ont été mis en circulation l'année dernière, le Sénégal et les Antilles ayant été servis les premiers. La planche des 10 c comporte une anomalie : trois timbres y sont « couchés », suite à une erreur de positionnement (*cf.* détail de la planche, à gauche). Mais les livraisons se faisant attendre, les autorités de la Nouvelle-Calédonie ont émis aujourd'hui leur propre timbre, à l'effigie très approximative de l'empereur. Ce n'est évidemment pas un chef-d'œuvre artistique et technique, comme le démontre ci-dessous le détail d'un bloc de 25 timbres. On a fait avec les moyens du bord ! C'est un « marsouin », le sergent Louis Triquera, qui a réalisé en lithographie ce 10 c des plus curieux, aucune des gravures exécutées sur la pierre n'étant pareille à l'autre. Le « Triquera » sera vite détrôné par l'Aigle.

Le drapeau tricolore est hissé à Pouébo, en 1853 : la Nouvelle-Calédonie, découverte en 1774 par Cook, est désormais française.

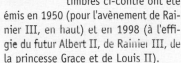

Les princes de Monaco aiment les timbres

Le Rocher à la fin du XIXᵉ siècle. En haut : le 1 c émis au mois de septembre 1885.

Monaco, mars 1860

À la suite de la cession à la France, par le royaume de Sardaigne, de la Savoie et du comté de Nice, l'administration française reprend pied sur le Rocher et impose l'usage de ses timbres, l'oblitération utilisée étant à losanges petits chiffres 4222 et à losange gros chiffres 2387. En 1861, à la suite d'un référendum, le prince Charles III (1856-1889) cède à la France Menton et Roquebrune. En échange, Napoléon III, qui s'engage à construire une route reliant Monaco à Nice et à faire passer par le Rocher la ligne de chemin de fer reliant Nice à Gênes, reconnaît définitivement l'indépendance de la principauté, qui se place

alors volontairement sous sa protection. En outre, les deux États signent une union douanière, qui ne connaîtra qu'une crise importante au cours de son histoire : le général de Gaulle ayant pris ombrage, au nom des intérêts de la France, de la décision du prince Rainier de doter Monaco d'un statut fiscal privilégié, un conflit douanier éclatera entre Paris et Monaco, de sorte que, entre le 19 octobre 1962 et le 18 mai 1963, le tarif international sera appliqué dans leurs relations postales réciproques. Mais c'est à partir du 1ᵉʳ juillet 1885 que la principauté émet ses premiers timbres-poste. À l'effigie du prince régnant Charles III, ces 5, 15 et 25 centimes seront

suivis d'autres valeurs le mardi 8 septembre. Les timbres français, alors en vigueur sur le territoire, seront retirés de la circulation le 1ᵉʳ janvier suivant, à l'exception des 1 à 4 c et des entiers postaux, en service jusqu'au 31 mars, et des timbres-taxe, qui auront cours jusqu'en 1905. Loin d'être anodine, l'émission de ces timbres marque une étape importante dans l'histoire de ce petit État qui a eu fort à faire pour affirmer son indépendance depuis que François Grimaldi s'est emparé, en 1297, de la forteresse de Monaco. Placée sous la protection de l'Espagne en 1524, la seigneurie, qui devient principauté en 1612, entre sous la coupe de la France en 1641, époque à laquelle est créé le bureau postal de Monaco, soumis aux règlements français de la Ferme générale des postes. Au XVIIIᵉ siècle, Menton, ville monégasque comme Roquebrune depuis 1331, est dotée d'un bureau secondaire. Annexé au département des Alpes Maritimes en 1793, le Rocher se voit, après la chute de l'Empire, imposer le protectorat du roi de Sardaigne. En 1818, l'administration postale sarde s'installe donc à Monaco où, dès le 1ᵉʳ janvier 1851, elle diffuse ses premiers timbres, à l'effigie du roi Victor-

Emmanuel II. À partir de 1885, la principauté émettra donc ses propres figurines. Viendront à partir des années 1920 de nombreuses séries, de qualité d'autant plus remarquable que les princes régnants seront de fins collectionneurs. C'est ainsi qu'Albert Iᵉʳ (1889-1922) constituera en collection philatélique les Archives du Palais, collection qu'enrichira Louis II (1922-1949). Mais c'est surtout son petit-fils, Rainier III (1949-2005), qui donnera la plus grande impulsion aux émissions de timbres monégasques et qui fera de la collection princière l'une des plus appréciées du monde. Il sera l'initiateur du musée du Timbre du Palais Princier un an après son avènement, de la Commission consultative de sa collection en 1987, et enfin du musée des Timbres et des Monnaies (1996). Les deux timbres ci-contre ont été émis en 1950 (pour l'avènement de Rainier III, en haut) et en 1998 (à l'effigie du futur Albert II, de Rainier III, de la princesse Grace et de Louis II).

Quatre maîtres de la taille-douce ont créé ce bloc imprimé en 2004 par l'Imprimerie des timbres-poste et des valeurs fiduciaires de Périgueux : le Français Pierre Albuisson, les Suédois Czeslaw Slania (d'origine polonaise) et Martin Mörck, et la Française Elsa Catelin.

Affiche commémorant l'Exposition philatélique internationale de Monaco (1928).

Son père, marchand de timbres-poste reconnu par le monde de la philatélie, espérait le voir embrasser une carrière d'avocat. Mais Bertrand Sinais avait la passion... et il est devenu négociant en timbres ! Personnalité incontournable de la philatélie française, il était particulièrement bien placé pour brosser le portrait-type du collectionneur de timbres. Un portrait-type qui se décline en plusieurs variantes. En effet, si la philatélie peut être un bon placement, c'est d'abord un plaisir, et Bertrand Sinais explique qu'avec un investissement minime, chacun peut se constituer une très belle collection... pour le plaisir !

« Il existe en France une vraie philatélie populaire. On estime à deux millions le nombre de personnes sensibilisées à la philatélie. »

■ Comment devient-on philatéliste ?

Comme la plupart des enfants, le philatéliste a commencé en ramassant les timbres qui traînaient sur les enveloppes ou ceux qu'on lui a donnés. Il a progressé petit à petit, en ne se contentant plus d'être tributaire des dons divers des amis ou de la famille, et il a acheté des timbres pour maîtriser le destin de sa collection. Il lit les revues philatéliques, il va chez les marchands de timbres. Et s'il a la chance d'habiter la région parisienne, il va au Carré Marigny, qui est une très bonne école avec cet avantage d'être situé en plein air. Vous n'avez pas à pousser la porte des magasins qui sont quelquefois un peu intimidants pour des débutants. C'est un lieu pittoresque, une survivance du passé qui date de la fin du Second Empire. Avec l'âge, les études, la vie professionnelle et familiale, notre philatéliste abandonne sa passion dans neuf cas sur dix. Il s'y remet vers quarante-cinq ans sur des bases beaucoup plus solides et matures, tout en disposant de plus de temps et de moyens financiers plus importants.

■ Est-ce obligatoirement un homme ?

C'est d'abord et avant tout une passion masculine, une passion qui engage quelquefois pas mal d'argent sans toujours aboutir à un résultat franchement très joli. Les hommes sont plus volontiers portés vers ce genre de construction intellectuelle. Les femmes, elles, se tournent plutôt vers les collections plus esthétiques et visuelles comme les cartes postales ou les collections thématiques.

■ Faut-il être riche pour démarrer une collection de timbres ?

Certainement pas. Mais il faut avoir du temps... et de la passion. On peut faire une collection intéressante sur un sujet pointu. Par exemple en faisant une étude poussée sur un seul timbre, un timbre d'usage courant. En prenant la Marianne de Lamouche [la Marianne dite « des Français », émise le 10 janvier 2005], vous pourrez collectionner des variétés, c'est-à-dire les défauts d'impression, des lettres avec tous les tarifs, les prêts-à-poster, etc. Vous vous constituerez alors un petit ensemble original et pas très cher. Vous pourrez également collectionner des lettres et des timbres liés à une période donnée de l'histoire de France : la guerre d'Algérie, par exemple. Il y a beaucoup de lettres, naturellement, mais aussi quelques timbres qui évoquent certains épisodes particuliers, comme des timbres surchargés par l'OAS en édition clandestine ou les timbres français surchargés EA [État algérien] au moment de l'indépendance. Vous pourrez également vous tourner vers les grands thèmes, comme le cyclisme ou le football. Dans les années 1980, j'ai vu à Chicago une magnifique collection américaine sur le thème de la mort dans le timbre : cela commençait avec Abel et Cain, et se finissait avec les assassinats de John F. Kennedy, de Martin Luther King ou de Robert Kennedy. Tous les grands personnages de l'histoire mondiale assassinés étaient présents ! Et il n'y avait pas que des timbres : il y avait des épreuves de luxe, des lettres rares, etc. Par contre, si on veut acquérir certains standards, cela peut coûter très cher. Là, il faut sortir l'argent, quoi qu'il arrive. On ne les trouvera jamais pour rien : on a peu de chance de payer une Rolls le prix d'une 2 CV ! Il existe néanmoins en France une vraie philatélie populaire. On estime à deux millions le nombre de personnes sensibilisées à la philatélie. Pour démarrer, quelques centaines d'euros suffisent, et une somme de 50 euros par mois consacrée à l'enrichissement de la collection permet de choisir la belle qualité. Il faut se méfier des « bons coups » et surtout être humble : la chasse au «chopin», le timbre sous-valorisé, recèle plus de pièges que de bonnes surprises.

Bertrand Sinais en quelques dates

1953 : Naissance à Paris.
1975 : Employé à la maison Maury.
1977 : Doctorat d'histoire contemporaine sur le « Service national militaire français en Orient de 1915 à 1923 » à la Sorbonne Paris-IV.
1979 : Employé à la maison Image Document à Paris, spécialité « Histoire postale ».
1980 : Première vente sur offre en nom propre.
1994 : Secrétaire général de la CNEP (Chambre syndicale française des négociants et experts en philatélie).
1997 : Expert près de la cour d'appel de Paris.
1999 : Membre de l'Académie de philatélie.
2001 : Collaborateur du catalogue Yvert et Tellier.

▌ Y a-t-il des trésors qui dorment encore dans les greniers ?

Personnellement, j'en doute fort, mais le mythe du trésor caché a la vie dure. Pourtant, depuis 150 ans, la chasse aux archives a vidé les greniers de France. Il n'y a plus rien. Imaginez que, déjà, dans les années 1880, le grand collectionneur et négociant Arthur Maury avait envoyé une circulaire à tous les notaires de France en précisant : «Je suis intéressé par toutes lettres affranchies avec des timbres, autres que bleus.» La découverte d'une archive «nature» [collection non pillée] et marquante est devenue très rare.

▌ La philatélie est-elle en danger ?

La philatélie a connu beaucoup de hauts et de bas. Les crises économiques, notamment celle de 1929, et les guerres ont failli lui porter un coup fatal. Elle s'en est relevée. Depuis 1980, je n'ai pas connu de bas très forts dans mon activité, sauf peut-être en 1993-1994. Aujourd'hui, le mal qui la guette, c'est plus la désaffection grandissante des jeunes. La philatélie est perçue comme trop statique. La grande question du moment est : La philatélie va-t-elle mourir dans quinze ans à ce rythme-là ? Quant à moi, je ne le pense pas. Parviendra-t-on à maintenir une philatélie populaire ou deviendra-t-elle un commerce de luxe de pièces rares ? Je ne sais pas. On n'a pas encore assez de recul. J'imagine mal cependant la philatélie disparaître parce quelle est structurée depuis plus d'un siècle et demi. Je ne la vois pas disparaître, non.

▌ La philatélie est-elle un bon placement ?

On ne peut réellement gagner de l'argent avec une collection de timbres que si on est un amateur très averti. C'est-à-dire qu'il faut savoir acheter un lot qui va prendre de la valeur parce qu'il est assez rare et qu'il sera commercialement recherché plus tard. Ceci dit, il existe aussi des timbres relativement rares qui n'intéressent personne ! La rareté n'est pas un critère absolu. Pour anticiper, il faut avoir du flair et des connaissances. Primo, ne pas acheter des timbres que tout le monde peut acheter, sauf pour son plaisir. Je pense en particulier aux abonnements à La Poste. On ne peut pas penser gagner des mille et des cents avec de tels achats : il y a 110 000 acheteurs par correspondance et 600 000 réservataires dans les bureaux de poste. Ce type de collection, c'est ce que j'appellerai la «collection plaisir». Les timbres de France sont en effet jolis, aussi bien en héliogravure qu'en taille-douce. D'ailleurs, La Poste, en proposant ces nouveautés, ne met pas en avant le côté «placement», mais le côté «collection» ou «beaux timbres». Le bon investisseur, en revanche, est un vrai connaisseur. Il lit les revues philatéliques et achète les ouvrages qui traitent de sa collection, à commencer par les catalogues naturellement.

▌ Le commerce des timbres sur Internet est en pleine explosion. Menace-t-il directement l'activité de négociant ?

Naturellement, Internet est une source d'inquiétude, puisque n'importe qui peut vendre n'importe quoi sans contrôle ni garantie, sans déclaration ni impôts. La période est floue. Mais le plus grave reste cette absence totale de recours des particuliers. Que faire quand vous recevez un lot qui ne correspond pas du tout à la qualité que vous êtes en droit d'attendre ? Un négociant qui a pignon sur rue ne peut agir de la sorte. Il y a toujours un recours. Ne serait-ce qu'à la chambre syndicale dont il fait partie et qui possède une commission des litiges. On résout pratiquement neuf cas sur dix. Il faut dire qu'en général, un négociant mis à l'index par la chambre syndicale cède.

▌ À combien estime-t-on la plus belle collection de timbres en France ?

Disons que certains milieux autorisés de la philatélie font courir des estimations sur une collection privée pouvant approcher les 15 millions d'euros. Il s'agit, paraît-il, d'une collection exceptionnelle. Mais il y a plusieurs personnes dont les collections tournent autour du million d'euros.

(Entretien réalisé en juillet 2005.)

La vente sur offres est l'une des clés du négoce des timbres… et de la philatélie !

Une collection de timbres au début du XXe siècle : album Lemaire (1902).

Découper sans les ciseaux

Exemple de piquage des frères Susse.

Exemple de piquage de Clamecy.

Paris, 8 janvier 1861
Anatole-Auguste Hulot rechigne à introduire en France la machine à denteler inventée par l'Irlandais Henry Archer et que les postes anglaises utilisent depuis 1854. Mais le public est très demandeur, ce qui explique pourquoi se multiplient, un peu partout, les initiatives privées pour piquer les timbres et faciliter leur découpage. Les frères Susse, les célèbres papetiers de la place de la Bourse, ont fait breveter une machine à perforer les feuilles de timbres, de telle sorte qu'ils « se détachent d'eux-mêmes à mesure des besoins et que l'on fait en cinq minutes le travail d'une heure », comme l'affirme

une publicité. Ce qui, en tant que bénéficiaires de la remise de 2 % consentie aux vendeurs agréés, leur permet de proposer des timbres pointillés sans augmentation de prix. Parmi les autres essais de piquage, il faut mentionner celui d'un postier de Clamecy (Nièvre), M. Galimard. Comme tous ses confrères, il touche une ristourne de 2 % sur la vente des timbres. Pour gagner du temps et en vendre le plus possible, il a ainsi imaginé de son côté un procédé consistant à les prédécouper en zigzag (sans enlever de papier donc, contrairement au système d'Archer ou des frères Susse). Mais le procédé de M. Galimard est strictement personnel !

Oscar Berger-Levrault

Décédé en septembre 1903 à l'âge de 78 ans, Oscar Berger-Levrault était l'héritier d'une famille d'imprimeurs remontant à 1676, avec l'ouverture à Strasbourg d'une librairie par Frédéric Guillaume Schmuck, dont l'un des successeurs, Nicolas Levrault, imprimera l'édition trilingue du Code Napoléon. Repliée en 1871 à Nancy, la maison Berger-Levrault, aujourd'hui spécialisée dans les ouvrages et logiciels destinés aux collectivités administratives, fut notamment le premier éditeur de Charles de Gaulle. Oscar Berger-Levrault a été l'un des fondateurs de l'Alliance provinciale des industries d'arts, association regroupant les membres de l'École de Nancy.

Le service postal ira jusqu'au Mexique

Paris, 22 juillet 1861
Un décret impérial consacre la convention postale signée entre la Compagnie générale transatlantique et l'État. Cette convention, par laquelle les frères Isaac et Émile Pereire, propriétaires de la compagnie, s'engagent à assurer une liaison postale entre Paris et New York, prévoit un autre service en direction de Veracruz, au Mexique. Ce service n'est certes pas dépourvu d'arrière-pensée. En effet, Napoléon III veut profiter de la guerre de Sécession, qui vient juste d'éclater aux États-Unis, pour installer un empire catholique au Mexique et faire pièce à la doctrine Monroe, doctrine selon laquelle le continent américain serait la chasse gardée de Washington... Ce projet est vivement soutenu par le duc de Morny, frère utérin de l'empereur, mais pour des raisons de moins haute politique : Morny est très intéressé à la réalisation d'une vaste spéculation financière sur la dette du Mexique ! Quoi qu'il en soit, le décret du 22 juillet 1861 est une pierre de plus dans le gigantesque empire industriel et financier des frères Pereire, dont la fortune est estimée à quelque 200 millions de francs-or. Précisons que la Compagnie générale transatlantique est le nouveau nom de la Compagnie générale maritime qu'ils ont créée en 1855.

Au service de l'empereur

Paris, 25 mai 1861
Pour succéder à Auguste Stourm, élevé à la dignité de sénateur, le gouvernement a choisi Édouard Vandal, un haut fonctionnaire des Finances. Dès sa première circulaire, le nouveau directeur général des Postes rappellera que « les obligations de l'administration des Postes envers le souverain et le public sont considérables ». Et dévoué à l'empereur, Vandal le sera. Au point qu'il sera accusé, non sans motifs, d'avoir été l'artisan de la réactivation de l'une des institutions les plus funestes de l'Ancien Régime et de la Restauration : le fameux « cabinet noir » où étaient ouvertes les correspondances privées susceptibles de nourrir les œuvres de basse police. Lors d'une mémorable séance du Corps législatif, le 22 février 1867, un courageux député, Eugène Pelletan, l'interpellera à ce sujet. Les dénégations de Vandal ne convaincront guère ses accusateurs...

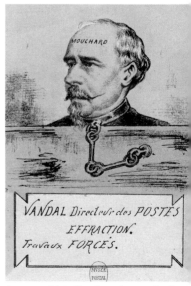

Les pamphlets fleuriront lorsque le directeur général des Postes sera accusé de violer le secret de la correspondance.

Une effigie laurée pour Napoléon III

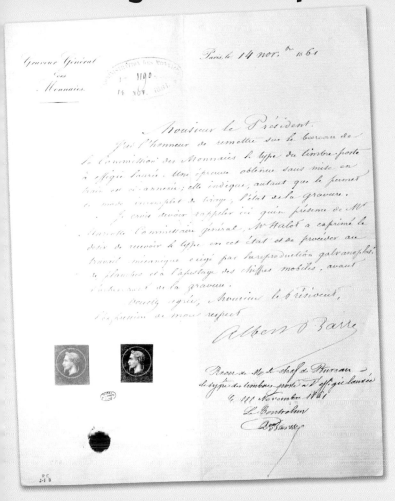

Paris, 14 novembre 1861

Albert Barre adresse une lettre au président de la commission des Monnaies, à laquelle est jointe l'épreuve du nouveau type décidé par décret le 7 juin dernier. Ce type, c'est l'Empire lauré, prévu pour les timbres de 2 et 4 c, non encore émis dans l'ancien type et destinés à l'affranchissement des journaux et imprimés. Les victoires remportées à l'étranger par Napoléon III ont justifié la création, par le graveur général, de cette effigie où l'empereur est ceint d'une couronne de lauriers, conformément à une tradition romaine déjà reprise par Napoléon Ier. Il faut en effet rappeler que, bien qu'ayant promis d'être l'empereur de la paix, le neveu du vainqueur d'Austerlitz n'a pas dédaigné les gloires militaires... Ainsi, Napoléon III s'est engagé aux côtés des Anglais dans la guerre de Crimée contre les Russes, guerre achevée victorieusement le 10 septembre 1855 par la prise de Sébastopol, puis il a personnellement commandé le corps expéditionnaire français en Italie et battu les Autrichiens à Magenta et à Solférino, les 4 et 8 juin 1859. Par cette campagne, l'empereur des Français a puissamment contribué à la réalisation de l'unité italienne sous la houlette de Victor-Emmanuel II, le « roi gentilhomme » de Sardaigne qui a été fait roi d'Italie le 14 mars dernier.

Indépendante depuis 1830, la Grèce a demandé à la France de lui fournir son premier timbre-poste. C'est Albert Barre qui l'a gravé. D'où une évidente ressemblance avec les types Cérès ou Empire... L'effigie représente Hermès, dieu des commerçants et des navigateurs dans l'Antiquité hellénique. Les premières planches ont été imprimées en 1861 à Paris, mais, dès novembre, les galvanotypes ont été transférés à Athènes, où s'est poursuivie l'impression. Ce premier type Hermès (il y en aura un second en 1886) sera émis jusqu'au début des années 1880 dans des valeurs allant de 1 lepton à 80 lepta. Quant aux oblitérations, elles seront datées conformément au calendrier julien jusqu'en 1916.

Le premier catalogue est enfin publié

Paris, 21 décembre 1861

Éditeur, négociant en timbres et auteur d'ouvrages d'inspiration bien parisienne, le très éclectique Jean-Baptiste Moens avait annoncé en janvier dernier la parution prochaine de ce qui aurait dû être le premier catalogue de timbres-poste. Mais il a été devancé par Alfred Potiquet, un collectionneur érudit qui fait aujourd'hui paraître la première édition de son *Catalogue des timbres-poste créés dans les divers États du monde* (en illustration : l'édition de 1862), pour le bonheur des timbrophiles. Potiquet y répertorie 1 080 timbres et 130 enveloppes. Du coup, ce n'est qu'en 1862 que Moens publiera son *Manuel du collectionneur de timbres ou nomenclature générale de tous les timbres dans les divers pays de l'univers*. Un titre pour le moins ronflant pour un livre dont Moens, que l'on dit analphabète, n'a probablement pas écrit la moindre ligne, et dont le véritable auteur est sans doute son dévoué collaborateur, Louis Hanciau... Le rusé Moens ne manque toutefois pas d'idées, et, en 1864, il réalisera une première mondiale en publiant un catalogue illustré. C'est un ouvrage très sérieux et remarquablement documenté (et illustré) que donnera de son côté un éditeur nancéien on ne peut plus scrupuleux, Oscar Berger-Levrault. Toutefois, son ouvrage ne verra le jour qu'en 1867, sous le titre de *Les Timbres-poste, catalogue méthodique et descriptif de tous les timbres-poste connus,* et au prix de 3,25 F. Berger-Levrault avait, en fait, établi une première liste confidentielle dès le mois de septembre dernier.

Jean-Baptiste Moens voulait être le premier. Alfred Potiquet a été le plus rapide...

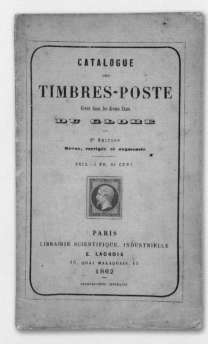

La poste militaire a fonctionné au Liban

France, 1861

Les campagnes militaires extérieures du Second Empire ont trouvé leur attestation sur les marques postales des lettres envoyées depuis les différents théâtres d'opération, les bureaux militaires utilisant des cachets à date spécifiques. Ce fut déjà le cas pour la guerre de Crimée, les cachets portant la mention « Armée d'Orient ». Ce le fut aussi pour la campagne d'Italie contre l'Autriche, avec les mentions « Armée des Alpes » d'abord, puis « Armée d'Italie ». Un autre cachet postale militaire a été employé cette année et l'année dernière, avec un cachet « Corps expéditionnaire de Syrie » et une oblitération comportant le sigle « CESA » inscrit dans un losange. L'empereur avait envoyé en août 1860 une armée au Liban pour protéger les chrétiens persécutés par les Druzes. Mission accomplie, elle a rembarqué le 5 juin de cette année.

France, 1er janvier 1862
Le poids du premier échelon de la lettre passe de 7,5 à 10 g inclus. Le tarif postal reste à 20 c.

Londres, octobre 1862
Parution du *Stamp Collector's Monthly Advertiser*, le premier journal philatélique au monde.

France, 1er janvier 1863
Le tarif de la lettre affranchie (née et distribuable dans la circonscription d'un même bureau) est fixé à 10 c. La lettre non affranchie est à 15 c.

Bruxelles, 15 février 1863
Parution du premier journal philatélique de langue française : *Le Timbre-poste*, créé par le négociant Jean-Baptiste Moens.

Genève, 17 février 1863
Henri Dunant crée le Comité des Cinq, qui deviendra le Comité international de la Croix-Rouge.

Mexique, 30 avril 1863
À Camerone, 65 légionnaires français, sous les ordres du capitaine Jean Danjou, opposent une résistance héroïque à plus de 2 000 Mexicains. Seuls huit légionnaires survivent.

France, 9 mai 1863
Adoption d'une loi sur les levées exceptionnelles. Elle établit une surtaxe permettant de faire profiter le public des dernières limites d'heure pour les lettres.

Paris, 11 mai-8 juin 1863
Première Conférence postale internationale à l'Hôtel des postes, à l'initiative du *Postmaster general* des États-Unis, Montgomery Blair.

France, 25 mai 1864
Adoption d'une loi accordant le droit de grève.

Londres, 28 septembre 1864
Fondation de l'Association internationale des travailleurs (ou Ire Internationale).

France, 4 décembre 1864
Deux décrets des 17 novembre et 4 décembre réorganisent les services postaux. Le directeur comptable du département devient receveur principal ; les directeurs de bureaux, receveurs.

M. Hulot fait échec aux entiers postaux

Paris, 1862
Les entiers postaux, soit des enveloppes sur lesquelles le timbre a été imprimé et qu'il suffit de jeter dans la boîte, verront-ils bientôt le jour ? L'idée est dans l'air depuis un certain temps et le gouvernement impérial y est favorable. À ses yeux, ces enveloppes prétimbrées et prêtes à poster seraient pour le public « une facilité nouvelle pour l'envoi de ses correspondances », comme du reste il le rappellera aux députés et sénateurs, le 13 janvier 1863. Non seulement l'idée est dans l'air, mais encore elle n'est pas nouvelle. Il faut en effet savoir qu'en Angleterre, un entier postal fut mis en vente dès le 1er mai 1840 (il ne fut toutefois utilisable que le 6 mai). Mais cette enveloppe prétimbrée, décorée par le peintre irlandais William Mulready, ne devait pa résister au succès du fameux « blac penny »... En France, c'est Albert Barr qui, cette année, a pris l'initiative d proposer des entiers postaux avec u timbre imprimé en relief. Ses essais on abouti à l'impression, dans des teinte diverses, d'un timbre à 5 c rond et d'u autre à 10 c ovale. Malgré leur qualit esthétique et technique, ils n'ont pa l'heur de plaire à Anatole Auguste Hulot Selon lui, les enveloppes prétimbrées d Barre sont trop sujettes à des contrefa çons. Il entreprendra de le prouver en e faisant réaliser lui-même, par surmoulag des vignettes et par report sur matrice ses impressions, quoique moins belles moins fines et moins nettes que celle du graveur général (et donc parfaitemen identifiables en tant que contrefaçons) n'en suffiront pas moins à faire écarte la proposition d'Albert Barre.

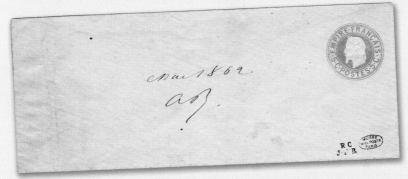

Essai d'entier postal à 5 c, daté par Albert Barre et revêtu des initiales de sa signature.

Les timbres français sont enfin dentelés

France, août 1862
Cette fois, ça y est ! Les premiers timbres dentelés sont mis en vente. Ce sont des types Empire à 20 c. Mais il a fallu une décision ministérielle, le 23 décembre 1861, pour décider Anatole Auguste Hulot à faire bénéficier le public d'un progrès aussi peu contestable... Pour ce faire, la Monnaie de Paris a été équipée de machines à vapeur au fonctionnement compliqué. Il consiste à fixer cinq feuilles de timbres sur une planchette pourvue de petits trous et à rabattre mécaniquement dessus une autre planchette munie, elle, de petits poinçons d'acier (les « dents ») venant s'encastrer dans les trous correspondants. La perforation complète (le « piquage ») de ces cinq feuilles se fait en deux temps. Toutefois, le réglage des rangées de dents n'étant pas rigoureusement égal d'une machine à l'autre, des variations ont pu être constatées dans les dentelures, certaines n'étant pas parfaitement centrées et mordant parfois sur les timbres eux-mêmes. Pour mémoire, rappelons qu'une solution fort astucieuse, mais sans lendemain, avait été brevetée à Dijon : ce n'était pas une machine à perforer, mais à découper, consistant à dévider un rouleau de timbres sous un tranchoir qui, par un système de ressort, coupait les timbres les uns après les autres.

Ce timbre sera utilisé jusqu'en 1870 et tiré au total à 1 100 000 000 d'exemplaires.

Le Second Empire au faîte de sa gloire

L'Empire réimprime la République

Le premier timbre émis du type Empire lauré, dessiné et gravé par Albert Barre.

Le dessin original du projet Cabasson.

France, décembre 1862

Le premier timbre du type Empire lauré est émis, symbolisant en quelque sorte l'apogée du régime : victorieuse partout à l'extérieur, agrandie de la Savoie et de Nice depuis 1860, la France ne peut toutefois deviner que son intervention militaire au Mexique, qui vient de commencer, tournera au désastre en 1867. C'est le 2 c brun Van Dick qui a donc été émis en premier. C'est sans conteste une belle réussite d'Albert Barre : par rapport à la précédente effigie, c'est un Napoléon III mûri qui se trouve ici représenté, avec sa moustache virilement cirée qui fera la joie des caricaturistes et sera imitée par tous les séides de l'Empire, tels que les a immortalisés Honoré Daumier dans son saisissant *Ratapoil*. Deux observations : le chiffre de la valeur faciale est beaucoup plus gros et plus lisible que sur les types antérieurs ; à l'ancienne inscription « . EMPIRE . FRANC . » a succédé la formule « EMPIRE – FRANÇAIS ». L'introduction du type Empire lauré a, comme par le passé, donné lieu à des propositions concurrentes. La plus célèbre est celle du graveur Sparre, d'après un dessin de Cabasson, artiste bien connu des Monnaies puisqu'il est l'auteur, avec son confrère Barret, du billet de 100 F émis cette année par la Banque de France. Le projet de Cabasson ne manquait certes pas d'ambition ni d'allure, avec une effigie travaillée, deux rangées verticales d'abeilles rappelant la symbolique napoléonienne et, dans les quatre coins de la vignette, un N majuscule transformé en chiffre III romain. Un autre projet, celui de Bordes, sera présenté en 1867, mais sans rencontrer plus de succès.

Londres, décembre 1862

Le Post Office britannique a maintenant dans sa collection les timbres français émis sous la IIᵉ République et l'Empire. Sir Rowland Hill, qui a eu l'idée de constituer cette collection universelle, s'est adressé au début de l'année à toutes les postes étrangères. La France n'ayant pas conservé systématiquement les timbres qu'elle a émis, elle a donné satisfaction au secrétaire du Post Office en réimprimant ceux dont il ne restait pas d'exemplaires, la plupart de la IIᵉ République. Et la Commission des monnaies en a profité pour décider que, dorénavant, « une feuille spécimen de chaque nature de timbres-poste » serait conservée.

Pointillage

Pour désigner l'opération consistant à créer une dentelure par perforation, on parle de « piquage » ou de « pointillage ». Les deux termes ne sont pas tout à fait synonymes. Le premier, en effet, fait clairement référence à la perforation, tandis que le second se rapporte *stricto sensu* à la ligne de points constituée par cette perforation (et peut être appliqué à toute opération visant à former une ligne de points, perforés ou non). Le mot « pointillage » est d'ailleurs d'usage plus ancien que le mot « piquage ».

Napoléon III à Solferino (24 juin 1859) : une victoire qui lui a valu des lauriers postaux.

1848   1900   1950   2005

Le progrès en marche...

1 - Le patin à roulettes. Depuis le XVIIIᵉ siècle existent différents « patins à terre » inspirés du patin à glace. Le « rocking skate », inventé en 1863 par l'Américain James Leonard Plimpton, a un avantage : composé de quatre roues en bois montées sur deux essieux, il permet de tourner...

2 - Le métro. Le 20 janvier 1863, la première ligne de métropolitain est mise en service à Londres. Elle n'est longue que de 4 miles (6,5 km). Ce « train des égouts », comme disent les Londoniens, fonctionne à la vapeur, ce qui pose de sérieux problèmes d'aération. À Paris, la première ligne sera ouverte au public le 14 juillet 1900, reliant, en 10 km et 16 stations, la porte Maillot à la porte de Vincennes.

Les petits chiffres sont devenus gros

L'exemple de l'Angleterre fait école. Les administrations postales de plusieurs pays ont décidé de se doter de collections de timbres étrangers. Selon Arthur Maury, pour répondre à cette demande, la France leur a fourni en 1863 des exemplaires des nouvelles émissions (Empire lauré 2 c et 4 c), compostés avec la mention « spécimen » qui leur enlève toute valeur fiduciaire. Parfois vertical, ce compostage a également été appliqué, aux mêmes fins de collection, à différentes valeurs du type Empire non lauré, toujours selon Maury.

Paris, 7 septembre 1863

La multiplication des bureaux de poste a rendu obsolète la nomenclature établie en 1852. S'imposait donc une nouvelle numérotation, qui fut fixée en 1862 : de 1 à 4999 pour la France métropolitaine et de 5000 à 5999 pour l'Algérie et pour le Levant. Lorsque de nouveaux bureaux seront créés en métropole, leur numérotation commencera à 6000 (en fait, les numéros 5173 à 5999 ne seront jamais attribués). La réforme en a entraîné une autre : pour les bureaux de province, les losanges d'oblitération portent bien sûr leur nouveau numéro, mais inscrits en chiffres plus gros que les précédents qui avaient l'inconvénient de n'être pas toujours parfaitement lisibles. Entrés officiellement en vigueur le 1er janvier dernier, les losanges « gros chiffres » n'ont pas échappé, non plus, à la critique. Si un losange pourvu d'un numéro à quatre chiffres n'est pas correctement apposé au centre du timbre, le quatrième risque de disparaître : c'est ce qui est arrivé au 10 c reproduit ici, où l'on lit 257 au lieu de 2578... À Paris, c'est ce 7 septembre qu'a vu le jour la nouvelle nomenclature.

Ci-dessus : lettre postée au bureau de la place de la Bours (n° 1). Ci-contre : oblitération de Mulhouse (n° 2578).

Il y a maintenant 35 bureaux de poste dans la capitale, l'ancienne distinction entre bureau principal, bureau auxiliaire et bureau supplémentaire ayant été aboli le 18 juin dernier sur décision ministérielle. L'étoile à six branches du bureau central sera désormais utilisée dans tou les bureaux, avec un gros chiffre en so centre (de 1 à 35, puis à 40). Le burea central ne se distingue plus dès lors qu par le fait que, comme par le passé, so étoile reste « pleine », sans chiffre.

Le *Washington* a apporté les nouvelles à New York

La longueur et la largeur (13,1 m) du nouveau paquebot ont été calculées en fonction des capacités d'accueil du port du Havre.

New York, 28 juin 1864

La ligne Le Havre-New York est ouverte Conformément à la convention signée l 24 avril 1861, la CGT (Compagnie géné rale transatlantique) a inauguré la liai son régulière entre les deux continents Cet honneur est revenu au *Washington* paquebot construit à Glasgow dans le chantiers de la société John Scott & Co. sous la supervision de l'ingénieur fran çais Eugène Flachat. Propulsé par deu machines à simple propulsion actionna deux roues à aubes, complétées par un importante voilure, long de 105,40 m e affichant une vitesse de 13 nœuds, ce élégant navire fort confortablement amé nagé est parti du Havre le 15 juin, ave 67 passagers et, bien sûr, le courrier. L *Washington* est le premier d'une série d huit paquebots identiques, commandé par la compagnie des frères Pereire pou concurrencer la Cunard. Si les deux sui vants sont actuellement en constructio en Écosse, les cinq autres le sont, eu en France, aux chantiers de Penhoët. C sont l'*Atlantique,* le *La Fayette,* l'*Europe* le *France,* le *Nouveau Monde,* le *Panam* et le *Saint-Laurent*. Tout un programme

Un journal pour tous les collectionneurs de timbres

Paris, 15 septembre 1864

Si le premier catalogue de timbres était français (celui de Potiquet, en 1861), le premier journal spécialisé a vu le jour en Angleterre, en 1862 : édité par deux négociants de Liverpool, Edward Moore et Alexander Perris, c'était *The Monthly Advertiser*, bientôt rebaptisé *The Stamp Collectors Review and Monthly Advertiser*. En France, c'est un marchand parisien bien connu de tous les collectionneurs, Arthur Maury, qui inaugure aujourd'hui la presse timbrophilique française avec *le Collectionneur de timbres-poste*. Un journal mensuel où Maury pose publiquement cette bonne question : « Pourquoi la bibliothèque impériale des postes, les musées, n'ont-ils pas leurs collections de timbres-poste ? » Dans son éditorial, il précise que les lecteurs qui s'abonneront à son journal recevront gratuitement le catalogue dont il est en train d'assurer la publication. Parmi les rubriques qui devraient « fidéliser » les collectionneurs, on note « La hausse et la baisse », soit la cote permanente des timbres. Ce journal est aussi une excellente publicité pour la maison Maury !

Arthur Maury photographié à la fin de sa vie. À droite : le premier numéro du Collectionneur de timbres-poste. Prix : 10 centimes.

La philatélie, c'est une question de mots !

Paris, 15 novembre 1864

Georges Herpin n'est pas un dilettante. C'est même un collectionneur tellement sérieux qu'il entend désigner sa passion pour les timbres-poste par un mot juste et savant. C'est ainsi que dans *Le Collectionneur de timbres-poste* qui est paru ce 15 novembre 1864, il publie sous le titre de « Baptême » un article qui débute par une question : « N'est-il pas étrange que depuis six ou sept ans que l'on s'occupe de l'étude et de la recherche des timbres-poste on n'ait pas encore songé à donner un nom à cette attrayante occupation qui fait le bonheur des uns et la fortune des autres ? » Après avoir écarté le « terme légèrement injurieux » qu'est à ses yeux « timbromanie », il propose le néologisme « philatélie », forgé à partir des grecs *philos* (ami) et *ateleia*, un mot qui, selon lui, se rapporte à l'affranchissement (donc aux timbres-poste). Mais Georges Herpin fait une petite entorse à l'étymologie... En effet, *ateleia* désigne l'exemption d'impôts ou de charges, soit la franchise et non l'affranchissement ! Et les hellénistes d'observer que Georges Herpin eût été mieux inspiré en oubliant *ateleia* et en prenant *telos* (taxe, droit),

ce qui aurait alors donné « philotélie », terme que les Grecs ne manqueront pas de tenter de lui opposer. La plus célèbre revue philatélique grecque, que lancera en janvier 1924 Stephanos Macrymichalos, s'appellera précisément *Philotélia*. Il n'empêche que le contresens de Georges Herpin s'imposera progressivement, sera repris partout dans le monde et rendra caducs « timbrologie », « timbrophilie » et autres « timbromanie »... Et quant au très regretté « philotélie », il sera pour la Grèce le souvenir d'une bataille perdue.

Georges Herpin : un zéro pointé en grec ?

Arthur Maury

Fils d'un gantier parisien, Arthur Maury est né le 31 juillet 1844. C'est la parution du catalogue de Potiquet qui décida de sa vocation. Abandonnant très vite la ganterie pour le commerce des timbres de collection, il acquit une grande compétence dont témoigneront non seulement *Le Collectionneur de timbres-poste* et son catalogue, mais aussi les ouvrages qu'il a publiés. Outre sa monumentale *Histoire des timbres-poste français,* parue quelques mois avant sa mort, il est l'auteur de catalogues d'enveloppes, de cartes postales et de marques postales, ainsi que d'un ouvrage intitulé *Les Emblèmes et les drapeaux de la France. Le coq gaulois.* Décédé le 1er décembre 1907, Arthur Maury avait été accusé d'avoir commercialisé des faux dans un procès l'opposant à son confrère Victor Robert, en 1895.

Parution, le 15 novembre 1864, du premier numéro du Timbrophile, *journal créé par Pierre Mahé. Né en 1833 et issu d'un milieu modeste, Pierre Mahé s'est formé sur le tas au métier d'imprimeur avant d'entamer une brillante carrière de marchand de timbres en 1861. Son journal, qui traite de questions techniques de la façon la plus pointilleuse, se transformera en* Gazette des timbres *(1872) pour toucher le grand public.*

États-Unis, 9 avril 1865
La bataille d'Appomatox met fin à la guerre de Sécession. Le général Lee, commandant l'armée sudiste, capitule face au général Grant.

Washington, 14 avril 1865
Le président des États-Unis, Abraham Lincoln, est assassiné.

États-Unis, 18 décembre 1865
L'esclavage est aboli.

Europe, 23 décembre 1865
La France, la Belgique, l'Italie et la Suisse signent une convention monétaire : l'Union latine.

France, 1867
Arthur Maury crée la charnière pour fixer le timbre-poste.

France, 20 janvier 1867
Les députés obtiennent le droit d'interpeller le gouvernement.

Londres, 17 juillet 1867
Parution de *Das Kapital* (*Le Capital*), de Karl Marx.

Atlantique, 27 juillet 1867
Inauguration du premier câble télégraphique transatlantique.

France, 9 mars 1868
Le régime desserre son emprise sur la presse et met fin à la censure.

France, juillet 1868
Parution de la nouvelle *Instruction générale sur le service des postes*, qui remplace celle de 1856. Cette édition comprend 790 pages et 1578 articles.

Paris, 28 février 1869
Décès du poète Alphonse de Lamartine (*21.10.1790).

France, 24 mai 1869
L'opposition obtient près de 40 % des voix aux élections législatives.

France, 6 juillet 1869
Les réunions publiques sans but politique ne sont plus soumises à autorisation préalable.

France, 8 septembre 1869
Un senatus-consulte accroît les pouvoirs de l'Assemblée et du Sénat.

Égypte, 17 novembre 1869
Le canal de Suez est inauguré.

Ils s'arrachent leurs timbres aux Tuileries

Contrairement à ce que peut laisser croire cette gravure humoristique, les collégiens ne constituent pas la clientèle la plus nombreuse de la Bourse aux timbres, aux Tuileries.

Paris, 4 novembre 1865
Victorien Sardou est en train de se faire un nom. Il excelle dans les drames bourgeois où il ne manque pas de faire des allusions à la vie de son temps. C'est le cas de *La Famille Benoîton*, créé ce soir au Vaudeville. Il y est en effet question de la Bourse aux timbres qui, de façon on ne peut moins officielle, a lieu tous les jeudis et les dimanches au jardin des Tuileries, près de la statue de Diane, au grand dam des gardiens ! Et cela depuis 1860. Dans *Le Petit Journal* du 23 septembre 1863, un échotier non dépourvu d'humour, Timotée Trimm, avait offert à ses lecteurs une manière de reportage sur cette Bourse qui réunit trois à quatre cents collectionneurs : « Cette charmante gamine, qui ne se serait jamais préoccupée volontairement de la géographie, demandait à troquer un timbre d'Haïti contre un autre des Indes orientales. [...] Telle grande dame qui n'eût jamais consenti à adresser une demande à quelque autorité que ce fût, s'humiliait pour avoir un cachet de Batavia ou des provinces sibériennes. [...] On payait certains timbres-poste jusqu'à 100 F. »

Édouard Vandal veut privilégier l'usager

Paris, 26 janvier 1866
Édouard Vandal, le directeur général des Postes, connaît fort bien le ministère des Finances : il en a été le secrétaire général par intérim en 1852. Il a aussi dirigé les Contributions indirectes. Il sait donc que les Finances cherchent avant tout la rentabilité. Et il s'en inquiète. Dans un rapport adressé au ministre, il réclame que l'effort soit porté sur l'amélioration du service rendu à l'usager, l'équilibre budgétaire dût-il en souffrir. Les méthodes de tri doivent notamment être modernisées, ainsi qu'il a commencé à le faire. En 1864, il a créé, dans les principales gares, des ateliers de tri sédentaires, appelés « bureaux-gares », diminuant d'autant le nombre d'ateliers ambulants. Il souhaite également que la capitale soit dotée d'un nouvel Hôtel des Postes. Et, depuis deux ans, il réclame – toujours en vain – la fusion des Postes et des Télégraphes, afin de « vulgariser et démocratiser l'emploi d'un phénomène [le télégraphe] qui, jusqu'à présent, n'a prêté son concours qu'aux classes riches », restant « l'apanage de quelques villes favorisées ».

L'odontomètre du docteur Legrand

Paris, 1866
Le docteur Jacques Amable Legrand est un collectionneur très compétent. Sous le pseudonyme transparent de Docteur Magnus, il a d'ailleurs publié des articles remarquables dans *Le Timbrophile*. Pour donner une assise plus scientifique à la philatélie – un mot qu'il refuse d'adopter, s'en tenant à « timbrophilie » –, il a inventé l'odontomètre, un petit appareil qui mesure la dentelure des timbres-poste. C'est, en réalité, une sorte de règle qui indique le nombre de dents sur une longueur conventionnelle de 2 cm. L'odontomètre est formé de traits et de lignes de points : ainsi, lorsque l'on pose le timbre sur un trait, les points doivent remplir les vides créés par les dents, un chiffre correspondant en indiquant alors le nombre (sur 2 cm, donc). Instrument très utile pour caractériser et classifier les timbres, l'odontomètre sera universellement adopté. Les philatélistes doivent beaucoup au bon docteur Legrand : également spécialiste des filigranes, il sera, en 1874, l'un des fondateurs de la Société française de timbrologie.

Beau succès pour l'Exposition universelle qui s'est tenue à Paris du 1er au 3 novembre 1867. Un bureau de poste et de télégraphe y a fonctionné, l'administration ayant utilisé deux timbres à date particuliers (dont l'un constitué d'un cercle inscrit dans un hexagone) et un losange oblitérant avec les lettres EU en son centre. Ce succès est attesté par l'augmentation spectaculaire de la vente des timbres-poste dans l'ensemble des bureaux de la capitale en 1867 : 1 960 774 F de plus que l'année précédente.

Des timbres mobiles pour les journaux

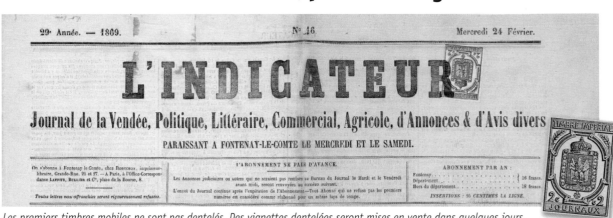

Les premiers timbres mobiles ne sont pas dentelés. Des vignettes dentelées seront mises en vente dans quelques jours.

Des accidents peuvent affecter les galvanotypes, entraînant des anomalies à l'impression. L'une d'entre elles est devenue fort célèbre : sur l'un des clichés du 20 c Empire lauré imprimé en 1868, une petite tache blanche en forme de corne s'est malicieusement posée juste sur le bout du nez de l'empereur... Cet accident a pour origine l'arrachement d'un fragment du dépôt galvanoplastique. D'autres anomalies font la joie des collectionneurs : le timbre où Napoléon III paraît fumer la pipe est apprécié !

France, 1er janvier 1869

La vie sera dorénavant plus simple pour les éditeurs de journaux. Jusqu'à aujourd'hui, et pour chaque exemplaire, il leur fallait acquitter un droit de timbre au fisc, acquittement que matérialisait un cachet apposé par l'administration départementale. La taxe postale était perçue en même temps que ce droit et était figurée par la couleur du cachet, droit et taxe variant selon que les journaux étaient édités à Paris ou en province, ou selon leur nature : politique ou non politique. Ce système obligeait les éditeurs à faire timbrer les feuilles des journaux avant leur impression, procédure fastidieuse et coûteuse. Grâce au décret du 19 décembre 1868, les éditeurs peuvent acheter des timbres mobiles à l'avance et les coller eux-mêmes. Ces « timbres impériaux » ont été gravés par Eugène Oudiné. Leur valeur fiscale, imprimée sur les vignettes, est de 2 c pour la province et de 5 c pour Paris et la Seine-et-Oise. Ils sont émis en trois couleurs différentes : violet s'ils n'ont qu'une valeur fiscale (c'est-à-dire lorsqu'ils ne sont pas distribués par la poste), bleu ou rouge quand ils ont aussi une valeur postale. Les bleus représentent une valeur postale de 2 c et s'appliquent aux journaux non politiques (ou aux journaux politiques dans le régime local) ; les rouges, d'une valeur postale de 4 c, concernent les journaux politiques dans le régime général. Une discrimination on ne peut plus significative !

1848   1900   1950   2005

Le progrès en marche...

2 - Le vélocipède. Adieu la draisienne de l'Allemand Karl Drais, bienvenue au vélocipède de Pierre Michaux et de son fils Ernest, présenté en 1867 à l'Exposition universelle. Ces mécaniciens lorrains ont eu l'idée d'installer deux pédales sur la roue avant : plus besoin de pousser des pieds par terre pour avancer.

3 - La dynamite. Si la nitroglycérine, mise au point en 1847 par l'Italien Ascanio Sobrero, est d'une puissance remarquable, elle est très instable. En la mêlant à de la terre siliceuse, le Suédois Alfred Nobel (1833-1896), qui en produit, en fait une pâte que l'on peut découper en bâtons : la dynamite (1867).

1 - Le fusil Chassepot. Le 3 juillet 1866, la bataille de Sadowa, qui voit la victoire de l'armée prussienne sur les Autrichiens, révèle la supériorité du Dreyse : ce fusil à rechargement rapide par la culasse est sans équivalent en Europe. Le 30 août, informé des recherches menées par Antoine Chassepot, contrôleur de la Manufacture de Châtellerault, concepteur d'une réplique du Dreyse, Napoléon III ordonne d'en fabriquer 400 000 unités au calibre de 11 mm. Supérieur au Dreyse sur le plan balistique, le fusil Chassepot ne permettra cependant pas à l'armée française de l'emporter quatre ans plus tard face à des Prussiens mieux entraînés et à la logistique mieux rodée.

Le poinçon secret du prince impérial

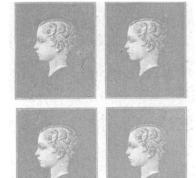

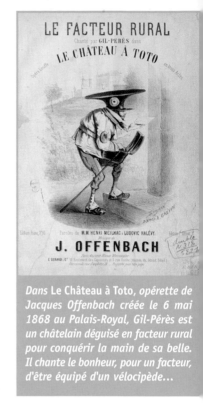

Londres, 1869

L'empereur va mal. Il croit que ses jours sont comptés et, dans l'entourage de son épouse, l'impératrice Eugénie, on s'avise de sa succession. C'est elle, en effet, qui assurera la régence en cas de décès de Napoléon III. Car l'héritier du trône, le prince impérial Eugène Louis Napoléon, n'a que 13 ans. Pour parer à toute éventualité, on a donc fait graver un poinçon à l'effigie du dauphin. L'opération a été effectuée dans le plus complet secret, à Londres, pour ne pas aggraver la mélancolie de l'empereur et éviter de créer un malaise dans la population. Des timbres à l'effigie de celui qu'Eugénie appelle maternellement « Loulou » pourront être ainsi imprimés dans un délai très court. Le graveur, Joubert, s'est directement inspiré d'un joli médaillon exécuté par le sculpteur Antoine Bovy alors que le prince était âgé de 6 ans, médaillon qui avait puissamment contribué à populariser la figure de l'enfant impérial.

Plusieurs épreuves de la gravure exécutée par Joubert seront tirées sur divers papiers.

Le prince impérial sera tué le 1er juin 1879 en Afrique, en combattant les Zoulous.

Dans Le Château à Toto, *opérette de Jacques Offenbach créée le 6 mai 1868 au Palais-Royal, Gil-Pérès est un châtelain déguisé en facteur rural pour conquérir la main de sa belle. Il chante le bonheur, pour un facteur, d'être équipé d'un vélocipède...*

M. Hulot « bricole » un grand format

Faire la queue parfois très longtemps pour payer la taxe d'un télégramme, ce ne sera bientôt plus qu'un souvenir. Suite à la loi du 13 juin 1866 et au décret impérial du 8 mai 1867, des timbres-dépêches ont été émis le 1er janvier 1868 : il suffit dès lors de les coller sur le formulaire du télégramme (en veillant, bien sûr, à ne pas se tromper sur le montant de la taxe). Gravés par Eugène Oudiné, ils ont été imprimés en quatre couleurs différentes : rose (25 c), vert (50 c), jaune-orange (1 F), violet (2 F). Les premiers timbres-dépêches n'étaient pas dentelés, un oubli qui fut réparé aussitôt. Dès le 14 janvier, des timbres dentelés étaient mis en vente.

France, 1er novembre 1869

C'est une sorte de « monstre » qui a été émis pour la Toussaint : un timbre dont le format, horizontal, est le double de celui des valeurs habituelles et dont la valeur faciale de 5 F est exceptionnelle, soit vingt-cinq fois le tarif de la lettre simple pour le régime intérieur ! Conçu pour affranchir certaines lettres à destination de l'étranger, ce timbre aura mis du temps à voir le jour... Dès 1866, en effet, une maquette dessinée par Albert Barre fut approuvée, et l'on pensait alors que la fabrication ne poserait pas de problème majeur. Il y en eut toutefois un : s'entendant de moins en moins bien avec Hulot, Barre refusa de graver le poinçon. Piqué au vif, Hulot décida de procéder lui-même à l'opération. Mais il n'était pas graveur, et c'est au terme d'un long et laborieux « bricolage » qu'il parviendra à ses fins. Il lui a en effet fallu d'abord reproduire une effigie de l'empereur lauré à partir d'un poinçon déjà existant, puis l'insérer dans un cadre de sa confection, l'ensemble ne présentant malheureusement pas toutes les garanties de solidité et de fiabilité

> **La valeur faciale du nouveau timbre est égale à vingt-cinq fois le tarif de la lettre courante pour le régime intérieur !**

nécessaires. Toujours est-il que ce n'est que le 20 avril dernier que le contrôleur de la fabrication Barthe a accusé réception du poinçon fabriqué par Hulot, les travaux d'impression débutant en juillet. Mais là encore, les choses n'ont pas été simples. La fragilité du poinçon devait obliger Hulot à imprimer les timbres en deux fois : un passage pour le dessin du timbre lui-même, un autre pour la valeur faciale à l'aide d'une planche séparée (Hulot n'étant pas parvenu à la goujonner sur le poinçon), un premier passage en presse ayant eu lieu pour enduire les feuilles d'un fond de sûreté (un vernis incolore). Chacune de ces feuilles ne comporte fort logiquement que 75 exemplaires au lieu de 150 pour les autres valeurs. La quantité requise, confirmée par une lettre de la Commission des monnaies et médailles en date du 19 août, devait s'élever à 4 500 000 exemplaires. Sans doute la poste a-t-elle vu beaucoup trop grand. Effectivement, sur une quantité réelle de 4 631 500 timbres imprimés, seulement 1 200 000 seront utilisés jusqu'à leur retrait, le 1er juin 1877. Autant dire

Ci-dessus : le poinçon confectionné par Anatole-Auguste Hulot, sans indication de valeur faciale, celle-ci n'étant imprimée que lors d'un autre passage en presse.

que le succès n'était pas au rendez-vous. Ce qui s'explique par le fait que, pour une valeur de cette importance, l'offre était plus forte que la demande : ces timbres grand format, les premiers jamais émis en France, ne seront guère utilisés que pour des lettres à valeur déclarée. Pour la curiosité des futurs philatélistes, des timbres à 5 F sur lesquels on aura oublié d'imprimer la valeur faciale seront mis en vente, utilisés et même oblitérés !

Paris, 2 janvier 1870
Émile Ollivier est nommé ministre d'État (chef du gouvernement). Il démissionnera le 9 août, après les premiers revers militaires.

Paris, 5 janvier 1870
Le baron Haussmann est démis de ses fonctions de préfet de la Seine.

Paris, 10 janvier 1870
Journaliste pour *La Marseillaise* d'Henri Rochefort, Victor Noir (Yvan Salmon, *27.7.1848) est tué par le prince Pierre Bonaparte, cousin de Napoléon III, qui sera acquitté par la Haute Cour de Justice le 21 mars.

France, 8 mai 1870
Consultés par plébiscite, les Français approuvent à une très large majorité la libéralisation de la Constitution.

Rome, 18 juillet 1870
Le concile Vatican I proclame l'infaillibilité pontificale en matière de dogme.

Paris, 19 juillet 1870
La France déclare la guerre à la Prusse, en raison d'un différend sur la succession du trône d'Espagne.

Metz, 28 juillet 1870
La régence ayant été confiée il y a cinq jours à l'impératrice Eugénie, l'empereur Napoléon III prend le commandement de l'armée du Rhin.

Paris, 7 août 1870
L'état de siège est décrété.

Paris, 9 septembre 1870
Germain Rampont-Léchin est nommé directeur général des postes en remplacement d'Édouard Vandal.

Rome, 20 septembre 1870
Profitant du retrait des troupes françaises après la défaite de Sedan, les troupes italiennes occupent Rome et mettent fin aux États pontificaux.

Paris, 7 octobre 1870
Léon Gambetta, ministre de l'Intérieur, quitte Paris à bord de *l'Armand Barbès*. Le ballon emporte également 100 kg de courrier et 6 pigeons voyageurs.

Metz, 27 octobre 1870
Le maréchal Bazaine capitule.

Le second empire s'est brisé à Sedan

L'héroïque combat du cimetière de Saint-Privat, le 18 août 1870. Détail d'un tableau d'Alphonse de Neuville présenté au Salon de 1881 (musée des Beaux-Arts d'Arras).

La poste à l'heure allemande

France, 6 septembre 1870
Strasbourg assiégée n'a toujours pas capitulé, le maréchal Bazaine paraît décidé à tenir dans Metz où il s'est enfermé, mais les Allemands semblent confiants quant à la conclusion des hostilités. La preuve en est qu'ils commencent déjà à organiser de façon systématique l'occupation de l'Alsace et de la Lorraine, et notamment à rétablir les liaisons postales, aux frais des communes. Ils ont même émis des timbres spéciaux imprimés à Berlin, de valeurs allant de 1 à 20 c (la monnaie française étant pour le moment gardée). Le tarif est une conversion en centimes du tarif en vigueur en Allemagne : 10 c pour la lettre simple, ne pesant pas plus de 15 g, circulant à l'intérieur des territoires occupés ou à destination de l'Allemagne, 20 c pour la même lettre à destination du reste de la France. Mais les communications avec la France étant des plus aléatoires, certaines lettres doivent passer par la Suisse ou la Belgique pour parvenir à bon port... Les timbres eux-mêmes ne brillent évidemment pas par leur qualité esthétique, car ce sont de simples, mais bien lisibles, compositions typographiques, réalisées dans un souci de rapidité et imprimées sur fond burelé, c'est-à-dire constitué d'un lacis de lignes doubles en quarts de cercle. L'impression a été faite en différentes couleurs : vert olive (1 c), rouge-brun (2 c), gris (4 c), bistre-jaune (10 c), bleu (20 c).Les 5 c et 25 c seront émis le 9 décembre.

Le 10 c émis par l'occupant allemand.

Paris, 4 septembre 1870
Les Parisiens ont forcé les événements. Ils ont envahi le Palais-Bourbon, obligeant les députés républicains à se prononcer sur l'avenir de la France. Il est vrai que l'empire est en pleine décomposition. Napoléon III, malade et incapable de faire face à la situation, a capitulé à Sedan, il y a deux jours, et a été fait prisonnier par les Allemands. Quant à l'impératrice Eugénie, régente en titre, elle s'est enfuie aujourd'hui pour trouver refuge en Angleterre. Alors, les députés républicains se rendent à l'Hôtel de Ville où Jules Favre, Jules Ferry, Jules Simon, Léon Gambetta et le gouverneur de Paris, le général Jules Trochu, proclament à la hâte la République. Ils ont d'ailleurs été devancés de quelques heures à Lyon et à Marseille par la population. Cette précipitation était aussi une précaution : ces « ténors » de la gauche républicaine ne sont pas des extrémistes. Ils attendaient certes tous la déchéance de l'empire, au point, pour certains, d'avoir souhaité la défaite militaire de la France... Mais ce qu'ils craignaient surtout, c'est le déclenchement d'une insurrection sociale. Ils ont voulu ainsi la tuer dans l'œuf.

Envol de papillons dans Metz encerclée

Metz, 14 septembre 1870
La première poste aérostatique est créée officiellement pour l'armée de Bazaine, encerclée dans Metz depuis le 19 août, et pour le public. Il s'agit de petits ballons d'un mètre de diamètre et de 1,50 m de hauteur pouvant transporter environ 200 lettres chacun, lettres écrites sur du papier pelure et que l'on appelle déjà les « papillons de Metz ». Non en référence aux lépidoptères, mais au médecin de la garde impériale Papillon, qui a eu l'idée de ce dispositif ingénieux avec le pharmacien militaire Jeannel. Ils l'ont proposé dès le 2 septembre au maréchal et ont procédé aux premiers lâchers trois jours après, les deux premiers aérostats ayant été construits dans les greniers de leur hôpital. Ces « papillons » ne doivent contenir aucun renseignement exploitable par l'ennemi. Quand un ballon franchit les lignes allemandes, son contenu est récupéré par les postes françaises qui l'acheminent si la situation militaire le permet. Près de 3 000 « papillons » auraient été déjà ainsi envoyés.

La capitale assiégée réimprime les vieux Cérès de 1849

Paris, 11 octobre 1870

Paris est assiégée depuis le 19 septembre par une armée de quelque 150 000 Allemands. Ce même jour, l'ennemi avait en effet achevé l'encerclement en délogeant les Français des hauteurs de Châtillon, au sud de la capitale. Celle-ci est désormais sous la menace permanente des canons allemands. Mis en place lors de la révolu-

tion du 4 septembre et placé sous la présidence du général Trochu, le gouvernement de la Défense nationale a nommé à la direction générale des Postes Germain Rampont-Léchin, le 9 septembre. Ancien député de l'Yonne, Rampont-Léchin a pris la succession d'Édouard Vandal, contraint à la démission. L'une des tâches du nouveau directeur général est de pourvoir à

l'approvisionnement en timbres-poste des Parisiens. Contrairement à la rumeur qui a circulé, les timbres à l'effigie de Napoléon III ne seront pas démonétisés dans l'immédiat. Mais, dès le 28 septembre, le gouvernement décidait de mettre en circulation des timbres à l'effigie républicaine. Compte tenu des circonstances, il n'était évidemment pas question de faire

graver une nouvelle vignette. Aussi, pour parer au plus pressé, fut-il demandé à Anatole-Auguste Hulot de reprendre les vieux galvanotypes qui, de 1848 à 1850, avaient servi à imprimer les types Cérès de Jacques-Jean Barre. Et qui avaient été conservés. Les toutes premières planches ont été livrées aujourd'hui. Trois valeurs ont été retenues : 10 c (pour les lettres locales), 20 c (pour les lettres simples de bureau à bureau) et 40 c (pour les lettres de bureau à bureau de 10 à 20 g). Mais à la différence des timbres émis sous la IIe République, ils sont dentelés, comme ceux de l'Empire. Quant aux éditeurs qui avaient acquis des timbres mobiles pour les journaux, ils auront la faculté de se les faire rembourser : par un décret pris le 6 septembre, le droit de timbre a été supprimé. C'était là l'une des mesures les plus attendues du nouveau régime, car le droit de timbre, particulièrement lourd à Paris, était justement considéré comme une entrave à la liberté de la presse.

Le 10 c bistre-jaune sera imprimé jusqu'en août 1871 à 34 millions d'exemplaires.

Le 20 c bleu sera imprimé jusqu'à fin août 1871 à 79 millions d'exemplaires.

Le 40 c orange sera imprimé jusqu'en mars 1876 à plus de 54 millions d'exemplaires.

On procède à des émissions à Bordeaux

Bordeaux, novembre 1870

Le gouvernement de la Défense nationale étant enfermé dans Paris, l'administration des départements non occupés par les Allemands est confiée à une délégation gouvernementale dirigée par Léon Gambetta. Et pour fournir en timbres ces départements, l'idée d'en imprimer à la

Monnaie de Bordeaux est émise dès le 30 septembre. Le 21 octobre suivant, des instructions sont données dans ce sens à l'établissement bordelais dirigé par Henri Delebecque. Mais il faudra travailler vite, et avec les moyens du bord. La gravure est confiée à la maison Augé-Delile, sise cours du Chapeau-Rouge, et la technique

choisie est la lithographie, avec report sur planches d'impression. Le modèle est le type Cérès de Jacques-Jean Barre. Le premier timbre, dessiné par Dambourgez, un artiste de la maison Augé-Delile, est émis ce mois de novembre. C'est un 20 c bleu. Mais il n'a pas donné satisfaction, et c'est vers un autre lithographe borde-

Le 20 c type II de Léopold Yon. L'artiste a dissimulé sa signature dans une feuille de vigne, juste au-dessus de la grappe.

lais que s'est tournée l'administration : Léopold Yon. Ce dernier va faire pour le mieux, et non sans talent. Il gravera des Cérès pratiquement conformes à ceux de Barre (5, 10, 20, 30, 40 et 80 c), ainsi que trois autres (1, 2 et 4 c) où a été repris le principe du gros chiffre du type Empire lauré de 1862. Précision importante : les timbres émis à Bordeaux ne sont pas dentelés, faute de matériel adéquat. Les postiers et les usagers de province vont reprendre leurs ciseaux ! La Monnaie de Bordeaux, qui a également procédé à l'impression d'un chiffre-taxe de 15 c, recevra le 14 mars 1871 l'ordre de cesser la fabrication.

Lettre avec valeur déclarée postée le 16 décembre 1871 avec des timbres de Bordeaux.

Détail d'un bloc de vingt-cinq 20 c type I dessiné et gravé par Dambourgez, le plus défectueux des timbres émis à Bordeaux.

Les Parisiens meurent de froid et de faim

Cette image est à peine caricaturale : des chiens, des chats et des souris sont vendus à l'étal du marché de Saint-Germain-des-Prés.

Paris, 20 janvier 1871

La sortie de la dernière chance a échoué. À Montretout et à Buzenval, les hommes du général Vinoy ont été décimés par les Allemands (4 070 tués contre 511), tandis que les armées de la Loire, du Nord et de l'Est, mises en échec par l'ennemi, ne peuvent desserrer l'étau autour de la capitale. Depuis le 5 janvier, les canons allemands bombardent Paris, faisant des dizaines de tués ou blessés chaque jour. À quoi se sont ajoutées les souffrances provoquées par un hiver particulièrement rigoureux et la hantise de la famine. Les réserves s'épuisent, et tout ce qui porte plume ou poil est abattu et cuisiné. On a même dépecé l'éléphant du Jardin des Plantes. Quant au courrier, on a bien été obligé de renoncer à faire passer des porteurs à travers les positions allemandes, voire à employer des chiens : c'était tout simplement mission impossible. Et pourtant, le courrier passe, mais par une voie inhabituelle : la voie des airs...

Un homme fort à la barre

Bordeaux, 20 janvier 1871

Alors qu'à Paris, le directeur général des Postes Rampont-Léchin fait de son mieux pour maintenir le service public, un homme a révélé, d'abord à Tours puis à Bordeaux où la délégation gouvernementale s'est successivement repliée, des talents d'organisateur véritablement exceptionnels. Son nom est François-Frédéric Steenackers. Très proche de Gambetta, il accepta la direction générale des Lignes télégraphiques le 4 septembre 1870, après la proclamation de la République, dont il fut l'un des artisans. Il fit si bien que, le 12 octobre suivant, la délégation gouvernementale fusionnait les télégraphes et la poste, les deux services étant réunis sous son autorité. Pour la province seulement, Rampont-Léchin restant directeur général des Postes à Paris. Steenackers est un fervent républicain. C'est aussi un grand patriote et un meneur d'hommes qui sait communiquer le sens des responsabilités et le goût de l'initiative. Gambetta lui a fait totalement confiance. Il a notamment formé des brigades de télégraphie militaire et créé le service postal par pigeons voyageurs. Il y a quatre jours, le ballon qui a quitté Paris depuis la gare d'Orléans portait son nom.

François-Frédéric Steenackers

Né le 10 mars 1831 à Lisbonne, d'un père belge et d'une mère française, François-Frédéric Steenackers a été élevé en France dans le culte des vertus républicaines. Doué pour les arts et la musique, il s'est adonné avec bonheur à la sculpture et fut l'ami de Rossini et de Meyerbeer. Il fit également œuvre d'historien avec, entre autres, un *Agnès Sorel* remarqué (1868). Élu député en 1869, il fut un adversaire pugnace de l'Empire. Il a quitté la direction des Télégraphes et des Postes le 20 février 1871. Il est mort en 1911, à Rouen.

1871

Les pigeons ont forcé le siège

Paris, 28 janvier 1871

Paris a capitulé. Encerclée par les Allemands depuis le 19 septembre dernier, la capitale était coupée du reste du pays et ne pouvait plus recevoir de courrier. Du moins par la voie habituelle. En effet, sous l'active direction de Steenackers, une liaison par pigeons voyageurs a été organisée à partir de Tours, où s'est installée une délégation gouvernementale. Les pigeons, amenés de Paris par ballon, étaient lâchés au plus près des lignes de l'ennemi, pourvus d'un tube minuscule où étaient roulées des dépêches réduites photographiquement. Ils étaient récupérés dans le colombier de l'administration générale des Télégraphes, rue de Grenelle-Saint-Germain. Réservé d'abord au gouvernement, ce service fut ouvert au public le 4 novembre dernier. Deux techniques de réduction photographique des dépêches ont été utilisées successivement. La première, la plus classique, consistait à tirer au 300e des épreuves positives sur papier albumine. La seconde, mise en œuvre à Bordeaux, où la délégation gouvernementale s'est repliée le 8 décembre, fut encore plus efficace : c'était un système de microphotographie mis au point par le photographe Dagron et grâce auquel environ 3 000 dépêches pouvaient être reproduites sur une minuscule pellicule de collodion, un pigeon pouvant emporter jusqu'à dix-huit pellicules. Sur plus de 95 000 dépêches privées envoyées à Paris par pigeon, plus de 60 000 ont été acheminées à leurs destinataires.

Arrivées à Paris, les dépêches microphotographiques sont projetées et retranscrites.

Un pigeon du siège de Paris naturalisé. Le tarif de la dépêche privée a été fixé à 50 c le mot, un maximum de vingt mots étant autorisé.
Ci-dessous : jeton commémoratif du service par pigeon. Mais le nom de Steenackers a été mal orthographié...

Où sont passés les agents ?

Paris, 28 janvier 1871

Pierre Delort a eu beau relever ses filets, aucun agent n'est arrivé à Paris. Qu'est-ce qu'un « agent » ? L'administration, par souci du secret, a désigné sous ce terme des boules en zinc parfaitement hermétiques, dans lesquelles étaient enfermées des lettres pour la capitale. Il suffisait de les jeter dans la Seine en amont, au nez et à la barbe des assiégeants, et de les laisser dériver au fil de l'eau, dans le lit du fleuve... L'invention de Pierre Delort et de ses deux associés, Émile Robert et Vonoven, s'est malheureusement heurtée aux intempéries et aux caprices de la Seine, mais aussi à une mésentente entre Steenackers et Germain Rampont-Léchin, directeur général des Postes à Paris. Une mésentente qui devait retarder sa mise en service. Les lettres furent centralisées à Moulins (Allier), les premiers « agents » étant jetés à l'eau le 4 janvier. Il y en a eu cinquante-cinq au total. On ignore où sont passées ces « boules de Moulins ».

Boule de Moulins repêchée en 1942, près de Melun. Les ailettes servaient à faciliter leur locomotion. Le tarif de la lettre était de 1 F (20 c pour les Postes, 80 c pour Delort, Robert et Vonoven).

Lettre issue d'une boule repêchée à Saint-Wandrille (Seine-Maritime) le 6 août 1968.

Recto. — **DÉPÊCHE-RÉPONSE.**

(Décret du Gouvernement de la défense nationale en date du 10 novembre 1870.)

Il est dû, pour le prix de la présente carte, un droit de **cinq centimes**. Ce droit sera acquitté au moyen d'un timbre-poste qui sera placé dans le cadre ci-contre.

Les réponses doivent être exprimées par **oui** ou par **non** dans les colonnes 4 à 7 ; elles ne peuvent excéder le nombre de 4. La taxe d'affranchissement des réponses, qu'elles atteignent ce nombre ou qu'elles y soient inférieures, est uniformément fixée à **un franc.**

NOM DU PAYS où RÉSIDE L'EXPÉDITEUR. 1	INITIALES DU PRÉNOM ET DU NOM de l'expéditeur. 2	NOM ET DOMICILE (en toutes lettres) DU DESTINATAIRE. 3	RÉPONSES AUX QUATRE QUESTIONS POSÉES.			
			1re question 4	2e question 5	3e question 6	4e question 7

En plus des dépêches, les pigeons voyageurs transportaient des dépêches-réponses (réduites), sur lesquelles les correspondants pouvaient répondre par oui ou par non à 4 questions posées dans les lettres envoyées de Paris par ballon monté.

La poste aérienne a fonctionné jusqu'au dernier jour

Une lettre formule « aux drapeaux » partie de Paris à bord du ballon Général-Uhrich.

Sur le cachet de la Compagnie des aérostiers, le nom de Nadar a été enlevé, le célèbre photographe ayant rompu avec Dartois et Duruof le 30 octobre 1870.

Paris, 29 janvier 1871

La levée du siège de Paris a laissé au sol six ballons désormais inutiles. Au total, ce sont cinquante-cinq ballons montés (c'est-à-dire avec équipage et, éventuellement, passagers) qui ont officiellement transporté le courrier des Parisiens, soit plus de 2 500 000 lettres. Le 26 septembre, le gouvernement a chargé Rampont-Léchin d'« expédier par la voie d'aérostats montés les lettres ordinaires à destination de la France, de l'Algérie et de l'étranger », au tarif inchangé de 20 c, pour un poids maximum de 4 g. En fait, le premier envol avait eu lieu le 23 septembre : chargé de trois sacs de dépêches, le Neptune avait décollé à 8 heures et s'était posé en fin de matinée dans la région d'Évreux. Ce ballon était monté par Claude-Jules Duruof, qui avait créé

la Compagnie des aérostiers avec Nadar, le célèbre caricaturiste et photographe, et l'horloger (et acrobate) Dartois. Quant à la fabrication des aérostats, elle sera principalement assurée à la gare du Nord par la Compagnie des aérostiers et à la gare d'Orléans (puis à la gare de l'Est) par les frères Godard. Et en octobre, l'ingénieur Henri Dupuy de Lôme recevra un crédit de 40 000 F pour la construction d'un ballon dirigeable, construction qui n'a pu aboutir à ce jour. Le problème est en effet que les ballons sont soumis au bon vouloir des vents et qu'ils peuvent être emportés très loin, comme le Ville d'Orléans, parti le 24 novembre de la gare du Nord et arrivé le 25 en Norvège. On citera aussi le cas de cette carte postale adressée à Saint-Pétersbourg, qui se trouvait dans le courrier du Montgolfier, tombé en Alsace entre les mains de l'ennemi le 25 octobre, et qui fut consciencieusement acheminée en Russie par les postes allemandes ! Les aérostats de Paris ont également transporté, à partir du 22 octobre, des lettres-journaux de 4 g comprenant des informations générales imprimées et une partie réservée à la correspondance, la plus populaire de

ces feuilles étant La Lettre-journal de Paris, avec son si éloquent sous-titre de Gazette des absents... Mais comme toute épopée, celle des ballons-poste du siège de Paris comporte sa part de tragédie : le Jacquard et le Richard Wallace se sont abîmés en mer le 28 novembre et avant-hier, entraînant la mort du marin Prince et du soldat Lacaze. Le dernier ballon à quitter Paris a été le Général Cambronne. C'était hier, à la gare de l'Est.

Sur la place Saint-Pierre, au pied de la butte Montmartre, les opérations de gonflage se terminent pour ce ballon-poste en partance.

Cette assiette commémore l'étonnante odyssée du Ville d'Orléans monté par l'aéronaute Rolier et un passager, Bézier. Parti avec 4 sacs de courrier et 6 pigeons voyageurs, il fut entraîné en mer du Nord, où Rolier dut jeter un sac de courrier (qui fut récupéré ensuite) pour se délester. Finalement le ballon descendit dans une forêt de Norvège, faisant tomber dans la neige les deux hommes, qui virent leur engin repartir et continuer seul sa route vers le nord, avec le reste du courrier ! Tout finit bien pour eux et le courrier fut retrouvé et acheminé.

La Poste a fonctionné sous la Commune

L'art de couper les timbres en deux

La barricade de la rue Saint-Sébastien, dans le 11ᵉ arrondissement.

Albert Theisz avait été nommé « délégué général des Postes » par la Commune.

France, 1ᵉʳ septembre 1871
L'État manque d'argent. C'est pourquoi, en vertu d'une loi votée le 24 août, les tarifs postaux ont été relevés. À partir d'aujourd'hui, la lettre simple de Paris pour Paris passe de 10 à 15 centimes, et de bureau à bureau de 20 à 25 centimes. Mais certaines valeurs sont en rupture de stock ou n'ont pu être imprimées à temps ou en quantité suffisante. C'est le cas des timbres à 25 et 5 centimes. Pour affranchir la lettre à 25 centimes, par exemple, les postiers peuvent utiliser un timbre à 20 centimes et une moitié de timbre à 10 centimes, découpé en hauteur (exemple ci-dessous) ou en oblique.

Paris, 28 mai 1871
Le temps des cerises est révolu. Dans la rue Ramponeau, les troupes versaillaises ont fait tomber la dernière barricade de la Commune. L'insurrection parisienne a été écrasée dans le sang : on évoque des dizaines de milliers de victimes. Tout a commencé le 18 mars lorsque le « chef du pouvoir exécutif » établi à Versailles, Adolphe Thiers, voulut désarmer la garde nationale, révoltée par la capitulation du 28 janvier face aux Allemands, et occu-per militairement la ville, dont la population ouvrière aspirait à une révolution sociale. Le 28 mars, un conseil communal élu s'installait à l'Hôtel de Ville et prenait le nom de Commune de Paris. La révolution était en marche, mais Thiers, à Versailles, attendait son heure... L'un des soucis de la Commune était d'assurer les services postaux. Dans une première phase, Rampont-Léchin fit allégeance à la Commune et resta à son poste. Mais le directeur général le quitta le 30 mars, non sans s'être livré préalablement à une véritable entreprise de désorganisation et de sabotage. Il fut remplacé le lendemain par un ciseleur membre du conseil communal, Albert Theisz. Né en 1839, ce militant de l'Internationale sut faire face à la situation, réorganisant ce qui pouvait l'être avec des moyens de fortune et un personnel souvent improvisé. Grâce à lui, la Poste a continué bon gré mal gré à Paris. Il empêcha même ses camarades d'incendier l'hôtel des Postes.

Pour approvisionner les bureaux en timbres à 25 c, Hulot a repris, faute de temps, les vieux galvanotypes de 1850. Disponibles à partir du 2 septembre 1871, ces Cérès 25 c, dits de type I, souffriront bientôt de l'usure des planches. Ils seront remplacés au mois de novembre 1873 par le type II (imprimé avec de nouvelles planches), puis en mars 1874 (avec utilisation d'un nouveau poinçon).

Écrire en Alsace-Lorraine coûte le double

Alsace-Lorraine, 31 août 1871
L'Alsace et la partie nord-est de la Lorraine ne sont plus françaises. Elles sont devenues allemandes en vertu du traité de Francfort, signé le 10 mai et mettant fin à l'état de guerre entre l'Allemagne et la France. Les vainqueurs ont toutefois renoncé au territoire de Belfort, en raison de sa magnifique résistance : il est désormais une enclave française en territoire allemand. Toutefois, le traité n'a pas mis fin à toute occupation dans le reste du pays : les troupes allemandes stationneront dans vingt et un départements jusqu'au paiement de 5 milliards de francs-or au Reich... Quant aux relations postales entre l'Alsace-Lorraine et la France, elles sont régies selon les termes d'une convention établie le 10 mars entre Rampont-Léchin et le responsable des postes allemandes dans les territoires occupés, le docteur Rosshirt. Cette convention prévoit une taxe de 40 centimes pour les lettres simples, 20 centimes étant perçus par chacune des deux

Lettre postée le 18 mai 1871 à Colmar (devenu allemand) et délivrée à Belfort le 19.

administrations, au départ et à l'arrivée. C'est à un double affranchissement que sont ainsi soumises les lettres envoyées de l'Alsace-Lorraine à destination de la France, et vice versa. Cette disposition vaut aussi, bien sûr, pour le territoire de Belfort, comme en témoigne l'enveloppe reproduite ci-dessus.

Deux groschen font vingt-cinq centimes

Alsace-Lorraine, 1er janvier 1872
Les provinces annexées par l'Allemagne sont en voie de germanisation accélérée. Les timbres spéciaux mis en circulation en Alsace-Lorraine (et dans les territoires occupés) ne sont plus valables à partir d'aujourd'hui : ils ont été démonétisés et remplacés par les timbres courants du Reich. Les anciens timbres pourront être cependant échangés jusqu'au 15 février. La double taxe de la lettre simple a été fixée de la façon suivante : 25 centimes côté français (conformément à l'augmentation des tarifs postaux du 1er septembre 1871) et 2 groschen côté allemand. Sachant que 2 groschen équivalent pratiquement à 25 centimes, l'égalité est parfaite. Ce n'est malheureusement pas une bonne nouvelle pour les Alsaciens et les Lorrains : lors du passage à 25 centimes en France, les Allemands en étaient restés, eux, à 20...

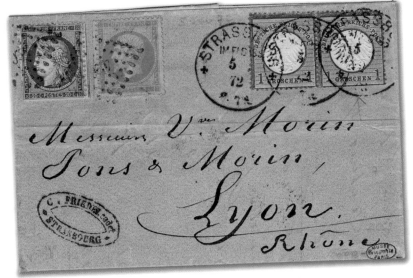

Cette lettre, postée le 5 janvier 1872 à Strasbourg à destination de Lyon, où elle a été délivrée le 7, est affranchie de deux timbres à 1 groschen pour la taxe de départ et, pour la taxe d'arrivée, 1 timbre à 20 c type Cérès de 1870 et 1 timbre à 5 c type Empire !

La République sauvée par le prétendant !

Le maréchal de Mac-Mahon, président de la République, est âgé de 65 ans.

Versailles, 12 novembre 1873
La République a été sauvée par son pire adversaire, c'est-à-dire par celui que les monarchistes voulaient porter au trône : le comte de Chambord. Ce dernier, petit-fils de Charles X et dernier héritier de la branche aînée des Bourbons, a perdu par son intransigeance la couronne qui lui était offerte sur un plateau d'argent par l'Assemblée nationale, largement gagnée à sa cause. Il a refusé de régner sous le drapeau tricolore et exigé le rétablissement du drapeau blanc. Le maréchal de Mac-Mahon, de ce fait, n'a pas voulu le recevoir à Versailles. Il a dit que si l'on hissait le drapeau blanc, les chassepots partiraient d'eux-mêmes. Les chassepots, ce sont les fusils dont sont équipés les soldats français depuis 1866... Mais le maréchal est furieux, et il y a vraiment de quoi ! Le comte Edme-Patrice de Mac-Mahon, fait maréchal et duc de Magenta par Napoléon III, est un légitimiste. Il a été porté à la présidence de la République par l'Assemblée nationale après la chute de Thiers, le 24 mai dernier. Ce n'est pas vraiment un homme d'État : il n'a accepté cette charge que pour favoriser la restauration. Il ne lui reste plus qu'à s'installer dans ce rôle paradoxal : président d'une République qu'il déteste et dont l'Assemblée confirmera l'institution par le vote (à 1 voix près) de l'amendement Wallon, le 30 janvier 1875.

L'histoire de la carte postale a commencé

Louis Wolowski (1810-1876). C'est lui qui introduit la carte postale en France. Né en Pologne, il avait émigré en France avec sa famille, après le soulèvement national de 1830.

Les cartes postales françaises sont imprimées à Paris par l'Imprimerie nationale.

France, 15 janvier 1873

Les premières cartes postales officielles françaises entrent en circulation. Cette véritable révolution doit beaucoup à un homme, le député et économiste Louis Wolowski. En 1871, sa première proposition d'introduire la carte postale est rejetée par ses collègues députés, qui craignent que son trop faible prix ne concurrence le courrier sous enveloppe et diminue les recettes des Postes. Persévérant, Wolowski présente à nouveau son projet l'année suivante. Le 20 décembre 1872, Germain Rampon-Léchin, député de l'Yonne et directeur général des Postes, acquis à sa cause, soumet à l'Assemblée une proposition de loi, cette fois adoptée. S'il en est un ardent défenseur, Wolowski n'est toutefois pas l'inventeur de la carte postale, ni la France, loin s'en faut, le premier pays à la développer. L'invention officielle en revient à un haut

Heinrich von Stephan avait eu l'idée le premier.

fonctionnaire prussien, Heinrich von Stephan, qui imagine en 1865 un carton rigide de 15 x 11,5 cm, sur lequel figureraient déjà la dénomination du service postal, un espace réservé à l'oblitération et une valeur d'affranchissement préimprimée. Mais en dépit de l'intérêt qu'il a suscité lors de la conférence postale germano-autrichienne de Karlsruhe, le projet de Stephan est rejeté par l'administration postale de la Prusse. Mais l'idée fait son chemin... Ainsi le 26 janvier 1869, l'Autrichien Emmanuel Herrmann, professeur à l'Académie militaire de Vienne, propose dans un article la création d'une carte de correspondance de 14,7 x 8,5 cm et de tarif réduit à condition que le texte n'excède pas vingt mots. Le projet intéresse très rapidement la direction générale des Postes et Télégraphes d'Autriche. Après avoir subi quelques modifications (son format passe à 12,5 x 8,5 cm, la

valeur est pré-imprimée et réduite, et la limite de mots, supprimée), la *Korrespondenz-Karte* est lancée le 1er octobre 1869. Le succès est foudroyant : huit millions de cartes sont vendues en un an ! Nommé en avril 1870 directeur général de la poste d'Allemagne du Nord, Heinrich von Stephan profite de la réussite indirecte de son invention pour l'introduire dans son pays, où les *Postkarte*, à l'exception du format (16,3 x 10,8 cm), reprennent les caractéristiques du projet original. Cette fois encore, le succès est si considérable (45 000 cartes sont

écoulées à Berlin dès le premier jour de vente !) que d'autres pays ne tardent pas à suivre l'exemple. Le 1er septembre 1870, le Luxembourg émet ses premières cartes postales, suivi un mois plus tard de la Suisse et du Royaume-Uni, où quelque 75 millions de *postcards* sont vendues en 1871. Dès lors, l'aventure de la carte postale est bien lancée, de nombreux pays adoptant les uns après les autres le petit carton, peu « discret » mais très économique, qui atteindra son apogée en 1914, avec 800 millions d'exemplaires vendus dans le monde !

Ci-contre : une carte postale russe de 1872. Au-dessus : une carte postale autrichienne de 1869.

Des chiffres et des lettres

France, juin 1875

Les Français savent-ils bien leurs départements ? Telle n'est pas l'opinion de la Société de géographie, qui, pour améliorer l'instruction publique, a suggéré à la direction des Postes de procéder à une modification des timbres à date. Et cela en substituant au numéro des départements leur nom entier. L'administration se fit tirer l'oreille, arguant du coût de l'opération et de l'impossibilité, pour certains noms de commune, de les graver en entier au-dessus de celui du département. Mais elle a fini par céder, quitte, dans certains cas, à abréger le nom du département (« Seine-et-Oise » devenant par exemple « S.-et-O. » sur le cachet de Conflans-Sainte-Honorine). Les timbres à date modifiés sont entrés cette année en vigueur (ci-contre : l'ancien et le nouveau du Nord). Rappelons qu'il n'y a plus que 86 départements depuis la perte de l'Alsace-Lorraine, contre 89 en 1870.

Le jour de l'an, la charge de travail s'alourdit singulièrement pour ces facteurs parisiens ! Les sacs, remplis de lettres de vœux, s'alourdissent... Nous sommes le 1er janvier 1872, dans un omnibus. Les facteurs sont coiffés du shako en cuir, à visière estampée et à cocarde tricolore, dont ils ont été dotés en 1862.

Le 5 juillet 1875, le ministre des Finances, Léon Say, signe un traité avec la Banque de France : c'est dans ses ateliers du 36 de la rue d'Hauteville, à Paris, que seront imprimés les timbres-poste. Le règne d'Anatole-Auguste Hulot touche à sa fin. Pour montrer sa capacité à fabriquer des timbres, la Banque de France a procédé dès 1874 à un essai. Dessiné par Camille Chazal, il sera imprimé à 50 000 exemplaires. Il porte les allégories de l'Art, du Commerce, de l'Armée et de l'Industrie.

Pour écrire plus facilement à l'étranger

Paris, 3 août 1875

La France adhère officiellement à l'Union générale des postes (UGP). Le projet de loi présenté par le ministre des Finances, Léon Say, a été adopté par l'Assemblée nationale. En 1863, une première commission internationale avait été réunie à Paris, sur proposition des États-Unis, afin de simplifier les échanges postaux entre pays en unifiant leurs tarifs. En effet, les tarifs internationaux étaient jusqu'alors régis par des conventions d'État à État, différentes les unes des autres, ce qui ne laissait pas de compliquer la tâche des administrations et des usagers ! Mais ce n'est que le 9 octobre 1874, au congrès de Berne, que fut créée l'UGP par vingt pays d'Europe, les États-Unis et l'Égypte, et que fut signé un traité établissant un tarif commun pour les lettres de pays membre à pays membre : soit 25 c pour la lettre simple, des variations de tarif de 20 à 32 c étant autorisées pour adapter cette taxe unique aux monnaies locales. D'autre part, la taxe est perçue uniquement au départ, l'administration du pays destinataire assurant sans rétribution la distribution de la lettre. Un vrai progrès.

1848   1900   1950   2005   **Le progrès en marche...**

1 - Le chewing-gum. Le général mexicain Antonio de Santa Anna, exilé aux États-Unis, mâchait du *chicle*, gomme extraite du sapotillier, arbre très répandu dans le Yucatán. Il mâchait mais était ruiné. Aussi demanda-t-il à l'Américain Thomas Adams de commercialiser les 250 kg de *chicle* qu'il avait emportés. Échec... provisoire. Quand le général regagna son pays, Adams conserva le stock. En 1866, il crée sa firme : « Adams New York chewing-gum ». En 1872, elle produit du « chewing-gum » de façon industrielle. Pourquoi ce nom ? Simplement parce que mâcher, en anglais, se dit « to chew » !

2 - La machine à écrire. Dès 1714, le Britannique Henry Mill avait déposé un brevet de machine à écrire. Mais c'est celui de l'Américain Christopher Latham Scholes (1868) que l'armurier Remington acquiert en 1873 pour en lancer la production en série. Son bâti est celui de la machine à coudre. Pour retourner le chariot, on actionne une pédale... En 1878, le modèle 2 (ci-contre) simplifiera la « type-writer » au clavier QWERTY.

Un haut lieu : le marché aux timbres

À deux pas des Champs-Élysées, le long de l'avenue Gabriel, se trouve un lieu inattendu, caché par de hauts marronniers à la vue des touristes, dont beaucoup ignorent jusqu'à l'existence. Les cinéphiles le connaissent peut-être pour y avoir vu Cary Grant et Audrey Hepburn découvrir le fin mot de l'intrigue de la comédie policière de Stanley Donen, *Charade* (1963). Mais pour les philatélistes et les collectionneurs de cartes postales, le marché aux timbres de la ville de Paris, plus connu sous le nom de Carré Marigny, est l'endroit idéal pour rechercher la pièce rare ou dénicher des séries complètes et des timbres isolés provenant du monde entier, des cartes postales d'autrefois, des enveloppes, jaunies par le temps, à l'élégante calligraphie du XIXᵉ siècle et ayant voyagé entre Paris, Rome, New York ou Singapour...

Depuis 1887, les philatélistes de tous âges hantent le Carré Marigny. Ces images, allant des années 1930 à nos jours, témoignent de la pérennité de ce haut lieu du timbre.

Situé tout près du Théâtre Marigny depuis 1887, le marché aux timbres de Paris est l'un des plus importants et des plus anciens de France – celui de la place Bellecour de Lyon, par exemple, n'étant apparu qu'en 1892. Mais ce n'est pas sans peine que les philatélistes et les marchands ont obtenu le droit de se réunir dans ce lieu privilégié. La première Bourse aux timbres de Paris vit le jour dès 1860. L'histoire du timbre était alors très courte, mais celui-ci était déjà un objet de collection pour ces passionnés, qui avaient alors l'habitude de se rencontrer dans les jardins du Palais-Royal pour échanger et vendre leurs timbres. Mais le lieu attira bientôt des personnages peu fréquentables et la Bourse fut bientôt interdite. Les philatélistes choisirent alors de passer la Seine et de se retrouver dans les jardins du Luxembourg, jusqu'à ce qu'un riche et généreux collectionneur décide en 1887 de léguer le terrain du Carré Marigny à la ville de Paris, mais à une condition : que celle-ci donne l'autorisation aux philatélistes et aux marchands de timbres de s'y installer en plein air. La ville accepta. Depuis lors, le marché n'a pas changé d'emplacement et s'est enrichi au fil des années, si bien qu'aujourd'hui on y trouve toutes sortes de produits postaux – la règle du lieu voulant que ce qui ne relève pas spécifiquement du timbre n'excède pas 30 % de l'ensemble –, et même des monnaies et des cartes téléphoniques. Plusieurs marchés en un seul, donc, pour des collectionneurs et des collections en tout genre.

Aujourd'hui, dans ce lieu plein d'histoire et de charme, sont alignés – tous les jeudis, samedis, dimanches et jours fériés, de 9 h à 18 h environ – une soixantaine de stands couverts de classeurs, boîtes et enveloppes remplis de timbres multicolores. Rangés par thèmes ou par pays, ceux-ci sont à l'effigie de la Joconde ou du général de Gaulle, de Victor Hugo ou d'Alexandre Dumas, ou encore représentent des animaux, des villes, des princes et princesses du monde entier... Il y en a pour toutes les exigences et pour toutes les bourses, le prix affiché allant de quelques euros – comme ceux, bien en vue, du Tour de France, avec les visages de Merckx, Baldini ou Van Springel – à plusieurs centaines d'euros, jusqu'à des séries complètes qui peuvent approcher 3 000 euros – mais ces dernières sont bien cachées dans des albums, à l'abri du regard du simple passant ! Les pièces les plus précieuses, qui peuvent parfois atteindre des sommes astronomiques, ne sont quant à elles, pour d'évidentes raisons de sécurité, pas directement disponibles et doivent être achetées sur commande.

Outre les traditionnelles rencontres hebdomadaires, les « Quatre Jours du Carré Marigny », qui se tiennent depuis 1989 pendant le long week-end de l'Ascension, constituent un grand rendez-vous annuel des philatélistes français et étrangers. Expositions, jeux pour les enfants, tombolas, animations variées accompagnent la promotion et la vente des timbres. À cette occasion, le marché aux timbres de la ville de Paris émet des blocs souvenirs à tirage limité, dont certains, devenus introuvables, ont vu leur valeur décupler au fil des années.

Les commerçants du Carré Marigny, dont certains possèdent par ailleurs une boutique, arrivent pour la plupart de Paris ou de sa banlieue. Tous sont des fidèles du lieu, certains exposant même depuis plusieurs dizaines d'années. Lorsqu'ils partent à la

retraite, de plus jeunes, parfois sur liste d'attente compte tenu du nombre limité de places, s'empressent de les remplacer, attirés par la renommée du lieu. Nombre de marchands participent à des ventes aux enchères et se tiennent constamment informés des évolutions du marché. « On est obligé de toujours trouver des nouveautés et de savoir quels produits peuvent intéresser les collectionneurs, explique Patricia, qui tient depuis 1987 un stand d'enveloppes affranchies. Lorsque j'ai commencé cette activité, j'ai acheté les bibliothèques d'anciens marchands et fait de nombreuses recherches, ajoute-t-elle. Depuis, je fréquente les salles de vente, j'achète par Internet et, pour une part infime, à des personnes qui viennent me trouver ici. » Dans sa main, une enveloppe affranchie en 1942, portant un timbre à l'effigie du maréchal Pétain et présentant sur le côté la bande de censure égyptienne. « Celle-ci ne coûte que quarante euros environ, confie Patricia, mais les prix peuvent parfois monter très haut. Par exemple, en ce moment, les enveloppes parmi les plus recherchées par les collectionneurs sont celles qui ont voyagé sur la ligne France-Indochine ouverte par

explique Thérèse Cherrier, qui tient un stand depuis une quinzaine d'années. Un timbre neuf venant d'un pays à la monnaie forte est comme un billet de banque. Tout est important : les modes, le contexte politique, le cours des monnaies, etc. Il faut donc garder les yeux grands ouverts sur l'actualité, c'est la règle numéro 1 de notre commerce qui d'ailleurs, comme tous les autres, peut connaître des hauts et des bas. »

Thérèse Cherrier est aussi depuis cinq ans présidente de l'Association des marchands du Carré Marigny, née il y a une dizaine d'années et comptant aujourd'hui quarante inscrits environ. C'est elle qui s'occupe de l'organisation pratique du

Air France au début des années 1930. » L'ayant entendue, un monsieur occupé à regarder l'étal s'approche alors pour s'enquérir du prix d'une enveloppe, apparemment en sa possession, transportée par le premier vol Saïgon-Paris en 1929...

Derrière chaque commerçant du Carré Marigny se cache un expert capable de distinguer le simple promeneur du collectionneur et de flairer les nouvelles tendances qui explosent de temps en temps et peuvent faire grimper les prix. « Plusieurs facteurs entrent en ligne de compte dans le marché du timbre,

marché, des démarches administratives et des relations avec les autorités compétentes. « Une charge lourde, souligne-t-elle, car la réglementation est des plus complexes. » Le marché dépend en effet de la mairie de Paris, mais requiert aussi des rapports étroits avec la préfecture, la voirie et l'administration des parcs et jardins. Thérèse se charge également d'organiser tous les ans des réunions entre les membres de l'association pour faire le point sur la comptabilité et sur les éventuels problèmes rencontrés. En avril 2005, elle a aussi créé le site Internet de l'association. On y trouve des informations pratiques sur le marché et sur l'histoire du timbre, de belles photographies du lieu, quelques liens intéressants (tels que le site de l'annuaire de la philatélie et celui des philatélistes francophones), et les coordonnées permettant d'entrer en contact avec l'association et les exposants.

Le Carré Marigny est un petit village. « Ici, l'ambiance est très bonne, s'exclame Thérèse. On est tous amis, on se donne des tuyaux. De toute façon, tout se saurait très rapidement. » Mais, si on lui demande quels sont les timbres les mieux cotés actuellement, elle fait gentiment comprendre qu'elle préfère garder le secret.

Derrière chaque commerçant se cache un expert capable de distinguer le simple promeneur du collectionneur et de flairer les nouvelles tendances.

Renseignements :
<www.marcheauxtimbresparis.com>.

Paris, 1er janvier 1876
Conformément à la convention signée en juillet 1875 avec le ministère des Finances, la Banque de France commence à imprimer les timbres-poste, 36, rue d'Hauteville.

Paris, 1er janvier 1876
Malgré des échanges de courrier durant le second semestre 1875 avec le ministre des Finances pour conserver son poste, Anatole-Auguste Hulot, directeur de la fabrication des timbres-poste, est licencié. Ses fonctions prendront fin le 30 juin 1876. Il parviendra à conserver son appartement dans l'hôtel des Monnaies jusqu'en 1879.

France, 1er janvier 1876
Entrée en vigueur du traité établissant un tarif commun entre pays membres de l'Union générale des postes. Le poids du premier échelon de la lettre passe de 10 g à 15 g. L'affranchissement pour l'étanger est fixé à 30 c pour les lettres jusqu'à 15 g entre pays membres de l'UGP et de 40 c pour les lettres pour les États-Unis.

France, 1876
La France compte 19 000 facteurs ruraux qui parcourent chaque jour 513 000 km, soit douze fois le tour du globe.

France, mars 1876
Le timbre spécial ou timbre oblitérant pour annuler les timbres-poste est supprimé. Seul le timbre à date sera désormais employé.

France, 5 mars 1876
Les républicains remportent les élections législatives, un mois après que les monarchistes se sont assurés de la majorité au Sénat.

Dreux, 8 juin 1876
Retour des cendres du roi Louis-Philippe, mort en 1850 à Claremont (Surrey, Angleterre). Il est inhumé dans la chapelle royale Saint-Louis.

France, 1er juillet 1876
Entrée des colonies françaises dans l'UGP.

Paris, 17 décembre 1876
Jules Simon est nommé président du Conseil. Mac-Mahon le renverra le 16 mai 1877, ouvrant une crise de régime.

Le type Sage détrône Cérès

Jules-Auguste Sage (1840-1910), peintre, dessinateur, mais aussi auteur de poésies.

France, juin 1876
Le nouveau timbre est enfin arrivé. Une valeur de 15 c a été émise en premier. Il faut admettre que la Cérès de Jacques-Jean Barre commençait à dater quelque peu... De plus la République, fermement établie depuis le 25 février 1875 par la loi relative à l'organisation des pouvoirs publics, avait besoin d'un symbole fort qui lui fût propre. C'est pour toutes ces raisons que le ministère des Finances a lancé un concours « pour la création d'un nouveau type de timbre-poste », dont le programme fut publié au *Journal officiel* du 9 août 1875. Il était ouvert à tous les artistes français, avec pour contraintes

de faire figurer les mots « République française » et « Poste » sur leurs projets, et « soit une ou plusieurs figures, soit une ou plusieurs têtes emblématiques ». Il était toutefois précisé que ces figures ou têtes pouvaient symboliser la France, le commerce, l'industrie, l'agriculture, la loi, la justice ou les arts, mais qu'elles ne devaient présenter aucun « caractère politique ». Le lauréat recevrait un prix de 1 500 F. Ce sont 440 projets qui sont parvenus au jury, composé notamment du directeur général des Postes, Albert Le Libon, et de deux membres éminents de l'Académie des beaux-arts, Meissonnier et Paul Baudry. Les choses allèrent si rondement que, dès le 14 septembre, Léon Say approuvait leur choix. L'élu est Jules-Auguste Sage, un artiste assez peu connu du public et dont le projet représentait « le Commerce et la Paix s'unissant et régnant sur le monde ». Rien, en effet, qui pût soulever des controverses politiques ! La composition de Sage fut gravée pour les ateliers d'imprimerie de la Banque de France par Louis-Eugène Mouchon, excellent graveur, qui allégea la musculature de ses personnages. Mais un accident survint lors de la trempe du poinçon d'acier doux, à savoir une rupture qui obligea le graveur à une réparation très délicate, puis à une duplication en seize exemplaires sur lesquels Mouchon grava directement les chiffres des différentes valeurs. Pour l'impression, une tentative fut faite par un fondeur de la Banque de France de remplacer les galvanotypes par des clichés fondus en métal d'imprimerie. Mais ces derniers se révélèrent sujets à une usure rapide, si bien que l'on dut en revenir au procédé galvanoplastique.

Un projet de Jules-Auguste Sage pour le 25 c bleu qui sera émis en juin 1876.

L'un des 440 projets présentés au concours et assurément pas le moins original !

Le grand débat sur la baisse des tarifs

Le 20 c prévu en 1876, mais non émis.

Paris, 11 novembre 1876
La question est préoccupante. Depuis le passage à 25 c de la lettre simple, en 1871, le nombre de lettres affranchies a décliné. Exemple : 334 millions en 1873, contre 364 millions en 1869. Alors que, pour la même année 1873, l'Angleterre affichait une circulation de 907 millions de lettres. Le 7 avril dernier, un groupe de députés conduits par Alfred Talandier proposait un abaissement radical à 10 c (équivalent du tarif anglais). Le 28 mai, Jules Le Cesne suggérait une taxe de 15 c. Autant de projets repoussés. Le ministre Léon Say, conscient des conséquences économiques du ralentissement de la correspondance, défend à l'Assemblée une baisse à 20 c. Trop modeste ?

Pourquoi perforer les timbres-poste ?

Paris, 15 novembre 1876
Pour contrôler leurs stocks de timbres et éviter le coulage, nombre d'entreprises les perforaient avec leur sigle. Pratique née en Angleterre en 1858 et répandue dans la plupart des grands pays. Mais en 1873, l'administration des postes françaises l'a interdite : tout timbre perforé perdait sa valeur d'affranchissement. Ce qui ne manqua d'entraîner des protestations, notamment de la part des chambres de commerce. Elles ont finalement obtenu gain de cause. Les perforations sont désormais autorisées, sous certaines conditions : elles ne doivent pas, en effet, excéder le tiers de la superficie du timbre-poste, ni, surtout, se superposer à sa valeur faciale.

Nuancier réalisé pour le choix des couleurs de la deuxième émission du type Sage (1877). En vue d'une baisse des tarifs, l'essai pour le 20 c a été fait en bleu.

1848   1900   1950   2005

Le progrès en marche...

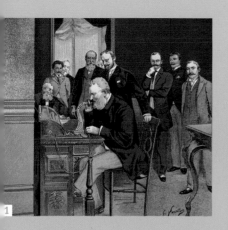

1 - Le téléphone. Graham Bell n'a que 29 ans et est encore écossais (il sera naturalisé américain en 1882) lorsque, le 7 mars 1876, il obtient aux États-Unis, où il est professeur de physiologie vocale, le brevet concernant « l'appareil [permettant de] transmettre la voix ou d'autres sons [...] en causant des ondulations électriques similaires aux vibrations de l'air ». Le 10 mars, il établit à Boston la première communication téléphonique avec son assistant : « Mr Watson, come here ! I want to see you ! »

2 - Le ketchup. À l'origine est le *ket siap*, saumure de poissons fabriquée en Asie depuis la nuit des temps et importée en Europe au XVIIe siècle. En 1876, l'Américain Henri John Heinz, dont la société est spécialisée dans le condiment vendu en bouteille, a l'idée de mélanger le *ket siap* à de la sauce tomate. Le Tomato Catsup est né, rebaptisé plus tard Tomato Ketchup.

Les Parisiens envoient des pneumatiques

France, 25 janvier 1879

Le décret est signé Léon Say, le ministre des Finances : « À partir du 1er mai 1879, la taxe des dépêches confiées à l'administration des télégraphes et destinées à être échangées dans les limites de l'ancien octroi de Paris, sera indépendante du nombre de mots. Les dépêches devront être libellées sur des formules affranchies et seront transportées par la voie des tubes pneumatiques. » Ces formules prendront la forme de cartes et de cartes-lettres spéciales, et seront taxées à 50 c pour les premières (ouvertes) et à 75 c pour les secondes (fermées). Elles porteront un timbre imprimé au recto, timbre dont la gravure a été confiée au médailliste Jules-Clément Chaplain, qui avait reçu le deuxième prix au concours de 1875. Mais le 1er mai, c'est un autre type qui figurera sur les cartes, la gravure du timbre de Chaplain n'ayant pas pu être achevée à temps. L'administration des télégraphes a donc simplement repris le type Sage, mais en effaçant le mot « Poste ». Le service des dépêches par pneumatique a vu le jour à Londres en 1858, et c'est à Berlin, en 1872, puis à Vienne en 1873, que sont apparues les premières formules spéciales. À Paris, le premier réseau de pneumatiques a été expérimenté en 1867. Le principe de ce système de transport de télégrammes est des plus simples : une petite cartouche gainée de cuir de quinze centimètres de longueur et de six centimètres de diamètre est placée à l'extrémité d'un tube de même diamètre ; elle est projetée à l'autre extrémité par de l'air comprimé produit par une pompe, une seule cartouche

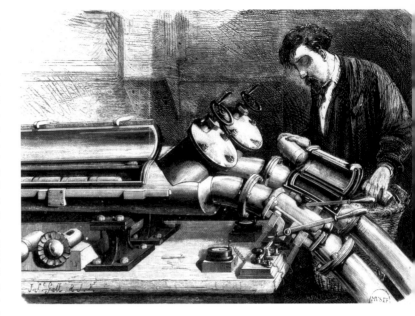

pouvant contenir de vingt à trente-cinq plis. Centralisé d'abord au bureau de la rue de Grenelle, puis à celui de la place de la Bourse, le réseau du pneumatique est en cours d'extension, ceci afin de relier l'ensemble des bureaux de Paris. Il sera achevé en 1887.

Les Parisiens ont pris l'habitude d'appeler « pneumatique » non seulement le réseau proprement dit, mais les dépêches acheminées par cette voie : on envoie un « pneumatique ». Une fois arrivée au bureau le plus rapproché du domicile du destinataire, la dépêche est acheminée par un facteur du télégraphe, exactement comme un télégramme clas-

> **De l'air comprimé pour envoyer un télégramme à l'autre bout de la capitale.**

sique. Quand le réseau du pneumatique sera terminé, du moins conformément au plan de développement actuellement mis en œuvre, il ne comptera pas moins de 200 km de tubes métalliques posés dans les égouts de la capitale. Ce service est devenu indispensable à la vie économique, politique et privée, et le deviendra de plus en plus. Car il ne faut qu'une heure et demie entre le moment du dépôt de la dépêche dans un bureau et celui de sa remise à son destinataire par les « petits télégraphistes », des gamins recrutés dès l'âge de 12 ans. Le service du pneumatique ne sera supprimé qu'en 1984.

Ci-dessus : une carte envoyée par pneumatique. Ci-contre : la salle des pneumatiques, place de la Bourse.

Un grand ministère pour Adolphe Cochery

Les États aussi font des collections

Paris, 5 février 1879

L'élection de Jules Grévy à la présidence de la République, le 30 janvier dernier, a mis fin aux espoirs d'une restauration monarchique. Si le président du Conseil reste Armand Dufaure, bien des choses sont en train de changer. C'est ainsi que, par décret, un ministère des Postes et des Télégraphes est créé aujourd'hui. Il est confié à Adolphe Cochery. Ce dernier aura notamment pour tâche de réaliser la fusion de l'administration des Postes et de celle des Télégraphes, envisagée dès le milieu du Second Empire et décidée par le décret du 27 février 1878. Ce ne sera probablement pas très facile, les cadres des Télégraphes, souvent issus de Polytechnique, acceptant mal d'être intégrés à une administration beaucoup plus pléthorique, mais aux origines plus modestes. En outre, on est plutôt bonapartiste aux Télégraphes et plutôt républicain aux Postes... Adolphe Cochery, lui, est un vrai républicain, brillamment élu député du Loiret en 1869, 1871 et 1876. C'est certainement l'homme de la situation. Comme rapporteur général du budget de 1877, il a préconisé d'importants dégrèvements des impôts, condition à ses yeux du développement économique. Il a d'ailleurs déjà été suivi en ce sens par l'Assemblée nationale, et il compte bien poursuivre ses efforts dans les domaines qui lui sont impartis. Né le 26 août 1819, Adolphe Cochery a eu une conduite exemplaire, pendant la guerre de 1870, pour soulager ses électeurs.

Le service des Télégraphes a dépendu du ministère de l'Intérieur, puis du ministère des Finances, avant sa fusion avec les Postes. Ci-dessus : une caricature d'Adolphe Cochery.

Berne, 1879

C'est une mesure très importante qu'ont prise les États membres de l'Union postale universelle. Dorénavant, ils enverront au siège de l'UPU des spécimens de leurs nouvelles émissions en quantité suffisante pour que chaque État puisse ensuite en recevoir trois exemplaires. Ce qui était la meilleure façon d'assurer la constitution, dans tous les pays, de collections internationales. Une surcharge « spécimen » enlèvera à ces timbres leur valeur fiduciaire. Mais elle sera appelée à disparaître progressivement après la fin de la Seconde Guerre mondiale.

1er juin 1878 : la direction générale des Postes émet une carte postale sur laquelle se trouve directement imprimé en noir le timbre d'affranchissement (type Sage, 10 c). C'est là le premier « entier postal » français, selon l'expression qu'emploieront les philatélistes. Un peu plus tard, une carte à 15 c sera émise pour la correspondance à destination des pays membres de l'UPU.

1848   1900   1950   2005

Le progrès en marche...

1 - Thomas Edison. Si l'on peut y voir de nuit comme en plein jour grâce à la lumière électrique, c'est à cet Américain de génie (1847-1931), détenteur de 1 093 brevets et fondateur de General Electric, qu'on le doit. Le 22 octobre 1879, Thomas Edison, faisant passer du courant à travers un filament de carbone dans une ampoule sous vide, conçut la première lampe à incandescence. De même lui doit-on l'invention, deux ans plus tôt, du phonographe. Quoique... Huit mois avant lui, le Français Charles Cros avait imaginé un appareil très proche. Mais c'est Edison que l'histoire a retenu.

2 - Le tramway électrique. L'ingénieur Werner Siemens (1816-1892) avait déjà, avec son associé Johann Georg Halske, établi de Berlin à Francfort la première grande ligne télégraphique européenne (1848), installé le premier câble transatlantique (1874), breveté le haut-parleur électrique (1877). Le voici qui présente, à l'Exposition de Berlin de 1879, une locomotive électrique ainsi qu'un tramway à deux rails conducteurs. En 1881, la première ligne régulière sera ouverte à Berlin, entre Lichterfelde et l'École des cadets, sur 2,5 km. De quoi justifier largement que Werner Siemens, qui inventera encore l'ascenseur électrique (1880), soit anobli par l'empereur Frédéric III en 1888.

Des lois pour promouvoir la démocratie

Paris, 29 juillet 1881
C'est un grand jour pour la démocratie : la loi sur la liberté de la presse, adoptée le 21 juillet dernier par les députés, est promulguée par le président de la République, Jules Grévy. Applicable aux journaux, aux livres et aux affiches, la loi supprime toute restriction à l'expression des opinions en abolissant l'autorisation préalable, le dépôt de cautionnement et la censure. En contrepartie, elle prévoit la répression des « crimes et délits commis par la voie de la presse ou par tout autre moyen de publication » : par exemple la diffamation, l'injure, l'incitation au crime, l'atteinte à la sûreté de l'État, etc. Liberté et responsabilité sont donc les deux axes majeurs d'une loi qui doit favoriser la circulation des journaux et des livres. La loi du 29 juillet 1881 restera comme l'une des grandes avancées du gouvernement dirigé par Jules Ferry depuis le 23 septembre 1880. Ce n'est pas en effet la seule. Le nom de ce républicain anticlérical restera plus attaché encore aux lois scolaires du 16 juin dernier, rendant l'instruction primaire obligatoire et l'enseignement public gratuit et neutre. Si la liberté de l'enseignement n'était pas remise en cause, une impulsion vigoureuse était donnée à l'école publique, en particulier avec la création

Jules Ferry (1832-1893). Il demeurera à jamais comme « le père de la laïque ».

Les journaux pourront se répandre dans tous les villages de France. Librement.

des écoles normales d'instituteurs. Pour Jules Ferry et ses deux principaux collaborateurs, Ferdinand Buisson et Camille Sée, la liberté de la presse ne pouvait avoir de sens qu'à la condition que tout citoyen soit capable de lire et d'écrire. S'il faut reconnaître que de réels efforts avaient déjà été faits sous Napoléon III pour développer l'enseignement, ce sont les lois du 16 juin 1881 qui auront, sans conteste, fait progresser la démocratie en France. Le bilan de Jules Ferry ne laissera pas, à cet égard, d'être fort éloquent. Il convient aussi de faire état de la loi du 30 juin 1881, qui instaure la liberté complète de réunion. En revanche, les libertés syndicales ne sont toujours pas officiellement reconnues, bien que l'on dénombre cette année quelque 800 chambres syndicales ouvrières sans statut légal (les 138 chambres syndicales patronales répertoriées se trouvant dans le même cas d'ailleurs). Chez nombre de républicains sincèrement progressistes, le souvenir de la Commune et de l'insurrection de 1848 continue de faire peur.

Une belle pour les colonies

Paris, 1881
Sous l'impulsion de Jules Ferry, soucieux de détourner l'attention des Français et de leur armée des frontières de l'Est, la politique d'expansion coloniale connaît un véritable bond en avant, aussi bien en Afrique qu'en Extrême-Orient. Ainsi,

cette année, le protectorat sur la Tunisie a été établi le 12 mai par le traité du Bardo. Mais depuis dix ans, on utilisait dans les colonies des timbres d'usage courant (le type Cérès de 1871 d'abord, puis le type Sage à partir de 1877), qui ne se distinguaient que par le fait qu'ils n'étaient pas dentelés. Un inconvénient qui a poussé le ministère de la Marine, rue Royale, à demander l'émission d'un timbre dentelé spécifique aux colonies. C'est désormais chose faite avec le type Commerce, dit aussi type Alphée Dubois. Né en 1831, le médailliste Alphée Dubois est en effet l'auteur de ce timbre dont le style dénote un goût académique certes conventionnel, mais incontestablement charmant... La figure personnifiant le commerce est une jeune et forte femme dont la robe, par un effet de « mouillé » à l'antique, ne cèle guère les avantages anatomiques. Le poinçon en a été gravé non par Alphée Dubois lui-même, mais par Louis-Eugène Mouchon.

Émission en juin 1881 d'un nouveau type de timbre-taxe, dont le dessin est l'œuvre d'un architecte, Gérard Duval. Appelé type Duval ou encore type Banderole, il a été conçu dans le même format que le type Sage, afin qu'il puisse être imprimé et dentelé avec le même matériel. Pour la première fois, les initiales « RF » apparaissent sur un timbre.

Des enveloppes prétimbrées, enfin !

France, 1er octobre 1882

La France n'est pas encore, en 1882, le pays le plus avancé en matière postale, mais Adolphe Cochery veille à y remédier ! Ainsi des enveloppes prétimbrées, en usage en Angleterre depuis 1840, en Russie et en Finlande depuis 1845, en Prusse depuis 1851, et aux États-Unis depuis 1853... Mais le ministre a réussi à faire adopter le 20 avril dernier une loi autorisant le gouvernement à vendre, avec le timbre d'affranchissement imprimé (type Sage), des enveloppes et des bandes pour les journaux : 15 c pour les enveloppes (tarif de la lettre simple) et de 1 à 3 c pour les bandes. Le surcoût (papier et fabrication) est fixé à 1 c par enveloppe et à 1 c par trois bandes.

Le réseau du pneumatique se développe

Paris, novembre 1882

Après la nouvelle carte-télégramme du réseau pneumatique parisien, lancée le 1er février dernier, voici, selon le même principe, la carte-lettre. Ce principe est assez original, puisqu'il consiste à informer le public de l'état d'avancement du réseau, grâce à un plan de la capitale. La partie centrale correspond aux quartiers desservis avant le 1er février, la partie de gauche, de couleur sombre, à ceux qui le sont depuis le 1er février (les Ternes, Passy, Auteuil et Grenelle), la partie restante aux quartiers qui le seront ultérieurement. Le plan doit être modifié au fur et à mesure de l'extension du réseau, et il donnera donc lieu, à chaque étape, à l'impression de nouvelles cartes et de nouvelles cartes-lettres.

La baisse des tarifs postaux du 1er juin 1880 s'est traduite par une réduction du tarif des pneumatiques : 30 centimes pour la carte et 50 centimes pour la carte-lettre.

Le 30 septembre 1882, l'ingénieur français Eugène Daguin dépose le brevet d'une machine à oblitérer. Mais en attendant son adoption par l'administration et sa mise en service dans les bureaux, les employés des postes doivent continuer de procéder au long et fastidieux double timbrage manuel des lettres.

Le facteurs méritants auront une médaille

Paris, 22 mars 1882

Les bons et loyaux services seront désormais distingués. Par un décret signé de Jules Grévy, une médaille d'honneur est créée pour les facteurs. Elle représente à son avers une Marianne couronnée de laurier, de chêne et de pampre. Et sur le revers figure l'inscription : « Devoir et dévouement ». Une médaille de bronze sera décernée aux facteurs ayant quinze ans de service « irréprochable » ou ayant fait acte de courage ou de dévouement, une médaille d'argent aux titulaires du bronze (depuis plus de cinq ans), ainsi qu'aux médaillés militaires ou aux membres de la Légion d'honneur. En cas d'actes de courage exceptionnels, un facteur pourra recevoir directement l'argent.

1848　　　　1900　　　　1950　　　　2005

Le progrès en marche...

1 - Le fer à repasser électrique. L'invention du fer à repasser serait due aux Chinois et remonterait au IVe siècle de notre ère. Quant au fer à repasser électrique, providence des ménagères, c'est l'Américain H. W. Seely qui l'a inventé en 1882.

2 - Le stylographe. Le mot « stylograph » est apparu dans la langue anglaise dès 1882, mais il ne sera francisé qu'en 1907. C'est dire que les recherches remontent assez loin, mais que leur application ne se généralisera pas immédiatement. En fait, le premier stylographe digne de ce nom a été mis au point en 1884 par un agent d'assurances américain, Lewis Waterman, qui donnera son nom à une marque célèbre. Il en ira de même de son compatriote George Parker, qui perfectionnera cet instrument en 1904.

Et aussi... Le préfet de la Seine Eugène Poubelle institue en 1884 des récipients pour que les usagers y déposent les ordures ménagères. Les **poubelles** sont nées.

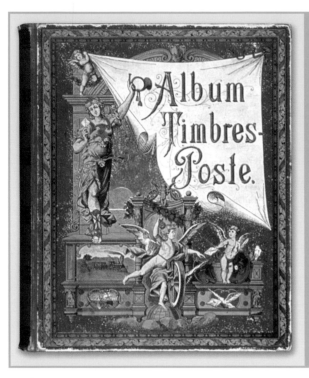

Le docteur Legrand édite en 1885 ce superbe album pour ranger les collections de timbres. Classé par continents et par États, il est formé de planches en français et en anglais, où l'emplacement des timbres à coller est indiqué par des cartouches légendés. Nombre de vignettes y sont d'ailleurs reproduites.

Cinq minutes de conversation téléphonique

Le 25 c est émis le 31 décembre 1884 pour les réseaux secondaires de province.

Paris, 1885

Des cabines téléphoniques ouvertes au public ont été installées à la Bourse. On y accède en achetant un ticket comportant un timbre de 50 c (type Chaplain). Il permet d'obtenir une liaison téléphonique de 5 minutes avec tout abonné du réseau de Paris. À la fin de la conversation, la vignette est oblitérée par le préposé des cabines. Si le réseau téléphonique de la capitale est exploité par une entreprise privée, la Société générale des téléphones, l'État s'est réservé l'exclusivité de la construction des lignes. Quant aux cabines publiques, elles relèvent du ministère des Postes et Télégraphes.

La machine Daguin oblitère plus vite

Paris, 1884

Les postiers de la recette principale sont soulagés. Ils ont été les tout premiers à bénéficier de cette « machine à timbrer et à oblitérer avec porte-timbre articulé fonctionnant à la main », comme elle est officiellement dénommée par l'ingénieur Eugène Daguin, son inventeur. Brevetée le 30 septembre 1882 et expérimentée dès l'année suivante, elle est constituée en effet d'un bras articulé dont l'extrémité supporte deux timbres à date, l'un pour le timbrage proprement dit, l'autre pour l'oblitération des vignettes. Car les règles sont strictes : il faut deux cachets à date sur chaque lettre. D'où un travail fastidieux et abrutissant qui, grâce à la « machine Daguin », se trouve facilité : il suffit aux postiers de glisser la lettre à oblitérer sous le bras et d'appuyer. Les lettres ainsi timbrées et oblitérées sont reconnaissables à un écart invariable de 28 mm entre les centres des cachets. On estime à 3 000 le nombre de lettres pouvant être traitées en une heure.

Les Postes font peau neuve rue du Louvre

La grande salle des guichets, comme tout le reste du bâtiment, est éclairée au gaz.

Paris, 17 juin 1886

Le procès-verbal est signé. Julien Guadet a remis à l'administration des Postes et des Télégraphes les clés du nouvel hôtel qu'il a bâti à l'angle des rues du Louvre et Étienne-Marcel. Mais l'inauguration officielle a été repoussée, tous les travaux n'étant pas achevés. De gros problèmes techniques affectent en particulier l'installation des monte-charges. Et pourtant, le bâtiment est une réussite incontestable, qui témoigne de la validité des théories modernistes que l'architecte enseigne à l'École nationale et spéciale des beaux-arts. Julien Guadet a conçu pour l'hôtel des Postes une structure entièrement métallique, sans mur porteur, avec une architecture intérieure rigoureusement définie en fonction des besoins. Il reconnaît lui-même que l'aménagement doit beaucoup à la coopération que lui ont fournie les fonctionnaires des Postes. Formant un trapèze dont le côté le plus long mesure 123,5 m, l'œuvre de Guadet ne s'est pas faite en un jour. Son histoire commence en effet le 21 juin 1854, avec un décret impérial décidant de sa construction, après accord entre l'État et la municipalité parisienne. Il est question alors d'un emplacement libéré au Châtelet, dans le cadre des grands travaux du baron Haussmann. Mais l'idée sera écartée, au profit du théâtre du Châtelet. En 1864, on évoque aussi la possibilité de construire dans un espace compris entre les rues Saint-Honoré, de Castiglione et de Mondovi, auquel cas il faudrait démolir l'église de l'Assomption. Ce projet soulève un tel tollé qu'il est lui aussi abandonné. Et ce n'est qu'en 1878 que Julien Guadet sera appelé, le choix de l'emplacement se portant finalement sur celui du vieil hôtel d'Armenonville, où étaient installées les Postes depuis 1757. Après avoir étudié sur place un certain nombre de réalisations étrangères récentes, mais surtout en Allemagne, l'architecte a donc proposé un projet novateur. Les travaux ont pu débuter après le déménagement des services de l'hôtel d'Armenonville, dans la nuit du 8 au 9 août 1880, vers des locaux provisoirement installés dans le jardin des Tuileries. Tout a été méticuleusement prévu et exécuté, y compris les écuries aménagées dans le sous-sol et pouvant accueillir une centaine de chevaux et leurs attelages... Le coût total du bâtiment ne sera connu qu'après son inauguration, le 14 juillet 1888, soit 32 millions de francs or !

Peine de prison pour le faussaire de Chalon

Chalon-sur-Saône, 14 déc. 1886
Le tribunal correctionnel de Chalon-sur-Saône condamne le lithographe Conry à quatre ans de prison et à une amende de 2 000 F. Il est l'auteur du faux timbre de 15 c (type Sage) qui a été découvert à Saint-Étienne et qui a conduit à l'arrestation, le 10 novembre dernier, de deux revendeuses à la gare de cette ville. Les enquêteurs ont pu remonter jusqu'à lui très rapidement, à Chalon, et confondre ses complices, l'imprimeur Rollet et un nommé Mugnier (époux d'une des deux revendeuses). Ils auraient imprimé plusieurs dizaines de milliers de faux 15 c, mais on ignore quelle quantité en a été écoulée. Tous les complices de Conry ont été également condamnés.

Arrivée de l'omnibus à Confolens (Charente). Les gardiens de bureau déchargent les sacs, un facteur rural tient à la main la boîte à lettres mobile de la voiture.

Des faux 15 c non encore dentelés ont été retrouvés au domicile de Conry, à Chalon.

La naissance de *L'Écho de la timbrologie*

Edmond Frémy ne soupçonne sans doute pas à quel avenir est promis son journal !

Douai, 15 novembre 1887
Ce n'est qu'un petit bulletin d'annonces mensuel, mais il est promis à un très bel avenir. Lorsque Edmond Frémy publie à Douai le premier numéro de *l'Écho de la timbrologie*, il ne soupçonne certes pas que cette feuille franchira allègrement, non seulement le cap de l'an 1900, mais encore celui de l'an 2000 ! Cette longévité exceptionnelle aura pour principale raison l'amitié qui unit Edmond Frémy a un autre passionné de « timbrologie », Théodule Tellier. Ce dernier est « chef de départ » à l'imprimerie que dirige Henry Yvert à Amiens et a toute la confiance de son patron. Si bien qu'à la disparition de Henry Yvert, en 1885, sa veuve aura l'intelligence de s'appuyer sur lui afin de maintenir l'entreprise. Elle ira même plus

loin en 1889 en l'y associant, en plein accord avec son fils Louis, et en joignant son nom au sien : ainsi naîtra la maison Yvert et Tellier. C'est elle qui imprimera dès lors *l'Écho de la timbrologie* et qui deviendra propriétaire du titre en 1895, à la demande d'Edmond Frémy lui-même. Mais un autre facteur permettra au journal de poursuivre sa carrière et de prospérer : Théodule Tellier saura communiquer au jeune Louis Yvert (il est né en 1866) le goût des timbres. Or, dans un premier temps, Louis Yvert sera placé par sa mère à la tête d'une feuille royaliste éditée par la maison, *L'Écho de la Somme*. Ayant des idées républicaines, il y renoncera en 1895 pour se consacrer à *L'Écho de la timbrologie*, avec beaucoup de projets novateurs en tête...

Sous protectorat français depuis le 12 mai 1881, la Tunisie (officiellement appelée Régence de Tunis) a émis le 1er juillet 1888 ses premiers timbres, ornés des armes du bey.

1848   1900   1950   2005

Le progrès en marche...

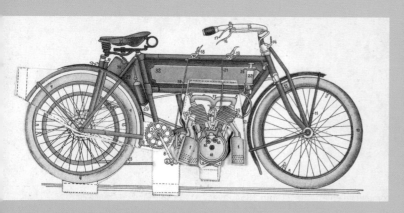

La motocyclette. Le 10 novembre 1885, Paul Daimler effectue en Allemagne le premier trajet à motocyclette, sur un parcours d'une dizaine de kilomètres. L'engin, construit par son père Gottlieb Daimler, est un bicycle en bois doté d'un moteur monocylindre à quatre temps. Jusqu'alors, les premiers essais de vélocipèdes motorisés avaient été effectués avec des moteurs à vapeur. Le développement de la motocyclette sera très rapide, comme en témoigne cette publicité du tout début du xxe siècle.

Et aussi... En 1885, la Manufacture d'armes et cycles de Saint-Étienne publie son premier catalogue de vente par correspondance, **Manufrance**. Le 8 mai 1886, l'Américain John Styth Pemberton, pharmacien à Atlanta, invente un sirop pour boissons rafraîchissantes composé d'extraits de noix de cola, de sucre, de caféine, de feuilles de cola et de divers extraits végétaux. Un serveur de la pharmacie à l'idée de le diluer dans de l'eau gazeuse : le **Coca-Cola** est né. En 1887, premiers **disques en cire et à sillons**.

Pour commémorer la Révolution française

Paris, 6 mai 1889
Un tour de force. Il n'aura pas fallu plus de deux ans à Gustave Eiffel pour édifier la tour métallique de 300 m de haut qui, incontestablement, est la grande attraction de l'Exposition universelle ouverte ce 6 mai pour le centième anniversaire de la Révolution française. En fait, la tour a été terminée le 31 mars dernier, et son premier visiteur officiel a été le prince de Galles. Les Postes ne sont pas absentes, bien sûr, de cette exposition qui, à sa fermeture le 6 novembre prochain, aura accueilli plus de 32 millions de visiteurs. L'administration a installé dans son enceinte un bureau temporaire, avec un cachet spécial. À la tour Eiffel même, on vendra à partir du 20 août six cartes postales la montrant sous divers aspects. Œuvre de Charles-Léon Libonis, elles seront affranchies à 10 c. Ci-dessus et ci-contre, le recto et le verso (détail) de l'une de ces cartes postales.

Les députés créent les PTT

Le célèbre hall des guichets de la recette principale des PTT à Paris, rue du Louvre.

Paris, 16 juillet 1889
Le conflit entre l'État et la Compagnie générale des téléphones (SGT) couvait. Nombre de députés et de fonctionnaires estimaient que l'exploitation du réseau téléphonique devait être du ressort de la puissance publique. Beaucoup d'abonnés pensaient aussi que l'État était seul en mesure de garantir l'égalité de l'accès à ce réseau. L'épilogue a finalement eu lieu aujourd'hui à l'Assemblée nationale : les députés ont voté une loi instituant le monopole d'État et retirant à la SGT l'exploitation du réseau. Du même coup, les Postes et Télégraphes sont devenus les Postes, Télégraphes et Téléphones. Il faudra s'habituer au nouveau sigle : PTT.

Poste restante

Les voyageurs de commerce l'utilisent pour recevoir leur courrier pendant leurs déplacements, et les amants pour s'écrire... Il suffit de mettre sur l'enveloppe le nom du destinataire et d'indiquer le nom ou le numéro du bureau où elle doit être adressée, avec la mention « Poste restante ». Elle pourra être retirée jusqu'au 15 du mois suivant, en acquittant une taxe. Sinon, elle sera retournée. Un timbre à date spécial est utilisé à l'arrivée dans les grands bureaux..

Les dames des PTT sont au guichet

France, 1890

Les usagers sensibles au beau sexe sont plutôt charmés. Cette année, une grande innovation a eu lieu dans deux bureaux de Paris (avenue de la Grande-Armée et rue Dufrenoy), ainsi qu'à Argenteuil et à Saint-Mandé : des dames employées ont été affectées à des guichets. Si ce n'est pas une révolution, c'est une évolution notable. Car, jusqu'à présent, les dames employées des postes (comme elles sont officiellement appelées) ne travaillaient que dans des services où, par respect de leur pudeur, elles n'étaient pas amenées à être en contact avec le public masculin. Pour passer le concours permettant d'entrer aux PTT, il faut avoir entre 18 et 25 ans. Les épreuves portent sur l'écriture, l'arithmétique et la géographie.

Navigation et commerce pour les colonies

Monde, 1892

Les cartes de géographie sont en perpétuelle transformation. Depuis le rétablissement de la République, l'empire colonial français n'a cessé de s'agrandir sur tous les continents. Parmi les conquêtes les plus importantes, on citera celle de Madagascar, passé sous protectorat français en 1885, ou celle de la Côte d'Ivoire, devenue colonie française le 10 mars de cette année. Quant à l'empire du Mali, il est pratiquement tombé sous la coupe de la France depuis la prise de Ségou par le colonel Louis Archinard en 1890, tandis que la mainmise sur les Comores se terminait l'an dernier. La colonisation de l'Indochine a été beaucoup plus longue. Elle s'est achevée en 1887 avec la cons-

titution de l'Union indochinoise, réunissant les protectorats d'Annam-Tonkin, du Laos et du Cambodge, et la Cochinchine instituée en colonie. Mais l'expansion en Extrême-Orient a coûté très cher. Elle a été notamment marquée par la défaite de Lang Son, à la frontière chinoise, où quelque 200 soldats français furent tués ou blessés le 28 mars 1885. Elle devait d'ailleurs entraîner dans les quarante-huit heures la chute de Jules Ferry, président du Conseil et principal artisan de la politique coloniale : il sera alors surnommé « Ferry-Tonkin ». C'est en novembre dernier qu'est apparu, pour les pièces de ce puzzle impérial, un nouveau timbre. Il remplaçait le type Alphée Dubois unique, devant servir dans toutes les colonies.

Mais le taux de change avec la monnaie indochinoise donnant lieu à un trafic de devises, il fut d'abord décidé, en 1890, de le surcharger du nom de chacune des colonies, puis de le remplacer purement et simplement. Le nouveau timbre a été gravé par Louis-Eugène Mouchon, avec pour motif une allégorie : « La Navigation et le Commerce faisant flotter sur les mers les couleurs françaises », et un cartouche sur lequel est imprimé le nom de chaque colonie. On l'a appelé le type Groupe. En voici six exemples, auxquels ont été ajoutés deux autres timbres : un type Sage portant la surcharge « Chine » (où la France est présente depuis 1844) et un timbre spécifique d'Obock, colonie sur le golfe d'Aden, acquise en 1862.

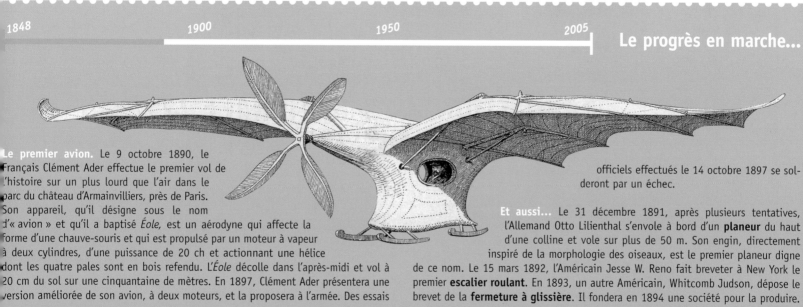

1848   1900   1950   2005

Le progrès en marche...

Le premier avion. Le 9 octobre 1890, le Français Clément Ader effectue le premier vol de l'histoire sur un plus lourd que l'air dans le parc du château d'Armainvilliers, près de Paris. Son appareil, qu'il désigne sous le nom d'« avion » et qu'il a baptisé *Éole*, est un aérodyne qui affecte la forme d'une chauve-souris et qui est propulsé par un moteur à vapeur à deux cylindres, d'une puissance de 20 ch et actionnant une hélice dont les quatre pales sont en bois refendu. L'*Éole* décolle dans l'après-midi et vol à 20 cm du sol sur une cinquantaine de mètres. En 1897, Clément Ader présentera une version améliorée de son avion, à deux moteurs, et la proposera à l'armée. Des essais

officiels effectués le 14 octobre 1897 se solderont par un échec.

Et aussi... Le 31 décembre 1891, après plusieurs tentatives, l'Allemand Otto Lilienthal s'envole à bord d'un **planeur** du haut d'une colline et vole sur plus de 50 m. Son engin, directement inspiré de la morphologie des oiseaux, est le premier planeur digne de ce nom. Le 15 mars 1892, l'Américain Jesse W. Reno fait breveter à New York le premier **escalier roulant**. En 1893, un autre Américain, Whitcomb Judson, dépose le brevet de la **fermeture à glissière**. Il fondera en 1894 une société pour la produire.

Paris, 20 mars 1894
Jean Marty devient ministre du Commerce, de l'Industrie et des P et T. Victor Lourtiés lui succède le 30 mai.

France, 17 avril 1894
Création par arrêté de la carte-lettre avec réponse payée.

Paris, 23 juin 1894
À l'initiative de Pierre de Coubertin, la France, la Belgique, le Royaume-Uni, la Grèce, l'Italie, la Russie, la Suède, l'Espagne et les États-Unis fondent, à la Sorbonne, le Comité international olympique (CIO).

Paris, 27 juin 1894
Jean Casimir-Périer est élu président de la République.

Paris, 22 décembre 1894
Arrêté le 15 octobre, le capitaine Alfred Dreyfus est condamné à la déportation à vie pour espionnage au profit de l'Allemagne. Il sera dégradé le 5 janvier 1895 dans la cour de l'École militaire.

France, 17 janvier 1895
Après la démission de Jean Casimir-Périer, le 14 janvier, Félix Faure est élu président de la République.

Paris, 26 janvier 1895
André Lebon est nommé ministre du Commerce, de l'Industrie et des P et T. Gustave Mesureur (président du parti radical à sa création en 1901) lui succède le 1er novembre.

Athènes, 6-15 avril 1896
311 athlètes issus de 13 nations participent aux premiers Jeux olympiques de l'ère moderne.

Paris, 23 mai 1896
Après la suppression de la direction générale des Postes et Télégraphes, ces services sont transformés en sous-secrétariat d'État. Édouard Delpeuch est nommé sous-secrétaire d'État aux Postes et Télégraphes auprès du ministre du Commerce et de l'Industrie.

Rouen, 1897
Parution de la *Revue internationale de philatélie*, dirigée par A. Dufour. Elle a pour spécificité de n'accepter que les timbres-poste en règlement des annonces et abonnements. Elle cessera de paraître en 1901.

Le nouveau type attendra

Pour son projet, le médailliste Alphonse Lechevrel aura la mention « honorable », dotée de 500 F. Les trois prix, non décernés, l'étaient de 3 000, 1 500 et 1 000 F.

Paris, 14 mai 1894
Les visiteurs sont consternés. La presse ironise. Et les membres du jury sont très embarrassés. Un concours pour la création d'un nouveau type a été ouvert le 5 février dernier. Plus de 600 projets ont été envoyés. Ils étaient exposés depuis cinq jours à l'École des beaux-arts. Mais ce lundi, jour de la fermeture de l'exposition, il est facile de prévoir la décision du jury : en effet, celui-ci ne décernera aucun prix, se bornant à cinq mentions honorables. Et le projet de remplacer le type Sage sera abandonné. L'instigateur du concours était un député de la Seine, Gustave Mesureur, également rapporteur du budget des Postes. Il voulait que la nouvelle figurine ait un « caractère véritablement républicain et moderne » qui convienne à la démocratie française. Il n'a visiblement pas été compris !

Fils d'un artisan graveur et formé dans l'atelier familial, Louis-Eugène Mouchon (1843-1914) était très lié à Louis-Oscar Roty, dont il gravera d'ailleurs la célèbre Semeuse. D'une grande modestie, il n'en fut pas moins un authentique artiste, qui gravera notamment le type Groupe des colonies de 1892 et le type Mouchon (la République aux droits de l'homme) de 1900. Habile technicien, capable de travailler sur tous les supports, du bois à l'acier, Louis-Eugène Mouchon créera aussi des billets de banque et des vignettes postales pour de nombreux pays étrangers. Il reçut la médaille d'honneur pour son œuvre au Salon de 1900.

Le président de la République assassiné

Lyon, 24 juin 1894
Alors que Lyon était à l'heure des festivités organisées à l'occasion d'une exposition, l'anarchiste italien Sante Jeronimo Caserio s'est précipité sur le landau qui amenait le président de la République, Sadi Carnot, et l'a poignardé. Cet assassinat témoigne des vives tensions politiques et sociales qui persistent dans le pays. Caserio voulait venger la mort de son camarade Auguste Vaillant, exécuté le 5 février dernier pour avoir lancé une bombe à la Chambre des députés. Sur l'échafaud, Vaillant avait crié : « Mort à la société bourgeoise et vive l'anarchie ! » Un entier postal timbré sur commande (ci-dessous) sera émis pour rendre hommage au petit-fils de Lazare Carnot, l'« organisateur de la victoire » sous la Révolution. Sadi Carnot avait beaucoup œuvré pour favoriser le rapprochement de l'Église et de la République.

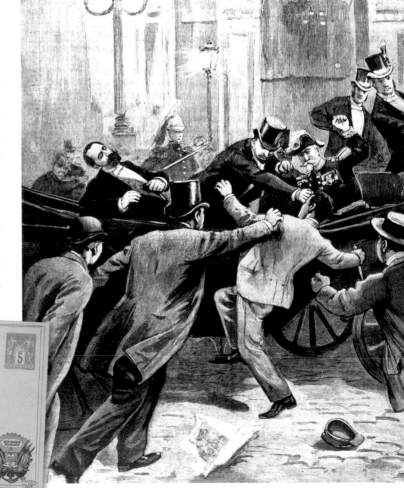

L'imprimerie s'installe boulevard Brune

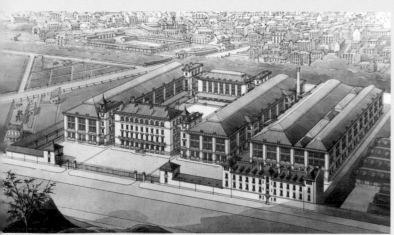

Quelque trois cents personnes seront employées à l'imprimerie du boulevard Brune.

Paris, 1895

Les timbres étaient toujours imprimés à l'atelier de la rue d'Hauteville, mais son matériel avait été racheté en 1880 à la Banque de France par l'administration des Postes. Cet atelier était notoirement trop exigu pour faire face à la demande croissante. C'est pourquoi, cette année, l'imprimerie des timbres-poste a déménagé dans des locaux plus vastes et plus rationnels, construits au 103, boulevard Brune, entre la porte d'Orléans et la porte de Vanves. On y imprime également les timbres des colonies, mais aussi toutes les valeurs fiduciaires postales pour la France et les colonies. Cette imprimerie sera encore agrandie en 1906.

Après avoir acquis Obock en 1862, la France a créé Djibouti en 1888, l'ensemble formant en 1894 la Côte des Somalis. Des timbres spécifiques seront émis, alors au nom du « Protectorat de la Côte des Somalis ». La Côte française des Somalis aura ses timbres de 1902 jusqu'en 1967, date à laquelle elle changera de statut et de nom.

Mettez votre lettre au bureau de tabac

Paris, 16 octobre 1895

La création de recettes auxiliaires urbaines et rurales est entérinée par décret. Ces recettes, dont les huit premières ont vu le jour l'an dernier à titre expérimental, à Paris, remplacent donc les bureaux auxiliaires créés en 1887. Instituées dans le but de faciliter la vie des usagers demeurant loin d'un bureau, elles seront gérées par des commerçants ou dans des bureaux de tabac. Les opérations les plus courantes (dont l'émission et la réception de mandats jusqu'à 300 F) pourront y être effectuées. Rattachées à un bureau, les recettes auxiliaires auront un timbre à date hexagonal, sur le modèle de celui des anciens bureaux auxiliaires.

L'Yvert et Tellier est sorti !

Amiens, novembre 1896

Louis Yvert et Théodule Tellier ont pesé longuement le pour et le contre avant de se prononcer sur la formule de leur catalogue de timbres. Mais cette fois, ça y est : le premier « Yvert et Tellier » est sorti des presses, soit 576 pages et un tirage de 8 000 exemplaires ! Les collectionneurs auront sous les yeux toutes les références de quelque 5 000 timbres du monde entier, avec leur cote en neuf et en oblitéré. Et sur ces 5 000 timbres, 3 000 sont reproduits en fac-similé, au moyen de blocs de buis très soigneusement gravés. Louis Yvert voit loin : il a eu, en effet, l'idée de mettre parallèlement sur le marché un album correspondant, suivant la même numérotation.

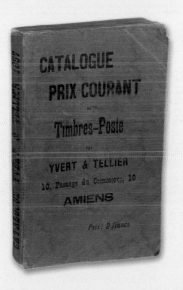

Faut-il uniformiser toutes les couleurs ?

Washington, 15 juin 1897

L'Union postale universelle (UPU) a tenu son cinquième congrès à Washington du 6 mai au 15 juin, avec la participation de 86 délégués représentant 56 pays. La Chine, qui reconnaît ne pas être encore en mesure d'adhérer, y a même envoyé son représentant permanent aux États-Unis, Wu Tingfang. Parmi les résolutions adoptées à Washington par l'UPU (sur un total de 653 propositions !), la plus intéressante concerne l'uniformisation internationale des couleurs des timbres. Pour le premier échelon de poids, l'UPU recommande le bleu foncé (tarif international de la lettre), le rouge (tarif de la carte postale) et le vert (imprimés).

1848   1900   1950   2005

Le progrès en marche...

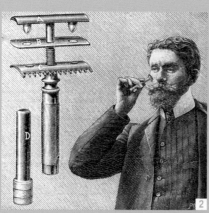

1 - Le cinématographe naît le 28 décembre 1895 dans le Salon indien du Grand Café, à Paris. Les frères Louis et Auguste Lumière y proposent la première séance de projections cinématographiques publique. Les frères Lumière ont mis au point, avec l'ingénieur Jules Carpentier, un appareil à la fois simple et ingénieux qui servait à la fois de caméra pour les prises de vues et de projecteur. Ils l'ont fait breveter le 13 février 1895 et lui ont donné le nom de cinématographe, qui deviendra cinéma tout court.

2 - Le rasoir mécanique. Constitué de lames interchangeables, le rasoir mécanique est inventé par l'Américain King Camp Gillette en 1895. Ce n'est toutefois qu'en 1901 que cette invention sera commercialisée. Le succès des rasoirs Gillette sera universel.

Et aussi... En 1896, le jeune physicien italien Guglielmo Marconi construit un appareil transmettant des messages par **télégraphie sans fil** (TSF) sur plusieurs centaines de mètres. En 1901, il réalisera la première liaison TSF entre l'Europe et l'Amérique.

France, 1898

Création de l'Assistance mutuelle du personnel des P et T (qui deviendra en 1946 la Mutuelle générale des PTT, appellation abandonnée au profit de la Mutuelle générale).

Paris, 4 juin 1898

L'avocat Ludovic Trarieux, ancien ministre de la Justice, qui avait témoigné en faveur d'Émile Zola, fonde la Ligue des droits de l'homme et du citoyen.

Paris, 5 juillet 1898

Léon Mougeot est nommé sous-secrétaire d'État aux Postes et Télégraphes.

France, octobre 1898

Charles Lemierre lance *La Circulaire philatélique*, mensuel qui deviendra en 1901 *La Philatélie* et paraîtra jusqu'en 1932. Lemierre sera le fondateur, en 1901, du Syndicat de la presse philatélique.

Paris, 18 février 1899

Après la mort de Félix Faure, avant-hier, Émile Loubet est élu président de la République.

Paris, 24 juin 1899

Si Léon Mougeot est reconduit dans le cabinet Waldeck-Rousseau, il a pour nouveau ministre de tutelle Alexandre Millerand. Ministre du Commerce, de l'Industrie, des Postes et Télégraphes de 1899 à 1902, Millerand deviendra président de la République (1920-1924).

France, août 1899

Pour la première fois, l'expression « carte postale illustrée » apparaît dans un texte de l'administration postale, relatif à l'affranchissement de celles-ci.

Rennes, 9 septembre 1899

Son premier jugement ayant été cassé, le capitaine Dreyfus est de nouveau jugé, et condamné à dix ans de réclusion. Il sera gracié par Émile Loubet le 19 septembre. La Cour de cassation annulera le jugement de Rennes en 1906.

France, novembre 1899

Création d'un tarif à 5 c pour la carte postale ne comportant que la date et la signature. Cette carte est assimilée aux imprimés non placés sous bande.

Les philatélistes exigent un musée

Paris, 1898

La France doit prendre des mesures pour assurer la conservation des objets, timbres et documents témoignant de son histoire postale. C'est que pense Arthur Maury qui, dans *Le Collectionneur de timbres-poste* du 31 octobre, a lancé un nouvel appel à la création d'un musée voué à la préservation des collections de timbres. Un appel repris à la fin de cette année par la Société française de timbrologie dans une lettre adressée à Léon Mougeot, le sous-secrétaire d'État des Postes et Télégraphes. Il faut dire que les philatélistes ont de quoi envier leurs homologues d'outre-Rhin ! Le 24 août 1872, le directeur général des postes allemandes, Heinrich von Stephan, avait ordonné la fondation d'un musée postal, qui comprendrait des pièces relatives aux postes, non seulement allemandes, mais aussi étrangères. Installé en 1875 dans les locaux de la poste de Berlin, puis en 1898 dans les nouveaux bâtiments de la Reichspost, il proposait notamment à la curiosité de ses visiteurs la démonstration de deux importantes innovations techniques : un pneumatique et un appareil téléphonique Bell (qui avait été inventé en 1876 aux États-Unis).

Poste française à l'étranger

Le siège de la Compagnie du canal de Suez, à Port-Saïd. En haut : le timbre mis en vente au bureau de poste français de Port-Saïd est un type Sage de 1876 surchargé.

Port-Saïd (Égypte), 1899

De tous les bureaux de poste français à l'étranger, celui de Port-Saïd, à l'entrée du canal de Suez, n'est évidemment pas le moins actif, compte tenu de sa position stratégique ! Toutefois, les timbres métropolitains ne sont plus utilisés tels quels dans les bureaux à l'étranger : ils sont surchargés du nom du pays ou de la localité où ces bureaux sont installés. Mais en 1884, ceux-ci ont été touchés par une crise assez grave, la dévaluation de certaines monnaies locales rendant le franc particulièrement cher. Du coup, les usagers trouvèrent plus avantageux de s'adresser à des bureaux vendant des timbres dans la monnaie locale ! C'est la raison pour laquelle, d'ailleurs, certains timbres français seront alors surchargés d'une valeur dans cette monnaie locale. Le bureau de Port-Saïd fonctionnera jusqu'en 1931, comme celui d'Alexandrie.

Heinrich von Stephan

Heinrich von Stephan est l'un des personnages les plus respectés du monde du timbre. Né le 7 janvier 1831 à Stolp, en Poméranie, il débuta à 16 ans dans les postes prussiennes, dont il devint le directeur général en 1870. Organisateur exceptionnel, ce polyglotte ouvert à toutes les nouveautés fut chargé en 1878 d'unifier les postes impériales allemandes, ce dont il s'acquitta avec une rare efficacité. C'est également lui qui eut l'idée de créer l'Union générale des postes (devenue depuis Union postale universelle), et il en présidera le congrès fondateur en 1874, à Berne. Décédé le 8 avril 1897 des suites d'un empoisonnement du sang, il a publié en 1859 une *Histoire de la poste prussienne*.

Les facteurs sont en grève

Guidés par un policier, un fantassin et un garde républicain assurent la distribution. Quant aux sanctions contre les grévistes, elles seront ultérieurement rapportées.

Paris, 18 mai 1899

Les Parisiens ont eu aujourd'hui la surprise de voir leur courrier distribué par la troupe. La raison en est simple : leurs facteurs sont en grève. À l'origine de ce mouvement social, le rejet par le Sénat d'une augmentation du salaire des facteurs de la capitale. Initialement, cette augmentation, votée par la Chambre des députés en mars dernier, ne concernait que Paris : les autres facteurs de France n'en bénéficiaient donc pas, ce que Léon Mougeot n'avait pas manqué de dénoncer comme une criante injustice. Mais plutôt que d'augmenter tout le monde, les sénateurs ont préféré en revenir au *statu quo ante*... D'où la colère des facteurs parisiens, que Mougeot n'est pas parvenu à calmer. Quelque 700 soldats, 500 gardes républicains et 500 inspecteurs de police ont pris leur relève. Si la grève, brisée, cessera ce soir même, elle entraînera de graves sanctions : 27 révocations et des mutations.

Les mougeottes de Mougeot

Ci-contre :
caricature de
Léon Mougeot faisant
la promotion de ses
« mougeottes ». Au-
dessus : le modèle mural aux
couleurs adoptées en 1905.

plicité, s'inscrit tout à fait dans la ligne de l'Art nouveau aujourd'hui à la mode. Comme on peut l'observer sur la photographie à gauche, la nouvelle boîte est dotée de trois petites fenêtres permettant de voir si la dernière levée a été faite : derrière la paroi ouvrante ont été, à cet effet, disposées trois roues émaillées qu'il suffit de tourner pour indiquer le jour, le nombre de levées prévues et la dernière effectuée. Deux variantes ont été retenues par l'administration : un type mural et un autre identique, mais monté sur une colonne de fonte fixée aux trottoirs. D'abord louées à titre expérimental à des municipalités ou à des sociétés, les « mougeottes » seront vite généralisées en raison de leur vif succès. De couleur vert bronze à l'origine, elles revêtiront en 1905 la belle couleur bleue que, à quelques évolutions de ton près, vont connaître des générations d'usagers.

Paris, 31 juillet 1899

La mise en service par décret d'un nouveau modèle de boîte aux lettres est le fruit le plus visible de l'action menée par le sous-secrétaire d'État aux Postes et Télégraphes, Léon Mougeot. Elle lui assurera même une popularité certaine, puisque ces nouvelles boîtes seront familièrement surnommées les « mougeottes ». Ce n'est certes pas une simple fantaisie. Après sa nomination au sous-secrétariat d'État, l'an dernier, ce député de la Haute-Marne, né en 1857 à Montigny-le-Roi, a fait part en effet

de sa ferme intention de remédier à la vétusté de la plupart des boîtes aux lettres mises à la disposition du public par l'administration. Car, à l'exception des superbes colonnes en fonte installées à Paris en 1850 et d'un modèle plus sophistiqué mis en service en 1894, la plupart des boîtes aux lettres de France demeurent en bois renforcé de fer et datent de 1830 ! Léon Mougeot a fait appel au fondeur parisien Delachanal, qui proposera un modèle en fonte dont l'ornementation élégante, qui n'exclut pas un souci de rationalité et de sim-

Léon Mougeot aime la nouveauté.
Ainsi, en octobre 1899, il fait relever
le courrier par automobile dans
le 12e arrondissement de Paris
(ci-contre). L'expérience, quoique
concluante en gain de temps, n'aura
pas de suites immédiates. Puis,
en avril 1900, il fera installer rue
du Louvre un distributeur de timbres
et de cartes-lettres. Alimenté par
un courant d'air fourni par une pompe,
il comporte un pèse-lettre (ci-dessus).

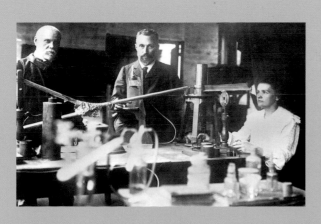

La radioactivité. Découverte en 1896 par le physicien français Henri Becquerel, la radioactivité a été étudiée ensuite par les époux Pierre et Marie Curie (photographiés ci-contre dans leur laboratoire avec leur collaborateur Étienne Debierne, à gauche). Ils découvriront le radium en 1898. D'origine polonaise (née Sklodowska), Marie Curie sera la première femme nommée professeur à la Sorbonne. Elle obtiendra le prix Nobel de physique en 1903 et le prix Nobel de chimie en 1911. Les cendres de Pierre (1859-1906) et Marie (1867-1934) Curie seront transférées au Panthéon le 20 avril 1995.

Et aussi... En 1898, au sanatorium de Battle Creek (Michigan), un médecin américain, le docteur John Harvey Kellogg, et son frère William Keith cuisent des grains de maïs qu'ils débitent en pétales et font ensuite griller : ce sont les **corn flakes**. En 1899, la **radiothérapie** connaît sa première application à Stockholm : le Suédois Thor Stenbeck traite un cancer de la peau avec cette nouvelle technique thérapeutique.

Depuis le style néomédiéval du massif hôtel des postes de Metz, construit sous administration allemande, jusqu'à l'élégante et ergonomique salle des guichets du bureau de Paris-Bienvenüe, au début du troisième millénaire, voici un petit panorama de l'architecture postale française. Ces bâtiments reflètent l'évolution des formes et l'influence des styles décoratifs, plutôt conventionnels dans certains cas, assez audacieux dans d'autres, ainsi que leur adaptation aux besoins spécifiques de chaque établissement. Tous sont aussi, quel que soit leur volume, l'un des centres névralgiques de la vie communale, et l'expression monumentale d'une entreprise dont on peut dire qu'elle structure et anime la vie nationale.

1 - Hôtel des postes de Metz, 1903 (sous administration allemande). Architecte: Ludwig Bettcher.

2 - Hôtel des postes de Limoges, 1908-1912. Architecte: Jules-Alexandre Godefroy.

3 - Bureau de poste de Thionville, 1909 (sous administration allemande). Architecte: Fritz Stürmer.

4 - Hôtel des postes de Mâcon, 1915. Architectes: Choquin et Lavirotte.

5 - Hôtel des postes de Poitiers (salle des guichets), 1910-1914. Architecte: Henri Guinet.

6 - Hôtel des postes de Reims (intérieur), 1922-1927. Architecte: François-Charles Le Cœur.

7 - Hôtel des postes de Chartres (mosaïques), 1928. Architecte: Raoul Brandon.

8 - Hôtel des postes de Boulogne-Billancourt (enseigne), 1937-1938. Architecte: Charles Giroud.

9 - Bureau de poste de Vitré, 1932. Architecte: Pierre-Jack Laloy.

10 - Bureau de poste de Royat (Puy-de-Dôme), première moitié du XXe siècle. Architecte: André Papillard.

11 - Hôtel des postes de Vichy, 1940. Architecte: Léon Azéma.

12 - Bureau de poste de Paris–Bonne-Nouvelle, 1953. Architecte: Joseph Bukiet.

13 - Bureau de poste de Paris-Bienvenüe (intérieur), 2003. Architecte : Atelier Dutrevis. Architecture intérieure: Bernard Maricau.

Le XXᵉ siècle fait ses premiers pas à Paris

Paris, 14 avril 1900
La France a voulu entrer en beauté dans le XXᵉ siècle en organisant une nouvelle Exposition universelle. Son inauguration laisse déjà présager un grand succès, par ses attractions (dont la Grande Roue de 93 m de diamètre) tout autant que par le nombre des exposants : 83 047 ! Elle se déploie sur 112 ha et dispose de plusieurs dizaines d'entrées, dont l'impressionnante « porte monumentale » située au sud-ouest de la place de la Concorde. Tous les chiffres de l'Exposition de 1889 seront pulvérisés. Lors de la clôture, le 12 novembre, on comptera 48 millions de visiteurs. Et un solde financier positif : l'État aura effectivement dépensé un peu plus de 119 millions de francs pour une recette de 126,3 millions.

Un bureau des télégraphes avait été aménagé au deuxième étage de la tour Eiffel.

Une flamme flotte au vent

Paris, 4 octobre 1900
Le document reproduit ci-dessous offre un double intérêt. C'est un gros plan sur l'enveloppe d'une lettre remise ce mercredi au bureau des postes américaines, installé dans l'enceinte de l'Exposition universelle. Une première. En effet, c'est la première fois qu'une administration postale étrangère a été autorisée à fonctionner en France. D'où le caractère pour le moins insolite de cette enveloppe qui montre une oblitération américaine, avec timbre à date en anglais, sur deux types Sage bien français ! L'autre intérêt tient à l'oblitération elle-même, effectuée par une machine électrique Bickerdike, que les Français commencent à connaître. La machine Daguin, manuelle, ayant un rendement inévitablement limité, l'administration des Postes a loué pour trois ans, à raison de 1 000 F par an, douze de ces machines de fabrication américaine. Les essais ont commencé le 13 décembre 1898 et se sont poursuivis en 1899. Ils donnèrent lieu à un certain nombre de réglages. Le cachet d'oblitération tombant mécaniquement toujours au même endroit, mais la vignette n'y étant pas, elle, toujours nécessairement collée, il a fallu pallier le risque d'absence d'oblitération. Au timbre à date, on a donc joint un motif graphique en forme de banderole flottant au vent : cette banderole est appelée flamme, à cause de sa similitude avec les flammes qui ornent les lances de la cavalerie ou le mât principal des navires de guerre. Cette flamme est bien reconnaissable sur l'enveloppe ci-dessous, où elle affecte le motif (plus qu'approximatif !) du drapeau américain. Mises en service permanent au mois de mai dernier, les machines Bickerdike ont d'ores et déjà constitué un gros progrès en matière de rendement : elles peuvent traiter 38 000 lettres à l'heure, contre les 3 000 des machines Daguin. Notons que les Américains utilisent également, à leur bureau de l'Exposition universelle, une machine Barry, avec un timbre rectangulaire et une flamme droite.

Parmi les principales curiosités de l'Exposition universelle de 1900, on compte évidemment les pavillons des pays étrangers : il y en a 24, dont ceux de la Bosnie-Herzégovine et de la République de Saint-Marin, à quoi s'ajoutent les pavillons de l'Algérie, de Madagascar et de l'Indochine. Les pavillons étrangers ont été popularisés par des vignettes décoratives, sans aucune valeur postale, comme ici celles de la Russie d'Asie et de la Perse. Les visiteurs peuvent, d'autre part, apprécier la qualité des films des frères Lumière, projetés sur un écran géant, emprunter le trottoir roulant ou encore découvrir le Paris des théâtres et des caf'conc' dans une rue conçue de toutes pièces dans ce but, la « rue de Paris ». Les spectacles du Grand-Guignol qui y sont donnés sont déconseillés aux âmes tendres…

Luc-Olivier Merson

Peintre d'histoire, Luc-Olivier Merson (1846-1920) est un typique représentant de l'art académique français de son temps. L'un de ses tableaux les plus célèbres, *Le Soldat de Marathon*, qui lui valut le grand prix de Rome de 1869, dénote un métier accompli, allié à une expression plus mélodramatique que romantique. Aimant employer les techniques et les supports les plus divers (du vitrail à la faïence), il donnera sans doute le meilleur de lui-même dans la décoration religieuse, telles ses mosaïques du Sacré-Cœur, à Paris. Il a également dessiné des billets de banque.

Le type Mouchon vivement contesté

France, décembre 1900

À peine émis, les nouveaux types font l'objet de polémiques dans la presse et à la Chambre des députés. Mais c'est le type Mouchon qui est le plus brocardé. Inspiré du projet que le graveur avait présenté lors du concours de 1894, ce timbre est jugé ridicule. On ira même jusqu'à accuser Mouchon d'avoir plagié un assignat de 1793, ce dont il se défendra dans une lettre à Arthur Maury. Les caricaturistes s'en donnent à cœur joie. Une ligue féministe éditera une vignette parodique où, à la place de « Droits de l'homme », on lit « Droits de la femme ».

Trois timbres pour en remplacer un seul

France, 4 décembre 1900

Le remplacement du type Sage, on s'en souvient, avait donné lieu à un concours qui, en 1894, s'était soldé par un fiasco. En 1895 un affichiste renommé, Eugène Grasset, fut directement sollicité pour créer le nouveau type. Présenté en 1896, il ne manquait pas d'originalité, et c'est sans doute ce qui le fit refuser. (Mais il sera employé en 1904 pour les timbres de l'Indochine.) Finalement, en 1898, il fut décidé de créer trois types différents correspondant à trois échelles de tarif. On passa commande à Joseph Blanc pour les plus petites valeurs, à Louis-Eugène Mouchon pour les valeurs moyennes (les lettres et cartes postales) et à Luc-Olivier Merson pour les grosses valeurs. Tous devaient être émis pour l'Exposition universelle. Mais Joseph Blanc ayant pris du retard, l'émission n'a eu lieu qu'aujourd'hui. Le type Merson est le plus novateur. Par son format d'abord, double de celui des autres vignettes. Ensuite par le fait qu'il est imprimé en deux couleurs, ce qui a impliqué la gravure de deux poinçons par Auguste Thévenin, la fabrication de deux galvanos et une double impression.

Le type Mouchon (à g.) et le type Blanc.

Luc-Olivier Merson dans son atelier. En haut : le timbre qu'il a créé est en deux couleurs.

1848   1900   1950   2005

Le progrès en marche...

Le Meccano. En 1899, le Britannique Franck Hornby cherchait une idée de cadeau à offrir à ses enfants pour Noël. Un cadeau intelligent, utile, instructif et divertissant. Son sens pratique et pédagogique le conduisit à concevoir un jeu de construction constitué de lames de métal pourvues de trous et pouvant être assemblées avec des boulons et des écrous. Baptisé Meccano, le jeu fut commercialisé dès 1900 et partit aussitôt à la conquête du monde, remportant un succès phénoménal.

Et aussi... En 1900, le Norvégien Johann Waaler met au point un attache-lettre métallique très pratique auquel on donnera le nom de **trombone**, en raison de sa forme. En 1901, l'ingénieur britannique Hubert Cecil Booth invente l'**aspirateur** : son appareil fonctionne à l'aide d'une pompe qui aspire l'air dans un tuyau. Booth en dépose le brevet la même année et fonde la Vacuum Cleaner Company pour le commercialiser. En 1903, l'Américain George C. Beidler conçoit le premier **photocopieur**. Son invention sera commercialisée à partir de 1907 par la société Rectigraph.

Un geste pour les soldats

Ce type Mouchon surchargé « F. M. » affranchit la lettre simple jusqu'à 15 g.

France, juin 1901
Le premier timbre ayant en surcharge les initiales « F. M. » (pour « franchise militaire ») est arrivé dans les casernes. Ceci en application de la loi du 29 décembre 1900, qui accorde aux soldats et marins la gratuité du service postal en temps de paix. C'est un progrès qui sera apprécié car, selon les lois du 5 Thermidor an IV (23 juillet 1795), et du 24 juillet 1870 (qui l'améliorait), cette franchise n'était jusqu'à maintenant valable que pour les régiments ou navires en campagne. Les pioupious pourront envoyer deux lettres simples ou cartes postales par mois. À la condition qu'elles soient à destination de la France, de l'Algérie, de la Tunisie ou de l'ensemble des colonies.

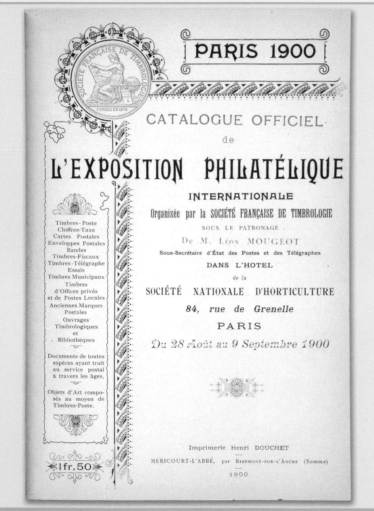

En marge de l'Exposition universelle de Paris, la Société française de timbrologie a organisé, du 28 août au 9 septembre 1900, une Exposition philatélique internationale dans les salons de la Société nationale d'horticulture, rue de Grenelle. Voici la couverture du catalogue de cette exposition, qui a donné lieu à un tirage spécial sur bristol de tous les timbres de France et des colonies émis depuis 1876.

Meilleurs vœux pour 1903

Nancy, 1902
Ce sont les Chinois qui, les premiers, ont pris l'habitude d'adresser des vœux de fin d'année sur une carte. Cette coutume se répandit en France sous Louis XIV, puis fut abolie à la Révolution : le Conventionnel La Bletterie voyait dans le jour de l'an « un jour de fausses démonstrations, de frivoles cliquetis de joues, de fatigantes et avilissantes courbettes » ! La coutume survécut heureusement à ces temps d'austérité républicaine et, durant tout le siècle passé, on n'a pas manqué d'envoyer ses vœux. Mais cette année, ce sera beaucoup plus facile. L'éditeur nancéien Albert Bergeret a en effet mis sur le marché des cartes postales spéciales pour les vœux. Industriel imaginatif et amateur d'art, Albert Bergeret a découvert en Allemagne l'industrie de la carte postale. En 1898, il a quitté l'imprimerie Royer, où il était employé à Nancy, pour fonder sa propre entreprise, l'Imprimerie artistique de l'Est A. Bergeret et Cie. Son succès fut proprement foudroyant. Il a doublé sa production de cartes postales de 1900 à 1901, passant de 25 millions à 50 millions, ce qui lui permet d'occuper aujourd'hui un dixième d'un marché français en pleine expansion. Ses cartes du Nouvel An sont imprimées dans une usine toute neuve, inaugurée le 15 mars dernier. Conçue par Lucien Weissemburger, un architecte de la dynamique école de Nancy, elle s'étend sur 2 000 m² et emploie une grosse centaine d'ouvriers.

Léon Mougeot aime le vélo

France, 1er janvier 1902
Si leurs tournées quotidiennes à vélocipède excèdent 32 km pour les facteurs ruraux et 24 km pour les facteurs receveurs, une indemnité de 15 F mensuels leur sera accordée. Une gratification qui complète une circulaire du 6 août 1900, réglementant l'usage de la « machine » par les sous-agents, et qui leur permet de couvrir leurs frais d'achat et d'entretien. La Manufacture française d'armes et de cycles de Saint-Étienne l'a très bien compris, qui vend opportunément à crédit ses Hirondelle-Facteur contre un versement mensuel de 10 F. Toujours intéressé par le progrès technique, Léon Mougeot est un chaud partisan du vélo, et il a même fait bénéficier de l'indemnité ceux qui rouleraient en tricycle.

Les cycles Hurtu exploitent l'image positive du facteur rural pour leurs produits.

L'étonnante carrière de la Semeuse d'Oscar Roty

Paris, 2 avril 1903

Un nouveau timbre d'usage courant voit le jour : c'est la Semeuse lignée, dont la figure est déjà parfaitement connue de tous les Français. Voici pourquoi. En octobre 1902, le ministre du Commerce Georges Trouillot et son sous-secrétaire d'État chargé des Postes, le député de l'Ain Alexandre Bérard, décidèrent de mettre fin au type Mouchon, toujours aussi critiqué, et par conséquent de le remplacer. Mais par quoi ? C'est alors que Trouillot eut une inspiration. Il sortit de sa poche une pièce de 2 F en argent au type de la Semeuse, émise en

1897 et due au talent d'Oscar Roty. Et il déclara ceci en substance à son sous-secrétaire d'État : « Voici le nouveau type. » L'idée fit rapidement son chemin et fut adoptée sans réserve par la Chambre des députés. Et l'on pourra lire dans *Le Figaro* : « L'image qui embellira nos futurs timbres-poste ne sera ni plus ni moins que l'admirable Semeuse de Roty, l'exquise et noble figure qui donne déjà une valeur d'art à nos pièces de monnaie. Est-ce assez simple, gracieux, élégant et joli ? On ne dira pas, cette fois, que la France n'a pas le timbre rêvé, signé d'un artiste illustre, et constituant enfin le modèle attendu ! » Oscar Roty (ci-contre, à gauche) n'est pas, effectivement, le premier venu. Né le 16 juin 1846 à Paris, élève d'Auguste Dumont et d'Hubert Pontcarme, il a été grand prix de Rome en 1875. Roty est le grand rénovateur de la médaille en France. À sa mort, le 23 mars 1911, il laissera une œuvre considérable, dont de nombreuses médailles (pour les funérailles du président Sadi Carnot, pour le centième anniversaire de Chevreul ou pour l'ouverture de la ligne de chemins de fer Alger-Constantine) et des pièces de monnaie pour le Chili ou Monaco. La gravure du timbre a été faite par son ami Louis-Eugène Mouchon, à partir du modèle en bronze (195 x 160 mm) et de la réplique en plâtre (avec une valeur de

15 c) que lui a fournis le sculpteur. Le graveur a d'abord réalisé un poinçon en laiton dont ont été tirées des copies correspondant aux différentes valeurs prévues (10 c, 15 c, 20 c, 25 c, 30 c). C'est le 15 c qui est émis aujourd'hui, sa première mise en vente ayant lieu aux guichets des bureaux de poste du Sénat et de la Chambre. Non seulement Mouchon a remarquablement reproduit le type de Roty, mais aussi il a ajouté un fond « ligné », ceci afin d'évoquer un aspect de médaille. Le timbre, comme on peut toujours s'y attendre dans un pays traditionnellement frondeur comme la France, trouvera bien sûr des détracteurs. Mais on se souvient que ce fut déjà le cas pour la pièce. Le savant numismate Anatole Barthélemy, président de l'Académie des inscriptions et belles lettres, a même écrit dans *Le Bulletin critique* : « Je me permets de dire que la Semeuse de Monsieur Roty est un charmant sujet qui pourrait figurer sur un jeton, une médaille de concours agricole ou d'administration financière ; mais ce n'est pas le type monétaire d'une nation comme la France. Je suis certain que bon nombre de premières pièces de 50 c, "grâce à la finesse du burin", sera retiré de la circulation pour figurer à des épingles de cravate et à des boutons de manchette comme il convient un délicat bijou. » Barthélemy ne fut fort heureusement pas bon

prophète, et gageons que la popularité de la pièce n'aura d'égale que celle du timbre ! Un dernier détail : Oscar Roty aurait souhaité que le 15 c fût imprimé en jaune indien. Mais on lui fit valoir que cette couleur, excessivement chère, entraînerait un coût supplémentaire de 145 000 F par an. Il y renonça donc, et c'est dans un superbe vert bronze qu'a été imprimé boulevard Brune le 15 c du type Semeuse lignée.

La Semeuse ressuscitera cent ans après

Les noms d'Oscar Roty, le créateur de la légendaire Semeuse, et du graveur Claude Jumelet se trouvent associés sur le timbre de son centenaire philatélique !

France, 10 novembre 2003

La Semeuse de Roty aura connu, si l'on peut dire, une carrière posthume lors de son centième anniversaire. Pour le fêter dignement, la Poste a émis un carnet de dix timbres-poste autocollants comprenant cinq Marianne d'Ève Luquet et cinq Semeuse de Roty, tous d'une valeur de 0,50 euro et imprimés en taille-douce. C'est l'excellent graveur Claude Jumelet qui a assuré la reproduction du type de Roty (dans sa première version lignée). Il s'est évidemment encore trouvé des esprits forts pour faire remarquer que Roty ne connaissait décidément rien à l'agriculture, une vraie semeuse, fût-elle antique et démocratiquement coiffée du bonnet phrygien, ne devant jamais marcher contre le vent. Quant à l'ombre de la figure, sa position par rapport au soleil défierait les lois de l'optique !

En haut : carte postale reproduisant un plâtre de Roty, affranchie du type Semeuse lignée (timbre de 10 c). Ci-contre : le modèle qui posa dans l'atelier de Roty pour la pièce.

La Flier oblitère 30 000 lettres à l'heure

Paris, 1904
L'administration des Postes n'attend pas la fin de la location de ses machines à oblitérer Bickerdike pour tester un nouveau modèle. Mais c'est toujours outre-Atlantique qu'elle fait son choix. Depuis 1888, date à laquelle les premiers modèles ont été mis en service à Boston, les machines à oblitérer construites par l'International Postal Supply Company à New York se sont imposées progressivement comme les plus solides et les plus fiables, avec celles de l'American Postal Machine Company. C'est le modèle Flier, construit sous brevet Hey-Dolphin, qui a fait ses débuts cette année à Paris. Un test tout à fait concluant, qui lui vaudra d'être généralisé dans toute la France, du moins pour les bureaux recevant un fort volume de courrier. Actionnées par un moteur électrique, les machines Flier sont dotées d'un système mécanique qui entraîne les lettres par roulement et qui, à chaque passage, provoque la rotation d'un porte-timbre assurant l'oblitération. Cette mécanisation permet le traitement d'environ 30 000 lettres à l'heure. Mais elle implique la présence d'un employé préposé à sa surveillance : il a notamment pour tâche de s'assurer que deux lettres ne sont pas collées l'une contre l'autre et d'éviter ainsi tout risque de non-oblitération de l'une des deux ou de bourrage de la machine. L'empreinte de la Flier est constituée d'un timbre à date et d'une flamme formée de lignes ondulées. Les dernières Flier fonctionneront en France jusqu'en 1953. Mais aux États-Unis, certaines de ces machines étaient encore en service au début du troisième millénaire. Une longévité record.

Cartes postales, nouveau mode d'emploi

France, 1er mars 1904
La normalisation des cartes postales est faite. Elle a le gros avantage de faciliter la tâche des postiers. Jusqu'à présent, le recto des cartes postales était réservé à l'adresse, la correspondance devant quant à être au verso, dans les espaces laissés libres par l'illustration. Selon l'arrêté du 18 novembre 1903, toute nouvelle carte postale sera désormais disposées de la façon suivante : le recto est divisé en deux parties séparées par un trait vertical, celle de gauche étant réservée à la correspondance et celle de droite à l'adresse et au timbre ; l'illustration occupe tout le verso. La carte postale reproduite ci-dessous en donne un bon exemple, avec son « mode d'emploi » imprimé en toutes lettres. Elle témoigne également de la célérité avec laquelle le courrier est acheminé en France : postée le 4 avril 1904 à Douai (Nord), elle est arrivée à bon port dès le lendemain, à Cambo-les-Bains (dans les Basses-Pyrénées, rebaptisées Pyrénées-Atlantiques le 10 octobre 1969). Cette réglementation intervient dans un contexte économique particulièrement florissant pour les fabricants de cartes postales : à la fin de l'année, la production globale sera en effet estimée à 75 millions de cartes. L'engouement prodigieux qu'elles suscitent a eu facilement raison des inconvénients que certains leur ont attribués. Des affaires judiciaires ont en effet montré que ce mode de correspondance ouverte pouvait donner lieu à injure et à diffamation, ce dont dut s'aviser le législateur pour les réprimer en votant la loi du 11 juin 1887, à l'initiative du député Roques de Filhol. En 1886, l'ancien directeur général Steenackers avait été plus radical en demandant la suppression pure et simple de l'infortunée carte postale et son remplacement par la carte-lettre. Cette proposition ne fut bien sûr suivie d'aucun effet !

Une lettre de 1904 de la maison fondée et dirigée de main de maître par Théodore Champion, avec son superbe en-tête. Le réseau d'informateurs et de fournisseurs que Théodore Champion a mis en place dans le monde lui donne la possibilité d'être approvisionné en permanence et de satisfaire aux commandes de ses clients, tout en maintenant ses stocks de timbres neufs ou oblitérés à un niveau constant. L'organisation rigoureuse de sa maison est remarquable.

Des fourgonnettes électriques pour Paris

Paris, octobre 1904

Pour beaucoup de constructeurs automobiles, l'avenir appartient aux moteurs électriques. C'est aussi la conviction de l'administration postale. Elle demande aux Messageries de postes de France, la société gérant le parc des véhicules des Postes à Paris, de remplacer ses tilburys par des voitures électriques. Le choix ne sera pas bien difficile à faire : les voitures que construit Charles Mildé depuis 1897 sont tellement réputées qu'elles sont produites en Grande-Bretagne sous le nom de Kensington. Vrai pionnier de l'utilisation pratique de l'électricité, il a même frappé un grand coup lorsque, le 1er mai 1899, la *Jamais contente* pilotée par Camille Jenatzy a atteint la vitesse de 105,882 km/h ! C'est donc Mildé qui fournira les 15 fourgonnettes électriques exigées. Leur moteur sera alimenté par des accumulateurs de type Heinz placés sous les pieds du chauffeur et remplaçables en 5 minutes. Les nouveaux véhicules seront équipés, soit de roues entourées de bandes de caoutchouc plein, soit de pneumatiques fournis par la maison Michelin de Clermont Ferrand.

Le mécanisme d'entraînement des roues motrices est bien visible sur cette photographie.

La colère du Père la Pudeur

Paris, 1904

Dirigeant plus qu'actif, depuis 1894, de la Ligue contre la licence des rues, le sénateur René Bérenger a obtenu gain de cause : les cartes postales représentant des nus féminins avec des poils pubiens ont été interdites. Il faut reconnaître que, en matière d'outrage aux bonnes mœurs, certains éditeurs n'y sont pas allés de main morte, au point de faire de la carte postale l'un des principaux supports de la pornographie. Mais où s'arrête l'art et où commence la pornographie ? C'est le débat qui a agité la presse et le barreau à la fin du siècle dernier, notamment à la suite de la condamnation, le 19 janvier 1889, de l'éditeur du *Courrier français*, Jules Roques, des dessinateurs Zier et Legrand, ainsi que de l'imprimeur, par la Chambre des appels correctionnels. La Ligue contre la licence des rues, alliée à la Ligue pour le relèvement de la moralité publique, ne borne toutefois pas son action à la carte postale. Elle s'en prend aussi aux statues qui sont l'honneur des musées ou qui ornent les places. Cela a valu au sénateur Bérenger le surnom de « Père la Pudeur » et des couplets ven-

geurs de la part de chansonniers. Ce qui est un peu dommage, c'est que cette réputation a fâcheusement tendance à faire oublier que Bérenger a fait preuve, dans d'autres domaines, de vues larges et audacieuses. Il est à l'origine de la loi du 24 juillet 1889, très humaine et très novatrice en matière de délinquance juvénile.

Veston-vareuse et canotier

France, 1905

Du nouveau cette année pour les facteurs des villes et des champs : si l'ancien képi est maintenu (alors qu'ils en souhaitaient un plus souple), ils seront progressivement dotés d'un veston-vareuse à la place de la tunique traditionnelle. Celle qui est montrée ci-contre porte au collet un passepoil doré marquant le grade de facteur-chef. Du nouveau, aussi, avec une tenue d'été en toile grise pour les facteurs de ville, assortie au canotier de saison (les facteurs ruraux se coiffant d'un chapeau de paille). Du nouveau encore, mais pour les facteurs de la Corse seulement : dans ce département dont les températures atteignent un niveau supérieur à celui du continent, ils sont désormais autorisés à porter le casque colonial.

Les timbres des colonies se diversifient, par exemple avec ces timbres émis en 1904 pour la Guyane et l'Indochine (celui-ci reprenant le type Grasset écarté en 1896).

Les orphelins des PTT touchent le cœur d'Anatole France

Anatole Thibault, dit Anatole France.

Paris, 25 juin 1905

Les cachets dont est revêtue cette enveloppe en sont la preuve : l'auteur célèbre du *Crime de Sylvestre Bonnard* et de *Crainquebille* n'est pas seulement un humaniste en chambre. Sensible aux souffrances et aux détresses humaines, Anatole France ne ferme jamais sa porte de la Villa Saïd, à Paris. L'Orphelinat des agents et ouvriers des PTT, association créée en 1888, peut donc sans crainte s'adresser à lui, à l'occasion d'une fête qui donne lieu à une oblitération temporaire. La première œuvre vouée à l'assistance des fils et filles de postiers ayant perdu leur père a été créée en 1888 : c'était l'Orphelinat des sous-agents des Postes et des Télégraphes. L'œuvre ne disposait pas d'orphelinat proprement dit, mais elle allouait à ses pupilles une pension mensuelle de 20 F jusqu'à 13 ans ou les plaçait dans un établissement.

10 centimes pour la lettre

France, 16 avril 1906

Le nouveau tarif de la lettre simple entre en vigueur : pour le régime intérieur et les colonies, l'affranchissement baisse donc de 15 à 10 c pour la lettre jusqu'à 15 g. C'est une révolution qui était depuis longtemps réclamée par l'opinion, une grande partie de la classe politique, les chambres de commerce et aussi par la presse. Le grand quotidien *Le Matin* avait même lancé une pétition nationale dans ce sens. Mais le ministère des Finances opposait à ces projets de baisse le déficit que celle-ci ne manquerait pas, selon lui, d'entraîner. En 1903, le rapporteur du budget des Postes

et Télégraphes, le socialiste Marcel Sembat, avait habilement plaidé pour l'abaissement du tarif en faisant observer que la France s'alignerait alors sur celui en vigueur dans les pays membres de l'UPU (équivalent à 10 c). Finalement, la taxe à 10 c a été adoptée par la loi du 6 mars dernier. Sa mise en application est accompagnée de l'émission d'une nouvelle Semeuse, où Mouchon a fait disparaître les lignes et le soleil (souvent critiqués) et introduit un socle en forme de sol. Quant au résultat de la baisse, il sera positif : le trafic des lettres passera de 877 millions d'unités en 1905 à 1,142 milliard en 1907 !

Carte-lettre avec surcharge indiquant la réduction. En surimpression, premier jour du nouveau tarif postal et vignette à l'effigie du président de la République, Armand Fallières.

Les carnets, c'est pratique !

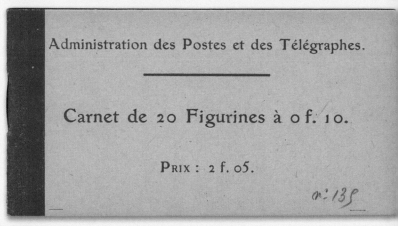

1er décembre 1906

L'ambassadeur de France aux États-Unis, Jules Cambon, avait le premier fait part à l'administration des Postes d'une innovation qui remportait un beau succès outre-Atlantique : la vente des timbres-poste en carnets. La question fut mise à l'étude dès le 24 janvier 1902 et des essais furent bientôt effectués, notamment avec le type Mouchon, pour résoudre certains problèmes techniques (par exemple faire en sorte que les timbres ne collent pas sur le verso de la couverture du carnet) et économiques : la confection de ces carnets a évidemment un coût. Finalement, en septembre dernier, Alexandre Bérard, sous-secrétaire d'État aux P et T, prit un arrêté créant le carnet de timbres et annonçant une mise en vente le 1er décembre. Le calendrier a donc été

respecté, cette mise en vente se faisant aujourd'hui dans les bureaux des villes les plus importantes. Deux sortes de carnet ont été confectionnées : le carnet comportant vingt timbres à 10 c (du type Semeuse maigre sur fond plein, à inscriptions maigres) et le carnet de quarante timbres à 5 c (du type Blanc). La couverture du premier est imprimée en rouge, celle du second en vert. Chaque carnet de timbres à 10 ou à 5 c est vendu 2 F 05, soit un surcoût de 5 centimes par rapport à l'achat à l'unité, surcoût justifié par les frais de fabrication. L'administration estime que cette formule, indéniablement très pratique, devrait produire un bénéfice de 50 000 francs par an. Elle ne rencontrera pas le succès escompté et, à partir de 1910, les carnets seront vendus au montant de leur valeur faciale.

Arthur Maury aura vu son grand livre sortir des presses

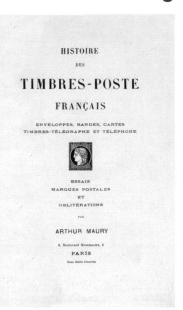

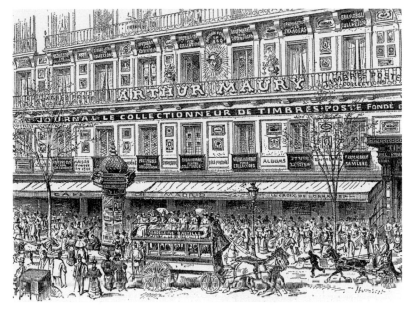

Paris, 1er décembre 1907

Le monde de la philatélie internationale est en deuil. Arthur Maury est mort, à l'âge de 63 ans. Au 6, boulevard Montmartre, où s'étendent les locaux commerciaux et éditoriaux de sa maison (ci-contre), on ne veut pas y croire. Mais le fondateur du *Collectionneur de timbres-poste* aura eu tout de même une dernière satisfaction : celle de voir sortir des presses, en août dernier, ce qui restera le livre de sa vie : *Histoire des timbres-poste français*. Un ouvrage fondamental de 648 pages, aux innombrables illustrations, qui permet de tout apprendre sur les timbres, les oblitérations, les cartes, etc. « Cette histoire [...], je l'ai composée avec le même plaisir que l'on prend à écrire ses mémoires ; c'est qu'en effet je pourrais presque dire que je l'ai vécue », dit Arthur Maury avec bonhomie dans sa préface.

Une autre machine à oblitérer arrive

France, 1907

Une machine à oblitérer d'origine norvégienne est venue compléter le parc des Daguin et des Flier. C'est la machine Krag, construite par une société d'Oslo, la Krag Maskinfabrik A/S. Bien que manuelle, elle a un débit horaire de 18 000 lettres. Elle se caractérise principalement par le fait qu'elle effectue une oblitération continue sur toute la longueur de l'enveloppe. Cette oblitération consiste en des lignes parallèles, brisées par deux timbres à date. Un inconvénient : elle peut masquer les en-têtes ou la correspondance sur les cartes.

Lhomme a gravé la Semeuse camée

France, décembre 1907

La Semeuse maigre n'a pas donné satisfaction au sous-secrétaire d'État Bérard. C'est pourquoi il a été demandé à un graveur retoucheur de l'Atelier des timbres-poste, Jean-Baptiste Lhomme, de graver un nouveau poinçon en cuivre, d'après un original de Mouchon. Ce qu'il a fait à la fin de l'année dernière. Le résultat, c'est une Semeuse se détachant parfaitement du fond, comme une figure de camée. On l'appelle d'ailleurs la Semeuse camée. Les premières valeurs ont été émises entre janvier (30 c) et décembre (20 c).

Le type Groupe commun à toutes les colonies françaises est voué à la disparition, chacune de ces colonies recevant progressivement ses vignettes propres. C'est le cas en 1905 de la Guadeloupe, avec ce timbre représentant en arrière-plan le volcan de la Soufrière, à Basse Terre. C'est aussi celui de la Nouvelle-Calédonie et de ses dépendances (îles de la Loyauté, île des Pins, îles Bélep, îlots coralliens Huon et de Chesterfield), avec le type Cagou, son oiseau emblématique.

1848   1900   1950   2005   **Le progrès en marche...**

1 - Le BCG. Dans les locaux de l'Institut Pasteur de Lille, les bactériologistes français Albert Calmette (en photographie, à gauche) et Camille Guérin commencent en 1904 à mettre au point un vaccin contre la tuberculose, le BCG (bacille « Bilié de Calmette et Guérin »). leurs travaux s'achèveront en 1928.

2 - L'hélicoptère. Partant du principe selon lequel une hélice progresse dans la direction de son axe, le mécanicien normand Paul Cornu installe sur un axe vertical deux grandes hélices propulsées par un moteur Antoinette de 24 ch, l'ensemble étant monté sur un chassis métallique. Le 13 novembre 1907, il réussit à élever à 1,50 m son engin.

Et aussi... Mise au point par l'Américain Ira Washington Rubel du procédé d'impression **offset** en 1904. En 1906, commercialisation de la **machine à laver** électrique à rotation inventée par l'Américain Alva Fisher.

France, 24 juillet 1909
Alexandre Millerand est nommé ministre des Travaux publics et des P et T.

Berne (Suisse), 4 octobre 1909
Inauguration d'une statue de bronze et de granit commémorant la fondation de l'UPU. Représentant cinq messagers se transmettant des lettres autour du globe, elle est l'œuvre du sculpteur français René de Saint-Marceaux (1845-1915). Cette figure sera adoptée comme emblème officiel de l'UPU en 1967.

France, 13 avril 1910
Un arrêté stipule que les lettres ne doivent pas excéder 45 cm de côté.

France, 1er mai 1910
Le poids de la lettre simple passe de 15 à 20 g. Le tarif est inchangé.

France, 3 novembre 1910
Nouveau ministre des Travaux publics et des P et T : Louis Puech.

France, 1911
L'administration des P et T institue des cours pour la formation de ses agents. Elle utilise des timbres revêtus de la surcharge « Annulé ».

France, 1er janvier 1911
Les tickets de téléphone, créés en 1885, sont supprimés.

Indes, 18 février 1911
Le Français Henri Péquet effectue la première liaison postale aérienne au monde : 6 500 lettres et cartes sont acheminées d'Allahabad à la forteresse de Naini.

Paris, 2 mars 1911
Charles Chaumet est sous-secrétaire d'État aux Postes et Télégraphes.

France, 13 juillet 1911
Une loi crée un tarif spécial pour les correspondances en braille : 5 c jusqu'à 100 g au lieu de 20 c.

France, 11 décembre 1912
Une circulaire stipule que la couleur « émail bleu ciel » est impérative pour toutes les boîtes aux lettres.

Paris, 9 décembre 1913
Louis Malvy est nommé ministre du Commerce, de l'Industrie et des P et T. Il succède à Alfred Massé, nommé le 22 mars 1913.

Le temps des simyanettes

Paris, 15 février 1908
Dans son édition d'aujourd'hui, *L'Illustration* dit le plus grand bien des nouvelles boîtes aux lettres dont l'installation vient de commencer aux stations de métro. En réalité, si on lit bien, cet article de *L'Illustration* fait moins l'éloge des boîtes elles-mêmes que de Julien Simyan, leur promoteur. C'est même de la flagornerie pure et simple ! Sous-secrétaire d'État chargé des Postes dans le cabinet Clemenceau, Simyan est, dit-on, un excellent maire de Cluny (Saône-et-Loire). Mais aux yeux des postiers, ce radical-socialiste ferait plutôt figure de conservateur. Toujours est-il que, considérant sa charge comme un marchepied politique, il a voulu marquer son « règne ». D'où cette boîte aux lettres en fonte, dont il existe deux modèles : monté sur une colonne d'acier ou mural (comme sur notre illustration). Conçue par l'architecte Maurice Vincent, la « simyanette », ainsi qu'elle a déjà été surnommée, ne constitue peut-être pas un aussi grand progrès que le prétend le rédacteur de *L'Illustration*. Mais elle a un avantage : son fond incliné à 45° permet de faire glisser aisément les lettres dans les sacs, au moment du levage. Quant à la question de savoir si la « simyanette » détrônera la « mougeotte », il serait aventuré d'y répondre par l'affirmative...

Après la Guadeloupe, la Martinique a en 1908 ses timbres. On y reconnaît une vue paisible de la baie de Fort-de-France. Mais la colonie n'est pas si paisible qu'il y paraît sur cette vignette. D'abord parce qu'elle est loin d'avoir pansé toutes les plaies causées par la catastrophe du 8 mai 1902 : ce jour-là, l'éruption de la montagne Pelée avait anéanti la ville de Saint-Pierre et fait 30 000 victimes. Ensuite parce que la contestation sociale y est vive : la première grève des ouvriers agricoles, en 1900, s'était soldée par une tuerie. Et cette année, le « béké » Antoine Siger, maire de Fort-de-France, a été assassiné le 21 avril. Dans des conditions que la justice n'a pu élucider.

Les timbres-poste vendus à la roulette

Paris, 13 mars 1908
On se souvient qu'en 1900, Léon Mougeot avait fait expérimenter à la poste de la rue du Louvre un distributeur automatique de timbres-poste. Mais la tentative n'a pas été concluante, en raison du mécanisme trop compliqué de l'appareil. Six années après, l'expérience reprend aujourd'hui, toujours rue du Louvre. Mais, cette fois, la distribution se fait avec des bobines de timbres, appelées « roulettes ». Pour les confectionner, l'atelier du boulevard Brune imprime des feuilles en éliminant les intervalles horizontaux qui se trouvent entre les galvanotypes, puis en les raccordant par collage les unes à la suite des autres ; ensuite les feuilles sont débitées en bandes verticales enroulées au fur et à mesure. On obtient alors des roulettes de 600 ou 1 200 timbres de 5 c (du type Semeuse camée). Contrairement à ce qui se fait dans certains pays, les Pays-Bas par exemple, les vignettes destinées aux roulettes ne sont pas imprimées sur un papier spécial. Les roulettes sont destinées à alimenter les distributeurs publics que l'administration compte généraliser, maintenant que le mécanisme paraît au point, ou encore ceux que pourraient mettre en œuvre des entreprises privées.

Bureaux de poste flottants

Le Havre, 1er octobre 1908
Les premiers bureaux de poste maritime sont ouverts sur les paquebots rapides de la ligne Le Havre-New York. Il y avait bien un service postal sur certains paquebots depuis le Second Empire, avec des agents dotés de timbres à date particuliers : par exemple dans l'Atlantique sud, dès 1861. Mais, cette fois-ci, il s'agit de véritables bureaux de poste flottants, et c'est sous ce nom qu'on les appelle d'ailleurs. Aux anciens agents embarqués ont succédé les contrôleurs du service maritime postal. Leur rôle est important et leur charge peut être considérable. Accueilli en première classe, ce qui donne une idée de son rang à bord, le contrôleur du service maritime postal a la responsabilité du courrier, qui doit être remis au bureau de poste de la destination du navire. Il tient un guichet où les passagers et les membres d'équipage peuvent effectuer toutes les opérations postales ordinaires, y compris les recommandés et les mandats-cartes. Ce qui implique du tri, du classement et de la comptabilité, mais aussi de la manutention au départ, à l'arrivée ou au cours de la traversée, en cas de transbordement. Le contrôleur du service maritime postal est pour cela assisté d'un matelot du bord, le « patron des dépêches ». Il doit aussi veiller au respect de ses engagements vis-à-vis de l'administration postale par la compagnie maritime, et c'est lui enfin qui remet à l'ambassade de France, à l'arrivée, les documents officiels éventuels, ainsi que la valise diplomatique.

Dans un supplément illustré paru en 1907, Le Petit Parisien livrait cette image assez fantaisiste des activités d'un bureau de poste sur un grand paquebot français.

La grève des postiers est terminée

Pendant la seconde grève, en mai 1909, les chambres de commerce organisent un service postal parallèle, en toute illégalité mais avec l'accord du gouvernement. La chambre de commerce d'Amiens va même encore plus loin en émettant des vignettes de 10 c, surtaxe destinée à rétribuer ses frais de transport et de distribution. Tirage : 50 000 exemplaires.

Paris, 21 mai 1909

Le conflit est terminé. En apparence du moins. Jouant de la carotte et du bâton, le président du Conseil, Georges Clemenceau, a gagné. La grève générale a échoué et le travail a repris aux P et T. Le conflit aura duré plus de trois mois. À l'origine, la colère des postiers, toutes catégories confondues, à l'égard de leur « patron », le sous-secrétaire d'État Julien Simyan. Lequel voulait mettre en œuvre une politique d'avancement et de primes très contestée. Le mouvement est parti le 8 février du central télégraphique de Grenelle, à Paris. Il restera d'ailleurs essentiellement parisien, malgré certaines manifestations de solidarité en province. Le 12 mars, ce sont les ambulants qui se mobilisent. Mais on ne peut encore parler de grève. Celle-ci sera déclenchée le 15 mars au central de Grenelle, après que Simyan, venu tenter d'empêcher le feu qui couvait de partir, n'a rien trouvé de mieux que de traiter les jeunes filles

LA GRÈVE DES POSTES

Le bureau de la rue Claude-Bernard est gardé par la troupe et un sergent de ville.

employées au télégraphe de « putains » et de « grues ». Les conséquence de ces maladresses : le soir, 6 000 postiers rassemblés au Tivoli votent la grève pour l'ensemble du personnel. Elle touchera dès le lendemain les centraux télégraphiques et s'étendra les deux jours suivants aux centraux téléphoniques, à la poste du Louvre et aux bureaux de quartier ; les départs de courrier dans les gares seront partiellement bloqués. Les facteurs se joindront au mouvement les 17 et 18 mars, mais leur participation sera loin d'être générale. Le 19 mars, un violent débat oppose, à la Chambre, les socialistes au gouvernement. Le départ de Simyan est demandé à cor et à cri par les syndicats et par *L'Humanité*, le quotidien de Jean Jaurès. Des incidents ont lieu avec les hommes envoyés par le préfet de police Louis Lépine pour arrêter les occupations. Finalement, Clemenceau recevra une délégation de grévistes le 21. Il promettra ou laissera entendre tout, même le départ de Simyan, et la reprise du travail sera votée le 23.

Le dimanche 21 mars, le président du Conseil Georges Clemenceau reçoit les grévistes.

Caricature parue dans le journal Le Rire.

Clemenceau renversé, Alexandre Millerand succédera à Simyan le 24 juillet 1909.

1908-1913

Le courrier du *Ville d'Alger* récupéré après son naufrage

Marseille, 28 février 1909

L'accident s'est produit ce matin, au large de Marseille. Le *Ville d'Alger*, vapeur assurant la liaison Alger-Marseille, est entré en collision avec l'*Orléanais*. Sans trop de dommages pour les membres d'équipage et les passagers. Mais le navire a coulé, et le courrier avec lui. Une partie de celui-ci sera toutefois récupérée, lorsque l'on procédera au renflouement du *Ville d'Alger*, peu après. Les lettres dont l'adresse n'aura pas été effacée seront dûment acheminées à leurs destinataires. C'est le cas de celle qui se trouve reproduite ci-contre : postée le 25 février de Bône, elle est finalement parvenue à Paris le 2 mars, pourvue d'un cachet spécial : « Naufrage du *Ville d'Alger* ». Toutes n'ont pas été retrouvées dans un état de conservation aussi satisfaisant. Dans beaucoup de cas notamment, le timbre-poste a été décollé. Quant au

Ville d'Alger, il reprendra du service après réparation. Ce n'est pas la première fois que du courrier est ainsi repêché après un naufrage. Ce ne sera malheureusement pas la dernière, et parfois dans des circonstances beaucoup plus tragiques. Ainsi, le 9 février 1910, un autre navire reliant la France à l'Algérie, le *Général Chanzy* de la Compagnie générale transatlantique, sombrera sur la côte nord de Minorque, aux Baléares. Ses chaudières avaient explosé. Sur 199 passagers, il n'y aura qu'un survivant. Une Américaine en villégiature à Nice, Edith Russell, l'aura, quant à elle, échappé belle : elle avait pris un billet pour y embarque ; mue par un pressentiment, elle l'avait fait annuler au dernier moment. Le lendemain, elle lisait dans le journal l'annonce de la catastrophe... Mais, là encore, une partie du courrier du *Général Chanzy* sera retrouvée.

Cartes postales qui parlent

France, 1909

La carte postale parlante va-t-elle enfin connaître un succès à grande échelle ? Il est permis de l'espérer, grâce aux cartes éditées par Épis de Blé, marque déposée en décembre 1908 à Paris par la Compagnie générale d'électricité. Ces cartes sont d'ailleurs plutôt chantantes, puisque sur le minuscule disque enregistré au verso, sur une couche sensible, on entend quelques mesures de musique... L'idée en est récente. La première annonce de mise en circulation de cartes postales sonores est parue en Allemagne le 17 novembre 1903, dans le *Phonographische Zeitschrift*. Est-ce à dire qu'il s'agit d'une invention allemande ? Il semble que les premiers brevets aient été déposés à peu près simultanément à Paris et à Berlin. En octobre 1904, Brocherioux et Tochon, associés aux imprimeurs Fortier et Marotte, déposaient une série de

brevets concernant un appareil capable d'enregistrer et de lire un message sur une carte postale, le Phonopostal, la carte elle-même ayant reçu le joli nom de Sonorine. Commercialisés en 1906, le Phonopostal et la Sonorine feront l'objet d'amusantes publicités, mais se révéleront très décevants à l'usage, même si des messages de quelques dizaines de mots pouvaient être enregistrés : leur lecture était en effet des plus aléatoires... La même année 1906, la maison Pathé avait lancé un appareil plus simple et plus efficace, le Pathépost. C'était en réalité un phonographe tout à fait classique, avec lequel il était possible d'enregistrer un message sur un disque de cire. Mais là était tout le problème, les disques de cire résistant très mal à un acheminement postal toujours susceptible de les briser. Curieusement, les États-Unis seront en retard sur l'Europe, et ce n'est guère avant 1915 que l'on pourra y trouver des « Post-Card Records » fabriqués par des sociétés américaines. Jusqu'alors, ce sont des sociétés allemandes qui avaient alimenté le marché américain, en particulier sous la marque Musika.

LA RECEVEUSE DES POSTES
comédie de M. PIERRE GIFFARD

CINÉMA *Pathé*

Interprètes
M. DUQUESNE du Th. de l'Odéon
Mlle GRÜMBACH du Th. de l'Odéon

Le 30 janvier 1910, sortie à Paris, au cinéma du cirque d'Hiver, de La Receveuse des Postes. *Produit par Pathé et réalisé par le feuilletoniste et journaliste Pierre Giffard, ce film est interprété par Edmond Duquesne et Jeanne Grumbach.*

Pour envoyer des vœux très personnalisés, le mieux n'est-il pas de les enregistrer sur une Sonorine avec un Phonopostal ? Le hic, c'est que l'appareil ne marche pas très bien...

Un réseau pneumatique a été ouvert en 1910 à Marseille et une carte a été éditée à cet effet. Les bureaux desservis sont le bureau central de la rue Colbert et les bureaux de la Bourse, de la place Saint-Ferréol, du cours du Prado, de la rue des Trois-Mages, de l'allée des Capucines et de la rue de la République.

Alexandre Millerand

Sous-secrétaire d'État chargé des Postes et Télégraphes dans le gouvernement d'Aristide Briand du 24 juillet 1909 au 3 novembre 1910, Alexandre Millerand (1859-1943) est un socialiste pragmatique qui, pour cette raison, n'a pas adhéré au Parti socialiste unifié en 1905. Ce qui ne l'a pas empêché, en tant que ministre du Commerce et de l'Industrie dans le gouvernement dit « bourgeois » de Pierre Waldeck-Rousseau (1899-1902), de conduire une politique sociale résolument progressiste, dont bénéficièrent notamment les postiers (journée de huit heures). Ministre de la Guerre au début de la Première Guerre mondiale, il soutiendra Joffre contre ses détracteurs. Évoluant vers des positions de plus en plus conservatrices, il sera président du Conseil du 20 janvier au 23 septembre 1920, période au cours de laquelle il se signalera par sa vigoureuse opposition aux grévistes. Élu président de la République le 24 septembre 1920, il sera contraint à la démission le 11 juin 1924, après le succès du cartel des gauches aux élections du 11 mai précédent. La gauche lui reprochait ses ingérences dans le domaine législatif.

Les faux avaient été fabriqués à Turin

Paris, 1909

C'est au cours de l'été que l'administration postale a découvert que de fausses vignettes de 10 c (type Semeuse camée) étaient vendues dans certains bureaux de tabac du 12e arrondissement. C'est par une coïncidence que la police mit la main sur 241 000 de ces faux timbres, dans les bagages d'un Italien qui tentait de quitter son hôtel sans payer, près de la gare de Lyon. Alfonso Capellani fut arrêté, de même que ses deux complices, Baldazzi et Suardi. On apprendra que ces faux ont été fabriqués à Turin. Baldazzi et Suardi seront condamnés, en avril 1910, à trois et deux ans de prison. Quant à Capellani, il sera interné dans un asile psychiatrique.

Des faux 10 c de Turin circuleront encore pendant la Première Guerre mondiale.

Crue catastrophique à Paris

Paris, 29 janvier 1910

Ce soir, un espoir naît à Paris et dans la région parisienne : la décrue est annoncée. Enfin. Après douze jours de montée continue, la hauteur du niveau de la Seine avait atteint le record de 8,62 m au pont d'Austerlitz. Le populaire zouave du pont de l'Alma était pratiquement submergé. Il faut remonter à 1658 pour trouver le souvenir d'inondations d'une telle ampleur dans la capitale. À l'origine de la catastrophe, des précipitations exceptionnelles qui ont grossi le cours des différents affluents de la Seine et de la Marne, et un ruissellement favorisé par des sols gelés. Quant à la progression des eaux, elle a été très rapide. Dimanche 23 janvier, on en était à 6,08 m, toute la région subissant une averse de pluie et de neige, avec une température tombant au dessous de zéro... Résultat : des barrages étaient rompus, des égouts effondrés. Le lendemain, l'eau montait à 6,57 m, et Paris se voyait privé de gaz et d'électricité ; il était pratiquement impossible de passer d'une rive de la Seine à l'autre. Ce sont 150 avenues, boulevards et rues qui étaient inondés, tandis que le métro était devenu impraticable, de même que la salle d'attente de la gare d'Orsay, envahie par les eaux. On circule en barque, et la Marine a été appelée au secours avec ses canots Berthon. Des milliers de familles ont dû être évacuées, des enfants ont été envoyés en province où la solidarité a joué : pour ne prendre qu'un exemple, 170 petits Parisiens ont été accueillis au Sanatorium catholique du Moulleau, à Arcachon. Mais dans cette ambiance de désastre, la poste fait le maximum. À Paris comme en banlieue, les facteurs se déplacent en barque ou marchent en bottes, là où c'est possible. De nombreuses cartes postales témoigneront de cette abnégation. Les photographes se sont mobilisés pour que le souvenir de Paris, de Champigny ou de Nogent sous les eaux ne s'efface pas. Environ 30 000 cartes postales différentes vont être ainsi éditées. Certaines sont cependant sujettes à caution. Ainsi, l'une d'elle montre un Parisien s'apprêtant à faire un mauvais parti au pillard qu'il a attaché à un arbre... Certes, des cas de pillage ont été signalés, de même que des tentatives de lynchage. Mais la scène est ici vraiment trop « belle » pour être vraie. Il faut savoir qu'en matière d'information, la photographie et le cinématographe font sans trop de scrupules des entorses à la véracité des documents. Quand un événement ne se produit pas devant l'objectif d'un appareil photo ou d'une caméra, on n'hésite pas toujours à le reconstituer !

Ce facteur conserve sa bonne humeur, en dépit d'une situation peu souriante...

Jusqu'à 20 grammes pour la lettre simple

France, 1er mai 1910

Conformément à la loi de finances votée le 8 avril dernier et au décret d'application signé le 13 suivant, le premier échelon de poids de la lettre simple pour les régimes intérieur (taxée à 10 c depuis le 16 avril 1906) et international (taxée à 25 c) passe de moins de 15 g à moins de 20 g. C'est une avancée dont les usagers ne peuvent que se réjouir. Il est d'ailleurs à noter que cette « barre » des 20 g sera toujours en vigueur à l'aube du XXIe siècle... Mais ce n'est pas là la seule mesure prévue par la loi. Elle est accompagnée d'une baisse des tarifs du deuxième échelon de poids (15 c entre 20 g et 50 g) et du troisième (20 c entre 50 g et 100 g) ; il faut compter 5 c supplémentaires par tranche de 50 g en sus. Le résultat est qu'une lettre de 50 g dont l'affranchissement coûtait hier 40 c ne coûte plus que 15 c aujourd'hui. Autre mesure entrée en vigueur, les carnets de vingt timbres à 10 c ou de quarante timbres à 5 c sont vendus au montant de leur valeur faciale, soit 2 F. Depuis leur lancement le 1er décembre 1906, ces carnets coûtaient 2 F 05. La taxe additionnelle de 5 c avait été fort mal acceptée par le public, et les carnets avaient été largement boudés.

Un pilote français a amené le courrier

Indes, 18 février 1911

Le jeune aviateur français Henri Péquet, 23 ans, n'a pas froid aux yeux. Venu aux Indes pour y faire des démonstrations de virtuosité aérienne, il réalise aujourd'hui une grande première. À l'occasion d'une exposition organisée à Allahabad, il relie cette grande ville de l'Uttar Pradesh à la forteresse de Naini, distante de 10 km. Ce n'est certes pas un exploit en soi, mais pour la première fois dans l'histoire de la poste, du courrier est transporté par avion. Henri Péquet a en effet amené à Naini quelque 6 500 lettres, totalisant un poids de 15 kg. Chaque lettre, dont la taxe a été augmentée de 6 annas pour la circonstance, porte un cachet spécial : « *First Aerial Post U.P. Exhibition Allahabad 1911* ». Henri Péquet vole à bord d'un excellent biplan français aux lignes racées, construit par le Mosellan Roger Sommer, lui-même pilote renommé. Cet appareil est propulsé par un moteur rotatif Gnome d'une puissance de 50 ch.

Des Delahaye et des De Dion-Bouton

Une Delahaye A de la Compagnie générale des automobiles postales. La marque Delahaye a été fondée à Tours, en 1894, par l'ingénieur Émile Delahaye (1843-1905).

Paris, 2 mars 1911

Député de la Gironde et inscrit au groupe parlementaire de la gauche démocratique, Charles Chaumet a pris aujourd'hui possession du sous-secrétariat d'État qui lui donne la haute main sur les destinées de la poste. Un bon tremplin pour celui dont Paul Painlevé fera, en 1925, un ministre à part entière. Or, Chaumet veut réorganiser le transport automobile du courrier dans la capitale. Mais plutôt que de doter l'administration des moyens d'assurer elle-même ce service, il préfère le confier à une entreprise privée, la Compagnie générale des automobiles postales : un contrat de douze ans sera signé... Le parc de la société est constitué de plusieurs modèles de véhicule, dont les principaux sont des Delahaye type A (charge utile de 800 kg), des Delahaye type B (charge utile de 1 200 kg) et des fourgonnettes De Dion-Bouton type C (charge utile de 1 800 kg). Charles Chaumet gardera son portefeuille jusqu'en mars 1923, sous différentes configurations ministérielles.

La Chapelle-sur-Aveyron est un bourg de moins de 2 000 habitants dans le Gâtinais (Loiret), non loin de Montargis. Un gros bourg tranquille qui n'a jamais beaucoup fait parler de lui dans les gazettes. Mais en 1911, la commune est l'objet de toutes les attentions, enchantées, amusées ou scandalisées. Pour la première fois en France, en effet, une femme facteur utilise une bicyclette pour faire sa tournée. Elle s'appelle Madame Faisy-Laumonnier, se moque de l'opinion des grincheux et prouve que sur deux roues, une femme vaut un homme !

Un bureau français sur la mer Égée

Dédéagh, 1911

Dédéagh (ou Dedeagatch) est un port de la Thrace, sur la mer Égée, faisant partie de l'Empire ottoman. La France y tient un bureau postal. Depuis 1893, on y a vendu des types Sage surchargés Dédéagh, puis, à partir de 1902, des types Blanc, Mouchon et Merson avec le nom imprimé dans un cartouche. En 1913, après la seconde guerre balkanique, Dédéagh est revenu à la Bulgarie. Quant au bureau postal français, il fermera en août 1914, au début de la Première Guerre mondiale. Dédéagh sera finalement récupéré par la Grèce en 1920 et prendra le nom d'Alexandroupolis, devenant le chef-lieu de l'un des trois nomes de la Thrace grecque. Où la convention de Lausanne de 1923 garantira les droits de la minorité musulmane.

Le dernier timbre de Dédéagh a été émis cette année. Il est surchargé en piastres.

Pour les vieux travailleurs

Les timbres socio-postaux ont été imprimés par l'Atelier du timbre du boulevard Brune.

France, 1911

Les timbres socio-postaux ont été mis en vente dans les bureaux de poste et les bureaux de tabac. Ils matérialisent sur un carnet le paiement, par les employeurs et les salariés, de leurs cotisations, dans le cadre de la loi du 5 avril 1910 instituant un système de retraite obligatoire pour les travailleurs du secteur privé les plus faiblement rémunérés. Cette loi avait été plutôt mal accueillie par les organisations syndicales, mais pas par les députés socialistes, qui la votèrent à l'exception de Jules Guesde. Il existe trois sortes de timbre socio-postal : le timbre pour la cotisation patronale, le timbre pour celle du salarié, et le timbre mixte qui réunit les deux cotisations. Ce système quelque peu compliqué sera heureusement simplifié en 1916. Il convient d'ajouter, pour être tout à fait honnête, qu'il a été inspiré au législateur par le système allemand, plus avantageux d'ailleurs pour les travailleurs et mis en place par Bismarck dès 1891...

Une expérience de liaison postale aérienne est faite le 31 juillet 1912 entre Nancy et Lunéville. Le lieutenant André Nicaud transporte 50 kg de courrier sur son Farman. Le vol aurait dû avoir lieu les 27 et 28 juillet, comme en témoigne la vignette de surtaxe aérienne de 25 c éditée à cette occasion. La représentation de l'avion du lieutenant Nicaud est parfaitement fantaisiste...

Le courrier pour les Antilles part par avion

Pauillac, 15 octobre 1913

Plusieurs liaisons postales expérimentales ont déjà été établies par avion. Mais ce mercredi, il s'agit vraiment d'une liaison officielle. La première. Le départ a eu lieu ce matin à 7 heures, à Villacoublay, sous les yeux du ministre en charge des P et T, Alfred Massé. Un chargement de 10 kg de courrier avait été mis dans le Morane-Saulnier du lieutenant Emmanuel Ronin. Cet appareil est un monoplan « parasol » reconnaissable à la rare finesse de ses lignes : c'est une grande réussite de l'aéronautique française. Cette année, le modèle s'est d'ailleurs déjà adjugé plusieurs records et il s'est illustré entre les mains de Roland Garros, le mois dernier, en accomplissant la traversée de la Méditerranée en 7 h 53 mn, de Saint-Raphaël à Tunis. C'était, de toute évidence, l'avion qui convenait au lieutenant Ronin. Parti

donc à 7 heures du terrain de Villacoublay, il s'est posé 400 km plus loin, à 14 h 35, à Pauillac, avant-port de Bordeaux sur la rive gauche de la Gironde, où mouillent les navires en partance pour les Antilles. Une fois l'avion arrêté, le courrier a été transbordé sur le paquebot *Pérou* de la Compagnie transatlantique. Les lettres portent pour la première fois la griffe « Par avion ». Elles continueront leur voyage sur le paquebot-poste, dont la longiligne coque blanche et les deux hautes cheminées noires sont bien connues à Fort-de-France. Le *Pérou* a en effet derrière lui une belle carrière. Susceptible de transporter du fret un peu plus volumineux que le sac de courrier du lieutenant Ronin, c'est lui qui, en 1907, a amené en France les premières bananes cultivées à la Martinique. Le *Pérou* est, lui aussi, un bateau accoutumé aux grandes premières !

Le mandat-lettre est arrivé

France, 1ᵉʳ février 1911

Les mandats-lettres sont une excellente innovation. Ils permettent aux expéditeurs non seulement d'envoyer à leur domicile de l'argent aux destinataires, mais d'y joindre en toute discrétion de la correspondance, ce qui est évidemment beaucoup moins assuré avec le mandat-carte, quand bien même les postiers seraient au-dessus de tout soupçon ! Le système du mandat est déjà ancien, puisque le mandat-carte fut institué en France en 1879. Ils étaient payables au bureau de poste de la commune, puis, en 1891, à domicile pour les communes qui n'en étaient pas pourvues. Le paiement des mandats-cartes à domi-

cile sera étendu à tout le territoire national en décembre 1895. Un coupon pour la correspondance sera enfin ajouté en 1898. La formule n'a pas fondamentalement varié depuis. Mais c'est précisément parce que les usagers avaient tendance à enclore les mandats-cartes dans une lettre que l'administration a créé le mandat-lettre... Quant au mandat international, son principe en a été admis en 1864, des accords intervenant en 1878 à l'initiative de l'Union postale universelle. Les États réunis au congrès postal de Vienne, en 1891, rendirent obligatoire l'envoi des mandats au bureau de destination, avec paiement au guichet ou au domicile..

La Delahaye de la Compagnie générale des automobiles postales arrive à Villacoublay avec le sac postal que le Morane-Saulnier du lieutenant Ronin emportera à Pauillac.

Le progrès en marche...

1 - Les Zeppelin. En août 1909, le comte Ferdinand von Zeppelin livre à l'armée allemande ses premiers dirigeables militaires, les Z1 et Z2. Le 2 juillet 1900, il avait fait voler son premier modèle, le Z1, qu'il avait construit avec la collaboration de l'ingénieur Theodor Kober. Il réalisait ainsi le rêve dépeint en 1886 par Jules Verne dans son célèbre roman d'anticipation *Robur le Conquérant*.

2 - Le réfrigérateur. Le premier réfrigérateur domestique, le Dolmere (pour « Domestic Electric Refrigerator »), voit le jour à Chicago en 1913. Les premières grandes marques apparaîtront en 1918 avec Kelvinator et en 1919 avec Frigidaire. (En illustration, un réfrigérateur à compression de 1927.)

Et aussi... En 1911, le biochimiste polonais Casimir Funk, installé aux États-Unis, isole quelques centigrammes de **vitamine C** à partir de 100 kg de riz.

1908-1913

Le rapide percute le train postal à Melun

Le lendemain, en gare de Melun, les secouristes découvrent l'ampleur du désastre. Jusqu'à la mise en circulation de wagons métalliques, dans les années 1920, les accidents de chemin de fer auront coûté la vie à 35 postiers, 1 087 autres ayant été blessés.

Melun, 4 novembre 1913

Le spectacle est effrayant. Un enchevêtrement de ferraille et de wagons de bois calcinés. Des cadavres éparpillés sur le ballast, des blessés coincés sous les débris. Et sur la voie, des centaines de lettres éparpillées. Le bilan est terrible : 39 morts dont 14 postiers. L'accident s'est produit à 21 h 45, en gare de Melun. En pleine nuit, le rapide n° 2, en provenance de Paris et en direction de Marseille, est entré en collision avec le train-poste n° 11, qui roulait sur la même voie et dans la même direction. L'ampleur de la catastrophe est d'ailleurs moins due au choc qu'à l'incendie général provoqué par l'explosion des réservoirs du gaz d'éclairage des voitures. La nuit n'a pas facilité les secours, et ce n'est que le lendemain, au levé du jour, que l'on pourra véritablement réaliser se qui s'est passé et faire le macabre décompte, auquel il faudra ajouter douze blessés. Parmi les rescapés du rapide, le mécanicien du train-poste, M. Dumaine, donnera sa version des faits dans une interview parue quelques jours après dans *L'Illustration*. L'enquête

révélera que l'accident a été provoqué par un non-respect de la signalisation. Mais au-delà des responsabilités personnelles, il y a un vrai problème de matériel. Les wagons en bois sont trop légers, trop fragiles, trop facilement inflammables. On le sait, parce que n'est pas la première fois qu'une catastrophe de ce genre endeuille les chemins de fer français. Le 14 août 1910, celle de Villepreux, dans la Seine-et-Oise, avait fait presque autant de vic-

> **Les wagons de bois, trop légers et facilement inflammables, sont la cause des accidents ferroviaires les plus tragiques.**

times. Dans des circonstances analogues, un express avait tamponné un omnibus, causant la mort de 37 personnes. Et, là aussi, les wagons en bois s'étaient embrasés comme des bottes de paille. Mais le pire était à venir, dans des conditions, il est vrai, très différentes. Projetons-nous quatre ans plus tard. Nous sommes en pleine Première Guerre mondiale, dans la nuit du 12 au 13 décembre 1917. Un train

transporte 982 permissionnaires, venus du front italien (où plusieurs divisions françaises sont engagées), rentrant dans leurs familles. Il quitte la gare de Modane, en Savoie, où il a accroché deux wagons supplémentaires. Ce qui fait 19 wagons au total, pour une longueur de 350 m et un poids de 526 tonnes. Mais le système de freinage est mal (ou pas) raccordé entre les wagons et la voie présente une certaine déclivité. Conséquence, le train va devenir fou et rouler à 150 km/h en direction de Saint-Michel de Maurienne. À 1 300 m de la gare de Saint-Michel-de-Maurienne, la première voiture déraille, et le train se disloque. Les wagons se percutent les uns les autres, et ce n'est plus, en quelques secondes, qu'un amas de fer, de bois et de corps déchiquetés et carbonisés. Car ici, comme à Villepreux et à Melun, les wagons sont en bois. On dénombrera 427 morts. Les blessés seront accueillis à l'hôpital militaire de Saint-Jean-de-Maurienne et dans une usine toute proche, réquisitionnée. Jamais la France ne connaîtra un accident ferroviaire aussi dramatique que celui-ci.

La maximaphilie est une branche de la philatélie particulièrement exigeante. Elle consiste à collectionner des cartes postales dont l'illustration offre une concordance avec le timbre sur laquelle il est collé et avec son oblitération. En France, les premières cartes-maximum ont vu le jour à partir de 1900 avec des timbres d'usage courant. Un bon exemple d'anciennes cartes-maximum est fourni par une carte postale représentant le Sphinx et les pyramides de Giseh, affranchi avec un timbre égyptien au même motif (émis entre 1888 et 1896), et oblitéré au Caire en 1902, c'est-à-dire à 8 km du site pharaonique de Giseh (dépendant administrativement de la capitale égyptienne).

La tuberculose est un fléau national

DÉFENSE DE CRACHER À TERRE ET DE FUMER

France, 1913

Des plaques comme celle-ci ont fait leur apparition dans les bureaux de poste, au début de cette décennie. L'interdiction de fumer est plus ancienne. Celle de cracher résulte d'une prise de conscience sanitaire plus récente. La détestable habitude de cracher en tout lieu est en effet largement responsable de la propagation de la tuberculose. Identifiée par Laennec en 1819, on sait depuis les travaux de Villemin, en 1855, qu'elle est contagieuse, et qu'elle est transmise par le bacille de Koch, du nom du médecin allemand qui l'a découvert, en 1882. L'année dernière, l'administration des Postes avait diffusé une circulaire où il était précisé qu'« on serait assuré d'éviter la tuberculose si l'on pouvait éviter de respirer les poussières qui ont pu être souillées de crachats tuberculeux ». Mais il y aura fort à faire pour changer les mœurs des Français.

Les revues philatéliques françaises en plein essor

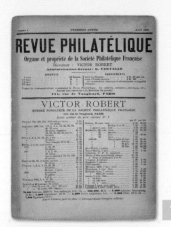

1. Parution en avril 1890 de la *Revue philatélique*, publiée par la Société philatélique française de timbrologie et la Société philatélique française réunies. Cessation de parution : décembre 1919. **2.** Né en juin 1891 et dirigé par le négociant en timbres Stanislas Bossakiewicz, de Saint-Étienne, le *Courrier du timbre-poste* cesse de paraître en 1901. **3.** La *Gazette timbrologique,* revue de la Société timbrophile d'échanges, naît le 15 octobre 1891. Cessation de parution : juillet 1898. **4.** Rachat par Louis Yvert de *L'Écho de la timbrologie* en 1895. **5.** Lancée en 1897, la *Revue internationale de la philatélie* n'accepte le règlement des abonnements qu'en timbres-poste. Cessation de parution : 1901. **6.** Organe de la Société philatélique gauloise, *Le Philatéliste moderne* paraît en 1900 à Châlons-sur-Marne. Cessation de parution : 1902. **7.** Créée en 1900 à Troyes, *L'Annonce philatélique* est entièrement publicitaire. Cessation de parution : 1912. **8.** Paru le 25 mars 1903, *Le Timbrophile de France* est l'organe de la maison Géo Ledoux. **9.** *L'Échangiste universel* (ici un exemplaire de 1919) a été fondé en 1907. **10.** Parution du *Trait-d'Union* en 1911 (ici un exemplaire de 1912). **11.** La *Revue philatélique mensuelle,* organe publicitaire de la maison Docquet, paraît en 1912.

Comment l'Europe bascula dans la guerre

Europe, 3 août 1914, 19 heures
L'Allemagne vient de déclarer la guerre à la France. Au terme d'une semaine de chassés-croisés politico-diplomatiques, le clan de la paix a vu peu à peu s'effondrer ses espoirs sous les assauts d'un clan belliciste qui peut compter sur le soutien du président Poincaré. Tout a commencé le 28 juin à Sarajevo, capitale de la province autrichienne de Bosnie : l'archiduc héritier François-Ferdinand a été assassiné par des patriotes serbes. Les conjurés ont été manipulés par le jeune royaume de Serbie, qui est sorti renforcé des deux guerres balkaniques. L'Autriche voit là l'occasion de mettre un frein au panslavisme et aux velléités d'expansion serbes, et envoie le 23 juillet un ultimatum très dur à la Serbie. L'empereur François-Joseph et le kaiser Guillaume II jugent peu probable une intervention de la Russie, alliée naturelle de la Serbie – ce en quoi ils se trompent lourdement, car le parti belliciste a de solides appuis à Saint-Pétersbourg. Le 25 juillet, tandis que la Serbie proclame la mobilisation générale, en

France, les pacifistes, regroupés autour de Jean Jaurès, et les partisans de la revanche sur 1870, qui attendent de la guerre une sorte d'exaltation des vertus nationales, s'affrontent dans des manifestations. Après la déclaration de guerre de l'Autriche à la Serbie le 28 juillet, une amorce tardive de dialogue télégraphique a lieu entre le kaiser et le tsar Nicolas II. Le Bureau international socialiste se réunit

> **Le camp de la paix reçoit un coup fatal quand Jaurès, qui voulait dénoncer les menées bellicistes, est abattu dans un restaurant.**

à Bruxelles le 29 juillet pour définir la position de l'Internationale ; le soir, la Russie annonce une mobilisation russe « partielle » (autrement dit, face à la frontière autrichienne, au sud, et non au nord face à l'Allemagne), mais elle prépare aussi en secret une mobilisation générale (au nord comme au sud), qui débute le 31 juillet au matin. Mobilisation générale en Autriche le même jour, alors que l'Allemagne

répond à la mobilisation russe en proclamant « l'état de danger de guerre » ; par télégramme, le kaiser demande l'arrêt de la mobilisation au tsar, qui lui répond que c'est « techniquement impossible ».
19 heures, l'Allemagne adresse un ultimatum à la France, qui a dix-huit heures pour se déclarer neutre ; à minuit, autre ultimatum à Saint-Pétersbourg pour exiger l'arrêt de la mobilisation russe. De son côté, l'Angleterre, alliée de la France, a fait plusieurs offres de médiation qui, officiellement, sont favorablement accueillies, mais qui restent lettre morte. Au soir de ce 31 juillet, le clan de la paix reçoit un coup fatal : Jean Jaurès, qui allait dénoncer les menées bellicistes, est abattu dans un restaurant par Raoul Villain, qui est présenté comme ayant agi isolément, mais qui a subi l'influence de la presse ultranationaliste. Le 1er août, la mobilisation générale est décrétée en France et en Allemagne, et l'Allemagne déclare la guerre à la Russie. L'Angleterre se résoudra à déclarer la guerre à l'Allemagne le 4 août.

Que l'on crie « Nach Paris ! » ou « À Berlin ! », des deux côtés on est persuadé que la guerre sera courte sinon fraîche et joyeuse.

La poste aux armées est un service vital pour le moral

Un bureau de poste installé en deuxième ligne dans les tranchées. On n'aura jamais tant écrit que pendant la Grande Guerre. On s'écrit même d'un régiment à l'autre !

Paris, 3 août 1914

Le décret concédant la franchise postale à la correspondance des militaires reprend mot pour mot celui du 24 juillet 1870. Ce qui a changé, c'est que les millions de mobilisés savent presque tous lire et écrire ! Le gouvernement entend d'ailleurs tout faire pour maintenir entre les militaires et leurs familles ce lien épistolaire qui entretiendra la flamme patriotique : dans chaque bureau de poste et chaque mairie sont affichées des informations concernant la correspondance avec les soldats. Il fallait concilier deux principes contradictoires : d'une part, il était vital de ne pas rendre publiques la localisation et la composition des unités ; d'autre part, la poste ne pouvait acheminer une lettre dépourvue d'adresse... D'où la création de la trésorerie et poste aux armées, dotées d'un timbre à date « Trésor et Postes », super intendance des unités combattantes, dont le personnel provenait à la fois de l'administration des Finances et des services postaux. Testé en 1912, le système était basé sur le Dépôt, lieu dont le code figurait sur toutes les lettres envoyées au front. Là, le tri était fait par des employés au courant des mouvements du front, tandis que le courrier partant du front y était centralisé avant d'être remis à la poste civile. Très vite aussi, les correspondances adressées aux soldats décédés s'accumulèrent au Dépôt avant d'être réexpédiées, une fois les familles informées, avec cette mention tristement célèbre : « Le destinataire n'a pu être atteint en termps utile »... Mais ce système, qui paraissait rationnel, fut vite désorganisé du fait des déplacements incessants des armées au début de la guerre et de la formation insuffisante des vaguemestres. Il en résulta des retards importants, au surplus aggravés par le « retard systématique » imposé jusqu'en novembre 1914 par la censure (trois jours d'attente au Dépôt pour garantir le secret des plans de bataille). Pour apaiser le mécontentement grandissant, on institua alors les secteurs postaux, qui attribuaient à chacun une adresse militaire permanente dont les fluctuations étaient gérées par le Bureau central militaire, et on recruta davantage de postiers qualifiés. Le retard se résorba et la poste aux armées donna dès lors satisfaction.

600 000 timbres sont émis au profit de la Croix-Rouge

France, 11 août 1914

Une semaine après la déclaration de guerre, le président de la République Raymond Poincaré signe le décret autorisant l'apposition d'une surcharge provisoire, imprimée en typographie, sur 4 000 feuilles de 150 timbres (soit 600 000 vignettes) qui seront surtaxés au profit de la Croix-Rouge. Il s'agit de la Semeuse rouge foncé de Roty, dont la valeur faciale est de 10 centimes, mais qui sera vendue 15 centimes. La différence ira aux associations qui représentent en France le Comité international de la Croix-Rouge (CICR), et qui sans nul doute auront grand besoin de ressources supplémentaires : la Société de secours aux blessés militaires, fondée en 1864, l'Association des dames françaises (1879) et l'Union des femmes de France (1881). Il s'agit à la fois du premier timbre de bienfaisance et du premier timbre surtaxe français. L'émission a lieu le 18 août, soit presque cinquante ans jour pour jour après la première Convention de Genève du 22 août 1864. Le 10 septembre, le timbre surchargé sera remplacé par le timbre définitif. La valeur faciale a été déplacée vers le haut pour laisser place à la surtaxe imprimée sur fond blanc. Au total, 230 timbres au profit de la Croix-Rouge seront émis dans quarante-sept pays entre 1914 et 1918. Lors de la guerre franco-prussienne de 1870, puis des conflits qui ont suivi (guerre d'Orient en 1875-1878, guerre hispano-américaine de 1898, guerre russo-japonaise de 1905), le CICR a démontré son efficacité pour secourir les blessés et assister les prisonniers de guerre. Mais une autre tâche, colossale, l'attend : la protection des civils pris dans le maelström de la guerre. C'est un phénomène encore nouveau, mais dont l'ampleur va exiger des moyens multipliés : ressortissants étrangers internés dans des camps, civils pris sous les bombardements, populations évacuées et précipitées sur les routes, habitants des zones envahies coupés du monde et soumis à l'arbitraire... Aux quelque huit millions de soldats tués au cours des quatre années de la Grande Guerre viendront s'ajouter près de six millions de victimes civiles. C'est lors de cet effroyable cataclysme que la Croix-Rouge a jeté les bases de ce qui deviendra plus tard l'essentiel de son activité : le secours aux populations civiles.

Enveloppe affranchie avec le timbre surchargé d'août 1914, valable pour la France seule. À gauche, la vignette de même valeur, avec surtaxe sur fond blanc, émise le 10 septembre.

Ces femmes qui font tourner la machine économique

France, 28 septembre 1915

Pour réduire l'engorgement des services de distribution et combler les vides laissés par la mobilisation, un arrêté stipule que les femmes des sous-agents tués ou empêchés d'exercer leurs fonctions pour faits de guerre peuvent être employées comme facteurs auxiliaires. Outre la traditionnelle sacoche en cuir pour transporter le courrier, le calot ou la casquette garnis d'une cocarde tricolore et la grande cape en tissu caoutchouté composent leur uniforme. L'idée d'une main-d'œuvre féminine n'était pas nouvelle, et dès le 7 août 1914 le président du Conseil René Viviani lançait ce vibrant appel : « Debout femmes françaises ! Remplacez sur le champ de travail ceux qui sont sur le champ de bataille. Tout est grand qui sert le pays. Debout ! À l'action ! À l'œuvre ! Il y aura demain de la gloire pour tout le monde. » En réalité, Viviani pensait surtout aux campagnes, où les paysans, mobilisés en masse, avaient très souvent laissé les moissons sur pied ; dans son esprit, cette mobilisation féminine devait

être ponctuelle, car à cette époque on croyait encore à une guerre de mouvement courte… Courant 1915, alors que la guerre d'usure s'est installée, la situation est évidemment différente. Les pertes ont été si lourdes qu'il a bien fallu envoyer au front la plupart des hommes en âge de travailler. Pour assurer les services de la vie quotidienne et aussi pour faire tourner les usines d'armement à plein rendement, force

Après les femmes facteurs et leurs casquettes à cocarde tricolore, les « munitionnettes » ont abandonné leur cuisine pour tourner des obus.

est de recruter la main-d'œuvre féminine disponible. À propos de ces ouvrières qui abandonnent leur cuisine pour tourner des obus, un échotier trouve le mot qui fait mouche : il les appelle « munitionnettes » ! Les industriels vont vite apprécier ces employées que les contremaîtres décrivent comme « plus consciencieuses et plus travailleuses que les hommes ». Surtout, elles se contentent d'une rému-

nération plus faible et elles sont bien moins enclines aux grèves et autres revendications sociales… Dans une France qui est en train de devenir une nation de veuves, elles sont de plus en plus nombreuses à exercer des responsabilités de chef de famille, et une activité salariée leur est indispensable. Cette féminisation du monde du travail suscite certes çà et là quelques quolibets, mais dans l'ensemble les femmes forcent le respect par le courage avec lequel elles accomplissent des travaux pénibles – parfois même dangereux quand il s'agit de la fabrication d'explosifs. Pour faciliter le recrutement sans compromettre le repeuplement de la France, des salles d'allaitement et des garderies sont ouvertes dans certaines usines (ce qui permet aussi d'allonger les journées de travail jusqu'à 12-13 heures). Cette mutation sera toutefois de courte durée : en novembre 1918, le ministre de la Reconstitution industrielle Louis Loucheur, invite les ouvrières à réintégrer leur foyer et leur offre même pour cela un mois de salaire !

Le président de la République et les « Grands chefs de l'Armée française » : ce carnet de 20 vignettes non postales était vendu 1 F au bénéfice de l'Association des dame

Des cartes pour les poilus

Bureau frontière, mai 1915

Émises tout au long de la guerre à partir du 19 août 1914, les cartes postales de franchise militaire étaient de deux types : le modèle A servait uniquement aux militaires et était distribué gratuitement par les vaguemestres. Le modèle B était réservé à la correspondance adressée aux militaires par leurs familles et était vendu 25 c le paquet de dix – prix ramené à 15 c fin 1915. Après 1915, les cartes polychromes ornées d'un faisceau de drapeaux laissèrent place à des cartes monochromes plus économiques. Ces cartes officielles étaient cependant peu en faveur auprès des poilus et des familles.

L'ère d'Étienne Clémentel

Paris, 29 octobre 1915

Étienne Clémentel (1864-1936) est nommé ministre du Commerce, de l'Industrie et des Postes et Télégraphes en remplacement de Gaston Thomson. Il conservera ce triple portefeuille jusqu'au 19 janvier 1920 et y adjoint le ministère du Travail et celui de l'Agriculture de décembre 1916 à mars 1917 : c'est toute l'économie de guerre qu'il tient entre ses mains, comme l'avait voulu Clemenceau. Il sera ministre des Finances en 1924 après la victoire du cartel des gauches, mais démissionnera en 1925. Ce républicain convaincu est aussi un adepte des solutions concertées qui met sur pied une ébauche d'organisation patronale et prône la coopération internationale. Le ministre le plus durable de la Grande Guerre, maire de Riom pendant trente ans, a pourtant eu des débuts atypiques, de son passage aux Beaux-Arts de Clermont-Ferrand aux fameux mardis de Mallarmé, dont il était un habitué, en passant par son étude de notaire... Écrivain, peintre de talent, ami intime de Monet, lié à Renoir et à Bourdelle, musicien dans l'âme (on lui doit le livret de l'opéra *Vercingé-*

torix de Canteloube, créé en 1929), Clémentel était aussi passionné de photographie, art auquel il apporta quelques perfectionnements intéressants : ses autochromes auront les honneurs du musée d'Orsay. Il favorise la fondation du musée Rodin et son buste (1916) sera d'ailleurs la dernière œuvre du sculpteur.

françaises, qui fusionnera en 1940 avec la Société de secours aux blessés militaires et l'Union des femmes de France pour donner naissance à la Croix-Rouge française.

ENVOI DE CARTES POSTALES
AUX PRISONNIERS

Je suis obligé de rappeler :

1) Que la correspondance avec les prisonniers n'est permise que par cartes postales écrites au crayon.

2) Que le contenu des cartes est strictement limité à 10 lignes.

3) Que chaque prisonnier ne peut recevoir **qu'une carte par mois.**

4) Que la correspondance avec les prisonniers n'est permise qu'aux époux, aux grands-parents, aux parents, aux enfants, aux frères et sœurs.

5) Qu'il est défendu d'expédier des colis aux prisonniers et de demander sur les cartes postales des nouvelles sur des personnes habitant le territoire non occupé ou les pays neutres.

Toute carte contenant une mention de ce genre sera détruite.

Afin que le prisonnier ne reçoive **qu'une carte par mois,** les personnes autorisées à écrire doivent s'entendre pour désigner celle qui peut écrire la carte ou bien écrire une carte collective.

Il ne sera pas expédié plus d'une carte par mois, les cartes supplémentaires seront détruites.

Toutes les cartes doivent être déposées à la Commandanture.

Les personnes qui essayeront de se servir d'autres moyens pour faire parvenir des cartes et des nouvelles aux prisonniers s'exposent à des amendes pouvant aller jusqu'à 1000 Marks ou à la peine de prison.

Tourcoing, le 15 Novembre 1915.

Etappen-Kommandantur
Frhr. von TESSIN,
Major et Kommandant.

Les réglementations des territoires occupés sont rigoureuses, mais l'envoi de colis familiaux aux prisonniers de guerre et aux civils sera possible grâce à l'Agence internationale des Prisonniers de guerre créée en 1914 par la Croix-Rouge.

Les Allemands sont chassés du Cameroun

Cameroun, 1916
Voici près d'un an que les troupes françaises et anglaises, parties le 21 août 1914 à l'assaut de la colonie allemande du Kamerun, ont fait leur jonction à Douala en mars 1915, mais la capitale Yaoundé

n'est tombée que le 9 janvier 1916. Après 1918, toute la partie est du Cameroun sera constituée en mandat au bénéfice de la France, associée à ce titre à l'Afrique-Équatoriale française. La petite portion ouest sera rattachée au Nigeria anglais. Avant cette figurine aux cornes d'éléphant surchargée « Cameroun occupation française », le corps expéditionnaire, dissous le 31 mars 1916, avait utilisé en 1915 un timbre du Gabon avec la surcharge « Corps Expéditionnaire franco-anglais Cameroun » sur trois lignes (1915) et un timbre du Kamerun allemand avec la surcharge CEF (Cameroons Expeditionary Force).

Les lettres sont ouvertes

France, 1917
L'hécatombe du Chemin des Dames et les mutineries qui suivirent ont entraîné un renforcement de la censure postale mise en place dès la mobilisation. Le premier objectif est de garder secrets les plans de l'état-major : c'est le fameux « Attention ! Les oreilles ennemies vous écoutent ! » que le ministre de la Guerre, Alexandre Millerand, avait fait placarder un peu partout... Mais il s'agit aussi de contrôler le moral des populations et d'empêcher la propagation des rumeurs et du défaitisme. Dans l'impossibilité d'ouvrir toutes les correspondances, la censure fonctionne sur le principe des sondages. On ouvre donc un certain nombre de lettres : si elles ne contiennent rien de suspect, l'enveloppe est refermée avec du papier adhésif et un cachet spécial signale l'intervention du service de censure ; si elles contiennent seulement quelques mots indésirables, elle sont « caviardée » (les mots sont masqués à l'encre noire) ou grattées ; si l'ensemble est suspect, elle sont tout simplement détruites (une enquête a éventuellement lieu). Des tests chimiques, qui laissent souvent des traces, peuvent avoir lieu pour détecter l'encre sympathique. Parfois encore, on décolle le timbre pour voir s'il n'y a pas de message écrit au dos.

Poilu lisant une lettre : criant de vérité un dessin fait à la craie bleue vers 1914.

Des timbres pour les orphelins de guerre

France, août 1917
Première série commémorative française, la série de sept figurines des « Orphelins de la guerre », émise en ce mois d'août, comprend 5 sujets, dessinés par Dumoulin : « Veuve au cimetière », « Paysanne à la charrue », « Tranchée et drapeau », « Lion de Belfort » et « La Marseillaise ». S'ajouteront en mars 1919 les « Deux Orphelins » de Surand, mieux « dans le sujet », pour répondre aux critiques adressées aux précédents. La série se vendra mal, sans doute aussi parce que la surtaxe était trop élevée (surtout celle de la « Marseillaise »

bleue, 5 F + 5 F), et il restera un gros stoc d'invendus. C'est pourquoi une nouvell émission de la série aura lieu le 1er sep tembre 1922, avec une forte diminutio des surtaxes. En 1917, la guerre a déj fait 600 000 veuves et 1 million d'orphe lins. La loi du 27 juillet 1917 institue le Pupilles de la nation, pour les orphelin de guerre et les enfants des invalides e mutilés, s'inspirant d'une disposition d 1792 : l'État adopte symboliquement de fils et des filles de ceux qui ont donn leur vie pour la patrie, et cette tutelle dur jusqu'à leur majorité.

Maquette de Dumoulin pour la « Marseillaise » et timbre de la « Paysanne à la charrue »

Sur ce timbre de la Croix-Rouge, – le seul émis en 1918 et le premier de ce format –, la valeur faciale est passée à 15 centimes, tarif de la lettre simple depuis janvier 1917. À gauche, le dessinateur Dumoulin a représenté le navire-hôpital Asturia.

Voici les chèques postaux

Paris, 10 janvier 1918

Votée en décembre 1917, la loi portant création des chèques postaux paraît au *Journal officiel*, et Étienne Clémentel, ministre des Postes et Télégraphes, a l'honneur d'ouvrir le premier compte. Il y a déjà longtemps que le gouvernement souhaite moderniser le système des mandats et promouvoir chez les ménages des classes moyennes la monnaie scripturale – autrement dit le chèque, réservé aux classes fortunées et aux sociétés commerciales. Mais les différentes propositions se sont heurtées jusque-là au veto du monde de la banque et de l'industrie, qui refuse tout interventionnisme d'État. En 1916, pourtant, un projet déposé par Guillaume Chastenet, sénateur de la Gironde, a les meilleures chances d'aboutir, car l'inflation et la thésaurisation liées à la guerre ont rapidement entraîné une disparition de la monnaie métallique et une trop forte émission de billets de banque. Le chèque

postal, affirment ses partisans, permettra de faire face à l'augmentation des transactions et favorisera le retour de cet argent thésaurisé à la Banque de France. Il faudra cependant encore un an pour que le projet de loi, vigoureusement soutenu par le ministre Clémentel, soit présenté au Parlement. Soucieux d'apaiser les craintes des milieux financiers, les législateurs ont d'ailleurs été prudents : le nouveau chèque postal est présenté davantage comme un moyen de transfert de fonds que comme un moyen de paiement. Surtout, alors que les banques emploient librement leurs fonds, ceux des chèques postaux vont automatiquement au Trésor public. Le 1er juillet, les premiers centres de chèques postaux (CCP) seront installés à Bordeaux, Clermont-Ferrand, Lyon, Marseille, Nantes et Paris, et, au mois de décembre, ce sera le tour de Dijon, Nancy, Rouen et Toulouse. Strasbourg et Lille suivront l'année prochaine.

Papier G C

Les restrictions liées à la guerre ont entraîné une importante pénurie de papier. Par la circulaire du 8 décembre 1916, l'administration postale a pris les devants en avertissant qu'elle serait amenée à employer pour l'impression des timbres-poste de petite et moyenne valeur « un papier moins résistant que celui que ses fournisseurs lui ont livré jusqu'ici ». Étant donné « la difficulté de conservation qui en résultera », ajoutait la circulaire, ces timbres devaient être vendus en priorité et manipulés avec précaution, et étaient trop fragiles pour servir à la confection des roulettes. Ils étaient reconnaissables aux deux lettres majuscules « G C », (abréviation pour « papier de grande consommation ») sur les marges supérieure et inférieure des feuilles. Utilisé notamment pour les timbres de type Semeuse et Merson (40 c, 45 c, 50 c et 1F) et pour les timbres fiscaux, le papier GC fut décliné en plusieurs couleurs : blanc (on distingue à la loupe les impuretés de la trame), gris, jaune et chamois (catégorie la plus prisée des philatélistes).

Les oblitérations après l'occupation

France, 11 novembre 1918

L'armistice qui vient d'être signé dans le wagon de Rethondes rend l'Alsace et la Lorraine à la France. Cependant, dans le souci de ne pas interrompre les liaisons postales, la poste allemande poursuit un temps ses activités, utilisant ses propres cachets – et même dans certains cas ses timbres –, qui resteront valables jusqu'au 14 décembre 1918. Dans les territoires occupés du Nord et des Ardennes, les autorités françaises avaient commencé à rouvrir les bureaux de poste fermés en 1914 par les Allemands. En attendant l'arrivée de timbres à date réglementaires, on se sert d'oblitérations de fortune, dont cinquante-deux ont été répertoriées, la plus célèbre restant celle de Lille.

Par ce cachet, Lille, déclarée ville ouverte en 1914, proclame sa libération.

1848   1900   1950   2005

Le progrès en marche...

Le char d'assaut. La Première Guerre mondiale est évidemment plus particulièrement propice aux inventions à caractère militaire. C'est ainsi que, le 15 septembre 1916, les premiers chars d'assaut, modèle MK1, sont engagés à Flers-Courcelette par les Anglais, qui les appellent « tanks ». Les Français mettront en œuvre les leurs, des Schneider, le 16 avril 1917, à Berry-au-Bac. Mais les MK1 et les Schneider, dont le succès fut plutôt mitigé, seront bientôt détrônés par le char lourd Saint-Chamond (illustration ci-contre) et surtout par le char léger Renault FT 17, qui contribuera puissamment à la victoire alliée en 1918.

Et aussi... Le 10 juin 1914, l'Américain Elmer Sperry reçoit un prix de 50 000 francs pour l'invention d'un **stabilisateur gyroscopique** ouvrant la voie au pilotage automatique. Aux commandes d'un hydravion Curtiss F, son fils Lawrence Sperry a volé les bras en l'air, tandis que son mécanicien se tenait debout sur l'aile... Une première démonstration avait été faite avec succès le 10 août 1913. Le prix a été attribué en France par l'Union pour la sécurité en aéroplane. Quant au domaine naval, il est principalement marqué par la mise en service par les Anglais, le 26 juin 1917, du **premier porte-avions** du monde, le *HMS Furious*. Ce bâtiment est en réalité un croiseur de bataille que l'on a équipé d'un pont d'envol par la suppression de l'une de ses deux tourelles de 457. Il mènera sa première opération aéronavale le 19 juillet 1918.

Lorsque plusieurs artistes travaillent sur un thème devant faire l'objet d'une émission, ou quand un artiste que La Poste a sollicité propose plusieurs illustrations pour un même thème, il faut bien faire un choix. Et ce choix n'est pas toujours facile ! L'histoire du timbre-poste français est ainsi remplie de projets non retenus. À tort ou à raison ? En voici quelques-uns, auxquels nous avons associé les timbres finalement émis...

DEGORCE

1936 - Pax

Pour le Rassemblement international pour la paix de Paris, ce timbre dessiné et gravé par Antonin Delzers a été émis le 1er octobre 1936. Georges Léo Degorce, lui, avait proposé une figure allégorique qui alliait une anatomie antique à une coiffure très «années trente»...

1937 - Jean Mermoz

Émis le 22 avril 1937, ce timbre dessiné et gravé par Henry Cheffer honore la mémoire de l'aviateur, disparu le 7 décembre 1936. Le projet de Robert Pissardy était évidemment plus ambitieux et plus original, mais aussi moins «lisible». C'est sans doute la raison pour laquelle il a été écarté.

1939 - L'Expo de New York

Gravé et dessiné par Pierre Munier, ce timbre émis le 18 avril 1939 représente le pavillon français de l'Exposition internationale de New York. Dans le premier projet de Munier, seul figurait le pavillon. Était-il nécessaire d'y ajouter la statue de la Liberté ?

1951 - Nations unies

Émis le 6 novembre 1951, ce timbre gravé et dessiné par Albert Decaris représente la tour Eiffel et le palais de Chaillot, où s'est ouverte l'assemblée générale de l'ONU. Dans un autre projet, Decaris avait donné libre cours à toute sa verve graphique.

1952 - Conseil de l'Europe

Decaris est-il brimé? Ce timbre qu'il a gravé et dessiné montre très scrupuleusement le bâtiment du Conseil de l'Europe, à Strasbourg (émis le 3 juin 1952). L'idée européenne lui avait d'abord inspiré une image plus riante: Zeus, métamorphosé en taureau, enlevant la princesse Europe...

1982 – Contre le racisme

Comment un même principe graphique peut faire l'objet de traitements différents. Pour exprimer l'idée de solidarité entre les races, René Dessirier avait imaginé un tressage de trois rubans symboliques. Le timbre qu'il a finalement dessiné et qu'Eugène Lacaque a gravé reste encore une manière de tressage, mais en beaucoup plus figuratif! Émis le 22 mars 1982.

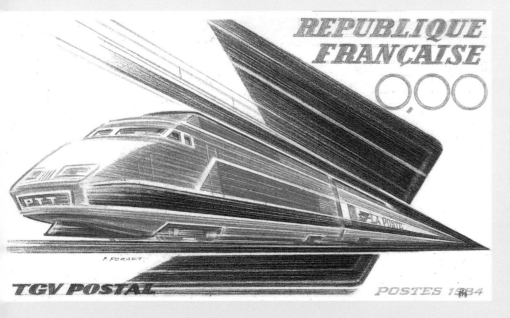

1984 - TGV postal

Pour célébrer la mise en service du premier TGV postal, Pierre Forget a dessiné ce timbre imprimé en héliogravure et émis le 10 septembre 1984. Difficile de dire s'il eût mieux valu choisir l'autre projet qu'il avait esquissé, où le TGV est dynamiquement intégré à l'emblème de La Poste!

Paris, 1919

Les voitures postales de la capitale sont désormais peintes en vert foncé avec l'inscription « Postes et Télégraphes » en lettres d'or.

France, 1er mars 1919

Les bureaux auxiliaires prennent le nom d'agences postales.

France, 12 août 1919

Une loi autorise l'administration postale à percevoir des surtaxes postales.

France, 10 octobre 1919

Création des surtaxes postales aériennes.

Paris, 27 novembre 1919

Louis Dubois est nommé ministre du Commerce, de l'Industrie et des P et T. Louis Deschamps devient sous-secrétaire d'État aux P et T.

Paris, 20 janvier 1920

Yves Le Troquer est nommé ministre des Travaux publics, chargé de la tutelle des Postes et Télégraphes. Louis Deschamps reste en poste.

France, 1er avril 1920

Le tarif de la lettre jusqu'à 20 g dans le régime intérieur est porté à 25 c, celui de la carte postale à 20 c.

France, 1er mai 1920

Le service de la poste restante devient payant.

France, 1er juin 1920

La carte d'identité postale est créée.

France, 11 septembre 1920

Création d'une vignette spéciale « correspondance par avion » à l'effigie de l'aviateur Guynemer. Toutes les correspondances par avion devront être revêtues de cette étiquette dessinée par Léon Ruffé, gravée par Surand et imprimée par l'Atelier du timbre à Paris. En réalité elles apparaîtront dès juin 1920.

Madrid, 1er octobre 1920

Ouverture du congrès de l'UPU, qui va reconnaître la validité des affranchissements opérés par des machines à affranchir, sous réserve qu'elles fonctionnent sous contrôle de l'administration. Leur mise en service est autorisée à compter du 1er janvier 1922.

L'Allemagne signe le traité de Versailles

Carte postale du Trianon Palace, hôtel de Versailles où fut préparé le traité de paix par les Alliés. L'oblitération est effectuée avec le timbre à date spécial « Congrès de la paix ».

Versailles, 28 juin 1919

C'est dans la galerie des Glaces, au palai de Versailles, que le traité de paix a été signé entre l'Allemagne et les puissances alliées. Des conditions très dures ont été imposées au Reich vaincu : occupation d la rive gauche du Rhin, moyens militai res réduits à la portion congrue, perte d territoires, paiement aux vainqueur d'indemnités de guerre considérables. L Parlement allemand réuni à Weimar a d accepter ces conditions le 22 juin, avan même la signature du traité. Et cela e dépit d'une opinion publique outrée pa ce qu'elle considère comme un « Diktat » Pourtant, les Allemands ont évité le pire Thomas Woodrow Wilson, le président de États-Unis, et David Lloyd George, le Pre mier ministre britannique, ont modéré le exigences de Clemenceau, qui aurait voul démanteler définitivement l'Allemagne.

Pierre-Georges Latécoère

Pierre-Georges Latécoère est né le 25 août 1883 à Bagnères-de-Bigorre (Haute-Pyrénées). Diplômé de l'École centrale, il hérite en 1905 de l'entreprise industrielle familiale, les Forges Latécoère, et construit des avions Salmson à Toulouse pendant la Première Guerre mondiale. Après avoir créé en 1918 la Compagnie Espagne-Maroc-Algérie (Cema), qui sera rebaptisée Lignes aériennes Latécoère (LAL) puis Compagnie générale d'entreprises aéronautiques (CGEA), il fonde en 1921 la Société industrielle d'aviation Latécoère (Sidal) pour dissocier ses activités de constructeur de celles de transporteur. Les premiers appareils construits par Latécoère seront l'avion postal Laté 3 et le trimoteur de transport Laté 4, qui voleront en décembre 1919. En 1927, il cède la CGEA à Marcel Bouilloux-Lafont pour se concentrer sur ses activités de constructeur. Parmi ses modèles les plus célèbres figurent le Laté 25 (1926), le Laté 28 (1928), le Laté 300 (1931), aux commandes duquel Mermoz disparaîtra dans l'Atlantique, et le Laté 521 (1935), un hydravion géant. Après la mort de Pierre-Georges Latécoère, survenue le 10 août 1943 à Paris, la Sidal poursuivra ses activités.

L'armée française au Liban

Liban, 21 novembre 1919

François Georges-Picot, haut-commissaire français, est arrivé à Beyrouth le 6 novembre 1918. Mais les premières troupes n'ont pris pied au Liban que maintenant. Elles relèvent les Britanniques qui, avec l'aide des Arabes dirigés par le cheik Hussein ibn Ali, ont chassé les Turcs de la région. Mais le dépeçage de l'Empire ottoman, qui est la conséquence de son alliance avec les empires allemand et austro-hongrois, est gros de conflits. En effet, Londres a promis à Hussein ibn Ali, en 1915, de lui laisser la faculté de créer un grand royaume arabe de la Méditerranée à l'océan Indien.

Mais ce que les Alliés promettaient d'u côté, ils l'enlevaient de l'autre. En 1916 des accords secrets signés entre Georges Picot et le Britannique Mark Sykes pré voyaient le partage des territoires arabe sous domination ottomane en zones d'in fluence britannique ou française. De plus en 1917, Londres reconnaissait aux juif le droit de constituer un foyer nationa en Palestine. La présence des Français a Liban est aussi mal accueillie par les Ara bes que celle des Britanniques en Irak. L résistance qu'elle suscite conduira la Franc à s'emparer de Damas en 1920 et à exer cer un mandat sur la Syrie et le Liban.

Un type Blanc surchargé TEO (« Territoires ennemis occupés »), émis à Beyrouth pour le Levant occupé par la France, en 1919.

Timbre d'occupation française en Hongr (type Turul). Les Hongrois avaient combatt en 14-18 aux côtés des Autrichiens.

Liaison postale aérienne entre la France et le Maroc

Pierre-Georges Latécoère (au centre du groupe), photographié peu après son arrivée à Casablanca, le 9 mars 1919, devant le Salmson 2.A2 piloté par Henri Lemaître.

L'une des quelque trente lettres transportées par le Salmson de Lemaître et Latécoère, au retour du vol de reconnaissance de la ligne France-Maroc, les 12 et 13 mars 1919.

Toulouse, 3 septembre 1919

Le Breguet 14 piloté par Pierre Beauté s'est posé à 15 heures sur le terrain d'aviation de Toulouse-Montaudran, bouclant la première liaison postale officielle entre Toulouse et Rabat, aller et retour. Une victoire pour Pierre Georges Latécoère, qui poursuivait ce rêve depuis deux ans. C'est le 7 septembre 1918, en effet, que cet industriel a proposé au sous-secrétaire d'État à l'Aéronautique, Jacques-Louis Dumesnil, de créer une ligne postale aérienne entre la France et l'Amérique du Sud, via le Maroc, la traversée de l'Atlantique devant être dans un premier temps effectuée par bateau. Un rêve ? Latécoère n'est pas un rêveur. Il a mis progressivement en œuvre son projet, avec méthode. Première étape, ouverture du premier tronçon de la ligne le 25 décembre 1918 avec la liaison Toulouse-Barcelone, sur un Salmson 2.A2 piloté par René Cornemont. Avec, pour passager, Pierre-Georges Latécoère lui-même ! Les choses ont été alors très vite. Les Lignes aériennes Latécoère (LAL) sont officiellement fondées, les escales en Espagne reconnues et, le 8 mars 1919, un Salmson décolle de Toulouse pour un vol d'essai en direction du Maroc. Pilote : Henri Lemaître. Passager : Pierre-Georges Latécoère ! L'appareil atterrit le lendemain à 15 heures à Rabat puis à 16 h 15 à Casablanca. Le général Lyautey est là pour accueillir les deux hommes, qui lui remettent un exemplaire du Temps daté du 7 mars. Ils repartiront de Casablanca le 12 et se poseront le 13 à 18 heures au Canet, près de Perpignan, une forte tramontane les ayant contraints d'écourter le vol. Latécoère en sera quitte pour apporter le sac de courrier à Toulouse en train. Mais la démonstration est faite, la liaison postale France-Maroc par avion est possible. Dès le 15 mars, Latécoère est à Paris pour négocier un contrat avec l'État. Le 7 juillet, le contrat est signé : les Lignes aériennes Latécoère exploiteront la ligne Toulouse-Rabat-Toulouse pendant cinq ans, à raison de huit liaisons mensuelles (cette périodicité devant être établie dans les deux ans qui viennent). Latécoère voit loin, très loin. C'est un véritable empire qu'il a dans la tête. Dès la fin de la guerre, il a mis sur pied une structure pour construire ses propres avions, confiant leur conception et leur réalisation à l'ingénieur Marcel Moine. Ce seront les fameux « Laté » qui, bientôt, écriront de grandes pages

de la légende de l'aviation postale. Mais en attendant, il faut un appareil plus solide et plus fiable que le vieux Salmson. Le choix s'impose de lui-même : Pierre-Georges Latécoère achète dans les surplus de l'aviation militaire des Breguet 14, un formidable biplan de reconnaissance et de bombardement construit à 3 500 exemplaires et dans lequel, à partir de 1921, une cabine avec hublots sera aménagée. Il faut aussi une équipe de pilotes aguerris. Pour cela, il s'en remet à son collaborateur le plus proche, le marquis Beppo De Massimi. L'aristocrate italien, qui a lui-même combattu dans l'aviation française, lui recommande notamment Didier Daurat. Un ancien chef d'escadrille qui a montré un sens du commandement exceptionnel, allié à un courage et un sang-froid hors du commun. Daurat montera vite en grade et, en octobre 1920, Latécoère lui confiera la direction de l'exploitation des LAL, où son autorité et son génie de l'organisation feront des miracles. C'est lui qui, le 13 octobre 1924, recrutera un jeune pilote du nom de Jean Mermoz... Daurat a d'ailleurs participé à cette ouverture historique de la ligne Toulouse-Rabat-Toulouse. Car la liaison a été effectuée de la façon suivante : 1er septembre, Pierre Beauté décolle à 7 heures de Toulouse-Montaudran et rejoint Alicante, où il doit être relayé par Daurat. Le lendemain matin, Daurat quitte Alicante à bord d'un autre Breguet, avec un formulaire des Postes portant la mention « État néant ». Et à 17 heures, il se pose à Rabat. Parmi le comité d'accueil figurent le directeur des Postes et le commandant des forces aériennes françaises au Maroc. Le retour s'effectue dans les mêmes conditions. Daurat revient à Alicante le 3 septembre et laisse Pierre Beauté gagner Toulouse le lendemain. Un sans-faute, qui laisse bien augurer de l'avenir de la ligne, dont l'exploitation régulière sera assurée à partir du 25 septembre. Mais ce n'est qu'un premier pas. Il faudra prolonger la ligne jusqu'au Sénégal, ouvrir des bretelles en direction d'Oran et d'Alger, diversifier les liaisons. Le 30 décembre 1919, par décret royal, Alphonse XIII autorisera ainsi les Lignes aériennes Latécoère à transporter du courrier espagnol sur le parcours Barcelone-Alicante-Málaga-Tanger. Le 31 décembre, un premier bilan pourra être établi pour l'année 1919 : 9 124 lettres transportées de la France au Maroc ou du Maroc à la France par les avions des Lignes aériennes Latécoère.

Sur cette vignette, les Lignes aériennes Latécoère proposent également le transport de passagers à bord de leurs robustes Breguet 14.

LIGNES AÉRIENNES G. LATÉCOÈRE

TOULOUSE
Perpignan

France
Espagne
Maroc

Barcelone
Valence
Alicante
Malaga
Gibraltar
Tanger · Ceuta
Larache · Oran
Rabat · Alger
Casablanca

SERVICE POSTAL AÉRIEN ENTRE LA FRANCE ET LE MAROC

TARIF

TRANSPORT DE PASSAGERS ET MESSAGERIES

Cette affiche des Lignes aériennes Latécoère indique clairement le trajet effectué par ses appareils. Le 13 juillet 1920, la ligne Toulouse-Rabat a été prolongée jusqu'à Casablanca, soit 1 845 km. Les horaires sont les suivants : départ de Toulouse à 7 heures, escale de nuit à Alicante, arrivée le lendemain à 15 h 30.

Paris-Prague par avion

Lettre envoyée de France en Tchécoslovaquie et transportée par un Potez 7 de la Compagnie franco-roumaine de navigation aérienne.

Prague, 27 octobre 1920

On l'appelle la Franco-Roumaine, mais son nom est Compagnie franco-roumaine de navigation aérienne (CFRNA). Créée le 23 avril dernier par le comte Pierre Claret de Fleurieu avec le soutien du banquier roumain Aristide Blank, elle vise au développement du transport aérien (passagers et courrier) à l'est de l'Europe. L'objectif à terme étant d'établir une liaison régulière entre Paris et Istanbul, *via* Strasbourg, Prague et Bucarest. Présidée par le général Maurice Duval, la CFRNA a ouvert aujourd'hui la ligne Paris-Prague avec son chef pilote Albert Deullin. Un as de la dernière guerre qui, le jour même de la création de la compagnie, avait fait un vol de reconnaissance sur ce parcours. L'appareil que la Franco-Roumaine utilise est le Potez 7, un monomoteur pouvant transporter une charge utile de 250 kg. Parmi ses pilotes on comptera Maurice Noguès, Lionel de Marmier et Pierre Martin – père de Jacques Martin, futur grand nom de la BD...

Brutale augmentation de la taxe postale

France, 1er avril 1920

Paradoxalement, l'économie de la France est sortie renforcée de la guerre, avec un potentiel industriel performant. Le point noir, c'est le franc, qui avait conservé sa stabilité depuis 1801, mais qui n'a plus de couverture-or depuis 1917 et qui n'a pu se maintenir que grâce aux avances ou au crédit des Alliés. Du coup, la valeur du franc-papier est dépendante du dollar américain et de la livre britannique. Et la stabilité des changes s'effritant, le franc commence à vaciller... D'où un relèvement de certains tarifs, notamment des tarifs postaux. L'addition est lourde, et elle n'est évidemment pas la mesure la plus populaire votée le 29 mars dernier par la Chambre « bleu horizon » élue le 30 novembre 1919, car la lettre de moins de 20 g pour le régime intérieur passe de 15 c à 25 c, la carte postale ordinaire de 15 c à 20 c. À compter d'aujourd'hui.

Payer en timbres-monnaie

France, 1920

La petite monnaie, la « mitraille », se fait rare. Comment faire l'appoint ? L'inventeur Édouard Bouchaud-Praceiq a une idée simple et pratique : remplacer les pièces par des timbres-poste (neufs bien sûr), en plaçant ceux-ci dans une capsule transparente. Et en utilisant le dos pour de la publicité. Le brevet a été déposé le 29 mars 1920, et son application rencontre un succès réel. Les vignettes utilisées sont le plus souvent des types Semeuse à 5, 10 ou 25 c. Ces capsules sont des timbres-monnaie. Mais précédemment, on avait expérimenté un système beaucoup plus rudimentaire : les timbres en sachet, accompagnés d'une publicité destinée, comme d'ailleurs pour les capsules, à rentabiliser les frais de fabrication et de mise en circulation. Ce n'est toutefois pas la première fois que des timbres-poste pallient la raréfaction des pièces. C'est en août 1862, lors de la guerre de Sécession, qu'apparurent aux États-Unis les tout premiers timbres-monnaie. Ce ne sera pas, non plus, la dernière fois. Dans les années 1970, les touristes voyageant en Italie seront très surpris de se voir rendre la monnaie avec des timbres...

La Semeuse sur les rivages de la Baltique

Sarrebruck, 1920

Tandis que les troupes françaises occupent la Rhénanie, où le général Mangin veut favoriser les menées séparatistes, la Sarre est placée sous administration internationale pour quinze ans. La France, qui aurait voulu l'annexer (mais qui s'est heurtée à l'opposition de la Grande-Bretagne et des États-Unis), y tient cependant une place prépondérante. D'autant que, en compensation des destructions causées par les hostilités, elle a reçu en pleine propriété les houillères sarroises. Les timbres utilisés pour la correspondance sont d'abord des timbres allemands ou bavarois avec une surcharge « Sarre », qui deviendra « Saargebiet » (« Territoire de la Sarre ») un peu plus tard dans le courant de l'année. Dès 1921, la Sarre aura ses propres timbres « Saargebiet » (imprimés à Paris). Après avoir été exprimée en marks, la valeur des timbres sarrois le sera en francs en 1921, et cela jusqu'en 1935. C'est en effet le 13 janvier 1935 qu'aura lieu le référendum prévu au terme des quinze ans de tutelle internationale, les habitants ayant le choix entre le rattachement à la France, le retour à l'Allemagne et le maintien du *statu quo*. Les partisans du retour à l'Allemagne l'emporteront avec la majorité écrasante de 90,8 %. Très différent sera le sort de Memel. Cette ville de Prusse orientale, fondée par les chevaliers Teutoniques en 1252 et située sur la Baltique, était revendiquée à la fois par la Pologne et la Lituanie. En 1919, les Alliés l'enlevèrent à l'Allemagne et en firent un territoire autonome, administré par les Français. Cette année, les premiers timbres de Memel sont apparus : ce sont des timbres du Reich surchargés « *Memelgebiet* », auxquels succéderont bientôt des timbres français (types Semeuse et Merson) surchargés « Memel », la valeur restant exprimée en marks. La présence de la France sera de courte durée : la Lituanie s'en emparera en 1923, la vieille ville hanséatique étant rebaptisée Klaïpeda.

À gauche : un timbre du Reich (type Hôtel des Postes de Berlin émis 1900), avec la surcharge « Sarre ». À droite : une Semeuse camée surchargée « Memel » et « 30 pfennig ».

Premiers morts sur la ligne

Barcelone, 24 décembre 1920

Triste veille de Noël pour le personnel des Lignes aériennes Latécoère. Au décollage de Barcelone, alors qu'il assurait la liaison Toulouse-Casablanca, le Salmson de Jean Sagnot s'écrase, suite à une panne de moteur. Le pilote est tué sur le coup. Cet accident tragique s'inscrit dans une série noire. Le 2 octobre, sur le tronçon Toulouse-Casablanca, le pilote Jean Rodier et le mécanicien François Marty-Mahé ont péri noyés après que leur Salmson a pris feu et s'est abîmé en mer, au large de Port-Vendres. Seul le corps de Marty-Mahé a pu être retrouvé par des pêcheurs espagnols. C'étaient les premiers morts de la ligne. Le 5 octobre, nouvel accident, cette fois sur le tronçon Barcelone-Alicante. Craignant d'être surpris par la nuit, le pilote Pierre Genthon décide de faire demi-tour et de se poser à Valence. Mais en raison de l'obscurité croissante, Genthon ne voit pas le terrain de secours et tente d'atterrir dans un pré à proximité d'un village, Onteniente. Hélas son Breguet 14 heurte un rocher, capote et s'enflamme. Genthon, le mécanicien Léo Bénas et leur passager meurent carbonisés. Didier Daurat, qui a pris ses fonctions de directeur de l'exploitation le 1er octobre, fait face : le moral des pilotes des LAL est au plus bas. Il lui faut le rétablir. Par la discipline.

1848　　　　1900　　　　1950　　　　2005

Le progrès en marche...

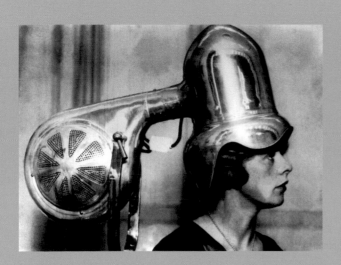

Le sèche-cheveux. Le premier sèche-cheveux électrique apparaît aux États-Unis en 1920. Il a été conçu par la société Hamilton Beach Manufacturing Co., qui avait déjà produit le premier shaker électrique. Le principe de cet appareil repose sur une combinaison d'un réchauffeur électrique et d'un moteur semblable (en plus petit) à celui de l'aspirateur. Établie à Racine, dans le Wisconsin, la Hamilton Beach Manufacturing Co. a été fondée en 1913 par Louis Hamilton et Chester Beach. Le séchoir casque verra le jour, quant à lui, en 1951.

Et aussi... Deux événements scientifiques majeurs ont marqué l'année 1919. Dans le domaine astronomique, l'astrophysicien britannique Arthur Stanley Eddington a vérifié la **théorie de la relativité** en observant une éclipse totale du soleil à São Tomé et Principe, le 29 mai. Ses conclusions font toutefois l'objet de contestations. Dans le domaine de la physique nucléaire, le Néo-Zélandais Ernest Rutherford, prix Nobel de chimie en 1908, a réussi la première **transmutation artificielle** en transformant un noyau d'azote en oxygène par absorption de particules alpha. C'est pourquoi on dit d'Ernest Rutherford qu'il est le premier authentique alchimiste de l'histoire...

Paris, 16 janvier 1921
Paul Laffont devient sous-secrétaire d'État aux Postes et Télégraphes dans le gouvernement constitué par Aristide Briand. Sénateur radical de l'Ariège, Laffont sera assassiné en juillet 1944 par des auxiliaires français de la Gestapo, qui seront condamnés à mort et exécutés.

Istres, 9 février 1921
Jean Mermoz obtient son brevet de pilote et est promu caporal.

États-Unis, 22 février 1921
Des avions de l'US Air Mail décollent des côtes pacifique et atlantique pour assurer les liaisons est-ouest et ouest-est, en volant de jour et de nuit.

France, 1er avril 1921
Le 10 c surchargé Croix-Rouge de 1914, le timbre avec surtaxe Croix-Rouge de septembre 1914 et le timbre au profit de la Croix-Rouge émis en 1918 sont démonétisés.

Toulouse, 13 mai 1921
Les Lignes aériennes Latécoère sont rebaptisées Compagnie générale d'entreprises aéronautiques (CGEA).

Mulhouse, 15-22 mai 1921
À l'occasion d'une importante exposition organisée par la Société philatélique de Mulhouse, son président, Oscar Schmerber, organise le premier congrès des sociétés philatéliques françaises. Il propose à leurs dirigeants de se constituer en fédération. Une commission est instaurée, avec mission d'en élaborer les statuts.

France, 27 mai 1921
Un décret institue le premier Code de la route, qui régit la conduite des « voitures, bêtes et gens » et s'adresse autant aux « conducteurs de véhicules automobiles ou d'attelages » qu'aux « piétons et bêtes de trait ». Rien qu'à Paris, 22 000 chevaux sont recensés.

Angleterre, 3 août 1921
Création du *Roll of Distinguished Philatelists*. L'inscription sur le parchemin du *Roll* consacre les travaux des philatélistes mondiaux les plus éminents. Le roi George V est le premier signataire. Le premier Français ainsi honoré sera Maurice Langlois en 1923.

La collection Ferrari vendue aux enchères

Le comte Philippe Ferrari de La Renotière (1848-1917).

Le catalogue édité pour la première vente de la collection.

Paris, 23 juin 1921
La vente qui débute aujourd'hui à l'hôtel Drouot, et qui devrait durer plusieurs mois, est le grand événement philatélique de l'année. La fabuleuse collection de timbres du comte Philippe Ferrari de La Renotière y sera dispersée. Mais c'est autant la personnalité singulière de son ancien propriétaire qui pique la curiosité que la collection elle-même. Car Philippe Ferrari de La Renotière n'aurait certes pas déparé, aux côtés des personnages des romans de M. Marcel Proust... Né en 1848, il est le fils d'un homme d'affaires d'origine génoise, dont la fortune colossale lui vaudra d'être fait duc de Galliera par le pape et prince de Lucedio par le roi d'Italie. Sa mère, qui n'est pas pauvre non plus, est Marie de Brignoles-Sales, la fille de l'ambassadeur de Sardaigne à Paris. Et son parrain n'est autre que le roi des Français, Louis-Philippe Ier. Autant dire que le jeune Ferrari avait tout pour être le plus heureux des hommes ! Il le sera d'ailleurs, mais à sa façon. Indépendant et de tempérament maladif, il n'aura rien du viveur cousu d'or et boulevardier, tels que les affectionnent les demi-mondaines de la capitale. Tandis que sa mère, qui a le goût du mécénat, offre à la Ville de Paris le palais Galliera, qu'elle à fait construire pour y accueillir ses collections d'art, ou fonde l'hospice Ferrari de Clamart, il voue quasiment son existence à la philatélie. Une passion à laquelle le legs que lui fera la duchesse de Galliera à sa mort donnera une dimension incomparable. Mais Philippe Ferrari est alors loin d'avoir livré tous ses

Philippe Ferrari de La Renotière avait légué sa fabuleuse collection de timbres-poste à l'empereur d'Allemagne, Guillaume II !

secrets. On sait quand même qu'il demeure dans un pavillon de l'ambassade d'Autriche et qu'il a été adopté par un officier autrichien, le comte de La Renotière (sans accent !) von Kriegsfeld, ce qui lui a permis de devenir lui-même le comte Ferrari de La Renotière (avec accent !). Pourquoi cette attirance pour l'Autriche ? Philippe Ferrari, comme d'autres Italiens du reste, est sans doute un nostalgique du Saint Empire romain germanique. On ne le comprendra que lorsqu'il quittera Paris pour se réfugier en Suisse, en 1914, et surtout lorsque sera ouvert son testament après sa mort à Lausanne, en 1917 : il léguait sa collection à Guillaume II, l'empereur d'Allemagne ! Un testament bien digne de ce grand extravagant. Toutefois ses extravagances ne l'avaient pas empêché d'être aussi un éminent collectionneur. À un flair indéniable, il ajoutait un sens aigu de la spéculation, sachant deviner les émissions susceptibles de rapidement coter très haut. De plus, il avait su choisir un collaborateur fort compétent en la personne du fondateur du *Timbrophile*, Pierre Mahé. Sa collection est restée en France lorsque Philippe Ferrari est parti en Suisse et a été mise sous séquestre. Par son adoption, le comte Ferrari de La Renotière était devenu sujet autrichien, donc ennemi. Sa vente viendra en déduction des dommages de guerre dus par les Autrichiens à la France, en vertu du traité de paix signé à Saint-Germain-en-Laye le 10 septembre 1919 entre les Alliés et la jeune république d'Autriche.

1921

Démonétisation

On dit d'un timbre qu'il est démonétisé lorsque la puissance publique lui enlève sa valeur fiduciaire. Il ne peut plus, dans ce cas, être utilisé pour l'affranchissement. Mais lorsque des timbres n'ont pas été démonétisés, et seulement retirés de la vente, ils peuvent toujours être utilisés. Dans ce cas, l'usager doit se livrer au calcul forcément complexe qui consiste à convertir le cours de la monnaie à l'époque où il a été émis dans celui en vigueur au moment de l'utilisation. Un plaisir pour le philatéliste, mais un casse-tête pour le postier !

La Guyane à l'heure de la poste aérienne

Guyane, 1921

Le Périgourdin Jean Galmot se décourage rarement. Malgré une première entreprise malheureuse, malgré l'hostilité des grands groupes coloniaux, il croit que la Guyane reste une terre propice à l'initiative individuelle. Il a été élu député en 1919 et, en 1920, a contribué à la fondation de la Société des transports aériens guyanais (TAG) qui, avec trois hydravions Breguet, assure des liaisons postales et passagers dans la colonie, au départ de Cayenne et de Saint-Laurent-du-Maroni. Un succès, que compromettra rapidement une gestion imprudente. Le grave accident de l'un des appareils accélérera le déclin de la TAG, qui, en 1922, sera contrainte de déposer son bilan. Mais Jean Galmot, lui, n'a pas l'intention de baisser les bras !

Cette lettre envoyée le 2 avril 1922 de Saint-Laurent-du-Maroni à destination de Cayenne est affranchie de trois timbres à 5 c (vert) et 10 c (rose) de la Guyane française type Fourmilier (émis de 1904 à 1907), et d'une vignette des TAG de 75 c de surtaxe aérienne.

Un grand artiste appelé la Nézière

Afrique, 1921

Né en 1873, Joseph de la Nézière est l'un des meilleurs peintres orientalistes que l'expansion coloniale ait révélés. Son art, de belle tenue classique, mais richement coloré et pittoresque, lui a valu d'importantes commandes de timbres pour l'AOF. On lui doit les types du Guerrier targui et du Marché indigène, gravés respectivement par Froment et Mignon, et émis en 1914, et le type Palmiste de 1913, gravé par Mignon. On retrouvera les types Targui et Palmiste en illustration de l'article ci-contre. La Nézière a également peint au Maroc, où il fut fort apprécié du général Lyautey. Il mourra en 1944.

Joseph de la Nézière dans son atelier.

La France s'est agrandie en Afrique noire

Afrique, 1921

Sur les cartes de géographie de l'Afrique, le rose symbolisant l'empire colonial français s'est étendu en 1919. Aux dépens de l'Allemagne à qui le traité de Versailles a enlevé ses possessions d'outre-mer, qui ont été redistribuées aux Alliés par la Société des nations (SDN). Non sous la forme de colonies au sens strictement juridique du terme, mais de mandats. Ce qui, il faut le reconnaître, ne change pas grand-chose pour les populations soumises. C'est ainsi que le Cameroun et le Togo furent partagés entre la Grande-Bretagne et la France, celle-ci en recevant les plus larges parts. L'Afrique-orientale allemande revint à la Grande-Bretagne et forma le Tanganyika, offrant aux Britanniques une continuité territoriale entre l'Égypte et l'Afrique du Sud. Quant au Ruanda-Urundi, il fut attribué à la Belgique. À cela s'ajoutent encore le district de Kionga, que récupéra le Portugal, et la partie du Gabon cédée à Berlin en 1911, qui a retrouvé le giron de la France. En ce début de décennie, la situation est donc claire en ce qui concerne l'Afrique noire. Outre le Cameroun et le Togo, les possessions françaises restent regroupées dans deux grands ensembles : ce sont l'Afrique-Occidentale française (AOF) et l'Afrique-Équatoriale française (AFF), créées respectivement en 1895 et 1910. L'AOF comprend le Sénégal, le Haut-Sénégal-Niger, la Haute-Volta, la Guinée française, la Côte-d'Ivoire et le Dahomey. L'AEF inclut le Moyen-Congo (Oubangui-Chari, Congo, Gabon) et les territoires du Tchad. D'un point de vue philatélique, il n'est cependant pas toujours si facile de s'y reconnaître ! Si les timbres des pays de l'AOF portent bien la mention « Afrique-Occidentale française », on ne trouve pas la mention « Afrique-Équatoriale française » sur ceux de l'AEF. Mais ce qui complique les choses, ce sont les changements de nom. Cette année, les pays composant le Haut-Sénégal-Niger (entité constituée en 1906 et dissociée en 1920) ont eu des timbres distincts : les noms du Soudan français et du territoire du Niger sont mis en surcharge sur d'anciens timbres du Haut-Sénégal-Niger ; mais notons que le Soudan français avait déjà utilisé des timbres spécifiques entre 1894 et 1902... Pour les mandats hérités de la SDN, il n'y a pas de règle claire : en attendant l'émission de figurines du Cameroun, on a surchargé un timbre du Moyen-Congo ; pour le Togo, on a surchargé un timbre de l'AOF (Dahomey), alors qu'il n'en fait pas partie !

France, 22 juillet 1922
Les machines Krag à oblitérer le courrier de deuxième génération sont adoptées par le comité technique postal. Elles pourront traiter 18 000 lettres à l'heure.

France, 31 octobre 1922
Démonétisation de la première série de timbres des « Orphelins de guerre », émise de 1917 à 1919.

Asie, 31 décembre 1922
Fermeture de tous les bureaux de poste français en Chine, hormis celui de Kouang-Tchéou, qui restera en activité jusqu'en 1943. Les plus anciens, ceux de Shanghai et de Tien-Tsin, avaient été ouverts en 1862 et 1889. Le 22 décembre, le bureau indochinois de Yunnanfou a également été fermé.

Paris, 1922
Le livre de Georges Brunel, *La Poste à Paris depuis sa création jusqu'à nos jours, étude historique et anecdotique*, publié à Amiens (Yvert et Tellier) en 1920, reçoit le prix de l'Académie française.

France, 9 mars 1923
Sortie du film *L'Affaire du courrier de Lyon*, du cinéaste français Léon Poirier (1884-1968).

France, 18 avril 1923
Création par arrêté des agences postales navales. Des établissements secondaires sont installés à bord de bâtiments de la marine de guerre.

France, mai 1923
Création des épreuves de luxe, feuillets non dentelés comportant un ou plusieurs timbres destinés à être offerts.

Bordeaux, 15-24 juin 1923
À l'occasion du Congrès philatélique de Bordeaux, émission du premier timbre-poste vendu à une valeur supérieure à sa valeur faciale : ce type Merson 1 F surchargé est vendu 3 F. Le supplément de 2 F correspond au droit d'entrée à l'exposition.

France, 30 juin 1923
La loi de finances autorise les machines à affranchir en France. La remise sur le montant des affranchissements mécaniques est limitée à 1 %.

Premier timbre en typographie rotative

Le coin daté d'une feuille en « roto ».

Les philatélistes se fédèrent...

Paris, 5 juin 1922
Lors du Congrès philatélique de Paris qui s'est ouvert le 3 juin (événement commémoré par des oblitérations) s'est tenue l'assemblée générale constitutive de la Fédération des sociétés philatéliques françaises (FSPF). Maurice Langlois est élu président de cette nouvelle association, qui regroupe à ce jour 37 sociétés philatéliques et a son siège au 5, rue Molière, à Paris. On peut considérer que la FSPF a son origine dans la Société française de timbrologie (SFT), fondée en 1874, et qui organisa quatre ans plus tard le premier Congrès international de timbrologie. En 1899, une première Fédération française de philatélie avait vu le jour, mais n'avait eu qu'une existence éphémère, faute de moyens. Toutefois, le terme philatélie allait désormais être préféré à celui de timbrologie, car plus international. Lors de son cinquantième anniversaire, la Fédération comptera près de 70 000 adhérents répartis en 450 associations. Le 1er janvier 1995, la FSPF deviendra la Fédération française des associations philatéliques (FFAP), sans qu'en soient changées les grandes orientations. La FFAP se donne pour mission d'informer le collectionneur, de le défendre, d'organiser des concours, d'éditer une revue – *La Philatélie française* – et de servir plus ou moins de médiateur entre les philatélistes et la Poste, d'une part, et les négociants et experts. La branche jeunesse est très dynamique et développe ses activités tant dans le cadre scolaire et parascolaire que dans le milieu associatif.

Paris, 4 mars 1922
Le premier timbre français imprimé en typographie rotative est sorti de l'atelier de fabrication des timbres-poste du boulevard Brune. Il s'agit aussi du premier coin daté connu. Achetée en 1921, la nouvelle presse rotative Chambon permet d'imprimer en continu deux feuilles de cent timbres à chaque rotation du cylindre. Cependant, comme toute nouvelle technique, la typographie rotative connaît quelques balbutiements, et parmi les premières feuilles beaucoup présentent des défauts. C'est, sans doute, pourquoi on a choisi pour ce premier test un timbre à valeur faciale modeste, comme la Semeuse camée verte. Et surtout, un timbre qui est rarement conservé puisqu'il est destiné *a priori* aux affranchissements en nombre des imprimés pour l'étranger – c'est en effet la signification de la couleur verte, selon les codes de l'Union postale universelle. Entre l'Atelier et la maison Chambon s'est engagée à cette occasion une étroite collaboration qui aboutira quelques années plus tard à la mise au point de la première presse rotative pour taille douce. L'Atelier qui, jusqu'ici sous-traitait l'impression en taille douce (pour les colonies), pourra donc apporter une réponse satisfaisante à ceux qui reprochent à la typographie une trop grande perte de qualité entre le poinçon original et les galvanotypes. La Semeuse verte à 10 c sera simultanément imprimée en typographie à plat et aussi vendue en carnets.

Comme les voies ferrées, le réseau des pneumatiques a ses gares de triage (ici dans un bureau parisien). En réalité tous les « pneus » ne voyageaient pas dans les curseurs (étuis) propulsés par l'air comprimé... On donnait ce nom à toutes les dépêches acheminées immédiatement par porteurs spéciaux, à vélo ou à moto.

En 1922, l'administration postale concède la fabrication des carnets de timbres à une société privée : Carlos Courmont, 28, rue Bergère, à Paris. Le format de ces carnets (110 mm sur 60 mm) en faisait un support de choix pour les publicités imprimées sur la couverture, à l'extérieur (en haut) et à l'intérieur (en bas). Y figuraient aussi des conseils pratiques à l'intention des usagers des postes.

Les PTT recevront ce qui leur est dû !

Paris, 30 juin 1923

L'article 70 de la loi des finances institue le budget annexe des PTT : cela signifie que désormais les recettes perçues, au lieu d'être versées au budget général de la France, seront directement affectées au fonctionnement des services. Autrement dit, il s'agit d'une sorte d'autofinancement, qui est censé favoriser la modernisation de l'administration postale. En ce qui concerne les services postaux, la vente des timbres ou de leurs substituts représente, avec les emprunts, l'essentiel des recettes. Le statut de la poste ne sera plus fondamentalement modifié avant la loi Quilès de 1990, qui en fera un « exploitant autonome de droit public », avec obligation d'équilibrer son budget.

Le système de préoblitération pour les envois en nombre d'imprimés ayant été étendu à tout le territoire, un type unique de surcharge est adopté le 1er septembre 1922 : il n'y a plus de distinction entre la province et Paris.

Pasteur, héros républicain

Paris, 25 mai 1923

Louis Pasteur était né le 27 décembre 1822, et la France entend célébrer le centenaire de sa naissance. L'émission d'un timbre à son effigie a été décidée, mais pour diverses raisons elle n'a pu avoir lieu pour le jour anniversaire. Le timbre n'est finalement disponible que ce 25 mai 1923. Avec retard, donc... Mais la date n'est pas mal choisie, puisque c'est celle de l'inauguration du buste du savant, dû au sculpteur Lituanien Naoum Aronson (né en 1872) érigée dans les jardins de l'Institut Pasteur, le long de la rue Dutot. C'est à un autre sculpteur, Henri Georges Prud'homme (né en 1873), un élève de Falguière au talent sans doute académique mais au métier solide, que l'on a confié le dessin et la gravure de la vignette. Le choix s'est porté sur les trois valeurs les plus utilisées pour la correspondance avec l'étranger : 10 centimes (imprimés), 30 centimes (cartes postales) et 50 centimes (lettres simples), dans les couleurs – vert, rouge, bleu, qui sont associées à ces types d'affranchissement selon le code de l'Union postale universelle (l'UPU). Veut-on faire oublier que Pasteur avait mis quelque temps avant de devenir prophète en son pays et que les sommités médicales françaises l'avaient traité avec condescen-dance, lui qui n'était pas médecin ? Viticulteurs et brasseurs n'ont pas eu les mêmes préventions et savent ce qu'ils doivent aux travaux de Pasteur sur les fermentations alcooliques... Cette série est donc destinée à se substituer à celle de la Semeuse camée, et elle sera de même déclinée sous plusieurs présentations : entiers postaux, préoblitérés, carnets, roulettes, etc. On trouve sur la couverture d'un carnet une publicité pour un livre édité en 1922 par François Tedesco, *Pasteur à l'écran. Le livre du centenaire*. Cet album est illustré de photos du film hagiographique de Jean Epstein (avec Charles Mosnier dans le rôle du savant). On remarquera aussi que c'est le premier timbre représentant un personnage réel. Tous les timbres émis jusqu'ici portaient des figures allégoriques, sauf les timbres à l'effigie de Napoléon III, mais dans ce cas, il s'agissait sans doute autant du symbole de l'Empire français que de la personne de Louis Napoléon Bonaparte... Il est vrai que pour beaucoup de Français, Pasteur apparaît comme un saint laïque et comme un symbole de la République elle-même. Un honneur qui eût sans doute embarrassé le savant, lui qui, par avance, avait refusé d'être inhumé au Panthéon après sa disparition...

Belgrade-Bucarest de nuit

Bucarest, 20 septembre 1923

La liaison Strasbourg-Bucarest doit être faite en une seule journée. Ainsi en avait décidé la Franco-Roumaine, ainsi est en train de le réaliser le chef pilote de la compagnie, Maurice Noguès (qui a succédé à Albert Deullin, tué dans un accident). Compte tenu de cet impératif, le dernier tronçon de la ligne, entre Belgrade et Bucarest, impliquait un vol de nuit. Malgré les délais très courts qui lui avaient été imposés, Noguès avait fort bien préparé cette première. D'abord en inaugurant la liaison Strasbourg-Paris de nuit, le 2 septembre dernier, ensuite en faisant une reconnaissance de nuit entre Bucarest et Belgrade, le 9. Et puis, surtout, en veillant avec un soin extrême au bon état des appareils et des installations au sol : « Je sais que je mécontente bien des gens en agissant ainsi, dira-t-il, mais c'est mon devoir de le faire, dans l'intérêt des pilotes et de la compagnie. » Le fruit de son exigence est là : cette nuit, le Caudron C.61 venant de Belgrade piloté par Louis Guidon (assisté de Noguès) a atterri à Bucarest avant minuit, précédé de son ombre portée par la lune sur le terrain de la capitale de la Roumanie. Outre le courrier, l'appareil transportait quelques audacieux passagers dont Jules Bétard, le directeur général de la compagnie.

Un impressionnant Caudron C.61 de la Franco-Roumaine (ici photographié au Bourget).

Une petite révolution à l'agence Havas

La première machine à affranchir type A brevetée par Tiranty ajoutait une flamme publicitaire à la valeur d'affranchissement et à la date.

Paris, 26 mai 1924

Aujourd'hui, dans les bureaux de l'agence de publicité Havas, 11, boulevard des Italiens, une machine à affranchir validée par l'administration postale a été pour la première fois mise en service dans un local privé. L'idée n'est pas nouvelle, et, dès le 1er octobre 1920, l'UPU admettait le principe des machines à affranchir privées. En France, leur utilisation a été réglementée par la loi du 30 juin 1923 et par l'arrêté du 13 décembre 1923, qui autorisent aussi l'apposition de flammes publicitaires sur les correspondances. La machine utilisée, brevetée par l'inventeur Philippe Tiranty, comporte un ruban encreur analogue à celui d'une machine à écrire, un bloc dateur réglable au moyen d'encoches et un cliché avec une unique valeur d'affranchissement, en l'occurrence 25 centimes. Les sociétés qui ont besoin d'autres valeurs d'affranchissement ont à ce jour trois solutions : affranchissement multiple (plusieurs passages d'une même machine) si le montant s'y prête ; affranchissement composé (passage successif de plusieurs machines dont les clichés sont gravés avec des valeurs différentes) ; affranchissement mixte, c'est-à-dire que l'on complète l'affranchissement imprimé avec un timbre-poste.

Un palais né dans les rêves d'un facteur

Drôme, 19 août 1924

En dehors du village d'Hauterives, dans la Drôme, entre Vienne et Romans, rares sont ceux qui ont entendu parler du facteur Ferdinand Cheval, mort ce jour à l'âge de 88 ans. Et pourtant, pour un humble facteur rural, il a des amis très célèbres, à commencer par Picasso, qui l'admire, et André Breton, qui le donne en exemple à ses amis surréalistes. Pourquoi ? Parce que Cheval était un visionnaire, qui a bâti de ses propres mains, « pendant 10 000 jours, 93 000 heures et 33 ans d'épreuves », un monde fantastique à l'image de ses rêves... C'est en 1867 que Ferdinand Cheval prête le serment alors exigé pour entrer dans l'administration des Postes. Deux ans plus tard, il est nommé à Hauterives, une tournée de 32 km sur des chemins difficiles, qu'il parcourt à pied, par tous les temps : « Pour distraire mes pensées, je construisais en rêve un château féerique. » Il a ensuite raconté comment il était passé du rêve à la réalité, à l'âge de 43 ans, après avoir découvert par hasard une pierre de forme curieuse : « Matin et soir, je partais en chercher, quelquefois je faisais 5 à 6 kilomètres et quand ma charge était faite je la portais sur mon dos. Je commençai à creuser un bassin dans lequel je me mis à sculpter avec du ciment toutes espèces d'animaux. Ensuite, avec mes pierres, je commençai une cascade... » De cascade en grotte, Cheval en vient à édifier un temple hindou, mais aussi un tombeau à l'égyptienne où il ambitionne, « à la mode des rois Pharaons », de se faire ensevelir au milieu du grand œuvre de sa vie. En 1969, son palais sera classé monument historique par André Malraux, alors ministre de la Culture.

Fruit de 30 ans de labeur, le « Palais idéal » du facteur Cheval sera avantageusement cité dans tous les guides touristiques.

Vingt-quatre ans après, les Jeux reviennent à Paris

Maquette du 25 centimes rouge due à Edmond Becker, comme les trois autres timbres.

Paris, 27 juillet 1924

Aujourd'hui a lieu la cérémonie de clôture des jeux de la VIII Olympiade, que le président de la République Gaston Doumergue a déclarés ouverts le 4 mai (ce sont en réalité les 7e Jeux olympiques, car ceux de 1916 ont été annulés pour cause de Première Guerre mondiale). C'est la deuxième fois que les Jeux modernes ont lieu à Paris, mais si ceux de 1900 n'avaient eu qu'un faible retentissement, car éclipsés par l'Exposition universelle, l'édition de 1924 est un événement à l'échelle de la planète : 44 nations et plus de 3 000 athlètes (dont 136 femmes) y participent, 17 sports y sont représentés, et les 126 épreuves, pour la première fois retransmises par radio, sont suivies par plus de 600 000 spectateurs et un millier de journalistes. Depuis la renaissance des Jeux en 1896, sous l'impulsion du baron de Coubertin (à qui un timbre sera dédié en 1956), les philatélistes se montrent très dynamiques et suivent de près les initiatives officielles. Le 17 janvier 1924, une loi a autorisé l'émission de timbres-poste spéciaux, dont la validité prendra fin le 30 septembre et ils cesseront d'être vendus au 31 juillet (il faut noter que c'est la première fois que le concept de timbre spécial s'applique à des vignettes à validité limitée et non surtaxées). L'émission, les 1er avril et 23 mai, se compose de quatre timbres imprimés en typographie à plat et en deux couleurs : un 10 c vert (« Athlète de profil prêtant serment ») et un 25 c rouge (« Femme tenant une victoire ») le 1er avril, et, le 23 mai, un 30 c orangé (« Milon de Cro-

tone ») et un 50 c bleu (« Athlète de face prêtant serment »), qui ne correspond à aucun affranchissement courant, les tarifs postaux pour l'étranger ayant été modifiés au 1er avril. S'y ajoute une carte postale à 30 c. Dessinées par Edmond Becker, les vignettes ont été gravées par Parison (10 c et 50 c) et Daussy (25 c et 30 c). Le Milon de Crotone ne s'inspire pas

de la célèbre statue de Puget mais de l'œuvre d'Edme Dumont, un sculpteur du XVIIIe siècle contemporain de Falconet. On pouvait certes juger médiocre le rendu de l'impression, mais cette série ne méritait probablement pas tant de sarcasmes de la part des philatélistes, apparemment moins connaisseurs en histoire de l'art qu'en timbres. Au plan sportif, les Jeux avaient introduit quelques innovations, à commencer par le premier village olympique de l'histoire, édifié en bois à Colombes. Apparut aussi la devise *Citius, altius, fortius* (plus vite, plus haut, plus fort). Le serment olympique fut prononcé comme il se doit par un Français : Géo (Georges, dit) André, sportif complet qui, aux Jeux de Londres, en 1908, avait concouru en saut en hauteur et en saut en longueur, en décathlon, en 110 et 400 m haies, et remporté une médaille de bronze au relais 4 x 400 m aux Jeux d'Anvers, en

1920. Entre-temps Géo André avait servi dans la chasse pendant la Grande Guerre. Blessé, fait prisonnier, il avait réussi à s'évader à sa sixième tentative ! Engagé volontaire dans l'armée d'Afrique, il sera tué devant Tunis en 1943, à 53 ans. Un autre vétéran concourt en natation : le Hawaïen Duke Kahanamoku, déjà médaillé en 1912, et qui a fait connaître le surf dans le monde entier. Cette année, il prend la deuxième place derrière un certain Johnny Weissmuller qui, lui, repart avec trois médailles d'or et qui ne tardera pas à abandonner l'eau pour se balancer dans les airs d'une liane à l'autre. Le Septième Art n'en a pas encore fini avec les Jeux

de Paris, qui revivront à l'écran, sous une forme romancée, dans le film *Les Chariots de feu* (1981), centré sur l'émulation entre l'Anglais Harold Abrahams, qui remporta cette année-là le 100 m, et l'Écossais Eric Liddell, médaillé d'or au 400 m.

Peter John Weissmuller, dit Johnny, devait faire une belle seconde carrière sportive à Hollywood, dans le rôle de Tarzan.

Le Ronsard est le premier timbre-poste commémoratif

France, 6 octobre 1924

Victorieuse en 1918, la France ne veut pas oublier que le combat qu'elle a mené était celui de la « civilisation » contre la « barbarie ». Toutes les occasions sont bonnes pour le rappeler, et le meilleur moyen de le faire est encore de célébrer la mémoire de ceux qui ont illustré la civilisation française ou qui, même, l'ont fondée : c'est bien évidemment le cas de Ronsard, dont on fête le quatre centième anniversaire de la naissance. Pierre de Ronsard est né en effet le 11 septembre 1524 au château de la Possonnière, dans le Vendômois. Et le Ronsard que l'on commémore n'est pas seulement le poète délicat et savant des *Amours* et des *Sonnets pour Hélène*, mais aussi celui de *La Franciade*, épopée inachevée dont le but était de forger un véritable mythe national en faisant des rois de France les descendants d'un plus qu'hypothétique rejeton d'Hector, Francus. On ne lit certes plus beaucoup ce poème, qui n'est sans doute pas de la meilleure veine de son auteur. Mais *La Franciade* a incontestablement contribué à asseoir la

figure de Ronsard comme poète national, et c'est bien là le sens de cette commémoration. Laquelle se manifeste dans tous les domaines : une souscription publique a été ouverte pour ériger une statue de Ronsard à Vendôme, des éditions de luxe de ses œuvres ont paru (par exemple les poèmes illustrés par Léon Courbouleix), le compositeur Albert Roussel a écrit des mélodies sur les paroles de *Rossignol, mon mignon* et *Ciel, aer et vens,* etc. Il y a tant d'événements qu'en 1926, les éditions Les Belles Lettres publieront un ouvrage de Maurice Alliot et Jean Baillou simplement intitulé *Ronsard et son quatrième centenaire* ! Les Postes ne pouvaient pas ne pas être emportées par un mouvement qui a l'avantage de réconcilier tous les courants politiques : Ronsard n'appartient pas plus à la droite qu'à la gauche, à *L'Action française* de Charles Maurras qu'à *L'Humanité* de Marcel Cachin. Elles ont donc émis ce lundi un timbre commémoratif, le premier dans l'histoire des timbres-poste français. Sa valeur faciale est de 75 c, correspondant à l'affranchissement de la lettre sim-

Ce premier projet de Dautel pourra être préféré à celui qu'il a finalement réalisé…

Le timbre est sorti d'abord à Couture-sur-Loir (Loir-et-Cher), où est né Ronsard.

ple pour l'étranger. Imprimé en typographie à plat, le Ronsard a été dessiné par Pierre-Victor Dautel et gravé par Antonin Delzers. Le sculpteur Pierre-Victor Dautel est un médailliste sensible et raffiné, à qui l'on doit des œuvres remarquables, par exemple *Élégie* (1907), plaque de bronze

dont le revers représente un paysage grec imaginaire qui eût ravi André Chénier, ou la plaque d'argent qu'il a réalisée en 1911 pour l'Exposition internationale de Turin. La durée de vie de son Ronsard sera toutefois limitée, puisqu'il a été prévu de le démonétiser le 31 décembre prochain.

Flammes publicitaires pour les communes

France, 1924

Le feu vert a été donné le 22 juillet 1922 par le comité technique postal, les essais avaient été effectués en 1921 : la machine à oblitérer Krag de deuxième génération est entrée en service dans les bureaux de poste. L'oblitération continue qui la caractérise permet d'intercaler des messages d'annonce entre les timbres à date : par exemple, au début de cette année, une annonce des Jeux olympiques de Paris.

Avec la machine Daguin, il est aussi possible depuis l'année dernière de jumeler le timbre à date et un cachet publicitaire (qui remplace alors le second timbre à date). Ce système très simple permet aux communes de faire leur promotion et de vanter leurs charmes. Ce bloc publicitaire, qu'on appelle « flamme » par convention – alors qu'il n'en a pas la forme ! –, est un carré dont le côté est un peu plus grand que le diamètre du timbre à date.

Carte postale postée à Bagnères-de-Luchon et oblitérée avec une machine Daguin.

Mandat français sur le Grand Liban

Beyrouth, 1924

En 1914, l'Empire ottoman avait supprimé l'autonomie dont jouissait la région dite du Mont-Liban depuis 1864. Elle allait la retrouver après la défaite des empires centraux. Dans la recomposition opérée au Moyen-Orient par le traité de Sèvres du 10 août 1920, le Mont-Liban (comme la Syrie) fut placé sous mandat français, mandat confirmé par la SDN le 24 juillet 1922. Les premiers timbres du mandat, qui a été dénommé Grand Liban, ont fait leur apparition cette année : ce sont des types Blanc, Semeuse, Merson et Pasteur, ainsi que des figurines de la série des Jeux olympiques (ci-dessus), avec la surcharge « Grand Liban » et une valeur exprimée en piastres. Les premiers timbres spécifiques apparaîtront dès 1925.

Bélinogramme

L'ouverture du service des télégrammes autographes, le 1er janvier 1924, consacre le système de l'inventeur français Édouard Belin (1876-1963), système lui-même dérivé du téléautographe expérimenté en 1848 par l'Anglais Blakewell. Le bélinographe « lit » une image sur un cylindre tournant et exprime ses valeurs de luminosité en signaux électriques à l'aide de cellules photoélectriques. À la réception, l'opération inverse est effectuée : ces valeurs sont reproduites sur un papier sensible à l'aide d'un faisceau lumineux. Le résultat obtenu s'appelle un bélinogramme (ou « bélino »). Les premières lignes ouvertes relient Paris et Lyon d'une part, Paris et Strasbourg d'autre part. En 1925, un bélinographe sera employé en Chine pour transmettre des dépêches en chinois, les idéogrammes ne pouvant évidemment être acheminés par le télégraphe.

Le style Arts déco diffusé par les timbres

Un beau cadeau pour les concierges

Paris, 29 avril 1925

Les formes nouvelles, dont le dépouillement ornemental marque une rupture radicale avec l'Art nouveau, sont à l'honneur à l'Exposition internationale des arts décoratifs et industriels modernes, qui s'ouvre aujourd'hui à Paris. C'est le triomphe du style Arts déco, mais l'exposition aurait eu lieu en 1916 si la guerre n'en avait interrompu la préparation. Les PTT n'en sont pas absents. L'administration a en effet émis six timbres, dont les deux premiers (25 et 75 c du type reproduit ci-contre) ont été mis en vente le 8 décembre 1924 : leur rôle est informatif et publicitaire. Un deuxième type (une seule valeur de 25 c) a été émis le 11 avril dernier, un troisième (une seule valeur également, de 15 c) le sera demain. Le quatrième type (10 c et 75 c) attendra le 15 juin. Selon nombre de critiques, ils ne sont pas très réussis, ni esthétiquement ni techniquement : l'impression en typographie à plat laisse à désirer. Tous seront retirés le 31 octobre, sauf au bureau de la rue du Louvre, où ils seront en vente jusqu'au 31 décembre.

Un salon conçu par Paul Poiret et exposé au Grand-Palais. En haut : le timbre émis le 8 décembre 1924 a été dessinée par Edmond Becker et gravée par Abel Mignon.

Paris, 1925

Il existe déjà des carnets de timbres avec des publicités, mais cette année, les grands magasins du *Louvre* vont encore plus loin en commandant des carnets qui seront distribués gratuitement à 3 000 concierges de Paris et de banlieue pour les faire distribuer leur catalogue. Ornés du sobre logo « Au Louvre », avec son lion couché dans le creux de l'initiale « L », ils comportent dix timbres à 25 c. Cette idée est reprise par les laboratoires Mauchant, qui veulent distribuer aux médecins des carnets vantant leurs produits. Moins généreux, ils souhaitent utiliser des timbres à 10 c, ce qui ne correspond à aucun tarif en vigueur. D'autre part le timbre Pasteur courant paraît peu indiqué car l'Institut Pasteur est un concurrent. Alors, l'administration postale tranchera en utilisant un cliché inédit du 10 c Semeuse camée, ce qui provoqua la fureur des collectionneurs, pour qui tout timbre doit être accessible à tous, par conséquent mis en vente dans les bureaux de poste.

La poste à la mode Citroën

France, 1925

Le 100 000ᵉ panneau indicateur marqué du chevron Citroën est installé en Savoie cette année 1925. C'est en 1919 qu'André Citroën a lancé cette campagne qui fait connaître ses automobiles du Mont-Blanc au fin fond des campagnes auvergnates et de la brousse africaine aux banlieues industrielles. Ces plaques de signalisation indiquent non seulement les sites à visiter, mais aussi les services publics et les administrations, notamment les bureaux de poste. Quant au chevron qui, pour les Français, devient synonyme de Citroën, il date de ses débuts : jeune ingénieur frais émoulu de Polytechnique, il avait, en 1905, acheté en Pologne le brevet d'un procédé de taille d'engrenage en chevron. Plus tard, il l'apposera, comme une signature, sur la calandre de ses automobiles. Entre-temps, André Citroën a trouvé un moyen de développer ses activités : il a fabriqué des obus ! C'est ainsi qu'il a pu bâtir d'immenses usines sur un terrain de

15 hectares au bord de la Seine, en plein Paris. La guerre finie, le quai de Javel va devenir le royaume de l'automobile. Au cours des Années folles, Citroën pourra donner libre cours à son sens de la publicité. Ses idées audacieuses, ses coups d'éclat avaient eu, disait-il, deux sources : Jules Verne, dont la découverte l'avait ébloui à 10 ans, et la tour Eiffel, lors de l'Exposition universelle de 1889. Justement, c'est la tour Eiffel qui va lui inspirer un coup de génie en cette année 1925 : il la métamorphose en une colossale enseigne lumineuse à la gloire de Citroën, dont le nom flamboie en lettres de 30 mètres de haut. Ces illuminations dureront jusqu'en 1935, et Charles Lindbergh déclarera avoir été aidé dans son approche de la Ville lumière par ce phare de 300 mètres de haut. Une fabuleuse réclame pour André Citroën, qui, en moins de vingt-quatre heures, montera cet événement inédit et édifiant : l'aviateur américain en visite chez les ouvriers des usines Citroën !

Un petit facteur du service des pneumatiques, au début des années 1920. Depuis la Convention générale de l'Organisation internationale du travail, tenue aux États-Unis le 29 octobre 1919 et applicable à partir de 1921, les enfants de moins de 14 ans ne peuvent être employés dans l'industrie. Ils peuvent l'être, en revanche, dans les métiers moins pénibles, comme ici. Cette Convention sera hélas loin d'être appliquée par tous les pays !

Le courrier est transporté jusqu'à Dakar

Dakar, 3 juin 1925

Le service postal aérien est ouvert entre Casablanca et Dakar. Il était 17 heures, cet après-midi, lorsqu'Émile Lécrivain a posé son Breguet 14 sur le terrain de Dakar, avec un chargement de 1 700 lettres. C'est un grand bond en avant pour la CGEA, et une étape décisive vers la liaison avec l'Amérique du Sud, qui reste le grand projet de Pierre-Georges Latécoère. En fait, Lécrivain aurait dû arriver hier, mais des incidents l'ont retardé. Le grand départ avait eu lieu le 1er juin à Casablanca. Par précaution, Didier Daurat avait prévu deux appareils : celui de Lécrivain et de Jean Lavidalie, son mécanicien, était accompagné de celui de Georges Drouin, celui-ci devant dépanner celui-là en cas de besoin. Il avait été prévu une seule escale de nuit, à Villa Cisneros, mais des ennuis de moteurs ont fait qu'il a fallu en improviser une seconde à Port-Étienne. Ensuite, le Breguet 14 de Drouin étant tombé en panne, Lécrivain et Lavidalie ont dû atterrir, recueillir leur camarade et le déposer à Saint-Louis avant de s'élancer enfin vers Dakar. Il n'était que temps d'ailleurs, le moteur de leur Breguet commençant à donner des signes de fatigue. La ligne Casablanca-Dakar, prolongeant la ligne Toulouse-Casablanca, transite par cinq escales (Agadir, Cap-Juby, Villa Cisneros, Port-Étienne et Saint-Louis) et doit être normalement assurée en 23 heures.

Tous les espaces sont bons pour la « réclame » ! En 1924, des publicités apparaissent sur les bords de feuilles de timbres : ce sont les publicitimbres. Publicités d'ailleurs fort diverses, puisqu'on y fait ici la promotion d'une marque de chocolat et des Annales, la très sérieuse revue politique dirigée par Pierre Brisson...

Lettre transportée au vol de retour (du 6 au 8 juin). Ci-contre : l'arrivée de Lécrivain et Lavidalie à Dakar.

Ce timbre américain est un peu français...

Washington, 4 avril 1925

Ce timbre commémore la naissance d'une nation, la première à avoir vu le jour dans les temps modernes, à savoir les États-Unis d'Amérique. C'est donc un timbre américain, mais les Français ne sauraient y être insensibles, tant leur vieille histoire est liée à celle, toute jeune, de leurs amis d'outre-Atlantique ! Il a été émis aujourd'hui dans le cadre du 150e anniversaire de la guerre d'Indépendance. Son sujet : le tout premier combat qui a opposé les *Insurgents* à des soldats britanniques, le 19 avril 1775, à Lexington (Massachusetts). Certes, ce ne fut qu'une escarmouche, mais elle a gardé une très forte valeur symbolique. C'est en effet à Lexington que l'histoire des États-Unis a vraiment commencé. Deux autres timbres ont été émis le même jour : l'un représente la prise de commandement de George Washington, le 15 juin 1775, l'autre reproduit la statue d'un *minuteman*,

telle qu'on peut l'admirer à Concord (dans le Massachusetts également). Les *minutemen* étaient des volontaires mobilisables à tout instant. Cette émission soulève une polémique aux États-Unis : on regrette que Paul Revere, le héros national qui, au terme d'une chevauchée épique, a prévenu les insurgés de l'arrivée des Britanniques à Lexington, ait été écarté de cette célébration, à laquelle les Français prêtent un intérêt particulier. En effet, les soucis que causaient les *Insurgents* à Sa Majesté britannique avaient fait très plaisir à la cour de Versailles et dans les salons parisiens : la France avait une revanche à prendre sur l'Angleterre. Venu en France en 1776 pour demander son aide à Louis XVI, Benjamin Franklin obtiendra sans difficulté satisfaction. Et, dès l'année suivante, la Fayette débarquera en Amérique avec ses 5 000 volontaires : la naissance des États-Unis est aussi une histoire française !

Monsieur le Directeur

de LA NATIONALE (Vie)

2, Rue Pillet-Will

PARIS (9e)

Les flammes illustrées arrivent. Celle-ci est apparue en 1924 à Nice : c'est la première ; c'est aussi l'une des plus réussies. Elle a été obtenue avec une machine à oblitérer internationale modèle Flier. Nice pays d'enchantement, son soleil, ses jardins, ses palaces, ses théâtres, ses fêtes... Tout un programme ! Rappelons que le Comité des fêtes de Nice a été fondé dès 1873 et qu'il organise notamment le célèbre carnaval, avec ses chars superbement fleuris.

Philatélie mondiale au pavillon de Marsan

Les organisateurs de l'Exposition philatélique internationale devant le pavillon de Marsan.

Paris, 2 mai 1925

Inauguration, au pavillon de Marsan, de l'Exposition philatélique internationale (jusqu'au 12). À cette occasion, les Postes ont émis un bloc-feuillet comportant quatre timbres du type Sage, d'une valeur

Charles Chaumet a vu le jour en 1866.

faciale de 5 F. C'est le premier du genre en France, et il aura un succès tel que, tiré à 50 000 exemplaires, il sera épuisé à la fin de l'exposition ! Placée sous le patronage du président de la République, Gaston Doumergue, l'exposition philatélique internationale constitue également un prestigieux début de prise de fonction pour Charles Chaumet. Ce dernier, nommé ministre du Commerce et de l'Industrie, et à ce titre en charge des Postes, le 17 avril dernier, est loin d'être un inconnu en politique. Ancien journaliste (il fit ses débuts à *La Gironde* à la fin du siècle dernier), député radical modéré de la Gironde de 1902 à 1919, sénateur de ce département depuis 1923, Charles Chaumet fut déjà ministre de la Marine en 1913 dans le cabinet d'Alexandre Ribot, puis en 1917 dans celui de Paul Painlevé. Ses talents de journaliste ont été salués à la parution, en 1894, d'un intéressant ouvrage, *Socialistes et anarchistes*.

PARIS 1925

EXPOSITION PHILATÉLIQUE INTERNATIONALE DU 2 MAI au 12 MAI 1925 AU PAVILLON DE MARSAN RUE DE RIVOLI N° 107

Le progrès en marche...

1 - Le microphone. Si son invention est déjà ancienne, il connaît en 1925 un développement décisif grâce à la mise au point de l'enregistrement électrique aux États-Unis, par les chercheurs des laboratoires Bell, dirigés par Joseph Maxfield. Ce progrès va immédiatement donner un nouvel essor à l'industrie du disque. Dès cette année 1925, les premiers disques réalisés par gravure électrique sont produits. Ce système d'enregistrement est commercialisé sous la marque de Western Electric.

2 - Le Leica. Quatorze ans après avoir conçu un boîtier utilisant la pellicule cinématographique, l'ingénieur allemand Oskar Barnarck, à la tête du bureau d'études de Leitz, présente le Leica 1. C'est le premier appareil photo de petit format, que caractérisent notamment son obturateur à rideau en tissu et son excellente optique. Le Leica 1 rencontrera un très grand succès et sera le premier d'une longue lignée de boîtiers fondés sur le même principe, et cela jusqu'au Leica M7 sorti en 2002.

Comment devient-on graveur de timbres-poste ? La taille-douce a-t-elle toujours un avenir ? Pour mieux nous faire connaître cette discipline artistique et technique particulièrement exigeante, un graveur contemporain, Pierre Albuisson, nous ouvre les portes de son atelier. Et nous confie quelques secrets...

« Lorsqu'on me demande si j'ai un violon d'Ingres en dehors de mon métier, je réponds : le dessin et la gravure. Ai-je un second hobby ? Oui, le dessin et la gravure. Vous voyez, c'est bien plus qu'une passion ! » En réalité, c'est une vie entière consacrée à un art. Pierre Albuisson a six ans quand, au cours d'une promenade avec ses parents le jour de Noël, il découvre un livre sur Dürer, ouvert dans une vitrine. Une révélation pour l'enfant, qui commence alors à copier les dessins du maître allemand, notamment des dessins sur papier vert, avec des rehauts de blanc. Quelques années plus tard, ayant compris que les œuvres de Dürer sont en fait gravées, il achète les outils nécessaires et apprend tout seul, avec acharnement, à les utiliser, si bien qu'il n'a qu'une douzaine d'années lorsqu'il produit sa première œuvre gravée. À l'époque du lycée, il s'inscrit aux cours du soir de l'École des beaux-arts de Mâcon, où il affine son esprit d'analyse et apprend à choisir les techniques à employer en fonction des sujets. Il y obtient une attestation d'études plastiques et prépare le diplôme national de gravure. Deux ans plus tard, il en sort avec son diplôme national, assorti des félicitations du jury, avant d'être le lauréat du prestigieux prix international Rank-Xerox de gravure. En 1975, il décroche son premier titre de meilleur ouvrier de France et devient professeur à l'École des beaux-arts de Mâcon. Mais il n'est pas satisfait du type d'enseignement qu'on attend de lui : « Je devais apprendre aux étudiants à désapprendre, ne leur donner aucune recette et presque les laisser deviner comment il faut procéder. » Albuisson quitte donc son poste cinq ans plus tard, ce qui ne l'empêchera pas, par la suite, de donner quelques cours, notamment pour la manière noire (gravure à l'eau-forte où le

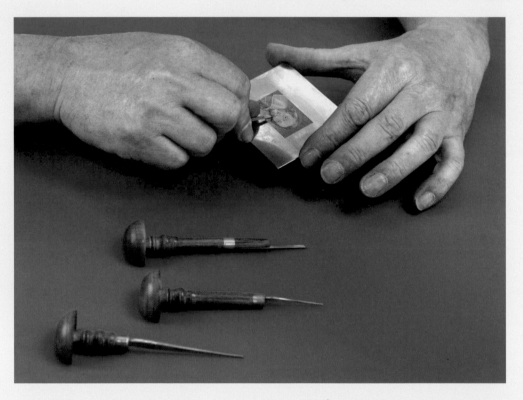

Le plus souvent, Albuisson dessine lui-même les motifs des timbres qu'il grave. Il ne trouve pas pour autant inintéressant de travailler sur les œuvres d'autrui...

motif apparaît en clair sur un fond noir). « Je ne suis pas avare de ce que je sais, aime-t-il à dire, mais il faut que ça en vaille la peine. » Des étudiants désireux de travailler avec lui seront ainsi, du fait de la maigreur de leur dossier, invités à s'adresser à des ateliers susceptibles de leur apprendre le métier. Quitte à revenir le voir plus tard, car sa porte n'est jamais fermée.

En 1980, il décide de se lancer dans la gravure de timbres-poste. Il adresse donc à Albert Decaris un dossier contenant certaines de ses réalisations. Le célèbre graveur ne s'y trompe pas. Impressionné par la qualité des travaux du jeune homme, il le dirige vers le directeur du musée de La Poste, qui le met à son tour en contact avec le BEPTOM (Bureau d'études pour les postes et télécommunications d'outre-mer). On lui propose alors de faire un test sur un sujet de son choix : il opte pour un portrait de Konrad Lorenz, « parce que son visage [lui] plaisait ». Le test, bien sûr, est concluant, et Pierre Albuisson fait définitivement son entrée dans le club très fermé des graveurs de timbres-poste en 1981, avec sa première véritable réalisation, « Pierre Curie », pour le Mali. Son premier timbre français « Le Palais idéal du facteur Cheval », date de 1984.

Depuis vingt-cinq ans, Pierre Albuisson a gravé plusieurs dizaines de timbres français et étrangers et obtenu de nombreuses récompenses à travers le monde. Parmi ses réalisations préférées, il retient notamment celui de la forêt de Fontainebleau, le petit village andorran de Pal et un timbre monégasque à l'effigie de Grace Kelly, dans lequel il a réussi l'exploit de montrer la princesse à la fois jeune et rayonnante de la maturité qu'elle acquerra tout au long de sa vie. Le plus souvent, Albuisson dessine lui-même les motifs des timbres qu'il grave. Il ne trouve pas pour autant inintéressant de travailler sur les œuvres d'autrui – même s'il lui est arrivé, quoique rarement, de s'ennuyer en gravant des dessins jugés faibles ou maladroits –, bien au contraire : « Bien sûr, une œuvre personnelle entretient un rapport plus profond avec ce que l'on est. Mais graver à partir de dessins d'autres personnes apporte toujours quelque chose

Pierre Albuisson en quelques dates

1952 : Naissance à Madagascar.
1973 : Prix international de la gravure Rank-Xerox.
1976-1980 : Illustrations d'œuvres de Marguerite Yourcenar et Roger Caillois.
1979 : Un des meilleurs ouvriers de France, dans la catégorie gravure sur cuivre pour impression.
1981 : Premier timbre-poste pour le Mali.
1984 : Premier timbre-poste français.
1986 : Un des meilleurs ouvriers de France, dans la catégorie gravure sur cuivre et acier pour impression, eau-forte et burin.
1993 : Trophée mondial du timbre.
1995 : Trophée mondial du timbre.
1997 : Trophée mondial du timbre.
2001 : Grand prix de l'art philatélique français.
2005 : Création de l'association Art du timbre gravé.

d'une manière générale, le timbre poste m'a permis de graver des choses vers lesquelles je ne serais pas allé de moi-même et qui finalement m'ont plu. Et puis, le fait que le dessin soit de quelqu'un d'autre oblige le graveur à l'analyser, à entrer dans l'esprit de son créateur. On y trouve donc toujours un intérêt, ne serait-ce qu'une évolution technique. Car, chacun ayant sa propre façon de faire, travailler sur l'œuvre d'autrui oblige à assimiler d'autres approches. Quoi qu'il en soit, on fait toujours passer de soi-même dans l'œuvre, même dans le timbre. »

En réalité, le dessin et la gravure ne sont pas dissociables, dans la mesure où, selon lui, une très bonne maquette, bien dessinée, est la garantie d'une bonne œuvre gravée. « La gravure présente ses difficultés propres. Par exemple, toutes sortes d'outils sont utilisées, mais pas la gomme. Si bien que lorsque le dessin est à son apogée, les choses viennent toutes seules. Il faut donc que l'on en ait bien conscience au moment du dessin. Malheureusement, nous ne disposons pas toujours du temps nécessaire pour aller aussi loin que nous le voudrions. Il m'est ainsi arrivé de graver des poinçons en quatre jours ! Vous y passez vos nuits, vous vous dépêchez pour respecter les délais et, finalement, le timbre n'est pas ce qu'il aurait dû être. C'est pourquoi il m'arrive souvent, après coup, de retravailler au trait des motifs qui me paraissent intéressants, pour mieux les étudier et les voir tels qu'ils auraient pu être. Juste pour moi-même, pour apprendre. »

Ce besoin permanent de progresser, d'apprendre, de découvrir, caractérise toute la démarche artistique de cet homme qui travaille quatorze heures par jour, fins de semaine comprises. Un goût pour la perfection qu'il exprime à merveille au travers de la très exigeante technique de la taille-douce, celle qu'il pratique le plus et à laquelle il voue un véritable culte : « Bien imprimée avec une belle encre, elle offre des reliefs multiples. C'est une technique qui vit en relief avec la lumière et c'est ce qui fait sa beauté. Sans même parler de son intérêt fiduciaire (les copies sont très difficiles à réaliser), la taille-douce fait du timbre-poste l'estampe la moins chère du monde. Et certains timbres autrichiens, ceux de Slania ou des timbres tchèques avec six ou sept couleurs superposées sont de véritables chefs-d'œuvre. »

Pour « promouvoir par tous les moyens l'art de la gravure en général et en particulier le timbre en taille-douce » (article 3 des statuts), Pierre Albuisson a été l'instigateur de l'association Art du timbre gravé, créée en 2005 et qui a pris un essor international. Cette association regroupe entre autres les principaux graveurs de timbres français, un graveur suédois et des dessinateurs, « ceux qui sont proches de nous, dont on a gravé des œuvres, qui sont passionnés par la gravure et qui considèrent qu'elle ne nuit pas à leur œuvre mais constitue un plus, un complément. Grâce à l'association, il y a plus d'unité entre nous, de discussions sur l'avenir du métier, sur la façon dont on imprime nos gravures, sur ce qui se passe ailleurs. Ensemble, nous arriverons sûrement à élaborer des choses pour l'avenir du métier ». Et cet avenir passe par l'apprentissage des jeunes, à une époque où la gravure, faute de médiatisation, n'occupe pas la place qu'elle mérite. « J'aimerais que soit créé une sorte de compagnonnage qui permettrait aux plus doués de circuler à travers le monde pour se perfectionner, en Scandinavie par exemple, où il y a d'excellents graveurs, ou aux États-Unis. Ce serait pour nous une excellente manière de passer le témoin aux jeunes générations et de garantir l'avenir de notre métier... »

« Imprimée avec une belle encre, la taille-douce offre des reliefs multiples. C'est une technique qui vit en relief avec la lumière, et c'est ce qui fait sa beauté. »

Pierre Albuisson a dessiné et gravé son premier timbre-poste pour le Mali (1981). En bas : le timbre « Nancy », qu'il a dessiné et gravé pour le 78e Congrès de la Fédération française des associations philatéliques, a été émis le 9 mai 2005.

Le courrier perdu retrouvé dans le désert

Ce courrier venu de France a transité le 17 juillet 1925 par Casablanca. Un cachet spécial fut apposé quand il fut retrouvé : il témoigne de l'aventure de Rozès et Ville.

Dakar, 30 mars 1926
Les lettres à destination de Dakar ont été délivrées avec plus de huit mois de retard. Que s'est-il passé ? Le 23 juillet 1925, les pilotes Henri Rozès et Éloi Ville, volant de conserve, se posent en catastrophe au sud d'Agadir : l'appareil de Rozès donnait des signes inquiétants de fatigue. À peine au sol, les deux hommes sont attaqués par des Maures et ne leur échappent qu'en vidant le chargeur de leur revolver et en rédécollant aussitôt avec le Breguet 14 de Ville. Mais ils n'ont pas eu le temps de prendre avec eux le courrier que transportait celui de Rozès. C'est un peu par miracle que sera retrouvée dans le désert une partie du sac postal... Cela dit, la ligne Casablanca-Dakar reste dangereuse, au point que Didier Daurat, aidé d'un officier des affaires indigènes, a dû négocier avec les chefs des tribus insoumises et fixer avec eux un système de « primes » (en fait des rançons) en échange de la vie sauve et de la liberté des pilotes de la CGEA qu'ils captureraient.

Le timbre-poste vole au secours du franc

Paris, 9 août 1926
Le redressement financier et monétaire de la France, virtuellement en faillite, est-il en vue ? La dégringolade du franc face à la livre sterling et au dollar a été vertigineuse : le 27 mars dernier, la livre sterling s'échangeait à 141 francs ; quatre mois plus tard, le 23 juillet, le change était de 240 francs (soit environ un dixième de la valeur de la monnaie française avant la guerre). Il en est résulté une crise politique majeure, qui a vu les chutes successives d'Aristide Briand (le 17 juillet), et d'Édouard Herriot (le 21 juillet). Le sauveur attendu s'appelle Raymond Poincaré. L'ancien président de la République a en effet constitué le 23 juillet un cabinet d'« union nationale » comprenant notam-

ment Briand, Herriot et Painlevé. Mais le nouveau président du Conseil s'est réservé les Finances, et il a même obtenu de la Chambre les pleins pouvoirs, le 31 juillet, pour conduire sa politique. Cette politique est claire : redresser et stabiliser le franc en créant de nouveaux impôts, en faisant des économies et, surtout, en rétablissant la confiance, seule propice aux investissements étrangers. Maurice Bokanowski, ministre du Commerce, de l'Industrie et des P et T, est lui aussi un adepte de cette méthode énergique et volontariste. Dans ce ministère « stratégique », cet avocat apportera une contribution majeure à une œuvre de redressement financier et de stabilisation du franc conduite par Poincaré au moyen de décrets-lois.

Maurice Bokanowski est né en 1879.

Le wagon postal en métal offre une meilleure sécurité

Ce modèle réduit est l'exacte reproduction du wagon postal modèle 1926 à rivets apparents. Plus sûr, il permet de procéder au tri dans de meilleures conditions.

France, 1926

Les bureaux ambulants se modernisent. De nouveaux modèles de wagons postaux, qui étaient à l'étude depuis la fin de la guerre, sont enfin au point. Ils remplacent les anciens wagons à ossature en bois, qui n'offraient aucune protection au personnel en cas de collision (on l'avait constaté lors de la catastrophe ferroviaire de Melun, en 1913) et qui prenaient facilement feu. Le modèle 1924 se caractérise par une allège de 18,30 m, ce qui lui permet de transporter 15 tonnes de courrier. Il a été construit à 66 exemplaires. Le modèle 1926, qui sera en service en 1928, sera construit à 326 exemplaires. Ce bureau ambulant de 21,60 m, est bien reconnaissable à ses rivets apparents.

Après une période de transition où circulent les figurines de métropole portant en surcharge l'inscription « Algérie » en lettres capitales (et devenus les seuls valides depuis le 1er juillet 1924), 1926 voit arriver les premiers timbres spécifiques à la colonie. La chambre de commerce locale y voit « un moyen de publicité » susceptible de « faire naître chez les touristes le désir de le parcourir, de jouir de ses sites, de son climat » et d'attirer l'attention de certains commerçants étrangers en leur donnant « le désir de connaître nos ressources et nos besoins... » Cette première série comporte trois petits formats – Mosquée de Sidi Abderrahmane, Rue de la Casbah, Mosquée de la Pêcherie, à Alger – et un quatrième grand format : Vue d'Alger depuis Mustapha supérieur.

Quand la poste désenclave les campagnes

France, 1er septembre 1926

Pour beaucoup d'habitants des campagnes, isolés, peu valides ou dépourvus de tout moyen de transport, le bureau de poste « le plus proche » reste inaccessible... Qu'à cela ne tienne, l'administration postale a décidé que la poste irait à eux ! Le premier service de « poste automobile rurale » est ouvert à titre d'essai en ce mois de septembre. L'originalité de ce concept, c'est qu'il offre trois services en un seul : transports (pour un tarif raisonnable), puisque ce mini-omnibus automobile est équipé de quelques banquettes, levée et distribution du courrier, et opérations postales au guichet de la cabine grillagée. Le chauffeur est en même temps postier et officie aux arrêts, d'une durée de dix minutes. Il se charge aussi des commissions simples, et il dépose paquets et caisses à un « relais-colis » où les destinataires les prendront au jour et à l'heure qui leur conviennent. Les têtes de ligne sont le plus souvent des gares, et les heures de passage coïncident avec l'arrivée du train. Des circuits sont créés dès 1927 et, en 1938, plus de 330 seront actifs pour la plus grande satisfaction des usagers. Mais les pénuries d'essence consécutives à la Seconde Guerre mondiale seront fatales à la poste automobile rurale, qui se servait de timbres à date hexagonaux au contour en pointillés, très prisés des collectionneurs. Deux ou trois lignes subsisteront néanmoins jusqu'en 1970.

CONTRE L'ISOLEMENT RURAL

L'Administration des P.T.T. procède à des essais de mise en service de :

"Poste omnibus automobile rurale"

Grâce auxquels les populations des communes desservies bénéficient des avantages suivants :

Distribution postale avancée de plusieurs heures.

Avance dans l'expédition du courrier. Cette avance peut atteindre 24 heures.

Opérations postales de toute nature faites sans dérangement, soit directement chez le correspondant postal de la localité, soit au bureau de poste le plus voisin par l'intermédiaire du conducteur de l'auto.

Expédition et réception des colis postaux, des envois de colis de messagerie P. V. et G. V.

Exécution par le conducteur de l'auto de commissions commerciales de toute nature pour le compte de la clientèle.

Transport rapide des voyageurs entre les localités du parcours.

TÊTES DE LIGNE DES CIRCUITS AUTOMOBILES ACTUELLEMENT EN SERVICE:

LONS LE SAUNIER (Jura) SALINS (Jura) FIGEAC (Lot) CAHORS (Lot) BEAULIEU (Corrèze)

D'autres mises en service sont à l'étude.

Les premiers omnibus de la poste automobile rurale furent mis en service en Corrèze.

La Renault NN des Postes de Montpellier

Montpellier, 1927

La direction des Postes de Montpellier a modernisé ses moyens de transport: elle a acheté une camionnette pour prendre le courrier à la gare et l'acheminer à la recette principale, ainsi que dans d'autres bureaux. Son choix s'est porté sur un véhicule qui a connu un grand succès dès sa présentation au Salon de l'automobile de 1924, la Renault NN. Dotée d'un moteur de quatre cylindres monobloc développant une puissance nominale de 6 CV pour une cylindrée de 951 cm³, cette petite torpédo a l'avantage d'être facile à entretenir et très économique. Confortable, elle peut rouler à une vitesse moyenne allant de 40 km/h à 60 km/h selon les modèles. C'est exactement le véhicule qui convenait pour les tâches que lui demandaient les Postes de Montpellier. La NN, qui deviendra la NN1 en 1926, puis la NN2 en 1929, donnera la preuve de sa fiabilité en battant plusieurs records d'endurance. Lorsque Renault cessera de la commercialiser, en 1929, elle aura été vendue à 150 000 exemplaires environ. Toutefois, on verra des NN rouler jusque dans les années 1950, notamment dans les campagnes où sa robustesse et sa simplicité étaient très appréciées. Celle des postes de Montpellier demeurera en service jusqu'en 1936, date à laquelle elle sera revendue à un maraîcher par les Domaines. Mais son histoire continuera très au-delà. En 1991, en effet, cette vaillante automobile sera rachetée par le Musée d'histoire des PTT d'Alsace, qui la fera restaurer entièrement par les mécaniciens du garage régional des PTT de Strasbourg. Mais entre-temps, on aura reconnu la NN dans nombre de films, et même dans des bandes dessinées puisque, en 1941, Hergé en fera une voiture-taxi d'un grand port marocain dans *le Crabe aux pinces d'or* ! En 2005, on en trouvera encore en vente sur le marché des voitures anciennes...

Restaurée et remise en état de marche, la Renault NN des postes de Montpellier a été revêtue de sa robe d'origine. Elle est l'un des ornements des collections du musée de la Communication en Alsace, qui a succédé en 2003 au Musée d'histoire des PTT d'Alsace.

L'avion de Blériot sur le type Merson

Marseille, 25 juin 1927

Les premiers «aériens» ont été mis en vente dans l'enceinte du Salon international de l'aviation et de la navigation qui s'ouvre aujourd'hui à Marseille et qui durera jusqu'au 25 juillet. Ce sont deux Merson de 2 et 5 F, avec en surcharge la mention «Poste Aérienne» et une illustration représentant la silhouette du Blériot XI qui traversa pour la première fois la Manche le 25 juillet 1909. Ces deux timbres ne sont pas disponibles à l'extérieur de la manifestation et seront retirés à sa clôture. Ils sont vendus au montant de leur valeur faciale, augmenté d'une surtaxe de 5 F destinée à amortir les frais d'organisation du salon. Son succès sera principalement dû aux philatélistes: à l'heure des comptes, on constatera que sur 95 000 exemplaires imprimés, 60 000 auront été vendus.

Abel Mignon

Élève de Léon Gérôme à l'École nationale des beaux-arts, Abel Mignon (1861-1936) fut d'abord un excellent technicien, à qui l'État confia la gravure de nombreuses œuvres de maîtres (notamment Botticelli et Frans Hals). Travaillant au burin, il grava de nombreux timbres pour les postes françaises et étrangères (Tchécoslovaquie, Grèce, Éthiopie), ou pour les colonies. C'est lui qui, par exemple, a gravé le «potier» de Becker pour l'Exposition internationale des arts décoratifs (1925) ou la «femme Fachi» de Louis Pierre Rigal pour l'Exposition coloniale (1931). Mais c'était aussi un créateur, comme l'atteste le timbre des coiffes des provinces, qu'il a dessiné et gravé (1931). On lui doit aussi la gravure de billets de banque britanniques et italiens, ainsi qu'un beau portrait de Georges Clemenceau.

Marcelin Berthelot honoré

Le diplomate Philippe Berthelot préside à Chantilly les cérémonies du centième anniversaire de la naissance de son père.

France, 7 septembre 1927

Après Louis Pasteur, c'est un autre grand savant, et aussi un républicain convaincu, dont les PTT honorent la mémoire avec un timbre à l'effigie de Marcelin Berthelot. Né le 25 octobre 1827 et décédé le 18 mars 1907, le célèbre chimiste ne s'est pas seulement distingué par ses travaux révolutionnaires sur la synthèse des molécules entrant dans la composition d'organismes vivants (celle de l'acétylène, en 1860, fut la plus retentissante). Ce fut également un homme engagé au service du bien public. Après s'être signalé à l'admiration générale pendant le siège de Paris, Berthelot a été ministre de l'Instruction publique (en 1886), puis ministre des Affaires étrangères (1895-1896). Émis à la demande du comité d'organisation du centième anniversaire de sa naissance, le timbre affranchit la carte postale de plus de cinq mots à destination de l'étranger. Il a été gravé par Abel Mignon d'après une médaille de Jules-Clément Chaplain (1839-1909). Il est à noter que l'impression ne rend pas justice à la fine gravure de Mignon.

Organisée pour les 50 ans de l'Union, une société philatélique, l'exposition de Strasbourg a donné lieu à l'émission d'un bloc-feuillet constitué de deux Semeuses et d'une vignette centrale. Le 12 juin Le Petit Parisien, ballon de 400 m³, s'est envolé avec deux sacs de courrier pour la clôture.

L'American Legion à Paris

À gauche, La Fayette ; à droite, Washington ; au centre le Spirit of Saint Louis, l'avion de Charles Lindbergh, vainqueur de l'Atlantique le 21 mai dernier ; au-dessous, le Paris.

Paris, 15 septembre 1927

L'amitié franco-américaine doit être préservée et cultivée. C'est pourquoi le ministère des Affaires étrangères a demandé à l'administration postale d'émettre deux timbres commémorant la venue officielle de l'American Legion à Paris. Une venue qui est aussi un retour aux sources. C'est en effet à Paris, le 17 mars 1919, que des anciens du corps expéditionnaire américain ont fondé cette association qui sera homologuée par le Congrès le 16 septembre suivant. L'American Legion a donc un statut quasi officiel. Dans son préambule, il est précisé qu'elle a pour objectif de

« défendre la Constitution des États-Unis » et de « promouvoir et perpétuer l'américanisme a cent pour cent », de « maintenir l'ordre et la loi » et de « combattre la dictature des classes ou des masses ». Il est également prévu de préserver la camaraderie née sur le champ de bataille et de favoriser l'entraide entre les anciens combattants. Dès novembre 1919, enfin, l'American Legion a commencé à diffuser ses valeurs par le biais du scoutisme. Les timbres, dessinés et gravés par Antonin Delzers, affranchissent la carte postale pour l'étranger (90 c, rouge) ou la lettre simple pour l'étranger (1,50 F, outremer).

La maison Roumet vend sur offres

Paris, 25 novembre 1927

Octave Roumet a vraiment eu une idée de génie. Fondateur en 1896 de la maison qui porte son nom, il a lancé un système de vente de timbres-poste original, la vente sur offres. C'est assez simple, mais encore fallait-il y penser ! Le vendeur, la maison Roumet en l'occurrence, propose sur catalogue des timbres ou des lots de timbres. Les philatélistes donnent par courrier le prix qu'ils en offrent. À la date limite de réception des ordres, indiquée sur le catalogue, le timbre (ou lot) est vendu au meilleur enchérisseur au prix correspondant à l'offre immédiatement inférieure, augmenté d'une somme symbolique.

La maison Roumet, au 17, rue Drouot, à Paris, préservera sa devanture ancienne.

La série au bénéfice des orphelins de guerre a été émise pour la première fois en 1917, avec une forte surtaxe. Elle comprenait six vignettes différentes, qui furent émises à nouveau en 1922, avec une surcharge abaissant considérablement la surtaxe. Une troisième émission est faite le 27 décembre 1926 et les 30 janvier et 1er février 1927, mais ne reprend que trois des six vignettes d'origine (pour quatre valeurs différentes). Elles ont été réimprimées avec la surtaxe de 1922 : 5 F + 1 F, 1 F + 25 c, 50 c + 10 c, 2 c + 1 c. Cette affiche de promotion a été éditée en 1927.

1848   1900   1950   2005

Le progrès en marche...

1 - La télévision. C'est un Écossais, John Logie Baird, qui présente le 27 janvier 1926 la première émission de télévision devant les membres de la Royal Institution, à Londres. Pour retransmettre l'image d'un visage capté dans une pièce voisine, il utilise des disques de Nipkow et un système de lentilles biseautées. Les premières émissions régulières débuteront à la BBC le 30 septembre 1929. En France, c'est le 14 avril 1931 que René Barthélemy, responsable du département de recherche sur la télévision de la Compagnie des Compteurs (CdC), fera à Malakoff une première démonstration publique avec un procédé améliorant celui de Baird. Deux kilomètres séparent le studio d'enregistrement de l'émission et la salle de sa réception. Le 25 février 1932, Barthélemy procédera à la première émission parlante réellement satisfaisante. la caricature d'époque ici reproduite est évidemment absolument fantaisiste !

2 - Le cinéma parlant. Au Warner's Theatre de New York, première projection publique, le 6 octobre 1926, du *Chanteur de jazz*, premier film parlant (et surtout chantant). Réalisé par Alan Crosland et interprété par le chanteur de music-hall Al Jolson, le film exploite le système d'enregistrement sonore Western Electric, que la Warner Bros. a rebaptisé Vitaphone.

Et aussi... Mise en vente aux États-Unis, en 1936, du premier **fer à repasser à vapeur**.

Marseille, 19 août 1928

Les relations aériennes entre la métropole et l'Algérie sont assurées par la ligne Marseille-Alger, confiée à la Compagnie générale aéropostale (l'ex-CGEA de Latécoère, acquise par Marcel Bouilloux-Lafont et devenue CGA en avril 1927).

Toul, 2 septembre 1928

Maurice Bokanowski, ministre du Commerce, de l'Industrie et des P et T, meurt dans un accident d'avion. Henry Chéron lui succède le 14 septembre.

Paris, 11 novembre 1928

Georges Bonnefous devient ministre du Commerce, de l'Industrie et des PTT. Un sous-secrétariat aux PTT est créé ; il est confié à Germain Martin.

France, 15 décembre 1928

Parution de télégrammes de souhaits de Noël et de Nouvel An, créés par l'arrêté du 12 décembre.

Londres, 10 mai-1er juillet 1929

L'UPU, réunie en congrès, admet une nouvelle catégorie d'envois postaux : les petits paquets.

Le Havre, 19-20 mai 1929

Premier Congrès international de la presse philatélique, organisé par la Fédération internationale de la presse philatélique.

France, 18 juillet 1929

Émission du premier timbre français imprimé en taille douce rotative, le Port de La Rochelle. Sa valeur faciale est de 10 F.

Paris, 3 novembre 1929

Germain Martin devient le premier ministre des PTT à part entière.

France, 1930

L'Académie de philatélie décerne son premier prix littéraire à Pierre Morel d'Arleux (1897-1964) pour son ouvrage intitulé : *Timbres des journaux de France.*

Paris, 21 février 1930

Julien Durand devient ministre des PTT. André Mallarmé lui succède le 2 mars.

Paris, 13 décembre 1930

Georges Bonnet, futur ministre des Affaires étrangères (1938-1939), devient ministre des PTT.

La ligne de l'Amérique du Sud est ouverte

Le courrier d'un Laté 26 déchargé à Toulouse, peu après l'ouverture de la ligne AmFra.

Cette lettre de la France à l'Uruguay a été acheminée par le premier courrier FrAme.

Paris, 14 mars 1928

La ligne Amérique du Sud-France (AmFra) est ouverte. Un nouveau bond en avant pour la Compagnie générale aéropostale (CGA), le nouveau nom de la CGEA depuis le 11 avril 1927, que les pilotes et le public appellent tout simplement l'Aéropostale. Parti le 1er mars de Buenos Aires avec le courrier, sur un Laté 26, Jean Mermoz a rejoint Rio de Janeiro quarante-huit heures après seulement, pour cause d'incidents techniques. Puis Pierre Deley l'a relayé et a continué jusqu'à Recife où le courrier a été embarqué sur le *Péronne*, un vieil aviso cédé par l'État à l'Aéropostale. Le 10 mars, le *Péronne* arrivait au Cap-Vert, à Porto Praia, où un hydravion CAMS 51 prenait la suite en direction de Saint-Louis du Sénégal. Après, ce fut quasiment la routine : de Saint-Louis à Casablanca avec Henri Guillaumet, puis de Casablanca à Toulouse avec Élisée Négrin et Raoul Gayrard, le dernier avion de la ligne AmFra arrivant quelques minutes seulement après le départ du train pour Paris, où le courrier est arrivé ce jeudi. Mais Didier Daurat a encore du pain sur la planche : malgré toutes ses précautions, la liaison a pris cinq jours de retard par rapport aux prévisions. Retard aussi dans le sens France-Amérique du Sud (FrAme). Parti le 2 mars de Toulouse, le courrier ne parviendra que le 17 à Buenos Aires avec Mermoz sur le dernier tronçon. On a même échappé à la tragi-comédie : à son arrivée à Recife, l'aviso *Lunéville* a failli repartir avec le courrier qu'il venait d'amener, au lieu de prendre celui qu'il devait convoyer au Cap-Vert...

Surtaxe pour la Caisse d'amortissement

France, 15 mai 1928

La Caisse autonome de gestion des bons de la Défense nationale, d'exploitation industrielle des tabacs et d'amortissement de la dette publique, mieux connue sous le nom plus simple de Caisse d'amortissement, a été créée en 1926. La réduc-

tion de la dette est en effet son principal objectif. L'une de ses ressources doit provenir de ce timbre, dont la considérable surtaxe lui sera reversée. Dessinée par Albert Turin et gravée par Mignon, la vignette est une assez belle allégorie de la France retroussant ses manches... Pour la première fois, un timbre français est imprimé en taille-douce, ce qui satisfait aux vœux des philatélistes. Sélectionné par concours, il a été tiré à 650 000 exemplaires. Il n'aura toutefois pas le succès escompté, puisque 163 700 exemplaires seulement seront vendus. La raison en est son coût prohibitif total de 10 F. Sa valeur faciale correspond à l'affranchissement de la lettre recommandée (régime intérieur).

POUR AIDER A LA RÉDUCTION DE LA DETTE PUBLIQUE
POUR FACILITER L'ŒUVRE POURSUIVIE
PAR LA CAISSE D'AMORTISSEMENT
POUR COMPLÉTER PAR UN TIMBRE RARE VOTRE COLLECTION

ACHETEZ TOUS LE TIMBRE DE LA CAISSE D'AMORTISSEMENT

PRIX DE VENTE : 10 FRANCS
dont 8 fr. 50 pour la Caisse d'Amortissement
Valeur d'affranchissement : 1 fr. 50

PÉRIODE DE VENTE : 15-31 MAI 1928

EN VENTE ICI

Une académie pour les philatélistes

Paris, 16 janvier 1929

L'Académie de philatélie est fondée. Une première assemblée constitutive avait eu lieu le 19 décembre 1928, au siège de la Société française de philatélie. Elle avait permis d'élire son premier président, Henri Kastler, et un secrétaire général, Gaston Tournier. L'ordre du jour n'ayant pas alors été épuisé, il avait fallu en organiser une seconde. C'est aujourd'hui, donc, que ses statuts ont été adoptés : « L'Académie a pour objet de centraliser les études et recherches philatéliques et d'aider à leur diffusion, [...] de représenter la philatélie auprès des pouvoirs publics et dans les grandes manifestations nationales ou internationales » (article 2). C'est Gaston Tournier, fondateur du *Messager philatélique*, qui a eu l'idée de cette institution, qu'il a préconisée le 26 mai 1928 dans un article de sa revue. L'Académie de philatélie comprend 40 membres répartis en 5 sections : philatélie, littérature, marcophilie, aérophilatélie et entiers postaux. Tous les membres sont élus à vie.

Orléans célèbre Jeanne d'Arc avec éclat

*Ci-dessus : oblitération du 8 mai 1929, à Orléans, avec la superbe flamme, dite « concordante », imprimée par une machine Krag.
Ci-contre : le timbre a été dessiné par Gabriel-Antoine Barlangue et gravé par Abel Mignon.*

France, 11 mars 1929

Héroïne nationale pour Michelet, sainte du peuple pour Péguy, figure emblématique de la cause royaliste pour Maurras, Jeanne d'Arc réunit tous les suffrages ! Canonisée par Benoît XV le 9 mai 1920, elle est cette année tout particulièrement à l'honneur : il y a 500 ans, le 8 mai 1429, la petite bergère lorraine délivrait Orléans assiégée par les Anglais. Cette commémoration, Théophile Chollet, maire d'Orléans, veut lui donner le plus grand éclat. C'est d'ailleurs le président de la République, Gaston Doumergue, qui présidera le 8 mai prochain la traditionnelle fête de Jeanne d'Arc, à Orléans. Il assistera même à une messe, ce qu'aucun président n'avait osé faire depuis la séparation des Églises et de l'État (1905)... C'est à la demande de Chollet que les PTT émettent ce 11 mars un 50 c à l'effigie de la pucelle. Pendant sept mois, il remplacera la vignette d'usage courant. Des carnets de vingt timbres sont aussi émis. L'impression en a été faite en typographie rotative, et non, comme cela avait été envisagé, en taille-douce.

Taille-douce

Par opposition à la gravure en relief sur bois, la taille-douce est la gravure en creux sur métal (c'est à l'origine un terme d'orfèvrerie). On distingue plusieurs techniques de taille-douce : la gravure au burin (illustrée notamment par Dürer), la gravure au criblé (obtenue par des points creusés au burin), la gravure à la pointe sèche (dont Rembrandt a tiré un parti magistral), l'eau-forte et l'aquatinte qui en est dérivée, pour ne citer que les principales. Ce n'est qu'en 1929 que l'Atelier des timbres-poste est en mesure d'imprimer des timbres en taille-douce, mais seulement de grand format, ce qui explique pourquoi le timbre de Jeanne d'Arc a été imprimé en typographie. (Le timbre « Caisse d'amortissement » de 1928 avait été certes déjà imprimé en taille-douce, mais par une entreprise privée, l'Institut de gravure, qui imprime également en taille-douce des timbres pour les colonies.)

Erreurs sur le pont du Gard

France, 15 mai 1929

Le Commissariat général au tourisme veut faire la promotion des plus beaux sites de France. Le pont du Gard, pont-aqueduc de 275 m de longueur et de 48,77 m de hauteur, est sans conteste l'un des plus prestigieux. Construit par les Romains dans la seconde moitié du Ier siècle de notre ère, il faisait partie d'un gigantesque aqueduc alimentant Nîmes en eau. Il était donc tout à fait naturel qu'il figurât sur le premier timbre émis pour satisfaire aux vœux du Commissariat. Le problème est que la vignette dessinée et gravée par Henry Cheffer (dont la maquette originale est ici reproduite) est loin d'être exacte. Ceux qui connaissent bien le monument seront surpris de voir que l'artiste a modifié la forme des arcades et qu'il en a sensiblement diminué le nombre sur le pont supérieur ! Henry Cheffer a gravé deux poinçons différents : l'un pour l'impression en taille-douce à plat, l'autre pour l'impression en taille-douce rotative.

Henry Cheffer

Henry Cheffer est assurément l'un des créateurs de timbres-poste les plus éclectiques et les plus féconds de l'histoire. Né le 30 décembre 1880 à Paris et d'origine lorraine, il fut l'élève de Léon Bonnat et de Jean Patricot. Prix de Rome de gravure en 1906, il grava son premier timbre en 1911 pour la Perse, « Le Grand Cyrus sur son trône ». Son premier timbre français sera « Le pont du Gard ». Il y en aura une quarantaine d'autres ! Henry Cheffer a beaucoup travaillé pour les pays étrangers, notamment la Belgique, l'Espagne, les Pays-Bas ou Monaco (pour qui il a gravé successivement les effigies des princes Charles, Albert, Louis et Rainier III). Décédé le 3 mai 1957 à Paris, titulaire de nombreuses distinctions honorifiques, Henry Cheffer fut aussi un remarquable illustrateur, notamment pour des ouvrages d'Henri Pourrat ou d'Alphonse de Châteaubriant. Il fut le collaborateur de la revue *L'Illustration* pendant 25 ans.

1928 - 1930

Un roman de Saint-Exupéry

France, juin 1929

Jacques Bernis est pilote à l'Aéropostale, sur la ligne Toulouse-Dakar. Il est amoureux de Geneviève, une jeune fille bien trop rangée pour un homme d'action comme lui... Tel est le thème de *Courrier Sud*, un roman paru chez Gallimard. Son auteur est inconnu du grand public, mais pas du milieu aéronautique. Il s'appelle Antoine de Saint-Exupéry. Né le 29 juin 1900, il a fait son service militaire dans l'aviation, où il a obtenu son brevet de pilote. Engagé par la CGEA le 14 octobre 1926, il a effectué son premier vol postal le 15 décembre suivant, avec Henri Guillaumet. Et il inspirera suffisamment confiance à Didier Daurat pour être nommé chef d'escale à Cap-Juby, au mois d'octobre 1927. Sur la ligne Toulouse-Dakar, justement. Ses loisirs, il les a mis à profit pour écrire. Déjà, en 1925, il avait publié une nouvelle intitulée *L'Aviateur*. Mais avec *Courrier Sud*, on a la certitude que Saint-Exupéry a l'étoffe d'un écrivain qui marquera son temps.

Antoine de Saint-Exupéry (à gauche) avec Henri Guillaumet. Deux de l'Aéropostale...

Le centenaire de l'Algérie

Algérie, 1930

Le 14 juin 1830, le corps expéditionnaire du maréchal de Bourmont débarquait à Sidi Ferruch. Le 5 juillet suivant, Alger capitulait. La conquête et la colonisation de l'Algérie pouvaient commencer. Ce centenaire est célébré en métropole aussi bien qu'en Algérie même. Des instructions sont données par le ministre de la Guerre pour que la troupe soit sensibilisée à l'œuvre « civilisatrice » de la France et aux hauts faits de ceux qui l'ont permise. À Épinal, on imprime même une image présentant l'assujettissement des Algériens comme une « libération ». À Alger, le gouverneur général Pierre Bordes ne dissimule pas sa satisfaction : l'Institut de gravure a imprimé une série de treize vignettes commémoratives qui sont du plus bel effet. Un quatorzième timbre a été émis, mais cette fois dans le cadre de l'Exposition philatélique internationale de l'Afrique du Nord. On y voit un navire de l'expédition de 1830 avec un drapeau tricolore : le vrai était blanc...

Alors que les autres timbres de la série présentent différents sites de l'Algérie, celui-ci est le seul à montrer des indigènes.

C'est en 1929 que paraît la première édition du catalogue d'Henri Thiaude. Il s'imposera rapidement comme le concurrent principal du catalogue édité par Yvert et Tellier. Le Thiaude disparaîtra en 1984. Entre-temps, en 1947, naîtront le catalogue Cérès, et, en 1982, le catalogue Marianne dont la parution prendra fin en 1987. En 2001, enfin, un nouveau catalogue généraliste français sera mis sur le marché de la philatélie : le Dallay.

Jean Mermoz a traversé l'Atlantique Sud

Baptisé Comte de La Vaulx, l'hydravion piloté par Mermoz (en haut, à droite) vient tout juste d'arriver sur les côtes du Brésil.

Natal (Brésil), 13 mai 1930

C'est fait ! La liaison France-Amérique du Sud entièrement par avion est effective depuis ce matin, à 9 h 20. En principe, la traversée de l'Atlantique Sud devait être assurée par de gros hydravions. Mais ceux-ci tardant à venir, Latécoère a décidé de ne plus attendre. Il a fait construire à cet effet le Laté 28-3, un hydravion monomoteur dérivé du Laté 28 par l'adjonction de deux flotteurs, l'augmentation de la voilure et l'installation d'un moteur plus puissant, l'Hispano-Suiza 12 Lbr. Pour une telle traversée, le monomoteur n'est pas la formule idéale en cas de panne... Mais Latécoère est passé outre ce risque, que Jean Mermoz est prêt à encourir. Ce pilote hors du commun a toutes les qualités : il a le génie de la navigation, la résistance physique indispensable pour les vols au long cours et, aussi, l'audace sans laquelle nulle grande entreprise n'est possible. De plus, il a très brillamment testé le Laté 28-3 le 13 avril dernier, à Marignane, en établissant le record du monde de distance en circuit fermé pour hydravion. C'est donc en toute confiance qu'hier, à 10 h 30, avec ses deux coéquipiers, le radio Géo Gimié et le navigateur Jean Dabry, il a déjaugé à Saint-Louis du Sénégal. Et après un vol parfait, les trois aviateurs amerrissaient sur le plan d'eau de Natal. Avec le premier courrier aérien France-Amérique du Sud.

La boîte Foulon a le style Arts déco

France, 1930

En 1918, la maison Delachenal, répondant à la demande des communes les moins fortunées, a créé un modèle de boîte aux lettres en tôle, de formes plus simples et de fabrication moins onéreuse que la mougeotte. Aujourd'hui, la simplification et l'économie restent plus que jamais d'actualité. Un nouveau modèle en tôle est adopté, aux lignes plus conformes au style Arts déco à la mode. On notera sur la photographie ci-dessus qu'on n'informe plus le public de la dernière levée, mais de la prochaine, ce qui est certainement plus utile. La fabrication de cette boîte aux lettres a été confiée cette fois à la maison Foulon. Précision: M. Foulon est l'ancien ingénieur en chef de la maison Delachenal.

L'ange de Reims passe mal

France, 1930

Les Rémois ont le sourire, et pour cause: un timbre émis le 15 mars reproduit avec finesse le plus célèbre ornement de leur cathédrale, l'«ange au sourire» que l'on peut admirer sur le portail gauche de la façade principale. Louis Pierre Rigal avait fait un premier dessin, à l'occasion d'un précédent concours, mais il n'aurait pas suffisamment respecté son modèle, chef-d'œuvre de la statuaire gothique. Rigal l'a donc remanié en conséquence, et Antonin Delzers l'a gravé. Celle qui est moins heureuse, en revanche, c'est la direction de la Caisse d'amortissement, au profit de laquelle le timbre a été surtaxé. Comme le timbre de 1928, celui-ci ne rencontre guère de succès. Les Français seraient-ils indifférents à l'état des finances publiques, que la surtaxe est censée améliorer? Le bilan sera pour le moins décevant quand prendra fin la validité du timbre, soit le 16 avril 1935: 250 000 exemplaires vendus sur 580 000 imprimés.

Le timbre est également disponible en carnet de huit, avec une très belle couverture.

Henri Guillaumet

S'il est un héros de la poste aérienne, c'est bien lui! Né le 29 mai 1902 à Bouy (Marne), Henri Guillaumet débuta dans l'aviation militaire, où il se lia avec Mermoz qui le fit entrer à la CGEA en 1926. Accidenté dans les Andes le 13 juin 1930, au cours d'une liaison entre le Chili et l'Argentine, il marcha pendant cinq jours et quatre nuits dans la neige et le froid avant d'être secouru par des paysans. Il fut récupéré par Saint-Exupéry à qui il dit: «Ce que j'ai fait, aucune bête au monde ne l'aurait fait...» Il fut abattu le 27 novembre 1940 en Méditerranée par un chasseur italien, alors qu'il pilotait un avion de ligne. Il est le héros de *Terre des hommes* de Saint-Exupéry (1939) et du film *Les Ailes du courage* de Jean-Jacques Annaud (1996).

Cette lettre postée le 5 juin 1930 à Santiago (Chili) a été délivrée à Paris en décembre. Elle avait été abandonnée dans les Andes, avec le reste du courrier que transportait Henri Guillaumet lors du capotage de son Potez 25, le 13 juin 1930. Elle fut récupérée à la fonte des neiges.

Des perforations licites et illicites à l'EIPA

France, 8 juin 1930

Le premier timbre français spécifiquement conçu pour la poste aérienne a été émis dans le cadre de l'Exposition internationale de la poste aérienne, qui se tient à Paris. Dessiné par Paul Albert Laurens et gravé par l'indispensable Abel Mignon, il représente un avion survolant Marseille. Un avion dont la silhouette n'évoque pas de modèle particulier. Il existe en deux couleurs pour la même valeur de 1,50 F: carmin et bleu. Pendant l'exposition, une perforation souvenir mentionnant EIPA30

a été permise pour les timbres bleus. Des philatélistes malins ont cependant trouvé le moyen de faire perforer les carmin!

1848   1900   1950   2005

Le progrès en marche...

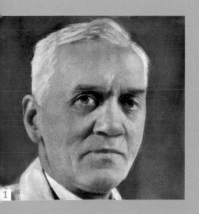

1 - La pénicilline. Le 3 septembre 1928, un médecin anglais, le docteur Alexander Fleming (à gauche), découvre que des champignons ont envahi une boîte où il cultivait des staphylocoques et s'aperçoit que les staphylocoques ont été détruits par une substance sécrétée par ces champignons microscopiques, qu'il baptise *penicillium notatum*. Mais ce n'est qu'en 1940 que cette découverte sera exploitée par Howard Walter Florey et Ernest Boris Chain. Ces derniers annonceront alors dans la revue médicale *The Lancet* tous les bénéfices que la médecine pourra tirer de la pénicilline.

2 - L'électroencéphalographie est mise au point en 1929 par le neuropsychiatre allemand Hans Berger (à droite). En posant sur la boîte crânienne de ses patients des électrodes reliées à des amplificateurs, il mesure des oscillations électriques de plusieurs dizaines de microvolts. L'existence de ces oscillations avait été établie dès 1875 par un assistant de physiologie de la Royal Infirmary de LiverpooL.

Paris, 27 janvier 1931
Charles Guernier devient ministre des PTT.

Égypte, 31 mars 1931
Fermeture des bureaux français de Port-Saïd et d'Alexandrie, remis à l'Égypte.

France, 1931
Sortie du film *Hardi les gars* de Maurice Champreux, dont le héros est un facteur qui, pour séduire sa belle, prend part au Tour de France.

Paris, juillet 1931
Ernest Dôle devient président de la Fédération des sociétés philatéliques françaises.

Paris, 20 février 1932
Louis Rollin devient ministre du Commerce et des PTT.

France, mars 1932
Parution du premier numéro du *Bulletin d'informations, de documentation et de statistique,* publié par le ministère des PTT.

Paris, 3 juin 1932
Le radical Henri Queuille, qui sera trois fois président du Conseil sous la IVe République (1948-1949, 1950 et 1951), devient ministre des PTT.

France, 12 décembre 1932
Décès d'Oscar Schmerber, membre de l'Académie de philatélie, à l'âge de 72 ans (*28.10.1860).

Paris, 18 décembre 1932
André Victor Laurent-Eynac devient ministre des PTT. Il fut le premier ministre de l'Air (1928-1930).

France, 1933
Le prix littéraire de l'Académie de philatélie est attribué au chirurgien-dentiste et philatéliste Pierre Bouvet (1892-1954) pour son livre intitulé *Les Oblitérations de paquebots.* Il avait déjà obtenu ce prix en 1931 pour l'ouvrage *Premières émissions générales des colonies françaises.*

France, 31 mai 1933
Le poids maximum de la lettre dans le régime intérieur est porté de 1,5 à 2 kg.

Paris, 26 octobre 1933
Jean Mistler est nommé ministre des PTT.

Première liaison postale France-Indochine

Maurice Noguès (à gauche) à Argenteuil, devant son hydravion FBA23, en 1927.

Cette enveloppe du premier vol retour Saigon-Paris est signée de la main de Maurice Noguès. L'hippocampe ailé d'Air Orient deviendra l'emblème d'Air France en 1933.

Paris, 17 janvier 1931
Toujours plus à l'est, telle est la devise de Maurice Noguès ! Après Prague, Belgrade, Bucarest, Moscou et Téhéran, l'aviateur envisage des liaisons avec l'Extrême-Orient par le sud, *via* le Liban. C'est dans ce but qu'il a fondé en 1927 Air Union-Lignes d'Orient et assure la liaison régulière Marseille-Beyrouth. En 1930, la fusion d'Air Union-Lignes d'Orient avec Air Asie aboutit à la naissance d'Air Orient, et aujourd'hui Noguès inaugure avec André Launay le premier service postal régulier France-Indochine (le retour aura lieu du 4 au 14 février). Très rapidement, la durée du trajet se stabilisera à une semaine. Après les fusions qui aboutiront à la création d'Air France en 1933, Noguès en sera le directeur général adjoint. Le 15 janvier 1934, le Dewoitine D.332 *Émeraude* de retour d'Orient est pris dans la tempête et s'écrase à Corbigny, dans la Nièvre. Parmi les dix morts figurent, outre Noguès, André Launay, Emmanuel Chaumié, directeur de l'Aviation civile, Maurice Balazuc, directeur technique d'Air France, et Pierre Pasquier, gouverneur général d'Indochine.

La femme Fachi est en héliogravure

Paris, 25 avril 1931
Pour répondre aux très vives critiques suscitées par la série « Femme Fachi », qui était imprimée en typographie rotative, l'administration postale décide de remplacer le 1,50 F bleu par la nouvelle vignette sur le thème plus fédératif des « Races des différentes colonies françaises », émise ce 25 avril, dix jours avant l'inauguration de l'Exposition. Afin de réduire les délais de fabrication, on a fait appel à une société privée, Hélio-Vaugirard, imprimerie spécialisée dans l'héliogravure. Ce procédé est dérivé du principe général de la taille-douce (après essuyage de la plaque, c'est l'encre remplissant les creux, ou « tailles », qui se dépose sur le papier). Mais ici, au lieu d'être réalisée manuellement, la gravure du métal est le résultat d'un processus de type photochimique.

L'habilleuse (Alice Roberte) prend pour un soir la place de la meneuse de revue et triomphe grâce à ses amis des PTT qui ont « chauffé » la salle. Elle jugera aussi à sa vraie valeur la vedette masculine (Berval) dont elle se croyait éprise, préférant des valeurs plus authentiques, celles, bien sûr, qu'incarnent les facteurs : un scénario archiclassique pour ce film de Jean Bertin coréalisé par Rudolph Maté, le prestigieux chef opérateur de La Passion de Jeanne d'Arc de Carl T. Dreyer. Quant à Alice Roberte, on se souvient d'elle comme de la sulfureuse comtesse de Loulou, le chef-d'œuvre de Georg Wilhelm Pabst (1929).

Un empire de 100 millions d'habitants…

J. de la Nézière   Hélio-Vaugirard-Paris.

Maquette du timbre « Races des différentes colonies françaises », œuvre de Joseph de la Nézière, peintre et affichiste réputé.

En haut : l'un des timbres émis par 25 colonies pour l'exposition. Ci-dessus : émise fin 1930, cette série dessinée par Louis-Pierre Rigal et gravée par Abel Mignon fut intitulée « Femme Fachi », du nom d'une oasis du Ténéré (Niger). Les quatre timbres furent retirés de la vente en novembre 1931.

Paris, 6 mai 1931

Fanfares et délégations s'échelonnent le long de la large avenue que dominent de plus de 50 mètres les tours sculptées d'un temple bouddhique. La scène, pourtant, ne se passe pas en Asie, mais au bois de Vincennes – et le temple, une reconstitution partielle de celui d'Angkor, est en stuc, sur une armature en bois. Demain jeudi, l'Exposition coloniale internationale de Paris sera ouverte au public, mais aujourd'hui, pour l'inauguration, ces 110 hectares sont réservés aux officiels. Le protocole a été assoupli : pour la première fois, le président de la République partage sa voiture avec une personnalité n'appartenant pas au gouvernement : le maréchal Lyautey, nommé commissaire général de l'exposition dès 1927. L'idée d'une célébration de l'épopée coloniale n'est donc pas nouvelle. Déjà, en 1922, Marseille avait devancé Paris (et avait déjà offert au public une reconstitution de deux étages d'Angkor). Pour la France qui est sortie exsangue de la Grande Guerre et qui lutte contre la dénatalité, c'est une démonstration de puissance : un empire de 100 millions d'habitants, dit la publicité ! Il s'agissait de rendre un hommage aux troupes colo-

niales qui ont payé un lourd tribut en 14-18 et que les Français ont en affection. Mais, à l'instar de ces combattants dont on ne voit ici que les tenues de parade – burnous, chéchias, chapeaux coniques et tuniques annamites –, on ne propose de leurs lointains pays que des images de carte postale… Le maréchal Lyautey lui-même doit être un peu déçu, car il aurait préféré que l'on insiste davantage sur la modernisation en marche et sur l'essor industriel sous la tutelle de la France plutôt que de céder à la mode de l'exotisme. L'Exposition coloniale ne manquera pas

> **Les courses de chameau ont lieu dans le bois de Vincennes.**

de susciter critiques et sarcasmes de la part des anticolonialistes qui soulignent que l'on fait semblant d'oublier le travail forcé, qui n'est pas la face la plus glorieuse de la colonisation. Il y aura quelques actions menées par les surréalistes, qui dénoncent certaines mises en scène : ces Canaques de Nouvelle-Calédonie, par exemple, que l'on a payés pour jouer le rôle d'une tribu particulièrement primitive (voire cannibale, insinue-t-on) dans le plus pur style de la Foire du trône, ce qui les place dans une situation dégradante. Quant aux communistes, leurs diatribes anticolonialistes trouveront plus tard des échos chez les « partis frères » indé-

pendantistes d'Indochine et du Maghreb. En revanche, elles n'ont guère d'impact sur leur électorat populaire, qui découvre avec plaisir la pâtisserie arabe, se coiffe d'un casque colonial ou encore assiste à des courses de chameau… Le petit parc zoologique installé dans l'enceinte de l'exposition a d'ailleurs un tel succès qu'il est décidé de ne pas en rester là et de construire un peu plus loin,

à la porte Dorée, un vrai zoo permanent, sans cages visibles, à l'imitation du zoo de Hambourg. Le zoo de Vincennes verra le jour en 1934. Seul pavillon construit en dur, le superbe palais de la porte Dorée était dès le départ destiné à abriter un musée permanent des colonies françaises, ainsi qu'un aquarium tropical. Il abrita jusqu'en 2003 le passionnant musée des Arts africains et océaniens.

Inauguration de l'exposition par le président de la République Gaston Doumergue et le maréchal Lyautey (première voiture), et par le ministre des Colonies Paul Reynaud.

125

La Motobécane MB1, sortie à la fin de 1923 des usines de Pantin, coûtait 1 375 francs en 1925. Après des améliorations successives, ce modèle connut un franc succès jusqu'aux années 1930. Comme le montre cette affiche de Marcel Dupin, l'image que l'on voulait donner était celle d'un modernisme décontracté, aussi bien du côté d'une clientèle sportive et aisée (la joueuse de tennis) que du côté des usagers de véhicules utilitaires. Rares cependant étaient les facteurs qui avaient la chance de faire leur tournée dans d'aussi agréables conditions !

L'épée remise au fourreau

France, 18 septembre 1932

Après les changements de tarifs d'avril et de juillet 1932, il est décidé de réserver la Semeuse pour les petites valeurs, jusqu'à 25 centimes inclus, et d'émettre une nouvelle série pour les valeurs égales ou supérieures à 30 centimes. Et comme le traumatisme de la Grande Guerre est loin d'être effacé, les thèmes pacifistes ont la faveur. Le président du Conseil André Tardieu intervient d'ailleurs dans ce sens auprès de l'administration postale. Le choix se porte donc sur une paisible figure de Marianne au repos, ayant remis l'épée au fourreau fixé à une ceinture dénouée qu'elle retient très mollement de la main droite, et tenant dans la main gauche un rameau d'olivier. La maquette est l'œuvre de Paul-Albert Laurens, fils du peintre Jean-Paul Laurens, illustrateur de Pierre Louÿs et ami intime d'André Gide, qu'il a accompagné en Algérie (ils partagèrent, dit-on, les faveurs de la danseuse ouled naïl Meriem). Le 50 centimes rose-

Le 50 centimes sera vendu jusqu'en 1941.

rouge, qui est destiné à l'affranchissement de la lettre simple pour le régime intérieur, fera l'objet de multiples tirages et sera proposé en feuilles de 100 exemplaires, en carnets avec différentes publicités et en roulettes de 500 ou 1 000 exemplaires.

La RBV, machine française

France, 1932

La première machine à affranchir fabriquée en France (par la société Outillage RBV) a été mise en service cette année. Cette machine dite «à empreinte continue» comporte six lignes d'inégale longueur, interrompues à intervalles réguliers par un bloc dateur, dont la hauteur est variable selon le modèle. Ce système permet d'oblitérer rapidement plusieurs timbres en un seul passage. Plusieurs essais ont été faits pour insérer des flammes de longueur fixe

entre deux timbres à date, mais les résultats n'ont pas donné satisfaction ou bien ont trop fait baisser le rendement, et l'expérience n'a pas été poursuivie. Extrêmement faciles à utiliser, ces machines sont restées en service jusqu'en 1967 dans certains bureaux. Elles ont permis de traiter 10 000 lettres environ à l'heure pour le modèle à main, actionné par un volant (de la même manière que les machines à coudre sans pédale) et jusqu'à 30 000 lettres à l'heure pour les modèles électriques.

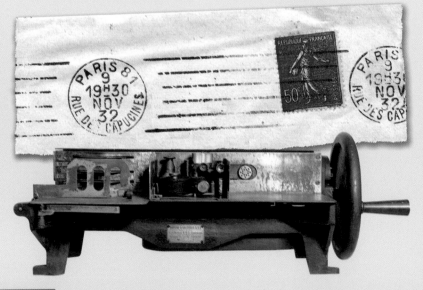

Les horaires d'hiver et les horaires d'été

France, 1932

Ce panneau du début des années 1930 nous apprend que les bureaux de poste sont ouverts dix heures par jour : cinq heures le matin et cinq heures l'après-midi – horaire toutefois ramené à neuf heures, car l'ouverture a lieu une heure plus tard, pendant les journées plus courtes de l'hiver. On constate aussi que les Français se lèvent tôt puisque les guichets ouvrent à 7 heures du matin en été et au printemps. Il est vrai que pour la majorité des ouvriers, le travail en usine commence à 6 heures... On a pensé précisément à tous ceux qui travaillent plus de huit heures par jour en atelier ou en usine : ils pourront venir à la poste le dimanche matin, car le bureau est ouvert jusqu'à midi. De même pour les jours fériés. En revanche, impossible de profiter de l'arrêt de la mi-journée pour toucher un mandat ou poster un colis : la pause déjeuner est encore sacrée !

Jean Mistler

Né le 1er septembre 1897 à Sorèze (Tarn), mais d'origine alsacienne, Jean Mistler fut sans doute le plus atypique des ministres des PTT (du 26 octobre 1933 au 29 janvier 1934). C'était en effet d'abord un écrivain, qui publia son premier roman, *Châteaux en Bavière,* en 1925, et qui s'illustra dans le domaine fantastique (*les Orgues de Saint-Sauveur,* 1966). Spécialiste du romantisme, auquel il a consacré de nombreux ouvrages (notamment sur Hoffmann), Mistler était aussi un grand mélomane qui, le 16 janvier 1934, créa l'Orchestre national de la Radiodiffusion (alors dépendante des PTT) dont il confia la direction à Désiré-Émile Inghelbrecht. Radical-socialiste en politique, il fut député de l'Aude de 1928 à 1940 et ministre du Commerce en 1934. Il se consacrera à son œuvre et à la critique littéraire (dans *L'Aurore*) après la Seconde Guerre mondiale. Élu à l'Académie française le 2 juin 1966, il en devint le secrétaire perpétuel le 15 novembre 1973. Jean Mistler est mort à Paris le 11 novembre 1988.

Air France prêt à s'envoler

Pierre Cot, qui remplace Paul Painlevé au ministère de l'Air depuis le 31 janvier, félicite le pilote Robert Bajac. Derrière lui, Ernest Roume, président de la jeune compagnie Air France.

Paris, 31 octobre 1933

En rachetant ce jour les actifs de l'Aéropostale, le ministre de l'Air Pierre Cot parachève la restructuration qui fait d'Air France la seule compagnie nationale et l'héritière des pionniers de l'aviation française. La première étape de ce processus avait été la fusion, le 17 mai, d'Air Orient (réunion d'Air Union-Lignes d'Orient et d'Air Asie), d'Air Union (réunion des Messageries aériennes et des Grands Express aériens), de la Cidna (ex-Franco-Roumaine) et de la SGTA (la compagnie des frères Farman) au sein de la SCELA (Société centrale pour l'exploitation des lignes aériennes). Un pas de plus a été franchi le 31 mai par la convention passée entre le ministère de l'Air et la SCELA, qui s'est engagée à ce que ses quatre composantes

fusionnent en une société unique avant le 1er septembre. Ce sera chose faite le 30 août avec la dissolution de la SCELA et la création consécutive d'Air France, qui a son siège social rue Marbeuf, dans les anciens locaux d'Air Orient, dont Air France reprend aussi l'emblème, l'hippocampe ailé que les personnels ont familièrement baptisé «crevette». Le choix d'un animal marin comme mascotte des pionniers du ciel peut certes paraître paradoxal, mais s'explique par le fait qu'il y a des hydravions en service sur les lignes régulières. Toutefois, il manquait jusqu'ici un important fleuron à cette prestigieuse couronne d'Air France: la Compagnie générale aéropostale, autrement dit l'Aéropostale, en liquidation judiciaire le 31 mars 1931. Mais, aujourd'hui, ce vide est comblé.

Grands hommes de France

France, 11 décembre 1933

Ceux qui en France veulent développer le rôle didactique du timbre-poste réclament avec insistance une série consacrée aux plus grandes figures de notre patrimoine historique, littéraire et artistique. Ils font valoir que l'Allemagne a depuis longtemps déjà célébré Goethe, Schiller et Kant... L'administration postale répond en partie à leurs vœux en lançant ce 11 décembre sa première série «Célébrités». Il était logique d'y trouver le Français le plus universellement célèbre de Pernambouc à Vladivostok et de l'Australie au cap Nord, c'est-à-dire Victor Hugo. L'auteur des *Misérables* y côtoie deux personnalités politiques récemment disparues: le président de la République Paul Doumer, assassiné en mai 1932 par un anarchiste russe, et

Aristide Briand. Pour des raisons de coût de fabrication, la taille-douce a été écartée au profit de la typographie rotative pour ce portrait dessiné et gravé par Jules Piel. Tel ne sera pas le cas du timbre «Victor Hugo», dessiné et gravé par Achille Ouvré, émis le 30 mai 1935 pour le cinquantenaire de la mort de Hugo (22 mai 1885): il s'agissait de la deuxième figurine française de petit format (après le «Jacquard» de 1934) imprimée en taille douce rotative. Dans les deux cas, on préféra le Victor Hugo à barbe blanche, pourfendeur de l'empereur Napoléon III, à l'ardent poète romantique conduisant la bataille d'*Hernani*. Un troisième timbre, reprenant le portrait d'Ouvré, fera partie de la deuxième série surtaxée du 16 novembre 1936 en faveur des «Chômeurs intellectuels».

Aristide Briand, disparu le 7 mars 1932, avait été onze fois président du Conseil.

Victor Hugo, fervent pacifiste et adepte d'une République universelle, appelait de ses vœux l'avènement des États-Unis d'Europe, formule que Briand, surnommé le «pèlerin de la paix», reprit à son compte.

1848   1900   1950   2005   **Le progrès en marche...**

Le Monopoly. Le 7 mars 1933, un représentant de commerce américain au chômage, Charles B. Darrow, invente un nouveau jeu de société, le Monopoly, fondé sur le principe de la spéculation immobilière et de l'accumulation capitaliste. L'ironie de l'histoire est que Darrow s'est inspiré d'un jeu conçu en 1904 par Elisabeth Magie, le «jeu du propriétaire», qui avait pour but de dénoncer les excès de la propriété! Toujours est-il que, dans un premier temps, il proposa sans succès son Monopoly à la firme Parker Brothers, qu'il tenta alors de le commercialiser lui-même et que, finalement, dans un second temps, Parker Brothers lui en acheta les droits et le lança sur le marché en 1935. Sur cette photographie, prise pendant le tournage du film *John Loves Mary* de David Butler (1949), on reconnaît, jouant entre deux plans, Edward Arnold, le futur président des États-Unis Ronald Reagan, Patricia Neal et Jack Carson.

Et aussi... En 1931, l'Allemand Ernst Ruska invente le **microscope électronique**.

France, 1934
Le prix littéraire de l'Académie de philatélie est attribué au notaire Charles Tollu (1871-1957) pour son livre : *Premières émissions d'Espagne*. Il est également l'auteur d'un livre consacré aux *Oblitérations françaises sur timbres étrangers*.

Paris, 30 janvier 1934
Paul Bernier est nommé ministre des PTT.

Le Caire, 1er février-20 mars 1934
Au congrès de l'UPU, les bons postaux de voyage sont créés. Les envois grevés d'un remboursement sont admis au transport par avion.

Paris, 9 février 1934
André Mallarmé redevient ministre des PTT. Réorganisant les services de la Radiodiffusion, il constituera également une commission de la télévision au sein de ceux-ci.

France, 31 août 1934
La troisième série des «Orphelins de guerre», émise en 1926-1927, est démonétisée.

France, 11 juillet 1935
Parution au *Bulletin officiel* des PTT d'une circulaire du 24 juin stipulant que « pour répondre au désir exprimé par de nombreux collectionneurs, il y aura lieu, à l'avenir, de donner satisfaction aux demandes tendant à l'oblitération de timbres-poste présentés isolément ou groupés, non collés ou collés sur de simples feuilles de papier pouvant dépasser légèrement la dimension des figurines ».

France, 1er novembre 1935
Organisation du transport des petits colis (jusqu'à 50 kg) en provenance ou à destination des communes desservies par la poste automobile rurale, en liaison avec les grands réseaux des chemins de fer.

France, 15 novembre 1935
Décès d'Albert Coyette (*8.12.1860), vice-président de l'Académie de philatélie et négociant en timbres-poste.

France, décembre 1935
L'administration des PTT met fin aux cartes postales avec réponse payée au tarif étranger, affranchies avec le 90 c type Paix.

La colombe de la paix apporte un espoir

France, 20 février 1934
Jean Mistler n'est plus ministre des PTT, mais son passage au gouvernement aura laissé des traces heureuses, quelquefois à retardement comme ce sera le cas pour le timbre «Carcassonne» de Chapelain-Midy. Car Jean Mistler est un homme de culture et un ami des arts, favorable à la jeune école française. Il a voulu apporter un lustre nouveau aux timbres d'usage courant. Aussi Mistler a-t-il suscité des projets qui ne seront pas tous réalisés. On se réjouit, en revanche, de cette «Colombe de la paix» dont l'émission, aujourd'hui, viendra peut-être apporter une lueur d'espoir dans un climat particulièrement tendu : à l'extérieur, la consolidation du régime nazi en Allemagne est une source de graves inquiétudes, surtout depuis que Berlin a claqué la porte de la Société des Nations, le 14 octobre 1933 ; à l'intérieur, les plus pessimistes évoquent le spectre de la guerre civile depuis les événements du 6 février dernier, à Paris, au cours desquels la police a tiré sur une foule d'anciens combattants et de militants nationalistes, faisant une quinzaine de morts. Or la «Colombe de la paix» a

La «Colombe de la paix» de Daragnès a été imprimée à 6 millions d'exemplaires.

Le «Jacquard» est le premier petit format français imprimé en taille-douce.

quelque chose de frais, de moderne et de gracieux qui contraste avec la noirceur de l'horizon. Œuvre de Jean-Gabriel Daragnès (dessin et gravure), elle a été critiquée par l'Atelier des timbres-poste qui lui trouve un air d'«étiquette commerciale». Elle est peut-être tout simplement en avance sur son temps ! Tel ne sera pas le cas du timbre à l'effigie de Joseph Marie Jacquard

(1752-1834), à qui l'on doit le métier à tisser moderne. Il sera émis le 19 mars prochain à la demande des soyeux lyonnais, dans le cadre de l'exposition Jacquard organisée dans la capitale des Gaules. La vignette, dessinée et gravée par Achille Ouvré d'après le peintre lyonnais Jean-Claude Bonnefond (1796-1860), est fort belle, mais conventionnelle.

Mémoire franco-canadienne

France, 20 juillet 1934
C'est le Canada qui a eu le premier l'idée de commémorer avec la France la découverte, en 1534, du pays par le navigateur malouin Jacques Cartier (1491-1557). Un anniversaire qui a donné lieu à l'émission d'un timbre dans chacun des deux pays. Le timbre canadien, très anecdotique, est

un 3 cents bleu. Le timbre français, plus symbolique, se décline en deux valeurs distinctes : le 1,50 F bleu et le 75 c lilas (correspondant au tarif spécial de la lettre pour le Canada). Il a été gravé par Ouvré d'après un dessin de Pierre Gandon. Le dessinateur avait un impératif : ne pas montrer l'embouchure du Saint-Laurent, que Jacques Cartier n'a reconnue qu'en 1535. Il lui fallait aussi donner un visage au navigateur (qui, rappelons-le, espérait trouver un passage vers l'Asie). Or, aucun portrait de Jacques Cartier ne pouvait être considéré comme fidèle. Alors Gandon a décidé de se fier à son imagination. Ou plutôt à son image, car son Jacques Cartier est en réalité un autoportrait !

Le timbre émis par les postes canadiennes.

Le timbre émis par les postes françaises.

Pierre Gandon

Le nom de Pierre Gandon apparaîtra fréquemment dans cet ouvrage, tant son œuvre, aussi bien par la qualité que par la quantité, est indissociable de l'histoire du timbre-poste français. Auteur de l'une des plus fameuses Marianne (celle de 1945), il est né le 20 janvier 1899 à L'Haÿ-les-Roses (Val-de-Marne) et a gravé son premier timbre en 1941, pour le Dahomey. Prix de Rome de gravure en 1922, cet ancien élève de l'École Estienne et de l'École nationale des beaux-arts a été à quatre reprises lauréat du grand prix de l'Art philatélique (1953, 1955, 1962, 1964). Il a aussi laissé une œuvre d'illustrateur, par le dessin ou la gravure. Il a notamment illustré *Les Confessions* de Rousseau (1927), *Le Grand Meaulnes* d'Alain-Fournier (1936) ou *le Livre de la jungle* de Kipling (1945). Il est décédé le 23 juillet 1990 à Lorrez-le-Bocage-Préaux (Seine-et-Marne).

Le timbre et la cravate pour Louis Blériot

France, septembre 1934

On avait déjà vu la silhouette de l'avion avec lequel Louis Blériot avait traversé la Manche sur la surcharge d'un Merson, en 1927. Mais cette fois, c'est un hommage à part entière qui est consacré au pilote et constructeur français, avec ce timbre de poste aérienne commémorant le 25e anniversaire de son exploit historique: c'était le 25 juillet 1909. La règle républicaine voulant qu'aucun personnage ne soit immortalisé de son vivant par le timbre, on s'est donc limité à la mention de son nom et à la représentation de son avion. Le Blériot XI a d'ailleurs été fidèlement dessiné et gravé par Achille Ouvré. Cet hommage, assorti d'une cravate de commandeur de la Légion d'honneur, a mis du baume au cœur de Louis Blériot, qui peine beaucoup à maintenir les activités de sa société, Blériot Aéronautique, malgré quelques belles réussites comme le Blériot 110 ou le Blériot 5190, hydravion géant construit à un seul exemplaire et livré cette année à Air France.

Bloc revêtu de la signature de Louis Blériot et dédicacé à son frère. Usé par le travail et les soucis financiers, Blériot succombera à une crise cardiaque le 1er août 1936.

L'avion est encore loin d'avoir remplacé le bateau pour traverser les océans. Et les bureaux flottants font toujours le plein de courrier sur les paquebots. Mais ces bureaux ne desservent que les ports, sans connection organique avec les services aériens locaux. Or, à partir du 1er juillet 1934, «les correspondances-avion peuvent être déposées au guichet des bureaux flottants» (décret du 8 juin 1934). Ce qui veut dire qu'il sera possible de confier à un bureau flottant une lettre portant la mention «par avion» et affranchie au montant de la taxe correspondant au parcours accompli ensuite par avion. Ce dispositif, qui fonctionnera jusqu'en 1941, implique la présence de bureaux de poste aérienne aux escales éventuelles et au port d'arrivée du bateau.

Le bureau postal sur roues

Avec ce bureau temporaire automobile, les PTT assureront les services habituels dans les expositions.

France, 10 octobre 1934

Ministre des PTT depuis le 9 février 1934 dans le cabinet de Gaston Doumergue, le député d'Algérie André Mallarmé, 57 ans, est un homme ouvert à l'innovation. Il l'a prouvé notamment dans le domaine de la radiodiffusion en créant une «commission de télévision»: Mallarmé a compris que ce nouveau mode de transmission des images, dont il existe déjà plusieurs brevets, est promis à un grand avenir. Le développement des postes n'est pas pour autant le moindre de ses soucis. Aujourd'hui, le ministre a inauguré un bureau temporaire automobile, destiné à être utilisé lors de foires ou de congrès. C'est un autocar Panhard de type K34 qui a été choisi et spécialement aménagé pour les besoins de ce service. André Mallarmé ne restera cependant pas très longtemps ministre des PTT. Le président du Conseil sera en effet contraint de démissionner le 8 novembre 1934, ses projets de renforcement de l'exécutif ayant entraîné la dislocation du gouvernement d'«union nationale» qu'il avait formé. C'est Pierre-Étienne Flandin qui lui succédera, et Mallarmé sera alors nommé ministre de l'Éducation nationale.

Un homme de fer aux PTT

Paris, 8 novembre 1934

Rigueur et compétence, telles sont les vertus que Georges Mandel entend illustrer: l'homme à qui Pierre-Étienne Flandin, le nouveau président du Conseil, a confié le ministère des PTT est très exigeant. Fils d'un modeste tailleur juif d'origine alsacienne, Georges Mandel est né le 5 juin 1885 à Chatou (Seine-et-Marne). Marqué dans son enfance par l'affaire Dreyfus, il a fait ses classes dans l'ombre de Clemenceau, qu'il a puissamment assisté, pendant la guerre, en tant que chef de cabinet. Un homme d'ordre, mais viscéralement attaché à la république et farouchement hostile aux totalitarismes qui s'étendaient sur l'Europe. Député de la Gironde, Mandel a ainsi dénoncé avec virulence le péril nazi à la Chambre dès le 9 novembre 1933. Resté ministre des PTT jusqu'à l'avènement du Front populaire, en 1936, il reviendra aux affaires le 10 avril 1938 comme ministre des Colonies dans le cabinet formé par Édouard Daladier, puis comme ministre de l'Intérieur dans celui de Paul Reynaud, le 21 mars 1940. Cet antifasciste, qui s'est opposé à la mainmise sur l'Éthiopie par Mussolini, puis aux accords de Munich, sera alors intraitable pour les pacifistes et les défaitistes. Partisan, en juin 1940, de poursuivre la lutte malgré la débâcle, il sera condamné à mort par un tribunal de Vichy, puis déporté par les Allemands qui le ramèneront pour le livrer à la Milice. Les miliciens l'assassineront le 7 juillet 1944 dans la forêt de Fontainebleau.

Né Louis Georges Rothschild, il avait adopté le nom de famille de sa mère en 1903.

Aviation postale intérieure

Air Bleu a choisi le monomoteur Caudron C.630 Simoun (peinture de Michel Pelletan).

Le Bourget, 10 juillet 1935

La poste aérienne intérieure a commencé aujourd'hui, avec l'ouverture en présence de Georges Mandel, ministre des PTT, des quatre premières lignes d'Air Bleu : Paris-Bordeaux, Paris-Strasbourg, Paris-Lille et Paris-Le Havre aller et retour (avec une ou plusieurs escales). Air France avait refusé de se lancer dans une aventure dont la rentabilité lui paraît aléatoire, compte tenu de la concurrence du rail. Mais Didier Daurat n'était pas homme à se décourager. Le prestigieux organisateur de l'Aéropostale a convaincu Beppo De Massimi, l'ancien collaborateur de Latécoère, d'«y aller», avec l'accord de Mandel. Après le vote favorable des députés, une convention fut signée avec le ministère des PTT et le ministère de l'Air le 1er avril dernier. Le 23 mai, la société Air Bleu déposait ses statuts, avec De Massimi comme directeur général et Daurat comme directeur de l'exploitation.

Taxe sur la radiodiffusion

Paris, 22 septembre 1935

Georges Mandel veut faire la chasse aux mauvais payeurs. La publication au *Journal officiel* de son décret-loi concernant la perception de la taxe sur la radio en est l'illustration. En effet, le ministre des PTT exige des facteurs qu'ils enquêtent sur les citoyens négligents qui ne paieraient pas la taxe et qui écouteraient clandestinement la radio. En contrepartie, les facteurs toucheront 2 francs pour prix de chacune de leur dénonciation. Cette taxe, afférant à chaque récepteur, a été créée le 31 mai 1933 pour financer l'infrastructure de la radiodiffusion nationale. Mais en échange, l'État s'engageait à interdire la publicité sur les stations publiques. Sans doute beaucoup de Français sont-ils agacés par la multiplication incessante des taxes et autres impôts indirects. Mais au 31 décembre 1933, 1 307 678 foyers français avaient tout de même acquitté la taxe sur la radiodiffusion. Ce qui prouve que le civisme ou la peur du gendarme continuent de faire rentrer l'argent dans les caisses de l'État ! L'acquittement de cette taxe est matérialisé par une vignette spéciale due au burin d'Achille Ouvré. Elle est de couleur bleue, elle est imprimé par l'Atelier des timbres-poste du boulevard Brune, et elle représente une figure de la République encadrée par une lyre, avec le signe PTT au-dessus. Elle sera émise à nouveau en 1936 (mais en rouge) et en 1937 (en vert).

CARTE POSTALE

4. - PARIS. - Les Invalides

Des cerveaux en souffrance sociale

France, 9 décembre 1935

Grâce à ce timbre, dont la surtaxe reviendra à l'Entraide des travailleurs intellectuels (ETI), les philatélistes ont découvert une réalité sociale méconnue : le chômage des auteurs et des artistes. C'est Georges Mandel qui a permis cette émission (qui comprend une deuxième vignette au libellé différent : « Pour l'art et la pensée »). Liée à la Confédération des travailleurs intellectuels, l'ETI a été fondée par un haut fonctionnaire, Paul Grunebaum-Ballin, qui contribua à la rédaction de la loi de séparation des Églises et de l'État de 1905. Il a publié en 1928 *le Droit moral des auteurs et des artistes* à l'Imprimerie du Palais.

Paris mis en entier postal

Paris, 2 décembre 1935

Des entiers postaux originaux : ce sont les cartes postales que les Éditions d'Art Yvon consacrent aux principaux monuments de Paris. Elles sont prétimbrées à 90 c, avec des vignettes qui n'ont pas été demandées à des artistes, mais à des photographes. Ce qui est une première dans l'histoire du timbre-poste français. Et contrairement à la règle jusqu'à présent en vigueur, l'illustration se trouve du même côté de la carte que le timbre et l'espace réservé à l'adresse du destinataire. Il est aussi à noter que les vignettes n'existent que sur ces entiers postaux et qu'elles n'ont fait l'objet d'aucune émission en timbre-poste normal.

Cie Gle TRANSATLANTIQUE
French Line

COUPE LONGITUDINALE
DU PAQUEBOT
NORMANDIE
79 280 Tonneaux

Le Normandie, orgueil de la Compagnie générale transatlantique, a quitté Le Havre le 29 mai 1935, à destination de New York. Cette traversée inaugurale a été marquée par l'émission d'un timbre d'Albert Decaris représentant le paquebot (émis le 23 avril) et, sur le bureau flottant du navire, par une oblitération spéciale effectuée par une machine RBV.

Le timbre a été dessiné par René Grégoire et gravé par Omer Désiré Bouchery.

Albert Decaris est entré dans la carrière

France, 2 mai 1935

Le premier timbre dessiné et gravé par Albert Decaris a été émis le 23 avril: il s'agit du «Normandie». Mais ce n'est pas vraiment le premier. Le «vrai» premier, représentant le cloître de Saint-Trophime, à Arles, est émis aujourd'hui. L'explication est simple: Decaris avait gravé cette vignette en 1933 à la demande de Jean Mistler, alors ministre des PTT, mais son émission avait été différée. Ce premier timbre ne sera certes pas le dernier. Il en gravera au total 506, dont 177 pour la France métropolitaine! Albert Decaris naît le 6 mai 1901 dans la Seine-Inférieure, à Sotteville-lès-Rouen. Formé à l'École Estienne et élève de Cormon à l'École nationale des beaux arts, il est Premier grand prix de Rome de gravure en 1919. Mais avant de devenir l'un des grands maîtres du timbre-poste, c'est par l'illustration qu'il va se faire connaître et attirer l'attention de Jean Mistler. Dès 1919, en effet, il illustre une édition des *Hommes représentatifs* du philosophe américain Ralph Waldo Emerson. Ce sera le début d'une production immense, qui ira des classiques (Pascal, Chateaubriand, Lamartine, Saint-Simon, Homère, Racine, Euripide, Shakespeare, Corneille, etc.) aux

> **Il gravera 506 timbres et illustrera beaucoup d'auteurs, d'Homère au général de Gaulle!**

contemporains: Montherlant, Genevoix, Claudel, Maurras ou Giono, sans oublier le général de Gaulle et son ami Mistler dont il illustre *Le Vampire* en 1944. Mais il serait pour autant injuste de réduire l'œuvre de Decaris au timbre-poste et à l'illustration de livres. Jusqu'à la fin de sa vie, il donnera libre cours à son inventivité et à son écriture nerveuse dans des peintures souvent pleines d'humour et de saveur, comme la série qui lui a été inspirée par la commedia dell'arte. Il est également capable d'honorer de grandes commandes monumentales, par exemple la fresque de l'hôtel de ville de Vesoul en 1937 ou les deux tapisseries *La Vigne* et *Les Jardins,* dont il dessine en 1939 les cartons. Élu à l'Académie des beaux arts (gravure) le 30 octobre 1943, Decaris est mort le 1er janvier 1988, à Paris. Il avait préparé son épitaphe:

Le graveur a vécu attaché à sa table
Il était bien chétif, cacochyme et chenu
Du meilleur et du pire il était incapable
Il avait trop promis, il a bien peu tenu
Malgré sa vie passée à creuser le métal
Pour honorer les dieux, il n'a pas obtenu
De pouvoir envoyer quelques cartes postales
De ce voyage dans l'inconnu.

Albert Decaris au travail, dans son atelier. En haut: son «vrai» premier timbre.

1848   1900   1950   2005

Le progrès en marche...

1 - Le radar. C'est le 25 février 1935 que le physicien écossais Robert Watson-Watt expérimenta officiellement le radar (ce mot est une abréviation de «*Ra*dio *D*etection *a*nd *R*anging»), dont le principe est fondé sur l'écho que renvoie un corps solide heurté par une onde radio. En fait, les recherches sur ce phénomène remontent au début du XXe siècle, mais Watson-Watt est le premier à leur avoir donné une application opérationnelle. Le radar sera mis en œuvre dès le début de la Seconde Guerre mondiale par les Britanniques, ce qui leur assurera une supériorité en matière de défense aérienne, puis par les Allemands, comme le montre cette photographie.

2 - Le nylon. C'est en 1935 que les recherches menées par la firme américaine Du Pont de Nemours sur les polymères prennent une orientation décisive: le chimiste Wallace Carothers vient de fabriquer les premières fibres polyamides, qui combinent légèreté et résistance à l'usure et aux agressions chimiques. Cette découverte consacre les travaux sur la structure des macromolécules menés dans les années 1920 par l'Allemand Hermann Staudinger. Carothers élabore une centaine de polyamides avant de sélectionner celle qui, en 1938, sera produite sur le nom de Nylon©. Bien qu'ils puissent être fabriqués à bas coût, Du Pont de Nemours mise sur la rareté pour la publicité des premiers bas Nylon: «plus solides, plus brillants que la soie», ils ne sont vendus dans un premier temps que dans deux magasins, provoquant des queues gigantesques...

Paris, 1936
Georges Mandel, ministre des PTT, décide de créer un musée postal. Il en confie la tâche à Eugène Vaillé, ex-bibliothécaire à l'administration centrale des PTT.

France, 1936
Le prix littéraire de l'Académie de philatélie est attribué à Henri Delrieu (1904-1962) pour son livre *Oblitérations du comté de Nice*.

France, janvier 1936
Les PTT décident d'attribuer un bureau de poste temporaire avec un cachet spécial pour chaque congrès de la Fédération des sociétés philatéliques françaises. Le premier cachet non illustré apparaît au congrès de Beaune, le 31 mai 1936.

France, 4 mai 1936
Décès du colonel Maurice Delaine (*3.3.1857), auteur du *Catalogue des estampilles postales* avec Francis Doé, vice-président de l'Académie de philatélie, lequel décédera le 25 juillet 1936 (*17.2.1866).

Paris, 4 juin 1936
Le socialiste Robert Jardillier, maire de Dijon (1936-1940), est nommé ministre des PTT.

France, 25 juillet 1936
Décès de Paul Dillemann, auteur de *Reconstitution des blocs report de Bordeaux* (*27.11.1886).

France, 1937
La concession pour la publicité sur la couverture des carnets de timbres est accordée à l'imprimeur Delrieu.

Folkestone, 1937
Théodore Champion signe le *Roll of Distinguished Philatelists*.

France, 22 janvier 1937
Décès de l'un des fondateurs de l'Académie de philatélie, Gaston Tournier (*6.2.1886), créateur du *Messager philatélique*.

Paris, 22 juin 1937
Le socialiste Jean-Baptiste Lebas est nommé ministre des PTT.

France, 12 juillet 1937
Le tarif de la lettre jusqu'à 20 g dans le régime intérieur est porté à 65 c, celui de la carte postale à 55 c. Poids maximum de la lettre : 3 kg.

Au profit des victimes des persécutions

Paris, 25 février 1936

Le timbre «Aide aux réfugiés», dû à Achille Ouvré, n'est pas du goût de tous. Ce n'est pas la représentation de la statue de la Liberté de New York qui pose problème mais le thème et l'affectation de sa surtaxe de 50 c à l'Office international pour les réfugiés, créé le 30 septembre 1930 par la Société des Nations. Communément appelé Office Nansen, du nom de l'explorateur norvégien Fridtjof Nansen (1861-1930), haut commissaire de la SDN pour les réfugiés russes (1921) et prix Nobel de la paix (1922), il a pour mission d'apporter une aide juridique et matérielle aux victimes des persécutions ayant fui leur pays: Russes d'abord, puis Arméniens, Assyro-Chaldéens, Syriens et Kurdes, et, depuis l'an dernier, Sarrois. Mais les «réfugiés ayant fui leur pays à la suite d'un changement de régime» en ont été exclus sous la pression de l'Italie mussolinienne. Depuis 1922, un «passeport Nansen» permet aux apatrides de circuler dans les 54 pays qui le reconnaissent et de s'y établir. D'où des réactions xénophobes face à ce timbre.

À partir de 1938, les juifs allemands et autrichiens vont bénéficier du statut de réfugié. Parmi ces «Ostjuden», les Autrichiens sont hébergés à Chelles (Seine-et-Marne).

La «baleine» vole au-dessus de Paris

Paris, 17 février 1936

Achille Ouvré a pris quelques libertés... Avec la topographie d'abord, sa vue de la capitale étant totalement irréelle: elle fait par exemple figurer la tour Eiffel et le Sacré-Cœur sur la même rive ! Avec les règles de l'aéronautique ensuite : démuni d'empennage à l'arrière, l'appareil n'a aucune chance de voler... La forme de sa queue a d'ailleurs inspiré les journalistes qui parlent de «baleine volante» ! La série (85 c, 1,50 F, 2,25 F, 2,50 F, 3 F, 3,50 F et 50 F émis le 30 juillet) permet à la France de se conformer aux règles fixées par l'UPU pour la poste aérienne en 1927 à La Haye. La surtaxe aérienne est calculée en fonction du poids du pli et de la distance à parcourir.

Un timbre pour les enfants des chômeurs

Paris, 28 mai 1936

Depuis le krach boursier d'octobre 1929, les pays industrialisés sont en crise. Les plus touchés ont été les États-Unis dont, en 1933, 24,9 % de la population active pointait au chômage (soit 13,3 millions de personnes !), taux ramené cette année

Ce projet d'Antonin Delzers, une allégorie conventionnelle à l'époque, a été refusé.

à 15 %, et l'Allemagne, qui comptait, en 1932, 44 % de chômeurs, ceci expliquant pour partie l'arrivée au pouvoir d'Adolf Hitler. Épargnée jusqu'en 1931, la France subit désormais ce choc économique et social. En plus d'une baisse sensible du pouvoir d'achat, qui affecte tous les Français, 440 000 chômeurs sont recensés en ce début d'année, chiffre certes faible rapporté aux 20,8 millions d'actifs mais qui doit être apprécié secteur par secteur. L'industrie, par exemple, est particulièrement sinistrée avec 9,5 % de chômeurs. Pour venir en aide à tous ceux qui, faute d'allocations, ne peuvent subvenir décemment aux besoins de leur famille, Marguerite Flandin a créé une fondation, qui sera reconnue d'utilité publique le 9 juillet : Aide aux enfants des chômeurs. Fille d'un sénateur de la Seine, elle est l'épouse de l'actuel ministre des Affaires étrangères du gouvernement d'Albert Sarraut, Pierre-Étienne Flandin. D'où l'émission d'un timbre de 50 c doté d'une surtaxe de 10 c au profit de ladite fondation. Figurant des enfants agitant des mouchoirs à la fenêtre d'un train, il a été dessiné par René Grégoire et gravé par Jules Piel, élu et passé meilleur ouvrier de France.

Le Front populaire rend hommage à Jean Jaurès

France, 30 juillet 1936

La France du Front populaire ne pouvait faire moins que de rendre hommage au plus illustre des socialistes français, Jean Jaurès. Depuis le 3 mai, la gauche est en effet au pouvoir, les élections législatives ayant donné 149 sièges à la SFIO (Section française de l'Internationale ouvrière, le futur Parti socialiste), 116 aux radicaux et 72 au Parti communiste. Le 4 juin, Léon Blum a été investi président du Conseil, dirigeant un gouvernement auquel les communistes apportent leur soutien mais n'ont pas voulu participer. Un mouvement de grève s'est propagé dans tout le pays, en soutien au gouvernement qui a engagé un bras de fer avec le patronat. Les accords de Matignon ont débouché, le 8 juin, sur l'instauration de la semaine de 40 heures et de congés payés annuels, ainsi que

Blum réalise le rêve de Jaurès : amener le socialisme au pouvoir.

sur des augmentations de salaire. Mais l'histoire a aussi besoin de symboles, d'où l'émission, aujourd'hui, de deux timbres à l'effigie de Jean Jaurès, à la veille du 22e anniversaire de sa mort. Député de Carmaux, dans le Tarn, fondateur de *L'Humanité* en 1904, Jaurès avait mis ses talents de tribun et déployé une énergie immense à essayer d'empêcher que la France ne bascule dans la guerre (voir page 88), préoccupation qui est de nouveau d'actualité (son meurtrier, Raoul Villain, acquitté en 1919, sera tué en Espagne en septembre 1936). La figurine, d'une valeur faciale de 40 c, le représentant à la tribune de la Chambre (ci-contre) correspond au tarif d'affranchissement des cartes postales. Elle a été dessinée par René Grégoire et gravée par Jules Piel. La seconde, à 1,50 F, est l'œuvre d'Achille Ouvré.

Léon Blum et Maurice Thorez sont les figures emblématiques du Front populaire.

Promouvoir la paix avec un timbre

France, 1er octobre 1936

En mars, Hitler a envahi la Rhénanie, au mépris du traité de Versailles comme des accords de Locarno. En juillet, l'Espagne a sombré dans la guerre civile. Peut-on encore éviter la guerre en Europe ? Les fondateurs du Rassemblement universel pour la paix (RUP) le croient. Leur premier congrès, réunissant des délégués de 41 nations, s'est tenu en septembre à Bruxelles, sous la présidence de lord Edgar Cecil of Chelwood, qui obtiendra en 1937 le prix Nobel de la paix. Pierre Cot, ministre de l'Air, est un des fondateurs du RUP. À l'occasion de la tenue à Paris d'un imposant rassemblement, il a obtenu l'émission de ce timbre allégorique dessiné et gravé par Antonin Delzers. Des projets de Georges-Léo Degorce et Achille Ouvré ont été refusés.

Sa valeur faciale est celle de l'affranchissement de la lettre simple pour l'étranger.

Mermoz, l'Archange, a disparu en mer...

Dakar, 14 décembre 1936

Les recherches sont abandonnées. Il n'y a plus d'espoir de retrouver le Laté 300 *Croix du Sud* à bord duquel Jean Mermoz, accompagné d'Alexandre Pichodou, Jean Lavidalie, Edgar Cruveilher et Henri Ezan, a disparu le 7 décembre au-dessus de l'Atlantique, après avoir quitté Dakar en direction du Natal. Il allait avoir 35 ans (* 9.12.1901). À celui qui avait été surnommé l'Archange et à son équipage, la France offrira, le 30 décembre, des funérailles aux Invalides. Deux timbres en taille-douce rotative seront émis à sa mémoire en avril 1937, à la demande du ministre de l'Air, Pierre Cot : un 3 F lilas au profil de l'aviateur entre deux ailes d'oiseau, dû à Gabriel-Antoine Barlangue, et un 30 c vert-gris (ci-dessous), dessiné et gravé par Henry Cheffer.

Émis à 8,9 millions d'exemplaires, il est destiné à l'affranchissement des imprimés.

En 1936, « Courrier Sud », de Pierre Billon, d'après le roman de Saint-Exupéry, sort sur les écrans. Pierre Richard-Wilm (ci-dessus, aux commandes) interprète Jacques Bernis. Jany Holt, Pauline Carton, Gabrielle Dorziat, Charles Vanel complètent la distribution. L'adaptation est cosignée par Robert Bresson. La musique est de Jacques Ibert et Maurice Thiriet. Une jeune scripte fait ses premiers pas comme assistante du réalisateur : France Gourdji, la future Françoise Giroud.

Les timbres n'étaient pas dignes de l'Expo

La syphilis menace la « race » humaine

Paris, 24 mai 1937

De la colline de Chaillot à la place d'Iéna, l'Exposition internationale des arts et techniques, ouverte ce matin, s'étend sur 100 hectares. Le palais du Trocadéro, érigé pour l'Expo de 1878, a cédé la place au palais de Chaillot (ci-contre), conçu dans un style néoclassique par les architectes Louis-Hippolyte Boileau, Jacques Carlu et Léon Azema. Vision insolite : le pavillon de l'Union soviétique, surmonté d'un groupe monumental sculpté par Vera Moukhina, *L'Ouvrier et la kolkhozienne*, fait face à celui de l'Allemagne hitlérienne. Jusqu'au 25 novembre, 31 millions de visiteurs vont se presser, attirés notamment par la Fête de la lumière organisée chaque soir sur la Seine et par une vaste fresque de 600 m² de Raoul Dufy, *La Fée électricité*. Le 15 septembre 1936, six timbres ont été émis pour annoncer l'événement : quatre de petit format (20, 30, 40 et 50 c), dus à Démétrius Galanis et représentant Mercure ; et les deux premiers grands formats (90 c et 1,50 F) en typographie rotative (ci-contre, en bas), dus à Jean-Gabriel Daragnès. Ils ont été jugés « lamentables » par la presse et retirés de la vente le 13 février ! Depuis le 15 mars, on peut acheter (1,50 F) un timbre en taille-douce de Jules Piel, qui célèbre l'Expo. Vingt et une colonies ont émis leur propre figurine.

Paris, 1er septembre 1937

Henri Sellier, ministre de la Santé publique du gouvernement Blum, a fait de la lutte contre les maladies vénériennes un objectif prioritaire. Aussi a-t-il obtenu de son collègue des PTT l'émission de cette vignette dont la surtaxe de 25 c sera reversée à 90 % à la Société de prophylaxie sanitaire et morale. Créée en 1901, cette société réclame notamment que, « dans les écoles primaires, un personnel féminin spécialisé soit chargé de donner un enseignement pratique d'hygiène [afin] d'imposer aux fillettes des soins journaliers de propreté corporelle, de les instruire des dangers des maladies contagieuses et de leur indiquer les moyens de s'en préserver ». Si le projet d'Ouvré a été choisi, c'est qu'il s'est refusé à montrer les ravages de la maladie, contrairement à d'autres dessins qui risquaient d'avoir un effet répulsif sur le public.

Les Français à la découverte du plein air

Achille Ouvré

France, 16 juin 1937

La série « PTT, sports et loisirs », émise ce jour, comporte trois timbres dessinés et gravés par Jules Piel : des baigneurs se livrant à des jeux de plage dans un esprit très « congés payés » (20 c), une course à pied remportée par... un concurrent de l'Association sportive des PTT (40 c) et des randonneurs arrivant à une auberge des PTT (ci-contre). La surtaxe de 10 c sera répartie entre l'ASPTT (au bénéfice du stade de Pantin qui sera inauguré par le ministre Jules Julien en 1938), les colonies de vacances des PTT et, à hauteur d'un tiers, les auberges de jeunesse des PTT. Inventées en 1911 par un instituteur allemand, Richard Schirmann, les auberges de jeunesse ont été introduites en France en 1929 par le journaliste catholique Marc Sangnier. Mais leur expansion, cette année, est due à l'action du sous-secrétaire d'État aux Sports et à l'Organisation des loisirs : Léo Lagrange.

En 1939, la France comptera 900 auberges de jeunesse et 40 000 usagers réguliers.

Dessinateur et graveur du timbre « Pour sauver la race », Achille Ouvré (1872-1951) est l'auteur de plusieurs dizaines de timbres-poste français du début des années 1930 jusqu'à sa mort à Nice en avril 1951, parmi lesquels celui célébrant le tricentenaire de l'Académie française (1935) et représentant le cardinal de Richelieu, d'après le tableau de Philippe de Champaigne. Maître de la gravure sur bois, Ouvré a d'ailleurs signé l'ensemble des portraits, effectués d'après photo ou gravure, illustrant la remarquable *Collection des chefs-d'œuvre méconnus*, publiée au début des années 1920 par les Éditions Bossard. Il ne verra pas son dernier timbre imprimé : son Talleyrand ne sera émis que le 4 juin 1951.

La plus haute route d'Europe est ouverte

L'émission d'un 90 c rouge-brique commémorant le tricentenaire de la parution de l'œuvre maîtresse de Descartes avait été fixée au 24 mai 1937. Las... Quelques jours avant, la presse s'aperçoit que la vignette, dessinée et gravée par Henry Cheffer, comporte une faute majeure : le titre est devenu Discours sur la méthode *(en haut) au lieu de* Discours de la méthode*. Que faire ? Le ministre des PTT, Robert Jardillier, fait refaire le timbre mais décide de mettre les deux en vente, craignant que la vignette erronée, déjà imprimée, ne fasse l'objet de spéculations. Tous deux sont émis le 10 juin, le mauvais à 5 millions d'exemplaires et le bon à 4,5 millions. Pour représenter le philosophe, Henry Cheffer s'est inspiré du tableau peint en 1649 par Frans Hals, dont une copie est exposée au Louvre, et qu'il a inversé.*

Savoie, 4 octobre 1937

Antoine Borrel, sénateur de Savoie, avait réussi un petit exploit, le 13 septembre 1934, en atteignant en automobile le col de l'Iseran, qui n'était encore accessible que par un sentier d'ordinaire emprunté par les muletiers. Aussi a-t-il usé de toute son influence pour obtenir l'émission d'un timbre célébrant, selon sa formule, « le triomphe de nos ingénieurs », à savoir la construction de la plus haute route d'Europe puisqu'elle culmine à 2 769 mètres. Le 6 juillet, le président de la République, Albert Lebrun, est en effet venu inaugurer cette liaison goudronnée entre la vallée de la Tarentaise et celle de la Maurienne, qui constitue aussi le tronçon manquant de la « route des Grandes Alpes », qui relie désormais, sur plus de 700 km, le lac Léman à la Méditerranée, ainsi que l'avait imaginé, dès 1909, le Touring Club de France. Ouvert à la circulation le 7 novembre 1937, ce col constitue un atout de plus pour la station de ski de Val-d'Isère. Il deviendra aussi mythique pour les coureurs du Tour de France, qui, en 1938, le franchiront pour la première fois.

Le Bourget desservira Paris

Une griffe commémorative célèbre la dimension internationale donnée à l'aéroport.

Le Bourget, 12 novembre 1937

Là où Charles Lindbergh s'était posé le 21 mai 1927 à bord de son *Spirit of Saint Louis*, après sa traversée de l'Atlantique, s'élève une nouvelle aérogare, destinée à faire du Bourget, dès le début de l'année prochaine, l'aéroport international de Paris, Orly ne devant être qu'un aérodrome de secours. Albert Lebrun, président de la République, et Pierre Cot, ministre de l'Air, ont inauguré aujourd'hui l'aérogare moderne et fonctionnelle conçue par l'architecte Georges Labro et prévue pour accueillir 7 000 à 8 000 voyageurs par jour. L'ensemble des services sont regroupés dans un unique bâtiment. Cette année, 127 713 passagers, 2 146 tonnes de colis par messageries ainsi que 360 tonnes de courrier vont transiter par Le Bourget, où 18 162 avions vont atterrir ou décoller, ce qui en fera l'un des principaux aéroports européens, avec Berlin-Tempelhof et Londres-Croydon. La ligne la plus active est celle qui relie Paris à Londres, marché dominé par Air France, qui devance Imperial Airways et British Airways. Depuis juillet Air Bleu achemine sur ses lignes la poste sans surtaxe.

1848   1900   1950   2005   **Le progrès en marche...**

Le turboréacteur. Une course de vitesse est engagée entre les ingénieurs britanniques et allemands pour la mise au point du turboréacteur. Les deux grands compétiteurs sont le Britannique Frank Whittle et l'Allemand Hans Joachim Pabst von Ohain. Le premier a déposé un brevet le 16 janvier 1930 et, le 12 avril 1937, il fait tourner sur un banc d'essai son premier turboréacteur, construit par la firme British Thomson-Houston. Il devance de quelques mois Pabst von Ohain qui, lui, expérimente le sien, également au banc d'essai, au mois de septembre suivant. En revanche, les Allemands seront les premiers à faire voler un appareil propulsé par ce nouveau type de moteur : ce sera le 27 août 1939, avec le Heinkel He 178, dont le turboréacteur de 500 kgp lui permet d'atteindre la vitesse de 700 km/h. Ce n'est que le 15 mai 1941 que sera testé en vol le turboréacteur de Whittle, avec le Gloster E.28/39 (ci-contre). Un retard que les Britanniques ne rattraperont pas avant la fin de la Seconde Guerre mondiale.

Et aussi... Les premiers **cafés solubles** ont été fabriqués dès la fin du XIXe siècle, aux États-Unis notamment. Mais c'est en 1937 que la firme suisse Nestlé met au point la formule appelée à un succès définitif : le Nescafé sera commercialisé en 1938.

• *Émis le 4 juin 1936.*
Dessin de C. Kieffer,
gravure de Jules Piel.
Taille-douce rotative.

75ᶜ POSTES RF
1754
1785
Fr. PILATRE DE ROZIER

François Pilâtre de Rozier (1754-1785) a réalisé des travaux sur les gaz et effectué le premier voyage en montgolfière, le 21 novembre 1783, avec le marquis d'Arlandes. Ce voyage l'a conduit de la Muette à la Buttes-aux-Cailles, à Paris.

• *Émis le 16 novembre 1936.*
Dessin et gravure de Georges Hourriez.
Taille-douce rotative.

Le chimiste et biologiste Louis Pasteur (1822-1895) a fait faire un bon considérable à la médecine en mettant au point des vaccins contre diverses maladies, la rage en particulier (1885). Il fut élu membre de l'Académie française en 1881.

France, janvier 1938
Première édition du *Guide officiel des PTT*.

France, 16 janvier 1938
Une première Journée du timbre est organisée dans sept villes de France.

Paris, 18 janvier 1938
Fernand Gentin est nommé ministre des PTT.

Paris, 13 mars 1938
Jean-Baptiste Lebas est à nouveau nommé ministre des PTT.

France, 28 mars 1938
Mise en vente des premières cartes-lettres illustrées (Île-de-France), au prix de 90 c pour une valeur d'affranchissement de 65 c.

Paris, 10 avril 1938
Jules Julien est nommé ministre des PTT.

France, 1er septembre 1938
Émission en France, à Monaco et dans une vingtaine de colonies françaises d'un timbre «Pierre et Marie Curie découvrent le radium». En France, il comporte une surtaxe de 50 c au profit de l'Union internationale contre le cancer.

France, 17 novembre 1938
Le tarif de la lettre jusqu'à 20 g dans le régime intérieur est porté à 90 c, celui de la carte postale à 70 c.

France, 16 mai 1939
Émission d'un timbre de franchise pour les réfugiés espagnols (90 c type Paix surchargé F), seul timbre de franchise émis pour les civils.

France, 21 juillet 1939
Décès de Henry Bauer (*5.2.1865), membre de l'Académie de philatélie, auteur de plusieurs ouvrages sur la guerre de 1870.

France, 3 septembre 1939
Air Bleu est intégrée à Air France, dont les lignes sont suspendues et les avions réquisitionnés en raison de la déclaration de guerre. Les liaisons postales aériennes sont donc interrompues.

France, 1er décembre 1939
Le tarif de la lettre jusqu'à 20 g dans le régime intérieur est porté à 1 F, celui de la carte postale à 80 c.

Roger Chapelain-Midy

Né le 24 août 1904 à Paris, Roger Chapelain-Midy appartient à cette génération qui a renouvelé la tradition figurative en renouant avec la limpidité des peintres du Quattrocento, tout en exprimant le mystère de la présence des êtres et des choses. «Dans ses toiles, a dit l'historien d'art Marcel Brion, les choses ont une manière d'être là, qui trahit le suspens et l'évasion.» Décorateur de théâtre et d'opéra (notamment avec *Les Indes galantes* de Rameau, en 1952), il a excellé dans les compositions murales (pour le Théâtre national de Chaillot ou le paquebot *France*). Chef d'atelier à l'École nationale supérieure des beaux-arts, il a créé deux autres timbres: «Danseur de feu» (1979) et «Louis Jouvet» (1981). Il a aussi illustré des livres (André Gide, Michel Mourlet). Il est mort le 30 mars 1992.

Le timbre d'Albert Sarraut

France, 20 avril 1938
C'est à Jean Mistler, une fois encore, que l'on doit de pouvoir admirer le premier timbre dessiné par Roger Chapelain-Midy, mais c'est à Albert Sarraut, ministre d'État dans le cabinet de Camille Chautemps jusqu'au mois de janvier dernier, que l'on doit son émission aujourd'hui. En 1934, Mistler avait fait appel à ce jeune artiste pour glorifier la cité de Carcassonne. Mais le projet fut alors abandonné. S'il est réapparu, c'est qu'Albert Sarraut, sénateur radical-socialiste de l'Aude, ne voulait pas que le chef-lieu de son département soit oublié dans le cadre d'une série «Sites et monuments». Cependant, Chapelain-Midy a dû modifier assez profondément son dessin original, la figurine étant gravée par Jules Piel. Quant aux autres timbres de la série, ils seront émis le 16 mai («Donjon de Vincennes» et «Saint-Malo») et le 20 juin («Avignon, le palais des Papes»). Utilisé comme timbre d'usage courant, le «Carcassonne» a été tiré à près de 50 millions d'exemplaires et rencontrera un beau succès. Il sera surchargé

En haut: la maquette proposée par Roger Chapelain-Midy en 1934. En bas: le timbre tel qu'il a été gravé par Piel en 1938.

en 1941 (ainsi que les timbres «Donjon de Vincennes» et «Saint-Malo»). Entre temps, les quatre timbres auront été retirés de la vente entre 1939 et 1941.

Amitié franco-britannique

Le président de la République Albert Lebrun a accueilli les souverains au palais de l'Élysée.

Villers-Bretonneux, 22 juillet 1938
Le roi d'Angleterre George VI et son épouse inaugurent le monument élevé à Villers-Bretonneux (Somme) pour commémorer le sacrifice des soldats australiens tombés pendant la Grande Guerre. Un timbre dû à Henry Cheffer a été émis le 19 juillet à cette occasion: cette vignette célèbre l'amitié franco-britannique. La cérémonie

aurait dû avoir lieu à la fin du mois dernier, mais elle fut reportée en raison de la mort de la comtesse de Strathmore, la mère de la reine, le 23 juin. Lorsque la reine est apparue hier, après l'arrivée des souverains dans la capitale, elle a beaucoup surpris, voire choqué les Parisiens par sa robe blanche: ils avaient oublié que le blanc est aussi une couleur de deuil.

Le temps est à l'orage en Europe, et le type Paix de 1932 paraît de moins en moins adapté à la situation... Il a donc été décidé d'émettre une nouvelle série pour les valeurs d'usage courant. Le premier est une reprise de l'immortelle Cérès de Jacques-Jean Barre, mais avec une adaptation dont la grossièreté déchaîne la critique. «Que sont devenues à la loupe les fines lignes d'ombre pointillées?» écrit Pierre Bouvet dans L'Écho de la timbrologie. Le nouveau timbre, émis le 2 février 1938, a été gravé à l'Atelier du timbre-poste. On ignore par qui, et cela vaut peut-être mieux.

Une grande société est née : la SNCF

Paris, 28 octobre 1938

La SNCF assurera dorénavant le transport des colis sur ses lignes. C'est ce que prévoit la convention signée par les PTT et la toute jeune Société nationale des chemins de fer français (SNCF). La création de la SNCF est un tournant dans l'histoire des chemins de fer. Le 31 août 1937, une convention passée entre l'État et les grandes compagnies ferroviaires privées prévoyait la fusion de ces dernières au sein d'un réseau unique, placé sous la responsabilité de l'État, à partir du 1er janvier 1938 et pour une durée de 45 ans. Ainsi est née la SNCF, société anonyme d'économie mixte dont l'État détient 51 % du capital. Les lignes de la Compagnie du Nord, de la Compagnie de l'Est, de la Compagnie du Paris-Lyon-Méditerranée, de la Compagnie du Midi et de la Compagnie du Paris-Orléans ont donc fusionné avec les deux réseaux que gérait déjà l'État, le Réseau Alsace-Lorraine et le Réseau de l'État. Il était spécifié que la SNCF devait être gérée de façon « industrielle ».

Le type Mercure de Georges Hourriez est plutôt bien accueilli, contrairement à la Cérès « rénovée ». Cinq valeurs différentes, de 5 c à 25 c, seront émises en 1938, les premières étant les 10 c et 20 c, le 17 octobre. Dix autres valeurs seront encore émises en 1939. Une partie de l'impression de ces timbres sera effectuée à Limoges, où sera évacué l'Atelier du timbre-poste pour cause de guerre, au mois de septembre 1939.

19 juin 1938 : finale de la Coupe du monde de football organisée à Paris. L'Italie bat la Hongrie (4-2). Juste avant le coup d'envoi, le président Albert Lebrun avait complimenté les deux équipes (ici, la Squadra Azzurra).
Un timbre dessiné par Joë Bridge et gravé par Georges Léo Degorce a été émis le 1er juin pour consacrer l'événement. Pour son dessin, Joë Bridge s'est inspiré d'un match de Coupe de France entre Le Havre et Marseille : on reconnaît les maillots !

Alexandrette prend le deuil d'Atatürk

Alexandrette, 10 novembre 1938

Le sandjak d'Alexandrette, ancienne province de la Syrie sous domination ottomane, est en deuil : le père de la Turquie moderne, Mustafa Kemal Atatürk est mort. Le timbre démontre que la France, qui a accordé une large autonomie au sandjak par rapport à la Syrie, est consciente de la volonté de ses habitants de rejoindre la Turquie, qu'ils considèrent comme leur mère patrie. C'est un timbre de la Syrie dont une première surcharge, « Sandjak d'Alexandrette », indique un statut d'autonomie politique et postale, et dont la seconde est une marque de deuil, avec un cadre noir (comme un faire-part de décès) et la date de la mort d'Atatürk. D'ailleurs, le sandjak d'Alexandrette sera finalement rétrocédé à la Turquie en juin 1939 et il prendra alors le nom d'Iskenderun.

Les républicains espagnols ont tout perdu

France, 5 mai 1939

Émis le 8 août 1938, le timbre destiné à aider les 8 000 Français rapatriés de l'Espagne en guerre n'est plus en vente. La surtaxe de 60 c a pu ainsi alimenter un fonds géré par le Comité d'assistance des Français rapatriés d'Espagne, dont le président est le sénateur-maire de Dax, Eugène Milliès-Lacroix. Le produit de cette surtaxe aura été de 432 000 F. La date du retrait coïncide avec la fin de la terrible guerre civile qui a ensanglanté l'Espagne du 17 juillet 1936, début du soulèvement nationaliste, au 1er avril dernier, cessation officielle des combats et défaite du gouvernement républicain. On notera que la France a reconnu dès le 27 février dernier le gouvernement rebelle dirigé par le général Francisco Franco Bahamonde. Quant au bilan de cette guerre, il est effrayant : de 300 000 à 500 000 morts. Et à la date où Édouard Daladier, président du Conseil, reconnaissait Franco, on avait déjà compté à la frontière 550 000 réfugiés espagnols, militaires et civils, dont la prise en charge reste aujourd'hui chaotique. Les pouvoirs publics ont ouvert des camps d'accueil, notamment dans les Pyrénées-Orientales, dans des conditions sanitaires et morales pour le moins insatisfaisantes.

Le 14 juillet 1938, les réfugiés espagnols défilaient dans Paris. Ci-contre : le timbre émis en faveur des Français rapatriés d'Espagne a été dessiné par René Grégoire et gravé par Antonin Delzers.

Didier Daurat

Il fut l'âme de l'Aéropostale, cette « sorte de civilisation à part où les hommes se sentaient plus nobles qu'ailleurs » (Saint-Exupéry). Né le 2 janvier 1891 à Montreuil-sous-Bois, l'ingénieur Didier Daurat fut un grand chef d'escadrille en 14-18. Directeur de l'exploitation de l'Aéropostale, dont il fut renvoyé en 1932, il poursuivit sa carrière à Air Bleu, puis à Air France dont il dirigea le centre d'exploitation postale du Bourget en 1945. Immortalisé par Saint-Exupéry dans *Vol de nuit* (1931) et par Henri Decoin dans son film *Au Grand Balcon* (1949), où il apparaît sous les traits de Pierre Fresnay, il a publié *Dans le vent des hélices* (1956). Didier Daurat est mort le 2 décembre 1969 à Toulouse.

Un paquebot pour le ministère des PTT

Paris, 14 mars 1939
Les nouveaux bâtiments du ministère des PTT sont inaugurés par le président de la République Albert Lebrun, 20, avenue de Ségur (VIIe arrondissement). L'administration centrale abandonne la rue de Grenelle. L'édifice, aux lignes très pures qui évoquent le style des grands paquebots modernes, est l'œuvre de Jacques Debat-Ponsan. Né en 1882, cet architecte est chef d'atelier à l'École nationale supérieure des beaux-arts. Il est le disciple de Tony Garnier, l'un des maîtres de l'architecture rationaliste. Il a été aussi son collaborateur, notamment pour l'hôtel de ville de Boulogne-Billancourt, achevé en 1934. Pour la petite histoire, il faut savoir que Jacques Debat-Ponsan est le fils du bon peintre d'histoire Édouard Debat-Ponsan (1847-1913), auteur d'un fameux portrait équestre du général Boulanger (1889), et l'oncle de l'un des grands noms de la peinture abstraite, Olivier Debré !

Le nouveau ministère des PTT est représenté (en haut) sur un timbre émis le 8 avr. 1939 (dessin de Schultz, gravure de Piel), avec surtaxe au profit des orphelins des PTT

Le courrier transporté de nuit par Air Bleu

Le Caudron C.445 Goéland d'Air Bleu sur le tarmac de l'aéroport du Bourget, à Paris.

Paris et Pau, 10 mai 1939
Encore une belle victoire pour Didier Daurat. Désireuses d'accélérer l'acheminement du courrier, les PTT ont demandé à Air Bleu d'organiser des vols de nuit, afin que les lettres déposées le soir puissent être délivrées dès le lendemain matin. Un avenant à la convention unissant la compagnie à l'État fut signé en ce sens le 1er juin 1937. Restait à trouver l'appareil adéquat, car il était de toute évidence trop risqué de voler de nuit sur les Simoun monomoteurs en service sur Air Bleu. Le choix de Didier Daurat s'est donc porté sur un excellent bimoteur, le Caudron C.445 Goéland, une première ligne devant être ouverte sur le trajet Paris-Bordeaux-Pau (dans les deux sens). L'ouverture a eu lieu ce soir, à la fois à Paris et à Pau. Au Bourget, où était venu le ministre des PTT, Jules Julien, pour cette inauguration, le Goéland a décollé à 22 h 45, piloté par un autre ancien de l'Aéropostale, Raymond Vanier, avec pour passager Daurat lui-même. À Pau, un autre Goéland s'est envolé à 23 h 48, entre les mains de Georges Libert. À l'escale de Bordeaux, Daurat est descendu de l'avion de Vanier pour monter dans celui de Libert !

Iris, messagère des dieux de l'Olympe

France, 16 mai 1939
Après la nouvelle Cérès et le Mercure, voici le type Iris dessiné et gravé par Georges Hourriez (déjà auteur du Mercure). Cette « Iris messagère des dieux » (figure iconographique classique qui inspira à Rodin l'une de ses sculptures les plus osées) a une valeur faciale de 1 F, ce qui permettra de l'utiliser largement lorsque le tarif de la lettre simple dans le régime intérieur passera le 1er décembre 1939 à 1 F. Imprimé à 1,07 milliard d'exemplaires, l'Iris vert sera utilisé sous l'Occupation, en même temps qu'un autre type Iris de 1 F, mais de couleur rouge.

Capitaine dans l'armée d'Orient et blessé en 1916, le dessinateur André Spitz avait été soigné par Mademoiselle Gervais, infirmière au Mont-des-Oiseaux, hôpital militaire auxiliaire n° 52, à Hyères. En hommage à son dévouement, il l'a représentée sur ce timbre émis le 24 mars 1939 pour le 75e anniversaire de la Croix-Rouge. Gravé par Antonin Delzers, le timbre a été imprimé en taille-douce rotative en trois couleurs, selon le procédé inventé par Serge Beaune. C'est le premier du genre. Il a été émis à 1,404 million d'exemplaires.

Émis le 18 avril 1939, ce timbre de Decaris commémore la mise sur cale, le 17 janvier 1939, d'un nouveau cuirassé, le Clemenceau. C'est une vignette d'autant plus intéressante que sa construction fut abandonnée en juin 1940, après la destruction de sa coque par des bombardements. Mais elle offre une autre curiosité : personne ne s'est aperçu, en donnant le bon à tirer, que Decaris avait mis un accent sur le premier « e » du nom du Tigre, alors qu'il n'y en a pas... Finalement, le Clemenceau sera un porte-avions qui sera admis au service actif le 22 novembre 1961.

Les Éclaireurs de France vont tout droit

France, 16 juin 1939

Albert Chatelet est directeur de l'Enseignement du second degré au ministère de l'Éducation nationale. Il est aussi l'un des responsables du plus ancien mouvement de scoutisme français, les Éclaireurs de France, fondé en 1911. Un mouvement laïque, alors que les Scouts de France créés en 1920 sont de confession catholique. Les Éclaireurs de France ont pour devise « Tout droit » et pour emblème l'arc tendu. Dès 1914, ils accueillaient les Éclaireuses. Albert Chatelet a obtenu des PTT l'émission d'un entier postal avec, pour la première fois en la matière, une surtaxe. Il est au tarif de la carte postale de cinq mots, la surtaxe venant au bénéfice des Éclaireurs de France. La demande a été d'autant plus facilement accordée que tous les frais de fabrication étaient assumés par le mouvement. Assez curieusement, le tirage de cet entier postal fut limité à 20 000 exemplaires.

La cérémonie de la promesse dans une troupe d'Éclaireurs de France. La vignette gravée par Cochet pour l'entier postal est la première consacrée en France au scoutisme.

Le pays manque de bébés

France, 15 juin 1939

La France ne renouvelle plus sa population. Les chiffres sont alarmants : sur la période 1935-1937, on a enregistré seulement 629 800 naissances pour 643 400 décès, soit un déficit de 13 600. C'est la raison pour laquelle l'Alliance nationale pour l'accroissement de la population, une association créée en 1896 par Jacques Bertillon, André Honnorat et Charles Richet sous un premier nom d'Alliance nouvelle contre la dépopulation, lance une campagne de sensibilisation. Le timbre-poste étant un très bon vecteur, elle convainc le gouvernement d'en émettre deux dont la surtaxe lui sera reversée pour financer ses œuvres. C'est leur maquette, dessinée par André Spitz, qui est présentée ici. Leur émission a lieu aujourd'hui, à raison d'un tirage de 1,28 million d'exemplaires. Gravés par Émile Feltesse, ils ne manquent pas de susciter les sarcasmes des esprits forts.

Le musée postal est très, très attendu !

France, 6 juillet 1939

Gravé par Piel d'après *La Lettre* de Fragonard, ce timbre a été émis pour aider à la création du musée postal que réclament les associations de philatélistes. Malgré son importante surtaxe, le timbre rencontre un incontestable succès. C'est presque la totalité du tirage (1,294 million d'exemplaires) qui sera vendue. Mais les philatélistes devront attendre : l'heure n'est pas propice au financement d'un musée...

Émis le 1er février 1939 en faveur d'un comité créé pour l'érection d'un monument à la mémoire des victimes civiles de la guerre de 14-18 dans les départements envahis, ce timbre dessiné et gravé par Gabriel-Antoine Barlangue représente Léon Trulin. Ce jeune Lillois né en 1897 avait gagné en 1915 l'Angleterre pour s'engager dans l'armée belge (il était né en Belgique). Éconduit à cause de son âge, il accepta une mission d'espionnage pour les Anglais. Pris par les Allemands, il fut condamné à mort et exécuté le 8 novembre 1915 à Lille.

La Seconde Guerre mondiale a éclaté

Paris, septembre 1939

Dans une capitale où les monuments ont mis leur ceinture de sacs de sable pour se protéger d'éventuels bombardements, on procède boulevard Brune à l'évacuation de l'Atelier du timbre-poste à Limoges. De ce fait, plusieurs timbres seront imprimés en Limousin. La guerre semble inéluctable, et le clan «anti-munichois», qui aurait voulu en découdre avec Hitler un an plus tôt au lieu d'abandonner la Tchécoslovaquie, ressent comme un coup de poignard dans le dos le pacte germano-soviétique de non-agression du 23 août 1939. Entre-temps cependant, la France a commencé à combler son retard dans le domaine des armements. Dans une opinion publique encore flottante, nombreux sont encore ceux qui répugnent à «mourir pour Dantzig» et qui comprennent mal pourquoi les Anglais, hier si pacifistes, s'enflamment soudain autant pour la cause polonaise... Le 30 août 1939, l'Allemagne adresse un ultimatum au gouvernement polonais, exigeant la restitution du couloir de Dantzig. La Pologne répond par la mobilisation générale, et le 1er septembre, l'armée allemande envahit la Pologne sans déclaration de guerre préalable. Le 2 septembre, Britanniques et Français lancent à l'Allemagne un ultimatum exigeant son retrait du territoire polonais. Après la Norvège, la Suisse et la Finlande, l'Italie et l'Irlande déclarent leur neutralité. Le 3 septembre, après le rejet de l'ultimatum, la Grande-Bretagne et la France déclarent la guerre à l'Allemagne. Le même jour, le paquebot anglais *SS Athenia* est coulé dans l'Atlantique par un sous-marin allemand.

Prévoyante, l'administration a rétabli dès le 26 août la franchise postale pour les militaires et a fait imprimer des milliers de cartes postales portant l'estampille FM et dont certaines sont illustrées, parfois sur le mode humoristique. Ce que la poste n'avait pas prévu, c'était cette «drôle de guerre» (l'expression aurait été inventée par Roland Dorgelès) où les soldats français se morfondaient à garder les casemates de la ligne Maginot, avec pour seule distraction les nombreuses tournées du théâtre aux armées... L'un d'eux, Maurice Bernard, avait un joli coup de crayon et s'amusa à orner ses lettres des similivignettes FM. Celle du haut montre deux soldats auxquels un chat cause une belle frayeur au cours d'une patrouille de nuit ; celle du bas porte une légende explicite.

1848　　　　　　1900　　　　　　　1950　　　　　　　　2005

Le progrès en marche..

La 2 CV. Le 29 août 1939, la TVP (pour «très petite voiture») conçue par Citroën e[st] enregistrée aux Mines sous la dénomination de 2 CV. Un mythe de l'automobile e[st] en train de naître... C'est en 1935 que Pierre-Jules Boulanger («PJB») a demandé [à] l'ingénieur André Lefebvre d'étudier «une voiture pouvant transporter deux cultiva[teurs] en sabots, 50 kilos de pommes de terre ou un tonnelet à une vitesse de 60 km/[h] pour une consommation de trois litres aux cent». Il fallait en outre que cette voitu[re] puisse «être maniée sans problème par une conductrice débutante» et que so[n] confort soit «irréprochable car les paniers d'œufs transportés à l'arrière doivent arr[i]ver intacts malgré les ornières». Le cahier des charges sera respecté à la lettre, [le] véhicule sera doté d'un moteur de deux cylindres à quatre temps et à refroidisseme[nt] liquide et, en 1938, l'usine Citroën de Levallois sera chargée de lancer une présér[ie] de 250 véhicules. La Seconde Guerre mondiale interrompra le développement de la 2 C[V] mais la production de cette voiture révolutionnaire sera relancée après la guerre, av[ec] un succès sans précédent, après sa présentation véritablement sensationnelle a[ux] Salons de l'automobile de 1948 et 1949 (photo ci-contre).

France, 16 février 1940
Décès du journaliste Maurice Albert Burion (*11.11.1880), directeur de la Revue philatélique de France, membre de l'Académie de philatélie.

France, 16 juin 1940
Le socialiste Ludovic Oscar Frossard est nommé ministre des Travaux publics et des Transmissions.

France, 27 juin 1940
Le socialiste André Février devient ministre des Transmissions.

Vichy, 12 juillet 1940
François Pietri devient secrétaire d'État aux Communications.

Vichy, 17 juillet 1940
Pierre Cathala est nommé secrétaire général des PTT. Il est chargé de représenter à Paris, auprès des autorités allemandes, son ministre de tutelle, qui est à Vichy. Il sera remplacé le 20 décembre 1940 par Vincent di Pace, qui conservera cette fonction jusqu'au 25 août 1944.

Vichy, 6 septembre 1940
Jean Berthelot, directeur général adjoint de la SNCF, devient secrétaire d'État aux Communications.

France, 18 octobre 1940
Décès du fondateur des Annales de philatélie, Victor Bourselet (*25.12.1881), membre de l'Académie de philatélie.

France, 5 novembre 1940
Le personnel des PTT est sommé par circulaire de souscrire une déclaration de non-judéité, tout emploi administratif étant interdit aux juifs, selon la loi du 3 octobre sur le statut des juifs.

France, 1941
Le prix littéraire de l'Académie de philatélie est attribué à Christian Sautter pour son ouvrage Postes pneumatiques en France.

France, 10 janvier 1941
Décès de Louis François (*2.11.1882), signataire du Roll of Distinguished Philatelists en 1935.

Monde, 24 mai 1941
Les États-Unis suspendent le trafic postal avec la France.

France, 1er juillet 1941
Décès du directeur des Annales de philatélie, François Paul Renaut d'Oultre Seille (*25.1.1893), auteur des Faux postaux en France.

La propagande qui entretient la flamme

Deux flammes à un mois d'intervalle, de la « drôle de guerre » aux combats de mai-juin.

France, avril-mai 1940
Les services de propagande vont utiliser les flammes postales pour véhiculer leurs messages, qui ont peu changé en vingt-cinq ans. Comme en 1914, on demande aux Français de soutenir l'effort de guerre et de démasquer les agents de l'ennemi (la fameuse « 5e colonne »), et de ne pas prêter l'oreille à leurs propos séditieux ou défaitistes. La précaution n'est pas inutile en ces mois de « drôle de guerre », car l'opinion publique, qui n'a pas encore oublié les hécatombes de 1914-1918, n'a pas l'esprit très combatif. C'est pourquoi certains prêteront une oreille complaisante à la très habile propagande ennemie, telle qu'elle s'exprime notamment (en français) à la radio de Stuttgart et proclame par exemple que « les Anglais se battront jusqu'au dernier Français »...

On invoque les mânes du maréchal Foch

France, 1er mai 1940
Ce 1er mai est le jour d'émission de la vignette consacrée à Foch – une façon sans doute d'invoquer ses mânes victorieux... Ce même jour, l'administration postale abandonne le projet de timbre en l'honneur d'André Maginot mort en 1932. Son nom reste associé à la fameuse ligne Maginot, ces deux tronçons de fortifications réputés infranchissables s'étendant du Jura aux collines de la Meuse. Cette ligne n'ayant pas arrêté une minute les Allemands, qui la prendront à revers, on la critiquera autant qu'on l'avait encensée, ce qui est fort injuste pour Maginot, à qui l'on doit aussi le monument au Soldat inconnu, car dans son esprit elle n'était destinée qu'à donner un répit aux Français, le temps de mobiliser et de se préparer à une guerre de mouvement.

Les premières épreuves en couleur de ce timbre franco-anglais, représentant côte à côte le roi George VI et le président de la République Albert Lebrun, sont tirées ce 13 juin 1940. La maquette, due au Français Henry Cheffer, doit être revue, pour l'adapter aux techniques de photogravure d'outre-Manche, par Edmond Dulac, artiste français naturalisé britannique. Futur auteur de la Marianne de 1944-1945, Dulac est l'un des plus talentueux illustrateurs de son temps, et ses planches pour les contes d'Andersen et Les Mille et Une Nuits sont de vrais petits chefs-d'œuvre. Mais cette émission conjointe ne verra jamais le jour pour cause de désastre.

La République française se saborde au casino de Vichy

Le gouvernement de Pétain. À la droite du vieux maréchal, on reconnaît Pierre Laval, nommé vice-président du Conseil le 12 juillet et artisan du vote du 10 juillet, à Vichy.

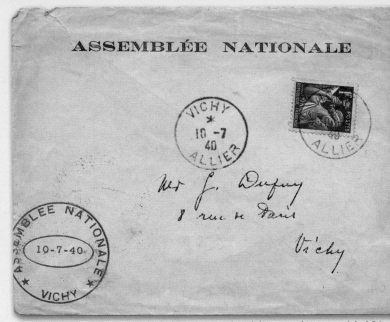

Lettre officielle oblitérée à Vichy le jour du vote des pleins pouvoirs au maréchal Pétain.

Vichy, 11 juillet 1940

La République est morte. Trois actes constitutionnels ont aboli la présidence de la République et créé un État français dont la mission est de promouvoir les droits du travail, de la famille et de la patrie. Tous les pouvoirs sont concentrés entre les mains du maréchal Philippe Pétain, qui assume les fonctions de chef de l'État. En attendant la rédaction d'une Constitution qui sera « ratifiée par la nation » dans un délai qui n'a pas été déterminé. En fait, c'est à un changement de régime que nous avons assisté en quarante-huit heures. Les événements militaires et politiques ont été d'une rapidité foudroyante. Après plusieurs mois de « drôle de guerre », les Allemands ont lancé en mai une offensive éclair qui a complètement pris de court les Français et les Anglais : le 20 juin, ils entreront dans Paris. Le 16 juin, le président du Conseil Paul Reynaud, replié avec son gouvernement dans la région de Tours, démissionnait. Il était aussitôt remplacé par Pétain qui, dès le lendemain, annonçait à la radio qu'il avait demandé l'armistice à l'ennemi, « le cœur serré ». Le 22 juin, un armistice était signé dans des conditions humiliantes, c'est-à-dire dans le wagon de Foch où les Allemands vaincus avaient signé celui du 11 novembre 1918. Le 10 juillet, réuni au casino de Vichy, l'Assemblée nationale votait les pleins pouvoirs à Pétain, par 569 voix contre 80 (et 20 abstentions). Aux cris de « Vive le Maréchal ! » certains ont opposé « Vive la République quand même ! ».

En 1940, pour pallier la pénurie d'essence, Peugeot étudie une minuscule automobile électrique à trois roues, la VLV (« voiture légère de ville »). Elle sera enregistrée au service des Mines le 28 mars 1941. D'une longueur de 2,67 m et d'un poids de 365 kg (dont 200 pour la batterie), elle affiche une vitesse maximum de 40 km/h pour une autonomie de 80 km (à 30 km/h de moyenne). Elle sera construite à 377 exemplaires seulement de juin 1941 à février 1945. Les PTT testeront cette étonnante petite VLV pour le relevage des boîtes aux lettres.

L'Alsace-Lorraine annexée

Alsace-Lorraine, 15 août 1940

Officiellement, le Haut-Rhin, le Bas-Rhin et la Moselle sont toujours des départements français. Mais les Allemands, négligeant les timides protestations de Vichy, ont dès le début de l'occupation entrepris de germaniser l'Alsace et la Lorraine, qui ont retrouvé leur nom d'avant la Grande Guerre, *Elsass* et *Lothringen*. Une annexion de fait conduite à marche forcée par deux gauleiters nommés le 20 juin par Hitler, Robert Wagner en Alsace et Josef Bürckel en Lorraine. Ce dernier n'est d'ailleurs pas le premier venu : il est le seul des anciens du parti nazi à continuer de tutoyer le Führer ! Toutes les administrations, des postes aux chemins de fer, ont été rattachées aux administrations allemandes, le Concordat conclu en 1801 entre Bonaparte et le pape Pie VII (resté en vigueur en Alsace-Lorraine après 1918) a été abrogé, Robert Wagner ordonnant même la fermeture de la cathédrale de Strasbourg le 11 juillet.

Un symbole de cette germanisation administrative et culturelle est fourni par la mise en circulation, ce 15 août 1940, de timbres du Reich surchargés « Lothringen » ou « Elsass ». Ce sont des valeurs du type Hindenburg (apparu en 1933).

Écrire d'une zone à l'autre

France, 26 septembre 1940

En vertu de la convention d'armistice, la France est coupée en deux zones séparées par une ligne de démarcation : une zone occupée par l'armée allemande et une zone non occupée (dite zone « nono » ou zone « libre ») où l'État français exerce les pleins pouvoirs. Le 1er août dernier, les Allemands avaient interdit le service postal entre les deux zones. Il a été rétabli aujourd'hui, mais dans des conditions draconiennes. La correspondance doit être effectuée avec des cartes interzones spéciales, vendues 90 c (80 c pour le port, 10 c pour le carton). Au verso, des instructions très précises sont fournies, avec des lignes comportant des mots clés à compléter. Les informations qui y sont portées par l'expéditeur doivent être strictement familiales et aucun mot ne doit être écrit en dehors des lignes. Toute carte non conforme à ces instructions sera retournée avec le cachet « Inadmis » ou « Non réglementaire ». C'est le cas de la carte dont le verso est reproduit ci-dessous.

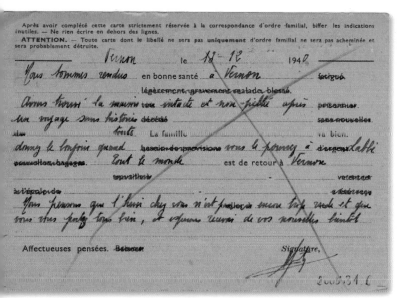

La terre qui ne ment pas...

Vichy, 2 décembre 1940

C'est au profit du Secours national, organisme humanitaire créé en 1914 et réactivé par Édouard Daladier en 1939, qu'est émise une série de quatre timbres qui, tous, illustrent l'un des thèmes de propagande les plus chers au régime de Vichy : le retour à la terre. Jules Piel, Pierre Munier, Henry Cheffer et Georges Léo Degorce en sont les auteurs. C'est la maquette de Degorce qui est présentée ci-dessus. La date de cette émission n'a pas été choisie au hasard : ce même 2 décembre 1940, la loi organisant la corporation paysanne est promulguée.

Elle précise que la corporation dispose de pouvoirs réglementaires pour « promouvoir les intérêts des familles paysannes dans le domaine moral, social et économique ». Le maréchal Pétain n'avait pas attendu le vote du 10 juillet pour esquisser son programme. Le 25 juin, en effet, alors qu'il n'était que président du Conseil, il avait prononcé un discours radiodiffusé où il dénonçait « ces mensonges qui nous ont fait tant de mal », auxquels il opposait « la terre qui, elle, ne ment pas ». La formule lui avait été soufflée par Emmanuel Berl, un grand intellectuel juif plutôt de gauche...

Le général de Gaulle consolide sa légitimité en Afrique

Tchad, 31 décembre 1940

De son quartier général de Fort-Lamy, le colonel Leclerc (de son vrai nom Philippe de Hauteclocque) adresse ses vœux à son chef, le général de Gaulle, et lui exprime sa « grande reconnaissance pour m'avoir permis d'être encore français ». Leclerc, qui n'était alors que capitaine, avait été l'un des premiers à répondre à l'appel lancé à la BBC le 18 juin par le général de Gaulle. Ce dernier lui confia alors une mission d'une audace inouïe : rallier l'Afrique-Équatoriale à la France libre et reprendre la lutte aux côtés des Anglais. Dès le 27 août, Leclerc prenait pied au Cameroun, puis s'emparait du Gabon en novembre avant de s'établir au Tchad pour y préparer une offensive en Libye contre les Italiens. Pour de Gaulle, qui n'a toutefois pas réussi à gagner à sa cause l'Afrique-Occidentale, restée fidèle au gouvernement de Vichy, c'est vraiment le début de la reconquête. Dans la métropole, la résistance commence à s'organiser, notamment aux PTT où, en juin, Henri Gourdeaux, membre du comité central du Parti communiste, pose les fondations d'un réseau basé sur la fraternité politique et syndicale, gage de sécurité. Mais à la résistance armée, de Gaulle joint la résistance politique. Son objectif est de disqualifier le régime de Vichy et d'apparaître, tel le héros de *Sertorius* de Corneille, comme le détenteur de la légitimité : « Rome n'est plus dans Rome, elle est toute où je suis » (acte III, scène 1). Alors que le 24 octobre, à Montoire, Pétain rencontrait Hitler et engageait la France dans la voie de la collaboration, trois jours après, à Brazzaville, de Gaulle stigmatisait les « infâmes négociations » avec l'ennemi et refusait « l'horrible servitude ». Mais en Afrique-Équatoriale libérée, les timbres témoignent de cette volonté de ne pas rendre les armes. Les timbres de l'AEF ont été frappés de la surcharge « Afrique française libre » ou plus simplement encore « Libre ».

Le 27 octobre 1940, à Brazzaville (Congo), Charles de Gaulle dénonce les « malheureux ou les misérables » de Vichy. En haut : un timbre de l'AEF surchargé par la France libre.

Adoucir le sort des prisonniers de guerre

Vichy, 1er janvier 1941

En juin 1940, l'armée allemande avait fait 1 830 000 prisonniers. Le 31 décembre, ils étaient encore près de 1,5 million dans les stalags et les oflags. Pétain a confié à un aveugle de guerre, Georges Scapini, dont les sympathies pour l'Allemagne ne sont un mystère pour personne, la tâche de les secourir en lui conférant le titre d'ambassadeur. Parallèlement, s'est constitué un Comité d'assistance aux prisonniers de guerre. C'est à son profit, ainsi qu'à celui de la Croix-Rouge, qu'est émise une série de deux timbres « dont le produit de la surtaxe est destiné à adoucir le sort des prisonniers de guerre ». D'où l'importance de cette surtaxe : 5 F, la même pour les deux timbres (dont la valeur d'affranchissement est respectivement de 80 c et de 1 F). Le premier a été dessiné et gravé par Pierre Munier, le second par Georges Léo Degorce (c'est celui qui est reproduit ci-contre, en haut). Ils ont été imprimés à 1,169 et 1,167 million d'exemplaires. Ils seront retirés de la vente le 16 août 1941.

Un stalag (« Stammlager ») en Allemagne. Sur le timbre, la référence à la République française paraît déjà anachronique, alors que se met en place à Vichy l'« État français ».

La zone occupée comprend toute la moitié nord de la France et une large bande sur la façade atlantique, jusqu'à la frontière espagnole. Publiée par les autorités allemandes dans la partie méridionale de la zone occupée, cette affiche témoigne de leur volonté d'annihiler toute résistance.

L'Empire français se divise

Vichy, 17 juillet 1941

Vichy célèbre l'empire colonial au travers d'une Semaine de la France d'outre-mer, sous les auspices du vice-amiral Charles Platon, secrétaire d'État aux Colonies. Une célébration qui, du fait des circonstances, brille surtout par sa modestie. Un timbre est cependant émis, en quasi-catastrophe. La vignette de Jules Piel est la même que celle d'un timbre émis le 15 avril 1940 à des fins identiques, mais aux couleurs et à la valeur faciale différentes ; et on note que dans le cartouche du bas, la mention « Postes françaises » s'est substituée à la mention « Postes RF ». La république n'est plus d'actualité... Le planisphère représenté est cependant trompeur. Car, si le gouvernement de Vichy contrôle toujours l'Afrique du Nord, l'AOF, l'Indochine ou les Antilles, toute une partie de cet empire lui échappe. L'AEF est passée à la France libre l'année dernière, de même que les établissements français de l'Inde, la Nouvelle-Calédonie et les Nouvelles-Hébrides, cet ensemble « dissident » fournissant à de Gaulle des troupes fraîches. Le divorce est d'ailleurs gros de conflits fratricides. On en a eu le douloureux exemple le mois dernier. Le 8 juin, des forces britanniques ont attaqué la Syrie où des avions allemands avaient été autorisés par Vichy à transiter. Les Forces françaises libres participaient à l'opération, dans l'espoir de rallier les troupes « vichyssoises » du général Dentz et d'empêcher la mainmise des Anglais sur le mandat. Mais Dentz, tout en refusant l'aide allemande, résista, avant d'accepter un armistice le 14 juillet.

Erreur sur le timbre : on a mis « outremer », qui est une couleur, au lieu d'outre-mer.

En Afrique-Équatoriale française, la France libre émet cette année ses propres timbres.

Le dimanche des facteurs

Vichy, 4 octobre 1941

La révolution nationale voulue par le maréchal Pétain est en marche. La question est de savoir dans quel sens. Son inspiration est en effet des plus équivoques. L'influence de la droite antiparlementaire et réactionnaire y est incontestable. Mais on trouve également à Vichy d'anciens dirigeants syndicalistes et socialistes, qui croient à la possibilité de réaliser des réformes sociales hardies. C'est le cas de René Belin, un leader de la CGT devenu secrétaire d'État à la Production industrielle et au Travail. Ainsi, c'est à son initiative que, le 24 avril dernier, la fête du 1er mai a été officialisée sous le nom de fête du Travail et de la Concorde sociale. La mesure est évidemment symbolique, mais d'autres le sont moins. Par exemple la suppression de la distribution du courrier et la fermeture des bureaux de poste le dimanche, décidée le 31 juillet et entrée en vigueur le 3 août, seuls les bureaux de tri restant

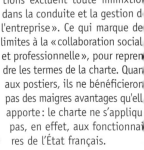

ouverts. Tous les facteurs (ici dans la nouvelle tenue adoptée juste avant la guerre) n'en sont pas nécessairement mécontents... Mais on en sait un peu plus aujourd'hui sur les intentions réelles du régime avec la promulgation de la charte du Travail. Elle instaure un système de collaboration entre les salariés et leurs patrons par l'intermédiaire de comités sociaux. Mais à bien lire la charte, on voit qu'elle profite principalement aux employeurs : la grève est en effet interdite, cette disposition étant toutefois compensée par l'interdiction parallèle du lock-out. Quant aux comités sociaux, « leurs attributions excluent toute immixtion dans la conduite et la gestion de l'entreprise ». Ce qui marque des limites à la « collaboration sociale et professionnelle », pour reprendre les termes de la charte. Quant aux postiers, ils ne bénéficieront pas des maigres avantages qu'elle apporte : le charte ne s'applique pas, en effet, aux fonctionnaires de l'État français.

Le timbre-poste glorifie le maréchal Pétain

Vichy, 1er janvier 1941

Le maréchal Pétain affecte volontiers une certaine coquetterie. Il est très fier de sa figure gauloise et de ses yeux bleus. Et il s'accommode assez bien de son âge (il aura 85 ans le 24 avril prochain), qui lui permet de jouer le rôle du père de la patrie : dans ses messages, il appelle souvent les Français « mes enfants ». Pétain a aussi des idées précises en matière de représentation de sa personne. Elles ne sont d'ailleurs pas forcément stupides. Il déteste ainsi poser pour les photographes, estimant qu'un homme qui se sait regardé ne sera jamais naturel. Mais il en faut pour tous les goûts. Car c'est une véritable politique iconographique que

va développer son entourage rapproché. L'image du « sauveur de la France » doit être partout, sur tous les supports possibles. Trois hommes vont symboliser la mise en œuvre de ce culte de la personnalité, comme le montrera bien Laurence Bertrand Dorléac dans *L'Art de la défaite* (1993) : François Cogné, Robert Lallemant et Gérard Ambroselli. Le premier est le sculpteur du buste le plus célèbre et le plus répandu du Maréchal. Lallemant est un praticien des arts décoratifs, qui n'a d'ailleurs pas été sourd aux sirènes de l'avant-garde ; beau-frère du docteur Bernard Ménétrel, le très influent confident du chef de l'État, il sera mis à la tête, en 1942, d'un service de produc-

tion d'objets d'art ou usuels à la gloire de Pétain, du presse-papiers à la boîte d'allumettes, faisant souvent appel à des artistes ou artisans de renom (Picart le Doux par exemple). Quant à Ambroselli, il compose des images dans la manière de celles d'Épinal, d'une naïveté presque touchante... Le timbre, par l'universalité de sa diffusion, n'échappe évidemment pas à cette vague « maréchaliste ». Le premier « Pétain » est émis ce 1er janvier. D'une valeur de 1 F, c'est un grand format de Jules Piel, qui connaissait bien son modèle. Trois autres valeurs seront émises le 25 janvier. Aucun chef d'État n'avait été représenté de son vivant sur un timbre depuis Napoléon III.

Le 24 avril 1944, le maréchal Pétain fête ses 88 ans. À cette occasion est émise une série de trois timbres : l'un rappelant que « le maréchal institua la corporation paysanne » (Pierre Gandon), l'autre que « le maréchal dota la France de la charte du Travail » (Albert Decaris), le troisième (reproduit ci-dessus) étant un très grand format (36 x 47 mm) dessiné et gravé par Charles Mazelin d'après une médaille d'André Lavrillier.

Ci-contre, au-dessus : émise le 8 février 1943, cette bande reprend le timbre de Piel du 1er janvier 1941 (le portrait avec képi) et un timbre de Mazelin émis le 26 juillet 1942. La francisque, emblème du régime depuis l'automne 1940, a été gravée par Mazelin.

Ci-contre, au-dessous : bande émise le 7 juin 1943, illustrant la devise « Travail, Famille, Patrie » avec des vignettes de Lemagny (travail), Cami (famille et patrie) et Mazelin (les deux portraits extérieurs). La surtaxe des timbres des deux bandes est au profit du Secours national.

Trois séries d'usage courant à l'effigie de Pétain sont émises en 1941. De gauche à droite : le type Lemagny à partir du 12 août (trois valeurs) ; le type Bersier à partir du 14 octobre (quatre valeurs) ; le type Prost à partir du 25 octobre (trois valeurs). Les types Lemagny et Bersier seront émis à nouveau en 1942 avec d'autres valeurs (et une nouvelle gravure pour deux valeurs du Lemagny). À droite : le type Bouguenec sera émis le 1er juin 1942.

Aux armes de nos villes

France, 15 décembre 1941
Aujourd'hui sont mis en vente les douze premiers timbres de la série surtaxée des « Armoiries des villes de France », imprimée en taille douce rotative Pendant deux jours, ils seront vendus uniquement par série indivisible au prix global de 60 francs. Le montant de la surtaxe est versé au Secours national. Nancy (20 c + 30 c), Lille (40 c + 60 c), Rouen (50 c + 70 c), Bordeaux (70 c + 80 c), Toulouse (80 c + 1 F), Clermont-Ferrand (1 F + 1 F), Marseille (1,50 F + 2 F), Lyon (2 F + 2 F), Rennes (2,50 F + 3 F), Reims (3 F + 5 F), Montpellier (5 F + 6 F) et Paris

(10 F + 10 F) sont les douze villes retenues. Chaque figurine est dessinée et gravée par un artiste différent, Piel étant le seul à en signer deux (Toulouse et Paris). Différentes villes manifestant leur mécontentement de ne pas y figurer, les postes annoncèrent l'émission d'une seconde série en octobre 1942, avec Angers, Chambéry, La Rochelle, Poitiers, Orléans, Grenoble, Dijon, Limoges, Le Havre, Nantes, Nice et Saint-Étienne (Aix-en-Provence, Amiens, Arras, Avignon, Bastia, Besançon, Bourges, Brest, Caen, Pau, Tours et Versailles ayant été écartées).

Faute de moyens de transport suffisants, les Français écrivent de plus en plus. Pour pallier les restrictions d'essence, les PTT adoptent le camion à gazogène...

Le Félibrige à l'honneur

Un album de luxe commémorant cette émission du 20 février 1941 avait été remis à la veuve de Frédéric Mistral par le maréchal Pétain en personne. Cette plaquette contenait une feuille de 50 timbres non dentelés. Dorénavant, tous les timbres de France feront l'objet d'un tirage non dentelé qui ne sera pas mis en vente mais qui sera distribué à ceux qui ont participé à la création de la vignette ou bien aux personnalités liées à l'événement ou aux figures célèbres.

France, 20 février 1941
Le timbre « Frédéric Mistral » émis ce jour fera l'objet d'une recension élogieuse dans *L'Écho de la timbrologie*, qui souligne la qualité du travail du graveur Charles Mazelin. Le dessin de Marcel Émile Fabre est une reprise du portrait qu'il a exécuté pour les vignettes non postales de grand format imprimées à Avignon et vendues par carnet de 20 à l'occasion du centenaire de la naissance de Mistral, en 1930. Seules différences significatives, l'initiale « F » du prénom a disparu, et dans les cartouches du bas les lettres RF et la valeur faciale remplacent les armoiries du Félibrige. Fabre regrettera d'ailleurs beaucoup le choix du

petit format pour ce « Mistral ». Après la disparition de Frédéric Mistral en 1914, le Félibrige, affaibli par les querelles d'héritiers, reçoit le soutien inespéré du gouvernement de Vichy, qui voit d'un bon œil la défense du patrimoine culturel et soutient les mesures favorables aux langues régionales. C'est ainsi que le secrétaire d'État à l'Éducation nationale, l'historien et futur académicien Jérôme Carcopino, aura le temps, avant de démissionner dès le retour de Laval au pouvoir (avril 1942), d'introduire, par les arrêtés du 24 décembre 1941, l'enseignement des « langues dialectales » (basque, breton, flamand et provençal) dans l'enseignement public.

1848 **1900** **1950** **2005**

Le progrès en marche...

1 - L'hélicoptère est une machine fiable depuis le 13 mai 1940. C'est ce jour-là, en effet, que le constructeur américain d'origine russe Igor Sikorsky a réalisé un vol libre de plus de 15 minutes avec son VS-300A. Jusqu'à présent, les essais d'hélicoptère n'avaient pu être effectués qu'en reliant les engins au sol avec des cordes pour éviter les embardées. Les premiers hélicoptères opérationnels seront mis en œuvre par les Américains à la fin de la Seconde Guerre mondiale, mais aussi par les Allemands dès 1943 avec leur petit Flettner Fl.282 Kolibri.

2 - La Jeep. En 1940, l'armée américaine lance un concours pour un véhicule tout terrain à quatre roues motrices, désigné GP – « *General Purpose* » – et qui, par abréviation phonétique, sera appelé Jeep. Le concours est remporté en 1941 par Willys mais, pour assurer une production suffisante, il devra partager ses brevets avec Ford. Environ 640 000 Jeep seront construites par Willys et Ford jusqu'en 1945.

Février
1942

1'50
POSTES
Septembre
1944

FRANCE
1'50
FRANCS
Octobre
1944

RÉPUBLIQUE FRANÇAISE
POSTES 1'50
Novembre
1944

1942-1945

Fronde contre les postes

Vichy, 5 janvier 1942
Le tarif de la lettre jusqu'à 20 g dans le régime intérieur passe à 1,50F (1,20 F pour la carte postale).

Vichy, 5 janvier 1942
Interdiction est faite aux agents des PTT d'appartenir à un groupement philatélique, pour éviter le favoritisme en période de pénurie de papier.

Vichy, 18 avril 1942
Robert Gibrat est nommé secrétaire d'État aux Communications.

Vichy, 28 août 1942
Création de la carte d'abonnement aux émissions de timbres-poste.

Vichy, 18 novembre 1942
Jean Bichelonne devient secrétaire d'État à la Production industrielle et aux Communications.

Vichy, 31 décembre 1942
La loi de finances autorise la création d'un musée postal à Paris.

France, 1er octobre 1943
Décès de Théophile Lemaire, auteur du *Catalogue Lemaire* (*6.5.1865), propriétaire de la maison Maury et membre de l'Académie de philatélie.

Vichy, 3 novembre 1943
Eugène Vaillé est nommé conservateur du Musée postal.

France, 7 novembre 1943
Décès du graveur et dessinateur Antonin Delzers (*17.8.1875).

Sonnenburg, 10 mars 1944
Jean-Baptiste Lebas (*24.10.1878), ancien ministre des PTT, arrêté le 21 mai 1941, meurt en déportation.

France, 12 mai 1944
Décès du marquis Guy de Fayolle (*8.7.1882), signataire du *Roll of Distinguished Philatelists* en 1939.

Paris, 25 août 1944
Edmond Quenot devient secrétaire général des PTT.

Paris, 10 septembre 1944
Augustin Laurent devient ministre des PTT.

France, 1er mars 1945
Le tarif de la lettre jusqu'à 20 g dans le régime intérieur est porté à 2 F, celui de la carte postale à 1,50 F.

Paris, 27 juin 1945
Eugène Thomas est nommé ministre des PTT.

Cette série non utilisée comporte 15 valeurs du 10 c au 20 F (les timbres de 10 F, 15 F et 20 F sont en grand format). Un entier postal de 1,20 F sera aussi imprimé. Une partie du tirage échappera à la destruction.

Vichy, 9 février 1942
À la fin de 1941, les restrictions et l'augmentation des coûts de fonctionnement sont durement ressentis par les PTT, qui se voient contraints à des économies. Or les postes acceptent mal d'avoir à acheminer en franchise l'abondant courrier officiel. Il est alors décidé de faire payer les administrations – État, départements ou communes. Le 6 décembre 1941, une loi autorise l'émission d'un timbre-poste spécialement destiné à l'affranchissement du courrier officiel. Le thème retenu est celui de la francisque, dont les tranchants seront aux couleurs du drapeau tricolore. Le bon à tirer est signé ce 9 février 1942 et le tirage se fera du 19 mars au 26 mai. Cette décision, on s'en doute, provoque une vraie révolution dans les ministères, qui bloquent la mise en vente. De 1941 à 1944, la sortie sera repoussée quatre fois avant d'être définitivement abandonnée à la Libération. Comme le papier est rare, les feuilles sont mises à tremper pour dissoudre la gomme, puis recyclées (les philatélistes distinguent ainsi des séries sans gomme et des séries neuves avec gomme).

Ces deux préoblitérés du 1er mars 1942 appartiennent à une série de quatre, émise après le changement de tarif du 5 janvier. C'est un nouveau type de surcharge rotative, plus grasse et plus opaque, réalisée lors de l'impression.

Les folles illusions de la collaboration

France, 12 octobre 1942
Le baron Jacques Benoist-Méchin est un ultra de la collaboration. Cet intellectuel, spécialiste de Marcel Proust et de James Joyce, mais aussi auteur d'une *Histoire de l'armée allemande* dont la lecture a beaucoup frappé le général de Gaulle, est secrétaire d'État auprès de Pierre Laval, le vice-président du Conseil ramené par les Allemands au pouvoir après en avoir été écarté par Pétain. Benoist-Méchin est de ceux qui souhaitent une alliance en bonne et due forme avec l'Allemagne, dont il admire le régime. Mais une alliance qu'il voudrait équitable: il reconnaîtra ultérieurement que c'était une chimère. Son souci est d'imposer le contrôle de Vichy sur la Légion des volontaires français (LVF), association de droit privé qui combat en Russie sous le commandement exclusif des Allemands (et sous uniforme allemand). C'est pourquoi il favorise en juin 1942 la création de la Légion tricolore, organisme semi-officiel voué dans son esprit à intégrer la LVF dans ses rangs. Il réussira dans un domaine où la LVF avait échoué: amener les postes à émettre deux timbres. Certes, la LVF avait émis ses propres vignettes en 1941 et en 1942, mais sans valeur pos-

Benoist-Méchin entre le colonel Puaud (à g.) et le général Galy (à d.), chefs de la Légion.

tale. Les timbres-poste de la Légion tricolore qui sont émis aujourd'hui forment un triptyque avec deux timbres bleu et rouge de même valeur, et une vignette blanche imprimée à sec en son centre. Ils seront mis en vente jusqu'au 25 mai 1943, époque à laquelle la Légion tricolore aura cessé d'exister: les Allemands n'avaient pas vu d'un bon œil la mise en œuvre d'une force militaire française dont le contrôle leur échapperait... Benoist-Méchin en sera quitte, une fois de plus, pour ses illusions!

Opération Lilas sur Toulon

En deux heures, près de 90 bâtiments se sabordent irrémédiablement en rade de Toulon.

Toulon, 27 novembre 1942

Le 11 novembre, en réplique au débarquement allié en Afrique du Nord, Hitler a envahi la zone libre, mettant fin à son «régime de faveur». Soumis à l'autorité directe de l'occupant, le gouvernement de Vichy a perdu toute crédibilité: beaucoup de ceux qui voyaient en lui un moyen de préserver une armée française – l'«armée de l'armistice» – rejoignent la Résistance. Et aujourd'hui, plus aucune illusion n'est permise. Malgré les promesses faites au secrétaire d'État à la Marine, l'armée allemande a investi Toulon pour y neutraliser la flotte française: c'est l'opération Lilas. Mais au dernier moment, le commandant de la Force de haute mer, l'amiral Jean de Laborde, donne à ses bâtiments l'ordre de se saborder. Alors que l'amiral Darlan lui avait demandé de gagner l'Afrique du Nord en cas de menace allemande... Ce qu'il aurait eu le temps de faire.

Le Duce convoitait la Corse

Corse, novembre-décembre 1942

Depuis 1938, Mussolini englobait la Corse, la Tunisie et la Savoie (sans parler de Nice) dans ses revendications: *«Tunisia, Corsica, Savoia a noi!»* Le 11 novembre 1942, tandis que les Allemands envahissent la zone libre, 80 000 Italiens occupent l'île qui compte alors environ 200 000 habitants. C'est alors qu'est détruit, par incinération, le stock déjà imprimé du timbre dédié à la petite ville de Nonza (dont la maquette est reproduite ci-contre). Cette figurine, qui devait succéder au 20 F «Aigues-Mortes», avait été annoncée au public pendant l'été. Mais Pierre Laval, revenu aux affaires en avril, avait dès le 18 septembre adressé au secrétaire d'État aux Communications une lettre confidentielle lui demandant d'annuler cette émission, susceptible de froisser les susceptibilités italiennes. En décembre 1942, le général Henri Giraud, coprésident avec le général de Gaulle du Comité français de libération nationale installé à Alger, envoie le sous-marin *Casabianca*, rescapé du sabordage de Toulon, en mission secrète en Corse en vue d'y créer des réseaux de résistance. Fred Scamaroni, jeune sous-préfet rallié à la France libre, débarquera dans l'île en janvier 1943 pour y unifier les différents mouvements

de résistance. Arrêté par la police italienne et torturé, Scamaroni se suicidera dans sa cellule le 19 mars, par crainte de parler. Le 4 avril, le flambeau de la Résistance corse sera repris par le capitaine de gendarmerie Paul Colonna d'Istria. Au mois de juin, 14 000 soldats allemands viendront renforcer les troupes italiennes.

Les blasons des provinces

Le 25 juillet 1942, le timbre dédié à Georges Guynemer est retiré. Son émission, le 12 octobre 1940, avait suscité les protestations des autorités d'occupation. La célébration d'un as de l'aviation de la Première Guerre mondiale, qui avait à son tableau de chasse 54 avions allemands, leur était apparue comme une provocation...

France, fin avril 1943

La deuxième figurine de la série «Blasons des provinces de France», inaugurée le 25 mars avec le 10 F «Bretagne», se poursuit avec le 20 F «Île-de-France». Ce sont les premiers timbres de ce genre à respecter les couleurs des blasons traditionnels, contrairement à la précédente série des «Armoiries des villes de France», qui était monochrome. Suivront le 5 F «Lyonnais» et le 15 F «Provence», émis tous deux le 15 mai. En raison des pénuries, ces timbres sont imprimés en typographie rotative. Le but est de «doublonner» par des valeurs identiques en typographie tous les timbres imprimés en taille-douce, qui ne seront désormais fournis qu'à ceux qui en font expressément la demande – c'est-à-dire aux philatélistes. Comme caution de sérieux historique, les PTT se sont assuré le concours de Jacques Meurgey, titulaire de la chaire d'héraldique à l'École des chartes, ce qui n'empêchera pas les critiques: on reprochera notamment au blason d'Île-de-France de ne pas se distinguer assez de celui de l'Orléanais, émis l'année suivante. Cette série continuera néanmoins à s'enrichir jusqu'en 1955.

Un éminent spécialiste de l'héraldique avait supervisé cette série imprimée en couleurs. En 1944, s'y ajouteront les Flandres, le Languedoc, l'Orléanais et la Normandie.

Le tout-Paris qui applaudit la première du film Mermoz, le 23 novembre 1943, ignore ou oublie que l'interprète principal, Robert Hugues-Lambert, a été arrêté pour homosexualité. Il a néanmoins achevé la postsynchronisation à Drancy avant d'être déporté en Allemagne, où il mourra. Pour les raccords en plans éloignés, le réalisateur Louis Cuny l'a remplacé par un jeune débutant nommé Henri Vidal.

Les villes sous les bombes

Après le passage des avions... En haut: le timbre dessiné et gravé par Gandon. Imprimé en taille-douce à 1,15 million d'exemplaires, il sera démonétisé le 1er novembre 1944.

France, 23 août 1943

Inlassablement, les vagues de bombardiers alliés viennent lâcher leurs cargaisons au-dessus des sites industriels qui, dans la France occupée, travaillent pour la machine de guerre du IIIe Reich. Mais comme dans toute opération de bombardement, les populations civiles ne sont pas toujours épargnées. La propagande de Vichy dénonce bien sûr les raids « aveugles » de la perfide Albion et de ses alliés américains et gaullistes... Le timbre émis ce 23 août comprend une forte surtaxe reversée au Secours national. Quatre villes martyres y sont mentionnées: Dunkerque et Lorient, qui servent de bases aux sous-marins de la Kriegsmarine, Saint-Nazaire, dont l'occupant utilise les chantiers navals et les bassins de carénage, et Billancourt, où les usines de Louis Renault produisent des engins blindés pour la Wehrmacht.

Le CFLN émet ses timbres

Les généraux Giraud (à gauche) et de Gaulle en 1943. À droite: l'un des cinq timbres émis par le CFLN. Ils ont été dessinés par Bodiniet et gravé par Hervé (lithographie).

Alger, 16 novembre 1943

René Mayer, le commissaire aux Communications du CFLN, autorise ce jour les services algériens des postes à émettre cinq timbres avec une surtaxe au profit du Comité exécutif de la Résistance française. Ils seront vendus dans tous les territoires placés sous l'autorité du Comité français de libération nationale. Notamment en Corse qui, suite à l'accord secret que les Alliés ont imposé à l'Italie, est aujourd'hui la seule partie libérée du territoire métropolitain. Fort du soutien de Roosevelt, le général Giraud, fait prisonnier en 1940 et évadé de la forteresse de Kœnigstein en 1942, a succédé à Darlan après l'assassinat de ce dernier et partage avec de Gaulle, depuis juin, la direction du CFLN. Mais il est sur le point d'être évincé par son rival: il renoncera alors à tout rôle politique pour se cantonner dans des responsabilités strictement militaires.

Quand un facteur s'envole

Dans ce film, Charles Trenet chante, entre autres, Quand un facteur s'envole.

Paris, 1er septembre 1943

C'est aujourd'hui, aux cinémas Ermitage et Impérial, qu'a lieu la sortie parisienne d'Adieu Léonard, film de Pierre Prévert sur un scénario de son frère Jacques. Charles Trenet, dont c'est la cinquième contribution au 7e art, y incarne le facteur-poète Ludovic, aimable farfelu anarchisant qu'un maître chanteur (Pierre Brasseur) veut faire assassiner par son cousin Léonard (Carette). Autres interprètes: Denise Grey, Maurice Baquet, Mouloudji, Delmont et Jacqueline Bouvier (future Madame Marcel Pagnol), sans oublier une figurante qui deviendra Simone Signoret. Les décors sont de Max Douy, les chansons de Trenet et la musique d'un certain Georges Mouque, pseudonyme de Joseph Kosma. Les assistants réalisateurs sont des amis des frères Prévert: Jacques Laurent Bost (futur scénariste du duo Bost et Aurenche), Robert Scipion (futur auteur de mots croisés) et Léo Malet, le père de Nestor Burma.

Imprimé par un atelier clandestin, ce faux timbre à l'effigie de De Gaulle imitait le 1,50 F « Pétain » type Bersier. S'en servir pour écrire à Philippe Henriot qui, à la radio, appelait à l'anéantissement des Résistants, était un avertissement sans frais.

La liberté revient en Corse

La vente du type Marianne de Fernez et du type Coq prendra fin le 12 mai 1945.

Les timbres au type Coq de Razous seront imprimés à Alger au mois de juillet 1944.

Corse, janvier 1944

Libérée depuis octobre 1943, la Corse n'a plus de timbres. L'île de Beauté sera donc le premier département français à bénéficier des figurines républicaines que le CFLN fait imprimer en lithographie à Alger par Carbonnel et par Heintz (pour les finitions). Dès ce mois de janvier, un timbre à 1,50 F y est émis : c'est une Marianne, dessinée par le peintre «algérianiste» Louis Fernez, à qui l'on doit de beaux ensembles décoratifs au Musée municipal d'Alger. Dix autres valeurs seront émises en avril (de 60 c à 5 F). Toujours en Corse, un second

timbre d'usage courant apparaîtra en juillet, en huit valeurs différentes (de 10 c à 20 F). C'est un coq gaulois, le premier à figurer sur un timbre-poste. Le gallinacé national est l'œuvre d'Henry Razous, le report lithographique (comme celui de la Marianne de Fernez) étant dû à Charles Hervé. Après avoir été acheminés à Marseille, les deux types seront distribués dans les bureaux de la France libérée, l'émission générale ayant été fixée au 15 novembre. Les quantités étant relativement faibles, l'administration limitera la vente de chaque valeur à cinq timbres par personne.

Des timbres made in USA

Carentan, 11 septembre 1944

Des timbres pour le moins singuliers sont mis en vente à Carentan. Ils ne sont pas tout à fait français : ils font partie en effet d'une série de dix figurines conçues et imprimées aux États-Unis, en prévision d'une éventuelle mise sous tutelle américaine de la France après le débarquement en Normandie. Cette éventualité ayant été écartée, le général de Gaulle en a autorisé l'émission. Leur mise en vente nationale interviendra le 9 octobre. Imprimés en lithographie offset à Washington, ils ont été dessinés d'après une photographie de l'Arc de triomphe par William A. Roach (auteur de la série des «Famous Americans» émise en 1940 par l'US Postage) et gravés par quatre artistes : Charles A. Brooks (fond et cadre), T. Vail et John S. Edmondson (légendes), Axel W. Christensen (valeur faciale). Mais nos alliés connaissent bien mal le français, comme le prouve la figu-

rine ci-dessous : on doit dire *1,50 franc* (au singulier), et non pas *1,50 francs*... Mais cette erreur sera réparée pour l'émission de dix nouveaux types Arc de triomphe, le 12 février 1945.

Marianne, femme française

France, 16 septembre 1944

Il n'y a pas de faute, en revanche, sur la très belle Marianne dont la première valeur, au tarif de la lettre simple (1,50 F), a été émise aujourd'hui. Imprimée en taille-douce à plat à Londres, elle avait été à l'origine commandée par le général de Gaulle à Edmond Dulac, cet artiste britannique de souche française qui, en 1940, avait travaillé au projet de timbre franco-anglais. Un tout premier projet (dont la maquette est reproduite ci-dessus) fut refusé par le chef de la France libre, qui estimait, non sans raison, la légende «R France F» du haut plutôt malheureuse. Une deuxième version corrigée fut ensuite imprimée à 10 000 exemplaires, mais non émise : on était encore loin du Débarquement, et cette Marianne avait été conçue pour la France libérée. Finalement, le projet de Dulac connaîtra sa version défini-

tive à la suite d'un concours ouvert à Alger le 8 décembre 1943 par le commissaire aux Colonies, René Pleven. Le troisième projet sera le bon : il sera adopté le 10 février 1944 pour les timbres d'usage courant en France métropolitaine (alors qu'il devait dans un premier temps, servir également pour les colonies). Par rapport au projet initial, les modifications paraissent d'autant plus justifiées qu'elles mettent en valeur la pureté des traits de la figure féminine et la finesse du modelé. Le dessinateur s'est inspiré du visage de Léa Rixens, épouse de son ami peintre Émile Rixens. Après ce 1,50 F, pas moins de dix-neuf autres valeurs (de 10 c à 50 F) seront émises du 17 mars au 15 novembre 1945. Elles seront imprimées à Londres. Une vignette similaire, gravée par Mazelin, sera testée à l'imprimerie de Paris.

Les postiers se sont battus pour chasser l'occupant nazi

Paris, 25 août 1944. Le général Leclerc entre dans la capitale. Le 16 août, une grève insurrectionnelle avait été lancée sur tout le territoire français par les agents des PTT.

France, septembre 1944

La France a un nouveau ministre des PTT depuis le 10 septembre, Augustin Laurent. Une figure de la Résistance. Personnalité du Comité d'action socialiste (CAS) fondé par Daniel Mayer en 1941, en zone sud, il fut l'un des animateurs du réseau Brutus et effectua un admirable travail de renseignement dans le Nord, au profit des Alliés. (Il sera maire de Lille de 1955 à 1973.) Le travail qui l'attend est immense. Les postes sont désorganisées, le personnel est dispersé, le matériel fait en partie défaut. Cependant, les premiers trains postaux ont recommencé à circuler dès ce mois de septembre. La remise en route des ambulants sera pour novembre. C'est que la France est encore loin d'être libérée. Certes, le général Leclerc, avec sa 2e DB, a repris Paris aux Allemands le 25 août, joignant ses forces aux FFI du colonel Rol-Tanguy. Les chars de Leclerc d'un côté, les barricades de Rol-Tanguy de l'autre, ont contraint le général Dietrich von Choltitz, le commandant du «Gross Paris», à capituler. Un timbre de Pierre Gandon, émis le 16 janvier 1945, célèbrera les combats pour la libération de la capitale (ci-dessus). Mais la guerre continue en Lorraine et en Alsace, où les Allemands opposent une résistance opiniâtre aux hommes de Leclerc et du général de Lattre de Tassigny. Il faudra attendre le 23 novembre pour voir le drapeau tricolore flotter sur la cathédrale de Strasbourg, et le 10 février 1945 pour chasser l'ennemi de Colmar. Quant aux postiers, ils sortent durement éprouvés de la guerre et de l'Occupation. Lors de la capitulation allemande, le 8 mai 1945, le chiffre des tués et des disparus sera de plus de 2 000. Et ce 10 septembre 1944, ce sont plus de 10 000 qui sont prisonniers en Allemagne. Quelque 10 % du personnel des PTT ont été actifs dans la Résistance. En particulier au sein du réseau État-major PTT, lié à l'Organisation civile et militaire (OCM) et dirigé par Ernest Pruvost, et du réseau Libération nationale PTT d'Henri Gourdeaux, lié au Parti communiste. La position stratégique que les PTT occupaient en faisait d'ailleurs un vivier naturel pour le renseignement. Le NAP-PTT en a fourni l'ample démonstration. Le NAP (Noyautage des administrations publiques) a été créé en septembre 1942 à la suite d'une suggestion de Claude Bourdet à Jean Moulin. Donnant toute la mesure de son efficacité au début de 1943, après la fusion des principaux réseaux de la zone sud dans les Mouvements unis de résistance (MUR), en mars, par Jean Moulin. Le NAP avait pour missions principales le renseignement, l'entrave aux directives des Allemands ou du gouvernement de Vichy, la fabrication de faux papiers et la préparation de l'après-Libération. Le NAP-PTT était particulièrement bien placé pour intercepter les échanges entre les services de Vichy ou transmettre des messages codés... Certains paieront un tribut cruel à leur engagement patriotique et républicain. C'est le cas de Simone Michel-Lévy, entrée à 16 ans aux PTT. Adjointe d'Ernest Pruvost à État-major PTT, elle a organisé et dirigé tout un système de liaisons radio et de transmission du courrier clandestin à travers la France, et établi des cartes professionnelles des PTT pour des réfractaires du STO (Service du travail obligatoire). Trahie par un opérateur radio, elle sera torturée par des auxiliaires français de la police allemande, puis déportée au camp de Flossenbürg où, affectée à une usine d'armement, elle poursuivra la lutte en se livrant à des actes de sabotage. Découverte, elle sera pendue le 10 avril 1945, dix jours avant la libération du camp. Celui qui lui a suc-

Le drapeau de Résistance PTT, mouvement d'où procède État-major PTT.

cédé à État-major PTT, Edmond Debeaumarché, aura plus de chance. Sergent radio en 1939, il a notamment mis au point un plan de sabotage des communications allemandes et intercepté les télégrammes chiffrés transitant par le central télégraphique de Paris. Arrêté le 3 août 1944, il sera déporté à Dora où, se faisant passer pour ingénieur, il se fait affecter à la construction des fusées V1. Condamné à mort pour sabotage, il sera libéré par les Américains avant l'exécution de la sentence.

Un Comité français de libération nationale (CFLN) s'est mis en place le 4 juin 1943 à Alger, présidé par les généraux de Gaulle et Giraud. Le Gouvernement provisoire de la République française (GPRF) lui a succédé le 3 juin 1944, toujours à Alger, avec le général de Gaulle seul à sa tête. Cette lettre affranchie avec des timbres d'Algérie émis après le débarquement allié en Afrique du Nord a été oblitérée au bureau postal du GPRF et porte le cachet officiel de celui-ci.

Dessiné par Lucas et gravé par René Cottet, ce timbre appartient à une série de cinq figurines consacrées aux cathédrales, décidée en 1943. À son émission, le 20 novembre 1944, cette série est indivisible. Les figurines ne pourront être vendues séparément qu'à partir du 4 décembre. La surtaxe est au profit de l'Entraide française, qui a succédé au Secours national.

Les types Pétain invalidés

En septembre 1944, le maquis de Montreuil-Bellay (Maine-et-Loire) avait surchargé des timbres et, par cette affiche, invité la population à «boycotter» les types Pétain.

France, 1er novembre 1944

Les timbres à l'effigie du maréchal Pétain n'ont plus cours. Le 7 août 1944, le Gouvernement provisoire avait décrété : « Les timbres-poste et autres valeurs fiduciaires postales, émis par l'autorité de fait dite "gouvernement de l'État français", cessent d'être valables pour l'affranchissement des correspondances et leur utilisation est interdite. » Et le 26 septembre, un arrêté d'application précisait que la cessation de validité prendrait effet ce 1er novembre. Il était plus restrictif que le décret. Étaient concernés les timbres, cartes et enveloppes à l'effigie de Pétain, et les figurines « Légion tricolore », « Villes sinistrées » et « Famille du prisonnier ». L'article 2 de cet arrêté avertissait que «les envois irréguliers seront, selon le cas, retournés à l'expéditeur ou versés aux rebuts, après avoir été revêtus de la mention "non admis"». Le 3 octobre, l'administration annonçait que «l'échange contre un montant équivalent d'autres timbres-poste ou cartes en service, des figurines, cartes et enveloppes périmées est autorisé jusqu'au 31 octobre 1944 inclus». Cet échange ne donnait lieu à aucune retenue.

Où l'on retrouve la Cérès de Barre...

France, février 1945

Charles Mazelin s'est inspiré de la Cérès de Barre pour créer une série d'usage courant, gravée par Henri Cortot et imprimée par l'Imprimerie des timbres-poste. Elle est mal accueillie... Le 1 F est émis le 1er février, le 60 c et le 1,20 F le sont le 19 février, le 80 c le 26 février. Le 1,50 F, lui, ne sera émis que le 2 juillet 1945. La durée de vie de cette série sera courte.

Eugène Thomas reste le ministre des PTT

Paris, 21 novembre 1945

Le GPRF (Gouvernement provisoire de la République française) est reformé, consécutivement aux législatives du 21 octobre dernier. Ces élections étaient assorties d'un référendum sur la question de savoir si la Constitution de la IIIe République devait ou non être conservée. La réponse ayant été négative, la nouvelle Assemblée se voit donc investie d'un pouvoir constituant. Le général de Gaulle reste président du GPRF, mais, tenant compte du vote des Français et des Françaises – à qui le droit de vote a été enfin accordé ! –, il s'est notamment entouré de ministres communistes, socialistes et MRP. Le ministre des PTT reste Eugène Thomas, qui avait succédé à Augustin Laurent dans le précédent gouvernement. Eugène Thomas est socialiste. Né le 23 juillet 1903 à Vieux-Condé (Nord), cet instituteur de modeste extraction avait été élu député en 1936, porté par la vague du Front populaire. Entré dans la Résistance, il fut avec Daniel Mayer, Félix Gouin et Gaston Defferre l'un des sept membres du premier comité exécutif clandestin du Comité d'action socialiste (CAS) et, sous le nom de guerre de « Tulle », le responsable du réseau Brutus dans la région de Toulouse. Arrêté en avril 1943 à Paris, il fut déporté à Buchenwald, d'où il fut libéré deux ans plus tard par l'armée américaine. Maire du Quesnoy (chef-lieu de canton du Nord) depuis les élections municipales du 29 avril dernier, Eugène Thomas a été reconduit le 21 octobre suivant au Palais-Bourbon par les électrices et les électeurs de son département natal.

Le 10 juin 1944, la division SS allemande «Das Reich» faisait périr par le feu 642 personnes (dont 245 femmes et 207 enfants) dans l'église d'Oradour-sur-Glane (Haute-Vienne). Dessiné et gravé par Raoul Serres, ce timbre émis le 13 octobre 1945 au tarif de la lettre pour l'étranger doit rappeler au monde ce que fut la barbarie nazie pendant la guerre.

Le général de Gaulle choisit la Marianne de Gandon

Le temps a passé, mais le visage de Jacqueline Gandon est resté celui que son mari a immortalisé dans sa Marianne de 1945 (en haut, le 4 F imprimé en taille-douce).

Pierre Gandon dans son atelier.

Paris, 15 février 1945

« Faites-nous vite une maquette, c'est un petit concours, vous ne serez que trois : Mazelin, Cheffer et vous. De Gaulle choisira. » C'est volontiers que Pierre Gandon raconte l'histoire de ce coup de téléphone adressé par le directeur des Postes pendant les combats de la libération de Paris, du moins selon l'intéressé, et plus probablement un peu après... Toujours est-il que son projet fut approuvé par le général de Gaulle. Dans l'urgence, Gandon ne chercha pas d'autres modèles que son épouse Jacqueline. Il n'aurait sans doute pas trouvé mieux ! D'ailleurs le passé ne

Jacqueline Gandon était le meilleur modèle que pouvait trouver son mari !

lui fournissait-il pas des exemples illustres ? Ainsi, en 1835, le sculpteur François Rude n'avait pas procédé autrement pour réaliser *Le Départ des volontaires*, le groupe qui orne l'Arc de triomphe et qui est universellement connu sous le nom de *La Marseillaise*. Rude avait alors fait poser sa femme, lui demandant de hurler à tue-tête... La Marianne de Gandon, elle, a bouche close, mais il y a dans tout son visage l'expression d'une énergie qui, pour être muette, n'en est pas moins héroïque. C'est vraiment le visage qu'il fallait donner à la France combattante et insoumise. Jusqu'en 1954, ce nouveau type d'usage courant connaîtra un nombre impressionnant d'émissions différentes : 11 en taille-douce et 33 en typographie rotative (dont cinq timbres surchargés « Algérie », neuf surchargés « CFA » pour la Réunion, deux surchargés d'une nouvelle valeur, douze préoblitérés). Les deux premières valeurs ont été émises aujourd'hui : un 1,50 F rouge pour la lettre intérieure du premier échelon de poids et un 4 F bleu, pour l'affranchissement des lettres à destination de pays étrangers. Le 1,50 F a été gravé par les soins d'Henri Cortot et imprimé en typographie à 16,890 millions d'exemplaires, le choix de la typographie étant strictement économique, à cause d'une pénurie de matières premières. En revanche, le 4 F a été gravé par Gandon en taille-douce, la qualité du résultat ayant été

jugée indispensable pour le rayonnement de la France à l'extérieur des frontières. Mais le tirage en a été limité à 6 millions d'exemplaires. Parmi les 14 Marianne de Gandon émises en 1945, figurent quatre grands formats, tous imprimés en taille-douce : un 20 F, un 25 F, un 50 F et un 100 F, valeur énorme dont le tirage d'un peu moins de 2 millions d'exemplaires indique qu'il a été principalement fait à destination des philatélistes.

Gandon a été « épuré » : trois mois d'interdiction professionnelle pour avoir gravé les timbres de la Légion tricolore. Le « Sarah Bernhardt » qu'il a gravé entre-temps sera émis le 16 mai 1945. Charles Mazelin a accepté de le signer pour lui...

1848   1900   1950   2005

Le progrès en marche...

1 - Le scaphandre autonome est mis au point en 1943 par le commandant Jacques-Yves Cousteau et l'ingénieur Émile Gagnan. Caractérisé par un détendeur et des bouteilles d'air comprimé, il sera commercialisé à partir de 1946. Il offre au plongeur une indépendance de mouvement complète.

2 - Le Tupperware. En 1945, l'Américain Earl Tupper fabrique un verre à dents translucide et incassable en polyéthylène moulé par injection. En 1946, il lancera une première ligne de produits aux tons pastel délicatement dépolis, les Tupperware, en particulier des boîtes pour conserver les aliments. Il mettra ensuite au point le système de fermeture qui consiste à exercer une pression sur le couvercle pour chasser l'air de ses boîtes. Pour faire apprécier et vendre ses produits, il organisera à partir de 1951 un système de réunions de groupe à domicile, les « réunions Tupperware ». Jusqu'en 2000, la vente des produits Tupperware se fera exclusivement de cette manière.

Émis le 25 octobre 1943.
Dessin et gravure de
Georges Léo Degorce.
Taille-douce rotative.

Ambroise Paré (vers 1509-1590) est considéré comme le fondateur de la chirurgie moderne. Chirurgien d'Henri II, François II, Charles IX et Henri III, il fut notamment le premier à adopter la ligature des artères pour les amputations.

FRANCE
POSTES 4f
1844 BRANLY 1940

Natif d'Amiens, le physicien Édouard Branly (1844-1940) a fait faire des progrès décisifs à la télégraphie sans fil (TSF) en inventant en 1890 le radioconducteur (ou cohéreur à limaille), élément essentiel des appareils de réception.

Avril 1945 • Mars 1946 • Janvier 1947

Le Musée postal ouvre rue Saint-Romain

L'hôtel Choiseul-Praslin, construit par l'architecte Gaubier, abrite le Musée postal français.

Paris, 25 mai 1946
Inauguré aujourd'hui, le Salon de la philatélie, qui occupe pour une quinzaine de jours deux étages des Grands Magasins du Printemps, est devenu l'événement parisien de la saison. Comme prévu, le bureau de poste temporaire connaît un grand succès : on vient s'y procurer la carte maximum dont le cachet réunit en son centre la Cérès de 1849 et la Marianne de Gandon. Quant au timbre, il s'agit de celui qui a été émis ce jour pour l'inauguration : c'est une interprétation, par le dessinateur et graveur Henry Cheffer (un petit-cousin de Rodin) du tableau de Chardin intitulé *Dame cachetant une lettre* ou *Le Cachet de cire* (1733), et dont le modèle féminin n'était autre que l'épouse du peintre, Marguerite Saintard. Ce timbre est frappé d'une surtaxe de 3 F au profit du Musée postal, dont Jean Letourneau, ministre des PTT, vient d'annoncer la prochaine ouverture, le 4 juin. Le nouveau musée occupe, au 4 de la rue Saint-Romain dans le VIe arrondissement, l'élégant hôtel particulier construit en 1732 pour la comtesse de Choiseul et embelli ensuite par son neveu, ministre de la Marine et des Affaires étrangères du roi Louis XV, qui devint duc de Praslin. Après diverses vicissitudes sous la Révolution, l'hôtel Choiseul-Praslin, qui avait initialement son entrée principale au 111, rue de Sèvres, fut racheté en 1886 par l'État. Accueilli par Eugène Vaillé, conservateur du musée, le ministre admirera les collections en compagnie du directeur général de la Poste, Le Mouel (aussi président du conseil de gérance du musée), du directeur de l'Imprimerie des timbres-poste, du directeur de l'Atelier de fabrication des timbres, ainsi que des représentants du monde de la philatélie et d'artistes (parmi lesquels Achille Ouvré, Henry Cheffer et Jules Piel). La visite aura duré plus de deux heures, ce qui constitue une sorte de record pour une cérémonie de ce genre !

Débuts héroïques de la Postale de nuit

Le Bourget, 2 juillet 1946
Paris-Lyon-Marseille-Nice : c'est l'itinéraire choisi pour la deuxième ligne de nuit du département postal d'Air France dirigé par Didier Daurat, et qu'emprunte Georges Clément, ancien d'Air Bleu, pour le vol inaugural. Le redémarrage de la « Postale » de nuit a eu lieu l'an dernier dans des conditions difficiles, faute de moyens financiers, matériels et humains suffisants. Il en aurait fallu toutefois plus pour venir à bout de la ténacité de Daurat et de la foi de ses hommes. Avec trois Junkers 52, trimoteurs allemands quelque peu dépassés, mais toujours vaillants, une première ligne avait pu être ouverte dès le 26 octobre 1945 sur le parcours Paris-Bordeaux-Toulouse-Pau, en présence du ministre des PTT Eugène Thomas et du ministre de l'Air Charles Tillon. Malgré deux tragiques accidents dans la nuit du 13 au 14 janvier 1946 et, tout récemment, dans la nuit du 27 au 28 juin, le programme fixé par les postes a été respecté : le Junkers 52 de Georges Clément s'est envolé pour Nice.

Faisant suite à la conférence de Potsdam, la conférence de Paris (29 juillet-15 octobre 1946) réunit les Alliés d'hier afin de statuer sur la question allemande. Mais comme l'ont laissé prévoir les préliminaires, cette rencontre ne permettra aucun rapprochement entre Soviétiques et Occidentaux – aussi a-t-on fait supprimer prémonitoirement la mention « Paix » qui figurait encore sur l'épreuve d'artiste de ce timbre dû à Albert Decaris et émis le jour de l'ouverture de la conférence.

De nouveaux départements

Outre-Mer, 1947

Cette année 1947 verra utiliser les toutes dernières oblitérations sur des anciens timbres spécifiques à la Martinique, à la Guadeloupe, à la Guyane et à la Réunion. La loi du 19 mars 1946 a en effet érigé ces quatre colonies de l'Union française en départements français d'Outre-Mer. Par conséquent, à partir du 1er janvier 1948, on y emploiera les mêmes timbres qu'en France métropolitaine. Présentée comme une légitime quête de citoyenneté et d'égalité sociale par le rédacteur du texte, le député guyanais Gaston Monnerville, et par son rapporteur, le député martiniquais et poète Aimé Césaire, cette loi de départementalisation a été votée à l'unanimité par l'Assemblée nationale. Ces territoires font donc désormais partie de la nation au même titre que n'importe quel département français. C'est aux Antilles que le courant « assimilationniste » a été le plus puissant, arguant des 20 000 morts (près de deux tiers des mobilisés) de 1914-1918. Explicitement formulée dès 1938, la revendication sera reprise après la guerre par les communistes qui venaient

de remporter les élections locales (Aimé Césaire, Léopold Bissol, Georges Grallant, entre autres). Après 1958, ces mêmes communistes, désillusionnés quant aux avantages de l'intégration, deviendront au contraire le soutien le plus résolu de la cause indépendantiste.

Occupation de l'Allemagne

Allemagne, 1947

Depuis la conférence de Potsdam du 2 août 1945, l'Allemagne vaincue est administrée directement par la France, les États-Unis, la Grande-Bretagne et l'Union soviétique, chacune contrôlant une zone d'occupation. La situation est évidemment très différente d'une zone à l'autre. En l'absence de centralisation (bien que l'État allemand n'ait pas été, dans son principe, aboli), les émissions postales se multiplient localement. C'est le cas dans la zone d'occupation française (Rhénanie-Palatinat et Bade-Wurtemberg), où les autorités militaires tentent de favoriser le séparatisme, mais avec encore moins de succès qu'au

lendemain de la Première Guerre mondiale. Outre les timbres d'occupation proprement dits, libellés « Zone française », mais dont la valeur reste exprimée en monnaie allemande (ci-dessous, à gauche), le Wurtemberg émet ses propres timbres (ci-dessous, au centre), retrouvant ainsi l'autonomie postale que les nazis lui avaient enlevée. Le cas de la Sarre est tout autre. Comme en 1918, la France a des visées sur cette région. Occupée en 1945 par les troupes françaises, elle a été dotée cette année d'un statut d'indépendance devant, dans l'esprit des occupants, être une étape vers la francisation. Elle a son propre drapeau et émet ses timbres (ci-dessous, à droite).

Le XIIe congrès de l'Union postale universelle (UPU), au palais du Luxembourg, est inauguré par le président Vincent Auriol le 7 mai 1947. Le même jour est émis ce timbre de poste aérienne, le premier à atteindre la valeur faciale de 500 F – soit 111 fois le tarif de la lettre simple. Si la qualité artistique du dessin et de la gravure de Gandon fait l'unanimité, ce n'est pas le principal motif des spéculateurs : ils ont misé sur une forte plus-value de ce timbre, dont les prix grimpent en flèche après son retrait. Mal leur en prendra, car les fluctuations du marché feront considérablement baisser la cote. Les oblitérations étant rarissimes (surtout celles qui ne sont pas de complaisance), elles donneront lieu, c'était fatal, à des faux !

L'ombre de la guerre civile sur la France

France, 9 décembre 1947

Les grèves insurrectionnelles qui ont mis la France au bord de la guerre civile ont pris fin. Le ministre de l'Intérieur, le socialiste Jules Moch, a eu le dernier mot. Le mouvement, qui se développait depuis le mois de janvier dernier, tant dans le secteur public que privé, a pris de l'ampleur à partir du 25 avril, avec la grève déclenchée chez Renault. La situation était alors la suivante : dans un premier temps, la grève de Renault fut désapprouvée et même combattue par le Parti communiste, ceci s'expliquant par le fait que le PC était représenté par plusieurs ministres dans le gouvernement de Paul Ramadier. Mais le PC et la CGT, craignant d'être désavoués par leurs troupes, opérèrent un retournement à 180° et cherchèrent un prétexte pour passer à l'opposition : le 4 mai, les députés communistes refusèrent de voter le blocage des salaires demandé par Ramadier pour lutter contre l'inflation, ce qui entraîna le lendemain l'éviction de leurs ministres du gouvernement. L'épreuve de force était dès lors engagée. Elle allait tourner à l'affrontement en novembre, lorsque le PC et la CGT donnèrent aux grèves un caractère insurrectionnel, dans les

mines, les chemins de fer et la métallurgie en particulier, aucun secteur (dont les PTT) n'étant totalement épargné. Robert Schuman, qui a succédé à Paul Ramadier le 24 novembre, a conservé Jules Moch à l'Intérieur pour rétablir l'ordre, ce qu'il fit sans faiblesse. Le 3 décembre, un sabotage faisait dérailler un train, causant la mort de 16 personnes. Le 5, le gouvernement rappelait 80 000 réservistes. Ce qui suffit à faire reculer le PC et la CGT. Mais celle-ci ne devait pas sortir indemne du conflit. Outrés par l'exploitation politique du mouvement, les groupes Force ouvrière de la CGT feront scission le 13 décembre, donnant naissance à une CGT-FO indépendante du PC. Une scission qui avait eu lieu à la Fédération PTT dès août 1946.

Les grévistes à l'entrée des usines Renault, à Boulogne-Billancourt, en novembre 1947.

L'énergie française retrouvée à Génissiat

JOURNÉE DU TIMBRE ✦ 1948
POSTES
ÉTIENNE ARAGO
FAIT ADOPTER LE TIMBRE-POSTE
EN 1848
6F FRANCE +4F
R. SERRES

C'était bien le moins qu'Étienne Arago fût célébré par une figurine pour le centenaire de la création du timbre-poste français, lui qui en fut l'instigateur ! Dessiné et gravé par Raoul Serres, et émis le 6 mars 1948 dans le cadre de la Journée du timbre, il comporte en rappel une évocation de la Cérès de Jacques-Jean Barre.

France, 21 septembre 1948
Gabriel-Antoine Barlangue est l'auteur du timbre qui commémore l'achèvement du barrage de Génissiat (Ain), sur le Rhône. D'aucuns lui reprochent de n'être qu'une épure d'architecte. Mais c'est justement, peut-être, ce qui lui donne tout son intérêt ! Il est émis près de deux mois après l'inauguration officielle, le 1er août 1948, de l'ouvrage d'art par le président de la République, Vincent Auriol. La construction du barrage de Génissiat, qui a commencé en 1937, mais que la guerre avait considérablement ralenti, est l'illustration d'une volonté politique : reconstruire le tissu industriel et urbain de la France, sinistré par les bombardements, à grand renfort de béton. Un homme personnifie cette volonté : c'est Eugène Claudius-Petit, le ministre de la Reconstruction et de l'Urbanisme. De son vrai nom Eugène Pierre Petit, ce fils de cheminot était devenu «Claudius» dans la Résistance ; le pseudonyme lui est resté. En 1945, Claudius-Petit a participé à la création de l'Union démocrate et socialiste de la Résistance (UDSR) avec François Mitterrand et René Pleven.

FRANCE
POSTES 12F
BARRAGE DE GÉNISSIAT -AIN- BARLANGUE

Long de 140 m et haut de 105 m, le barrage de Génissiat (ici en construction) est le plus puissant d'Europe. Le timbre de Barlangue affranchit la carte postale pour l'étranger.

Paul-Émile Victor sur la route des pôles

France, 2 mai 1949
Pierre Gandon n'a jamais été au pôle Nord, ni au pôle Sud, mais il restitue avec une belle intuition symbolique l'univers des extrêmes géographiques et climatiques.

Son timbre, dont la vente est limitée à vingt exemplaires par personne jusqu'au 15 mai, rend hommage aux explorations scientifiques menées par les Expéditions polaires françaises (EPF), créées par Paul-Émile Victor le 28 février 1947 avec deux objectifs majeurs : étudier la calotte glaciaire du Groenland et réaffirmer la souveraineté de la France sur la terre Adélie, dans l'Antarctique. Paul-Émile Victor est un personnage ! Né le 28 juin 1907 dans une famille d'industriels d'origine autrichienne, il renonça très tôt à suivre une carrière toute tracée à l'usine paternelle, à Saint-Claude, pour emprunter les chemins de l'aventure. Deux hommes devaient orienter sa vocation polaire : l'ethnologue Marcel Mauss et le grand explorateur et océanographe Jean Charcot. Dès 1934, il effectuait un séjour sur la côte est du Groenland, procédant à une étude très poussée des mœurs des Eskimos d'Ammassalik. Deux ans après, il accomplissait un véritable exploit en traversant d'ouest en est la calotte glaciaire du Groenland en traîneaux à chiens, avec l'anthropologue Robert Gessain, le géologue Michel Pérez et l'archéologue et sculpteur danois Eigil Knuth. Pendant la guerre, émigré aux États-Unis, il mit ses compétences au service de l'armée américaine pour former et entraîner des unités de secours dans les régions arctiques et le détroit de Béring, pourvu du grade de lieutenant.

REPUBLIQUE FRANÇAISE
15F
POSTES
EXPÉDITIONS POLAIRES FRANÇAISES

Paul-Émile Victor (à droite) lors de l'une de ses expéditions polaires et le timbre de Gandon. Un timbre à son effigie, dessiné par Marc Tarascoff, a été émis le 16 septembre 2000.

FRANÇAISE
REPUBLIQUE
POSTES
10f+6f

Le monde ouvrier, significativement très peu représenté dans l'iconographie vichyssoise, retrouve sa place dans la série des métiers (quatre timbres) émise le 14 février 1949 (ici, la figurine due à Pierre Gandon). La surtaxe est perçue au profit de la Croix-Rouge française. Assez curieusement, cette série sera retirée de la vente le 19 mars 1949, soit un mois seulement après son émission !

Quand Marianne fête Cérès

Paris, 12 juin 1949

L'Exposition philatélique internationale de Paris, ouverte le 1er juin au Grand Palais, a fermé ses portes. Le centième anniversaire du timbre-poste français a été célébré en beauté, notamment avec l'émission d'un bloc vendu pendant la seule durée de l'exposition : c'est un grand timbre blanc au centre duquel est imprimée la Cérès de 1849 non dentelée, avec une valeur faciale de 10 F (à quoi il fallait ajouter les 100 F correspondant au prix d'entrée). La philatélie française était particulièrement à la fête : le grand prix de la plus belle participation internationale a été attribué à Henri Kastler, président de l'Académie de philatélie, pour sa «Sélection des défauts constants relevés sur les sept valeurs des timbres d'occupation de 1870-1871 dits d'Alsace-Lorraine», tandis que celui de la plus belle participation française revenait à l'ingénieur et entrepreneur Léon Dubus pour sa «Sélection de marques postales rares de France». Auparavant, le 9 mai, l'administration avait émis une «bande du centenaire», formée de deux Marianne de Gandon et de deux Cérès de 1849 non dentelées, avec les mêmes valeurs faciales (15 F et 25 F), et d'une vignette où est imprimée la mention : «Centenaire du timbre-poste 1849-1949». La bande qui est reproduite ci-contre, à gauche, est extraite de la feuille vendue au prix de 800 F et comprenant quarante figurines et dix vignettes. Pierre Gandon avait proposé par ailleurs un projet qui n'a pas été réalisé : il s'agissait d'un grand timbre horizontal où Cérès et Marianne étaient côte à côte, chacune dans un cercle.

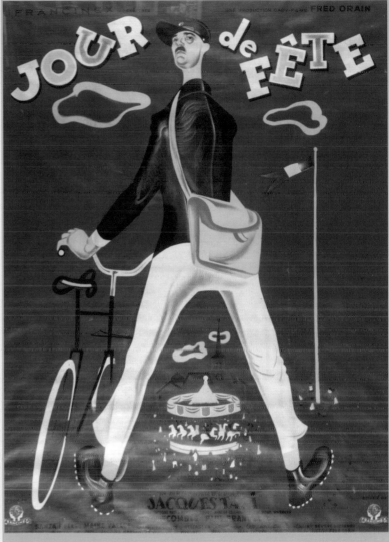

Sortie à Paris, le 4 mai 1949, de Jour de fête de Jacques Tati. Un chef-d'œuvre où les gags sont alliés à un savoureux comique d'observation. Tati y interprète un facteur rural plus vrai que nature ! Le film est sorti en noir et blanc, alors qu'il a été tourné en Thomson-Color, un procédé français pas tout à fait au point...

1848   1900   1950   2005

Le progrès en marche...

1 - Le Polaroid. Cet appareil photo dont la pellicule est développée et tirée instantanément a été inventé en 1947 par un Américain, Edwin H. Land, qui le commercialisa dès l'année suivante aux États-Unis. En 1976, Kodak mit sur le marché un appareil concurrent qui entraîna un procès en contrefaçon. Condamné après une longue procédure, Kodak dut payer un milliard de dollars d'indemnités à Polaroid.

2 - La Cocotte-Minute. En 1948, la Société d'emboutissage de Bourgogne (SEB) dépose le nom de Cocotte-Minute pour désigner le produit qu'elle lancera sur le marché en 1953. La Cocotte-Minute est un autocuiseur permettant de cuire des aliments à la vapeur sous pression. Le principe n'est pas nouveau, puisque Denis Papin, alors exilé à Londres, en avait inventé un en 1679, avec, déjà, une soupape de sûreté... Il l'avait baptisé «digesteur d'aliments» et utilisait la vapeur pour «amollir les os et faire cuire toutes sortes de viandes». D'autres autocuiseurs apparaîtront au XIXe siècle, mais peu fiables et parfois dangereux. La Cocotte-Minute de SEB aura un succès tel que, dans le langage courant, son nom se substituera au mot «autocuiseur» !

Paris, 7 février 1950
Charles Brune est nommé ministre des PTT. Joseph Laniel lui succédera le 11 août 1951, puis Roger Duchet le 4 octobre 1952 et Roger Ferri le 28 juin 1953.

France, 1951
Le prix littéraire de l'Académie de philatélie est remis à M. Charriaut pour *Histoire de la petite poste et de la poste maritime de Bordeaux*.

Paris, 1952
Parution de *La Philatélie française*, magazine de la Fédération des sociétés philatéliques françaises.

France, 25 juin 1952
Par décret, le produit des surtaxes des timbres-poste est désormais réservé à la Croix-Rouge française.

France, 1953
Le prix littéraire de l'Académie de philatélie est décerné à André Marchand (*La Poste à Bergedorf*) et à Michel Parlange (*Poste navale 1914-1918 et bureaux d'arsenaux*).

Paris, 22 septembre 1953
André Labrousse devient secrétaire général des PTT.

France, 14 novembre 1953
Création de l'ordre du Mérite postal.

France, 1954
Le prix littéraire de l'Académie de philatélie est décerné à Georges Gorron pour *La Guyane française*.

Paris, 19 juin 1954
André Paul Bardon est nommé sous-secrétaire d'État aux PTT, sous la tutelle du ministre des Travaux publics et de la Communication, Jacques Chaban-Delmas. Édouard Bonnefous deviendra ministre des PTT le 23 février 1955.

Paris, 21 décembre 1954
Marcel Faucon devient directeur général des Postes.

Paris, 1er juillet 1955
Jean Le Mouel devient conservateur du Musée postal.

France, 1er juillet 1955
Conformément à la décision prise par l'UPU en 1952, la taille minimale des objets de correspondance est fixée à 10 x 7 cm.

Machine Sécap

Suite aux concours de 1951 et 1953, les machines à oblitérer Flier, Krag ou RBV (sans parler des bonnes vieilles Daguin) sont remplacées par des machines françaises fabriquées par la Sécap (Société d'études et de construction d'appareils de précision). Il y a quatre modèles : deux manuelles et deux électriques, pouvant traiter de 8 000 à 20 000 lettres à l'heure. Fondée en 1928, la Sécap a été intégrée en 2001 au groupe américain Pitney Bowes, basé à Stamford (Connecticut) et spécialisé depuis 1920 dans la chaîne de traitement du courrier, de la mise sous enveloppe à l'oblitération, en passant par la balance calculatrice des tarifs postaux. Le chiffre d'affaires de la Sécap n'avait cessé entre-temps d'augmenter : de 1980 à 2001, il a été en effet multiplié par six, affichant 110 millions d'euros en 2001.

La Dejoie va bientôt arriver

France, 1950
Elles seront bleues, avec les inscriptions et les filets jaunes ou blancs. Elles, ce sont les nouvelles boîtes aux lettres qui ont été commandées par l'administration des PTT à la maison Dejoie et Cᵢₑ, à Nantes. Un fort beau marché pour cette fonderie dont les débuts remontent à 1929. En effet, les anciens modèles sont souvent en très piteux état, et beaucoup ne méritaient pas d'être réparés. Les nouvelles boîtes seront fabriquées en fonte d'aluminium et traitées avant peinture par phosphatation. Il y en aura deux sortes : murale et sur colonne. Si leur esthétique n'est pas révolutionnaire, elles ont pour avantage d'être fonctionnelles, avec tout de même un inconvénient qui apparaîtra à l'usage : l'indicateur de levée est constitué de baguettes de Bakélite qui doivent être déplacées verticalement par le facteur pour obtenir le bon affichage. Le système est simple, mais le problème est que ces baguettes sont fragiles et auront une fâcheuse tendance à se détériorer. L'administration palliera ce défaut de la façon la plus radicale : elle supprimera l'indicateur de levée sur les boîtes.

Le modèle su... colonne de l... nouvelle boîte... fournie par l... maison Dejoie... et Cᵢₑ aux PTT...

La guerre des deux écoles a été déclarée

France, 30 avril 1951
Si c'est un hasard, celui-ci fait vraiment bien les choses. Aujourd'hui est émis un timbre à l'effigie de Jean-Baptiste de La Salle (1651-1719), fondateur de la congrégation des frères des Écoles chrétiennes et véritable figure tutélaire de l'enseignement catholique. Il y a une quinzaine de jours, le 19 mars, c'était Jules Ferry, le « père » de l'école laïque, qui était « timbrifié » – la figurine faisant l'objet d'une vente anticipée le 17 mars à Saint-Dié, sa ville natale, avec pour la première fois une oblitération « Premier Jour ». Comme si Charles Brune, le ministre des PTT, avait voulu renvoyer tout le monde dos à dos. Car la guerre scolaire, latente depuis des décennies, a éclaté avec la nationalisation des Houillères le 17 mai 1946, cette nationalisation ayant entraîné la fermeture des écoles catholiques qui y étaient directement liées. L'école libre a toutefois de puissants défenseurs. Le député du Maine-et-Loire Charles Barangé (MRP) œuvre à sa reconnaissance face à l'école laïque, sortie renforcée de la Résistance : le 21 septembre 1951, il fera voter une loi subventionnant les élèves du privé.

Une école publique à Paris. En haut, à gauche : le « Jean-Baptiste de La Salle » dessiné et gravé par Pierre Gandon. À droite : le « Jules Ferry » dessiné et gravé par René Cottet.

François Mitterrand avec les Marsouins

France, 15 mai 1951

Les régiments d'infanterie et d'artillerie coloniales sont nés de la loi du 7 juillet 1900 et du décret du 28 décembre suivant. Alors que la France est engluée dans la guerre d'Indochine, François Mitterrand, ministre de la France d'outre-mer, et Jules Moch, ministre de la Défense, ont tenu à célébrer cet anniversaire par l'émission d'un timbre représentant la fameuse ancre des Marsouins rayonnant sur le monde. Ce n'est pas que François Mitterrand soit un farouche colonialiste. Au contraire, il sait que les choses doivent bouger dans l'empire, notamment en Afrique où il a pu constater *de visu* à quel point l'administration coloniale était sclérosée. Il a même pris des risques politiques réels en s'affichant le 5 février dernier, au Cercle français d'Abidjan, avec des représentants de la communauté indigène et en nouant des liens avec Félix Houphouët-Boigny, le patron du RDA (Rassemblement démocratique africain, indépendantiste). Ce n'est pas pour autant qu'il veuille livrer l'empire au «communisme international», comme l'affirme le lobby colonial!

Le feu vert de Beuve-Méry

Paris, 13 octobre 1951

Adalbert Vitalyos est un philatéliste passionné et compétent. Employé à l'imprimerie du *Monde*, il tient aussi depuis 1946 une chronique philatélique dans le quotidien dirigé par Hubert Beuve-Méry. Mais il a fait mieux encore. Il a convaincu son directeur de lui confier la création d'un mensuel séparé, *Le Monde des philatélis-*tes, dont le numéro 1 paraît aujourd'hui. Avec un lancement on ne peut plus adéquat : tiré à 1 500 exemplaires, il est distribué à la mairie du IXe arrondissement, gratuitement, à l'ouverture de l'exposition «Paris, sa poste et ses timbres» organisée dans le cadre du bimillénaire de la capitale. Sous la direction de Vitalyos, comme ultérieurement sous celle de Pierre Jullien, *Le Monde des philatélistes* saura s'assurer la collaboration des meilleurs spécialistes et s'imposera comme l'un des trois grands satellites du quotidien avec *Le Monde diplomatique* et *Le Monde de l'éducation*. Le mensuel s'illustrera également en éditant plus de 200 brochures dont beaucoup deviendront des classiques, par exemple *Les Méthodes d'impression des timbres-poste* de Pierre de Lizeray, parue en 1955. Et il ne laissera personne indifférent, ne serait-ce que par la franchise parfois virulente des éditoriaux d'Adalbert Vitalyos... Mais toute histoire ayant une fin, celle du *Monde des philatélistes* trouvera sa conclusion en avril 2000, quand il fusionnera avec *Timbroscopie* pour donner naissance à un nouveau mensuel au titre de *Timbres Magazine*.

Devenue département français, l'île de la Réunion utilise des timbres métropolitains. Mais ces timbres, tel celui-ci (faisant partie de la série des blasons des provinces françaises), sont surchargés en francs CFA depuis le 1er janvier 1949. Ils sont également mis en vente dans certains bureaux de métropole. Le franc CFA (Colonies françaises d'Afrique) a été créé par décret le 25 décembre 1945. Son utilisation fut étendue à certaines colonies francophones situées dans d'autres continents.

Le premier numéro des Cahiers de la quinzaine, *la célèbre revue politique, philosophique et littéraire de Charles Péguy (1873-1914), est paru le 5 janvier 1900. Pour commémorer ce 50e anniversaire, la poste émet ce timbre le 12 juin 1950, une vente anticipée ayant eu lieu le 10 juin dans le Loiret (où est né Péguy) et l'Eure-et-Loir (en souvenir de son pèlerinage du 14 juin 1912 à la cathédrale de Chartres, représentée ici en arrière-plan). Pierre Gandon a donné un portrait du poète tel qu'il était lors de la création des* Cahiers de la Quinzaine. *C'est-à-dire à une époque de sa vie où il aspirait à une fusion de la mystique républicaine, de la passion patriotique et de la foi chrétienne, et se détachait de certains de ses anciens amis socialistes.*

L'idée européenne chemine à Strasbourg

Strasbourg, 31 mai 1952

Le Conseil de l'Europe sera peut-être un peu mieux connu grâce à ce timbre dû à Decaris, dont l'émission est prévue pour le 3 juin mais qui fait l'objet aujourd'hui d'une vente anticipée au bureau de poste privé du Conseil, à Strasbourg. L'idée d'une Europe unie avait été notamment défendue par Winston Churchill qui, le 19 septembre 1946, à Zurich, avait appelé à la constitution des «États-Unis d'Europe». En 1948, un premier congrès européen se tenait à La Haye, lequel devait déboucher sur le traité de Strasbourg du 5 mai 1949, créant le Conseil de l'Europe. Les signataires de ce traité étaient la Belgique, le Danemark, la France, l'Irlande, l'Italie, le Luxembourg, la Norvège, les Pays-Bas, le Royaume-Uni et la Suède. Le Conseil de l'Europe réunit un Comité des ministres représentant les pays membres, et une Assemblée consultative désignée par les parlements de ces pays. Son but est de promouvoir les droits de l'homme et la démocratie, mais ses moyens sont assez limités, l'application des conventions qu'il prépare relevant de la seule bonne volonté des États qui les signent.

Jean Monnet et Robert Schuman : ces deux Européens convaincus travaillent à l'avènement d'un marché commun en Europe occidentale.

Par principe, la poste n'émet jamais de timbres à l'effigie de personnages étrangers. Mais Léonard de Vinci est-il vraiment étranger à la France, lui qui mit son prodigieux génie au service de François Ier et qui mourut au château de Cloux (dénommé depuis Clos-Lucé), près d'Amboise, en 1519 ? Le ministre italien des Postes et Télégraphes n'a sans doute pas eu beaucoup de mal à convaincre son homologue français, Roger Duchet, d'émettre un timbre pour le cinq centième anniversaire de la naissance du peintre de La Joconde. Decaris a dessiné et gravé un portrait tout à fait classique, avec, en arrière-plan, le château d'Amboise et le Palazzo Vecchio de Florence. Émis le 10 juillet 1952, le timbre a fait l'objet d'une vente anticipée au Clos-Lucé. Des timbres à son effigie sont émis cette même année dans d'autres pays, à commencer par l'Italie bien sûr !

Le képi rigide des facteurs

France, 1952

Plus « civil » d'un côté, plus « militaire » de l'autre, telle est la nouvelle tenue de nos facteurs, telle qu'elle apparaît cette année. La veste est, sans conteste, plus seyante que la précédente, avec son col ouvert, et s'accorde bien avec la mode vestimentaire ambiante. Seuls les boutons métalliques et les insignes de col rappellent qu'il s'agit bien d'un uniforme. Pour le képi, en revanche, le côté « militaire » a été accentué : il est désormais rigide, comme ceux des sous-officiers et officiers de l'armée de terre et de la gendarmerie. Les nostalgiques regretteront le képi souple hérité de l'armée d'Afrique, et dont les déformations pittoresques participaient d'un folklore national immortalisé par Jacques Tati dans *Jour de fête*. D'autant qu'à la traditionnelle cocarde s'est substitué un simple « P » à la calligraphie curieusement gothique. Quant aux facteurs-chefs, ils auront droit à des liserés et des marques dorés, alors que les simples facteurs doivent se contenter d'un démocratique rouge... Une tenue d'été a également été prévue, avec pantalon et veste de toile beige, comme les troupes coloniales. Mais il n'est plus question de porter un chapeau de paille : le képi est porté par toutes les saisons.

Les ISA

Le marketing direct est devenu une ressource supplémentaire pour les postes, mais aussi une activité nouvelle. Après des expériences effectuées en 1952 à Paris et dans plusieurs villes de province (Lyon, Marseille, Le Mans), les facteurs ont distribué en juin 1953 leurs premiers imprimés sans adresse (ISA), en dehors de leurs vacations habituelles. Les ISA sont en règle générale des documents publicitaires dont la distribution est facturée aux annonceurs. En janvier 1987, cette distribution sera assurée par le système postcontact, les postes recrutant des agents distributeurs spécialisés. Le volume des ISA ne cessera d'augmenter au fil des ans, le marketing direct connaissant un développement croissant en France. Un rapport rédigé par le Sénat et publié en 1999 précisera par exemple que, de 1991 à 1997, on sera passé de près de 4 milliards d'imprimés sans adresse distribués à plus de 7 milliards.

Un nouveau Messie en gare d'Avignon...

Paris, 25 décembre 1952

L'Église chrétienne universelle a été déclarée à la préfecture de police de Paris. Le but de l'association : « Célébrer des services religieux du culte divin chrétien, conformément à l'enseignement du Christ, Georges de Montfavet, pour l'épanouissement de l'âme et l'accomplissement total de la vie dans l'amour divin. » Qui est ce « Georges de Montfavet » ? Son nom est Georges-Ernest Roux. Fils de postier et lui-même inspecteur-adjoint au centre de tri de la gare d'Avignon, il est né le 14 juin 1903 à Cavaillon et habite une grande villa à Montfavet, dans le Vaucluse. À Noël 1947, il annonce à sa famille qu'il est la réincarnation de Jésus. En 1950, il fait distribuer des tracts : « Hier Jésus de Nazareth, aujourd'hui Georges de Montfavet ! » Son Église prend forme et, en 1951, il lance le mensuel *Messidor*. Avec une progression dans la révélation : ne croyant plus en la divinité de Jésus, Roux affirme qu'il est Dieu en personne !

Louison Bobet remporte le Tour de France

Louison Bobet n'a pas raté le Tour du cinquantenaire (ici dans le contre-la-montre de Saint-Étienne). Le timbre d'Albert Decaris affranchit la carte postale (régime intérieur).

Paris, 26 juillet 1953

Le premier Tour de France, c'était en 1903. Sportif accompli, le nouveau ministre des PTT, Pierre Ferri, n'a pas laissé passer cette occasion de rendre hommage aux géants de la route. Le timbre du cinquantenaire est l'œuvre d'un Decaris en verve, avec les deux coureurs de 1903 et de 1953, mais aussi distrait : la carte du Tour du cinquantenaire est plutôt fantaisiste. Ce timbre sympathique est vendu par anticipation aujourd'hui à Paris, au Parc des Princes où s'achève la « grande boucle » et à la recette principale de la rue du Louvre. Son émission générale sera pour demain, dès l'ouverture des bureaux de poste (on sera en effet lundi). Ce soir, il y a un homme qui rit en jaune, c'est Louison Bobet. Il a coupé la ligne d'arrivée en magnifique vainqueur : en l'absence de Fausto Coppi et après l'abandon d'Hugo Koblet, le coureur breton s'est en effet imposé dans les Alpes, prenant le maillot jaune à Briançon et terrassant dans un contre-la-montre son dernier adversaire, Jean Robic.

Trois couleurs pour les JO

France, 30 novembre 1953

Honneur au sport français avec une belle série de six figurines en taille-douce trois couleurs, dessinée par André Jacquemin et gravée par Paul Dufresne, Raoul Serres (ci-dessus, à droite), Charles Mazelin (ci-dessus, à gauche), Jules Piel, Pierre Munier et René Cottet. Ces timbres illustrent les disciplines où les Français se sont distingués aux Jeux olympiques d'Helsinki, l'an dernier. Ils avaient décroché la médaille d'or en natation (Jean Boiteux au 400 m), au fleuret individuel (Christian d'Oriola) et par équipe (Christian d'Oriola, Adrien Rommel, Jacques Noël, Jacques Lataste, Claude Netter, Jehan Buhan), au canadien-biplace (Jean Laudet et Georges Turlier), au deux barré (Raymond Salles et Gaston Mercier) et au jumping individuel (Pierre Jonquères d'Oriola, sur Ali Baba), l'argent avec les deux médailles en athlétisme d'Alain Mimoun (5 000 et 10 000 m), qui ne put rien faire contre le Tchécoslovaque Emil Zátopek. Cette série, caractérisée par ses valeurs faciales d'usage courant, a été mise en vente anticipée à la recette principale de la rue du Louvre, ainsi que dans les locaux du quotidien *L'Équipe,* rue du Faubourg-Montmartre. Le travail réalisé par Jacquemin, les six graveurs et l'Imprimerie du timbre-poste a été très apprécié des journalistes sportifs, mais certains ont remarqué un détail : alors que les figurines consacrées à la natation, à l'athlétisme, au canoë, à l'aviron et au hippisme sont « anonymes », le personnage symbolisant l'escrime présente une silhouette qui évoque irrésistiblement Christian d'Oriola. Est-ce une coïncidence ? Ce personnage est gaucher, comme l'est Christian d'Oriola lui-même. Or, les gauchers sont toujours l'exception dans cette discipline...

Les PTT roulent en deuche

France, 1er février 1954

Les PTT ont choisi le véhicule idéal pour transporter le courrier dans les zones les plus accidentées et par les voies les moins carrossables : la 2 CV Citroën, en modèle fourgonnette. Sa mise en service définitive, au terme de deux ans d'expérimentation, consacre une fois de plus la très populaire automobile conçue par l'ingénieur André Lefebvre et le styliste Flaminio Bertoni. C'est en 1935, en effet, que Pierre-Jules Boulanger, le vice-président de Citroën, a demandé à Lefebvre et Bertoni d'étudier le prototype d'un véhicule désigné sous le nom de code de TPV (« Très Petite Voiture ») et dont les caractéristiques seraient les suivantes : simplicité, robustesse, d'emploi facile sur tous terrains et d'un coût assez bas pour être accessible au plus grand nombre possible. Dès l'année 1939, la première 2 CV était née et testée (avec un seul phare). Sous l'Occupation, Pierre-Jules Boulanger put poursuivre discrètement l'étude et, en 1948, la 2 CV faisait sensation au Salon de l'automobile. Ce fut un succès véritablement phénoménal, la fabrication étant lancée en 1949. Un succès dépassant d'ailleurs tous les espoirs, au point que les clients durent attendre parfois des années avant d'être livrés... La dernière 2 CV sortira le 27 juillet 1990 des chaînes de l'usine de Mangualde, au Portugal. Plus de 3,7 millions de « deuches » auront été construits, tous modèles confondus !

Belle promotion pour l'aviation française

Le 19 juin 1954, le constructeur Marcel Dassault livre solennellement à l'armée de l'air le premier Mystère IV de série. En haut : le timbre représentant le Nord 2501 Noratlas.

France, 18 janvier 1954

Une série de Poste aérienne est émise, à raison de quatre timbres dont on peut dire qu'ils font une très bonne publicité à une industrie aéronautique française qui a su renaître de ses cendres dès la Libération. Ils ont été dessinés par le talentueux et compétent Paul Lengellé : ce sont le chasseur supersonique Dassault Mystère IV, dont le premier vol remonte au 28 septembre 1952, le petit avion école biréacteur Fouga CM.170R Magister (premier vol le 23 juillet 1952), l'avion de transport Breguet 761 Deux-Ponts, un quadrimoteur d'une capacité de plus de 100 passagers ou 16 t de fret (premier vol le 15 février 1949), et le Nord 2501 Noratlas, avion de transport militaire bimoteur et bipoutre (premier vol le 28 novembre 1950). Cette intéressante série, qui a fait l'objet d'une vente anticipée au siège de l'Aéro-Club de France avant-hier, à Paris, a été gravée par Paul Dufresne (Mystère IV), Pierre Gandon (Magister), Raoul Serres (Deux-Ponts) et Jules Piel (Noratlas).

 Paul Lengellé

Né le 1er mars 1908, Paul Lengellé s'est formé dans les ateliers d'artistes avant de s'imposer comme le maître de la peinture d'aviation. Peintre officiel du ministère de l'Air dès 1936, il a laissé un nombre incalculable d'illustrations pour des affiches, des livres ou des boîtes de maquettes. S'intéressant aussi bien au passé de l'aviation qu'à son actualité, il savait « voir ce qu'un pilote explique, peindre une atmosphère qui lui est décrite, faire voler un prototype dont les essais n'ont pas commencé » (Jacques Noetinger). Il avait transmis sa passion et son talent à son épouse Nelly Lengellé, qui signa en 1977 un timbre du Cameroun à la mémoire de Saint-Exupéry. Paul Lengellé est mort le 18 décembre 1993.

Charles Mazelin

Apprécié pour l'impeccable classicisme de son style, Charles Mazelin, né en 1882 à Elbeuf, glane deux nominations au prix de Rome (1906 et 1908) et se distingue dans plusieurs salons. Blessé à Verdun, il tire de son expérience un album d'eaux-fortes intitulé *Front de Somme* et aujourd'hui très recherché. Mais il est venu tard aux timbres-poste : il a 57 ans quand Jules Piel, ami et ancien condisciple des Arts décoratifs, l'incite à explorer cette voie, qui ne peut être que riche de succès pour un graveur ayant sa maîtrise technique. Mazelin s'est en effet spécialisé dans l'art difficile de la gravure de reproduction en couleur, et Sacha Guitry, pour lequel il a exécuté les gravures sur cuivre au repérage du *Bien-Aimé* d'après Lepape, disait de lui : « Sur cuivre ? Non ! Sur or quand c'est Mazelin qui grave. » Parmi ses plus belles réussites, citons le « Saint Yves » repris de la cathédrale de Tréguier (1956) ou le sobre « Lulli » de 1957.

Ceux de Saint-Cyr, ceux de Diên Biên Phu

France, 2 août 1954

Aujourd'hui a été émis un timbre hors programme célébrant le cent cinquantenaire de la première promotion de l'École spéciale militaire de Saint-Cyr, fondée par Bonaparte le 11 Floréal An X (1er mai 1802). À la demande des cyrards, la date d'émission avait été reculée afin de coïncider avec le triomphe de la promotion « Union française » (1953-1954) – un triomphe tout en demi-teinte après la chute de Diên Biên Phu, le 7 mai. La poignante affiche de Paul Colin (à gauche) rendra hommage aux quelque 3 000 morts et 9 500 prisonniers (dont près de 2 500 mourront en captivité), et la promotion suivante (1954-1955) s'appellera « Ceux de Diên Biên Phu ». Sur le timbre de Charles Mazelin figure en arrière-plan le portail en ruines de l'école (Saint-Cyr avait été écrasée sous les bombes alliées en 1944), sous lequel on voit défiler le Premier bataillon de France, nom honorifique donné à chaque promotion d'élèves officiers depuis la guerre de 1870.

Théodore Champion de Genève à Paris

Suisse, 31 août 1954

Né en 1873 à Genève, Théodore Champion est mort. Il hérita la collection de sa mère et vint à Paris en 1899. Employé du marchand de timbres Forbin, rue Drouot, il racheta le magasin en 1902 et imprima un nouvel essor à la philatélie. Un timbre émis au Liechtenstein lui rendra hommage en 1969 (reproduit ci-dessus).

Une Marianne rayonnante

France, 22 février 1955

Les Français sont si attachés à la Marianne de Gandon, qui fait partie de leur quotidien depuis 1945, que lorsqu'il s'agit de lui trouver une remplaçante, on éprouve le besoin de consulter les académiciens ! C'est finalement le projet de Louis Muller qui l'emporte : une Marianne moins guerrière, plus sereine, illuminée par les rayons du soleil. Elle a troqué son révolutionnaire bonnet phrygien contre une couronne de feuilles de chêne, symbole de force et de pérennité, et dans la version définitive du timbre émis aujourd'hui, elle porte au-dessus de l'oreille un gland en remplacement d'une feuille – modification demandée par la direction de la poste. Muller avait présenté une vingtaine de maquettes, dont cette Marianne rebâtisseuse refusée car rappelant sans doute trop les destructions de la guerre.

Le timbre sera gravé par Jules Piel.

La Marianne à la truelle sera refusée.

Les premiers « automates postaux », autrement dit des distributeurs automatiques de timbres-poste, sont installés vers 1954 sur la façade de certains bureaux. Alimentés par des roulettes, ils sont très sensibles aux conditions atmosphériques en général et à l'humidité en particulier : ainsi, les usagers ont parfois la mauvaise surprise de se voir délivrer des timbres inutilisables car collés l'un à l'autre.

La patrie reconnaissante...

France, 7 mars 1955

Les six timbres émis aujourd'hui appartiennent à la série des « Inventeurs ». Tirée à 1,5 millions d'exemplaires, la série a fait l'objet d'une mise en vente anticipée il y a deux jours, mais chaque timbre n'a été proposé que dans la ville natale de l'inventeur qu'il honore philatéliquement. Choix parfaitement logique, mais ayant des effets inattendus. C'est ainsi qu'un bureau de poste temporaire a dû pour l'occasion être installé dans la mairie du petit village de Brachay (Haute-Marne), berceau de Philippe Lebon, qui mit au point le premier gaz d'éclairage (fort malodorant) à base de bois. Barthélemy Thimonnier, le père de la machine à coudre, était natif de L'Arbresle (Rhône), mais il était mort en 1857 et non

en 1859 comme indiqué sur le timbre. Si le nom de Nicolas Appert, né à Châlons-sur-Marne, ne dit rien à beaucoup de Français, son invention leur est familière : c'est la mise en boîte (de conserve). Natif de Besançon, le comte Hilaire de Chardonnet créa l'industrie des textiles artificiels obtenus à partir de nitrocellulose et baptisés plus tard rayonne : sur le moment on parla de soie artificielle ou de soie chardonnet. Les deux autres inventeurs de la série étaient Pierre Martin, né à Bourges, qui mit au point le four Martin, un procédé de production de l'acier, et le chimiste Henri Sainte-Claire Deville (1818-1881), qui inventa l'aluminium en 1854. Il était né aux Antilles, mais la vente anticipée du timbre eut lieu à Paris.

Les Français devant la télé

France, 18 avril 1955

En demandant en novembre 1954 un timbre sur la télévision, le directeur général de la Radiodiffusion et Télévision française Wladimir Porché rappelait implicitement les liens étroits qui unissaient son administration à la poste. C'était en effet dans l'amphithéâtre du ministère des PTT, rue de Grenelle, que furent enregistrées les premières vraies émissions télévisées en avril 1935. Des programmes réguliers avaient suivi, précédés de la première mire française de l'histoire : « Radio PTT Vision ». En 1945, la télévision, associée à la radio, volera de ses propres ailes, mais ses ingénieurs sortent toujours de l'École des télécommunications. Le timbre qui est mis en vente aujourd'hui est toutefois bien différent de la maquette d'Albert Decaris

retenue au début de l'année. Entre-temps, le cabinet Mendès France est tombé, et Edgar Faure, à présent aux rênes du gouvernement, a nommé un nouveau ministre des PTT, Édouard Bonnefous. Remplaçant André Bardon, Bonnefous a demandé des modifications : les antennes « rateau » sont devenues moins envahissantes au premier plan, et le foisonnement des toits mansardés de type parisien a fait place à des silhouettes d'immeubles. Enfin, l'émetteur de la tour Eiffel est devenu le motif central de la nouvelle composition.

Le progrès en marche...

Le sous-marin nucléaire. Le 17 janvier 1955, le *Nautilus* effectue avec succès sa première plongée. Ce sous-marin américain marque un tournant technologique capital dans l'histoire des submersibles : il est en effet propulsé par l'énergie nucléaire, ce qui lui donne une autonomie pratiquement illimitée. Début août 1958, il reliera l'Alaska à une zone située entre la Norvège et le Groenland en passant sous le pôle Nord. Il a été baptisé *Nautilus* en hommage à l'inventeur américain Robert Fulton qui, en 1800, avait donné ce nom à un submersible naviguant en plongée grâce à une hélice actionnée par la force musculaire de son équipage. C'était aussi celui, bien sûr, que Jules Verne avait donné au vaisseau sous-marin de *20 000 lieues sous les mers*.

Et aussi... Le 25 juin 1951, la CBS diffuse à New York la première émission de **télévision en couleur** ; un procédé à 343 lignes, avec disque à trois filtres rouge, vert et bleu tournant devant la caméra, avait été mis au point dès 1940 par un ingénieur de CBS, Peter Goldmark. En 1955, le fabricant danois Lego lance sur le marché international le système de **jeux Lego®**, dont les premiers éléments ont vu le jour en 1948.

• Émis le 20 octobre 1952.
Dessin et gravure de Jean Pheulpin.
Taille-douce rotative.

Cousin de l'homme d'État Raymond Poincaré, le mathématicien Henri Poincaré (1854-1912) critiqua les bases de la mécanique classique et ouvrit des voies nouvelles à la mécanique céleste. Ses travaux préfigurent ceux d'Albert Einstein.

REPUBLIQUE FRANCAISE

18ᶠ **MONGE** +5ᶠ
1746 -1818

• *Émis le 10 juillet 1953.*
Dessin d'André Spitz,
gravure de René Cottet.
Taille-douce rotative.

Sous la Révolution, Gaspard Monge (1746-1818) fut l'un des fondateurs de l'enseignement scientifique moderne. Il publia d'importants travaux théoriques sur
la géométrie descriptive tout en s'intéressant à leur application pratique.

1956-1959

France, 1956
Le prix littéraire de l'Académie de philatélie est remis à André Cailler (*La Grande Cassure du 25 c type I*).

Paris, 1er février 1956
Eugène Thomas devient secrétaire d'État aux PTT.

Harrogate, 1957
Le Français Léon Dubus signe le *Roll of Distinguished Philatelists*.

France, 13 mai 1957
Décès d'Henri Kastler (*13.5.1863), président de l'Académie de philatélie depuis sa création, signataire du *Roll of Distinguished Philatelists* en 1947. Eugène Olivier lui a succédé à la présidence depuis février.

France, 1er juillet 1957
Le tarif de la lettre simple passe à 20 F (15 F pour la carte postale).

France, 21 décembre 1957
Création par décret du corps des « préposés » : ceux-ci remplacent les « facteurs ».

Bruxelles, 19-24 mai 1958
Première réunion de la Commission consultative des études postales, chargée d'organiser la poste au niveau européen.

Paris, 9 juin 1958
Eugène Thomas est nommé ministre des PTT. Bernard Cornut-Gentile lui succédera le 8 janvier 1959.

Paris, 1959
Création, auprès du ministre, d'une commission philatélique chargée de donner un avis consultatif pour le choix des sujets des timbres-poste.

France, 6 janvier 1959
Le tarif de la lettre simple passe à 25 F (20 F pour la carte postale).

France, 30 mai 1959
Décès d'Eugène Vaillé (*10.8.1875), ancien conservateur du Musée postal.

Paris, 26 août 1959
Par décret publié au *Journal officiel*, le ministre des PTT devient ministre des Postes et Télécommunications.

Lausanne, 5 décembre 1959
Décès du « plus grand collectionneur de timbres du monde depuis la mort du comte Ferrari », l'ancien député Maurice Burrus (*8.3.1882), signataire du *Roll of Distinguished Philatelists* en 1955.

Le Mémorial national de la déportation

Libération du camp de concentration de Mauthausen (Autriche) par les Américains, le 5 mai 1945. Les banderoles en espagnol témoignent de la présence de déportés antifranquistes, arrêtés en France où ils avaient trouvé asile avant la guerre.

France, 16 janvier 1956
Ce timbre hors programme est mis e vente aujourd'hui à la demande du minis tre des Anciens Combattants. Son émissio s'inscrit dans le cadre de la campagne natio nale (assortie d'une souscription) pour l création d'un Mémorial de la déportatio dans l'ancien camp de concentration d Struthof-Natzwiller, dans les Vosges, quelque 50 km de Strasbourg. Le monu ment ne sera achevé qu'en 1958, mais e cette année 1956 le projet architectura est déjà retenu : c'est celui de l'architect Bertrand Monnet, une spire en béton d 41 mètres de hauteur, dont la forme évoqu la flamme du souvenir. Sur sa face intern le sculpteur Lucien Fenaux doit graver l silhouette squelettique d'un déporté, qu jaillit au premier plan sur la figurine. L caractère expressionniste du dessin d Paul Lemagny et de la gravure de Pau Dufresne déroute les philatélistes : i trouvent l'ensemble peu lisible.

Le Maroc est indépendant

Après dix jours de négociations, le sultan Mohammed V quitte Paris le 5 mars 1956 avec le prince héritier, futur Hassan II, qui prononce ici une allocution avant d'embarquer.

Maroc, 2 mars 1956
Après 44 ans sous protectorat, le Maroc retrouve son indépendance. C'est le gouvernement Guy Mollet qui a mené les négociations, mais les préliminaires avaient été entamés fin 1955 par le cabinet Edgar Faure. Confrontée à une rébellion algérienne de plus en plus pugnace, la France ressentait le besoin de se désengager du Maroc. Le sultan Mohammed ben Youssef, qui avait été déposé en 1953, s'est donc vu rendre son titre et a été rappelé de son exil malgache le 16 novembre 1955. Sous la pression des événements, l'Espagne renoncera à son tour à son protectorat sur la partie nord le 7 avril 1956, et en août 1957 le sultan se proclamera roi du Maroc sous le nom de Mohammed V. Quant aux anciens timbres du protectorat, ils auront cours jusqu'à la fin de cette année 1956.

Elles sont devenues des sœurs jumelles

France, 7 mai 1956
Commandé par le maire de Reims pou le 3e anniversaire du jumelage de la vil avec Florence, ce timbre dessiné par Pa Lemagny et gravé par Paul Dufresne a ét mis en vente anticipée il y a deux jour Pour les municipalités, le jumelage étai apparu après la guerre comme le meilleu moyen de progresser en échangeant de expériences dans tous les domaines de l vie locale. En janvier 1951, 50 maire avaient ainsi fondé le Conseil des commu nes d'Europe, devenu ensuite le Conseil de communes et des régions d'Europe (CCRE Très vite s'y ajouta le désir de promouvo et de compléter l'enseignement des lan gues vivantes par des échanges culturel Sous le patronage de l'association L Monde bilingue, qui avait vu le jour grâc à Pierre Mendès France, Luchon a été l première commune à se jumeler en 195 avec la ville anglaise d'Harrogate.

Un même dessin pour six pays européens

Suite aux nouveaux tarifs postaux du 1er juillet 1957, la poste reprend le type «Moissonneuse» (dessin Louis Muller, gravure Jules Piel) des préoblitérés de 1954. Les deux nouvelles valeurs, 6 F (brique orange) et 12 F (lilas vif), correspondent aux imprimés du 1er échelon de poids et à la carte postale de cinq mots maximum.

Europe, 15 septembre 1956
En 1956, un concours a été lancé entre les six pays de la Communauté européenne du charbon et de l'acier (CECA) – Bénélux, Allemagne, Italie et France – pour la création d'un timbre à sujet unique sur le thème de la construction de l'Europe. Le lauréat est un jeune postier français, Daniel Gonzague, qui a imaginé une sorte de tour de Babel formée par les lettres empilées du mot Europa et entourée d'un échafaudage. Deux valeurs sont prévues: un 15 F rouge imprimé en typographie et destiné à l'affranchissement de la lettre simple, et un 30 F bleu imprimé en taille-douce et destiné à l'affranchissement de la lettre au tarif étranger. Pour des raisons mal élucidées, le timbre de 30 F est plus large de 1 mm. Afin de garantir la simultanéité de l'émission dans les six pays, il n'y a pas eu de mise en vente anticipée et les deux timbres français ont été proposés aujourd'hui dans tous les bureaux de poste. En consé-

quence, n'importe quel timbre à date vaut comme «Premier Jour». Les timbres des autres pays sont de type identique, et seules leurs inscriptions diffèrent (ci-dessus à droite). Le motif change chaque année, et après 1958, les émissions Europa seront étendues aux pays participant à la Conférence européenne des postes et télécommunications (CEPT). Mais on constate ici et

là des velléités de sortir du moule commun, annonçant la petite révolution qui sera introduite en 1974: chaque pays illustrera désormais à sa manière un thème commun. Les participants, de plus en plus nombreux, sont rejoints par la Yougoslavie de Tito en 1969, et ils seront jusqu'à 35 dans les années 1980. Il est à noter que la Turquie participe régulièrement depuis 1960.

La Caravelle volera bientôt en Amérique

Pierre Nadot, le commandant de bord, a fait voler la première Caravelle le 27 mai 1955.

France, 28 janvier 1957
L'émission d'un timbre-poste célébrant la beauté et les vertus de la Caravelle par l'image avait été demandée par tous les plus intéressés à sa construction et, bien entendu, par Georges Héreil, président de la Société nationale de construction aéronautique du Sud-Est (SNCASE). Il est donc admis, et à la bonne heure. Car le second prototype de l'appareil doit effectuer, à partir du 18 avril prochain, une tournée promotionnelle qui le conduira dans les deux Amériques. Ce timbre, élégamment dessiné et gravé par Gandon, mais peut-être sans la «patte» et le dynamisme que lui eût sans doute donnés un Lengellé, en est en quelque sorte le précurseur. La Caravelle apparaît d'ores et déjà comme un fleuron de l'industrie aéronautique française. C'est en 1951 que le Secrétariat général de l'aviation civile (SGAC) avait émis des spécifications pour un moyen-courrier à réaction, capable de transpor-

ter 75 à 80 passagers sur des distances de 1 600 à 1 800 km. La solution proposée par la SNCASE fut acceptée le 3 janvier 1953 par le SGAC. Le moins que l'on puisse dire est qu'elle était novatrice: une aile basse en flèche et trois réacteurs à l'arrière (qui seront bientôt ramenés à deux après l'arrivée sur le marché de réacteurs plus puissants), l'ensemble offrant des conditions de sécurité, de vitesse et de confort sans précédent. Dès le premier vol du SE 210 Caravelle le 27 mai 1955, à Toulouse-Blagnac, le moyen-courrier

français suscitait l'admiration. Les essais intenses qui suivront feront la démonstration de sa fiabilité, en particulier en décollant avec un seul réacteur allumé ou en arrêtant les deux en plein vol. Il se révélera aussi très résistant, le prototype ne présentant pratiquement aucune trace d'usure après mille heures de vol. La première Caravelle de série sortira d'usine en janvier 1958 pour le compte d'Air France. Au total, 280 exemplaires (toutes versions confondues) seront construits, cela pour 35 compagnies aériennes différentes.

Paul Lemagny

Né à Dainville (Meuse) en 1905, Paul Lemagny, fils de garde forestier, passe son enfance au contact d'une nature qu'il ne cessera de recréer dans ses dessins. Il apprendra ensuite la gravure aux Beaux-Arts, à Valenciennes, puis à Paris, où son talent est vite reconnu. Grand prix de Rome en 1934, il passe quatre ans à la Villa Médicis d'où il ramène plus de 2 000 dessins et études. De La Fontaine à Baudelaire, de Racine à Giono, d'Edgar Poe à Valery Larbaud, ses eaux-fortes font l'admiration des bibliophiles. Le voilà à son tour professeur (de dessin) aux Beaux-Arts: «Son intelligence, sa culture et son goût de transmettre» en font un maître incomparable, dit Trémois qui lui succédera à l'Institut. À partir de 1941, Lemagny dessinera plus de 50 timbres, mais curieusement n'en gravera qu'un seul («George Sand»). À la fin des années 1940, il participera à une grande aventure architecturale en réalisant une monumentale fresque gravée pour la Bourse de commerce du Havre. Paul Lemagny est décédé en 1977.

Le plus illustre des Français est de retour

Mostaganem, 6 juin 1958

Devant la foule massée à Mostaganem, au cœur de l'Oranais, le général de Gaulle a clos son discours avec les mots qu'attendaient les Français d'Algérie : « Vive l'Algérie française ! » Le retour du chef de la France libre aux affaires est le résultat d'une rapide dégradation du climat politique français et de l'incapacité des gouvernements de la IVe République à faire face à la crise algérienne. Celle-ci est née les 31 octobre et 1er novembre 1954, avec les premiers attentats commis par des nationalistes algériens contre des Français d'Algérie. Conduite par le Front de libération nationale (FLN), la rébellion prendra suffisamment d'ampleur pour entraîner en 1956 l'envoi du contingent, renforcé par des « rappelés », et l'octroi par l'Assemblée de pouvoirs spéciaux en Algérie. En 1957, la bataille d'Alger, qui a pratiquement anéanti la puissance du FLN dans la grande ville algérienne, n'a pas calmé les inquiétudes des Européens, qui soupçonnent Paris d'être disposée à négocier avec les rebelles. Cette inquiétude atteindra à son intensité maximum le 13 mai 1958, avec l'arrivée à Matignon de Pierre Pfimlin, à qui certains prêtent l'intention de « brader l'Algérie ». Une vaste manifestation se déroule alors à Alger, au cours de laquelle les pieds-noirs demandent à l'armée de prendre le pouvoir : le général Jacques Massu répond en créant un Comité de salut public et en réclamant le retour du général de Gaulle. À Paris, la confusion est telle que, le 28 mai, Pierre Pfimlin renonce. Le lendemain, le président de la République, René Coty, fait savoir qu'il a fait appel « au plus illustre des Français ». Le 1er juin, Charles de Gaulle est investi par l'Assemblée à la présidence du Conseil et, dès le 2, obtient les pleins pouvoirs et fait adopter un projet de réforme constitutionnelle.

Une flamme qui témoigne du climat de l'époque... Les timbres de la France métropolitaine sont utilisés en Algérie à partir du 22 juillet 1958.

C'est le 18 janvier 1958 que la Marianne de Muller à 15 F a été retirée. Il est vrai que le 1er juillet 1957, le tarif de la lettre simple dans le régime intérieur était passé de 15 F à 20 F. Depuis, cette figurine d'usage courant ne pouvait donc plus affranchir que la carte postale (dont le tarif était passé, lui, de 12 F à 15 F). Son tirage, au total, aura été de 4,435 milliards d'exemplaires. La Marianne de Muller a été émise en feuilles, en roulettes, en entiers postaux et en carnets. Sur celui-ci, on notera une publicité pour le Musée postal de la rue Saint-Romain.

L'un des quatre timbres du 21 avril 1958 pour compléter la série des Héros de la Résistance – toujours dessinés et gravés par Decaris – est dédié à Simone Michel-Lévy. C'est l'hommage des postes à son héroïne martyrisée, contrôleur-rédacteur au Centre de recherche et de contrôle technique, ancêtre du CNET. Le 13 avril 2005, cinquante ans après son exécution, une sobre et émouvante cérémonie commémorative aura lieu dans les locaux de France Télécom.

Guillaume Gillet, architecte français

Bruxelles, 1958

La toute première Exposition universelle de l'après-guerre se tient à Bruxelles du 17 avril au 19 octobre. Les organisateurs ont recruté un bataillon d'hôtesses dont l'uniforme et le sourire rappellent les hôtesses de l'air. Le timbre émis le 14 avril pour l'« Expo » a pour sujet le pavillon de la France, conçu par Guillaume Gillet, en collaboration avec Jean Prouvé. Cette nef de verre et d'acier repose sur un pilier central d'où diverge un faisceau de poutres constituant la structure portante, l'ensemble étant équilibré par une flèche. La figurine est due à Clément Serveau (dessin) et Jules Piel (gravure).

C'était le 11 février 1858

France, 1958

Sept millions de pèlerins. C'est le chiffre que Lourdes a enregistré en 1958, année du centenaire des apparitions de la Vierge à la petite Bernadette Soubirous. C'est le 11 février 1858 que la mère de Jésus est en effet apparue pour la première fois, à la grotte de Massabielle, à cette adolescente quasiment analphabète de 14 ans, qui connaissait la misère et la faim. Traitée d'hystérique ou de menteuse par les uns, mais également de « jolie sainte » par les autres, Bernadette Soubirous ne trouvera la paix que le 7 juillet 1866, lorsqu'elle entrera à Saint-Gildard, maison mère de la congrégation des Sœurs de la Charité, à Nevers. Elle y demeurera jusqu'à sa mort,

le 16 avril 1879, et elle sera canonisée le 8 décembre 1933 par Pie XI. Parmi les pèlerins de Lourdes, on aura reconnu deux prélats italiens promis à un bel avenir: Angelo Giuseppe Roncalli (devenu Jean XXIII le 20 octobre de cette année) et Giovanni Battista Montini (le futur Paul VI). Mais il y avait foule aussi à Saint-Gildard, devant la chasse de la sainte (photo en haut). Les PTT ont contribué en février à l'événement avec un timbre « neutre ». Il a été joliment dessiné et gravé par René Cottet.

Émis pour les premières Floralies internationales de Paris (24 avril-3 mai 1959), ce timbre dont on remarquera le superbe travail en TD3 (presse taille-douce trois couleurs) est trompeur: on y voit en arrière-plan l'arc de triomphe du Carrousel, ce qui suggère que cette manifestation se tient aux Tuileries. Or, ces Floralies inaugurent le CNIT (Centre national des industries et techniques) du carrefour de La Défense. Œuvre des architectes Jean de Mailly, Robert Camelot et Bernard Zehrfuss (trois prix de Rome) et de l'ingénieur Nicolas Esquillan, ce bâtiment révolutionnaire offre la plus grande voûte autoportante du monde: 220 mètres de portée!

La Marianne des sinistrés

Paris, 11 décembre 1959

Dans la nuit du 2 décembre, les accotements du barrage de Malpasset ont cédé sous une poussée des eaux consécutive à des précipitations torrentielles, noyant la région de Fréjus jusqu'à la mer. La catastrophe a causé la mort de 423 personnes. Les dégâts sont considérables. Pour venir en aide aux sinistrés, la poste émet un timbre de 25 F avec en surcharge: « Fréjus + 5 F », ce qui indique clairement la destination de la surtaxe. La surcharge a été imprimée sur le timbre-poste d'usage courant pour

la lettre de moins de 20 g (régime intérieur), émis le 27 juillet dernier. C'est la Marianne dite « à la nef », dessinée par le peintre André Regagnon et gravée par Jules Piel. Ce timbre a été typographié en deux couleurs, nécessitant l'emploi de deux poinçons. Il a été imprimé à plus de 700 millions d'exemplaires. La figurine surchargée a été émise ce vendredi à Paris et dans la Seine, la vente dans le reste de la France devant intervenir mardi prochain 15 décembre. Le choix de cette paisible Marianne pour un événement aussi tragique est critiqué.

1848　　　1900　　　1950　　　2005

Le progrès en marche...

1 - Le satellite artificiel. Le 4 octobre 1957, l'Union soviétique prend les États-Unis de vitesse en mettant sur orbite un satellite artificiel avec la fusée R-7. Le satellite, une sphère de 58 cm de diamètre et d'un poids de 83,6 kg, est baptisé *Spoutnik I*. Il émet un signal radio et tourne autour de la Terre en 95 minutes, soit à 24 500 km/h.

2 - Le collant. En 1958, la bonneterie Gérard et Fortier reprend une idée brevetée mais non exploitée, le « bas Mitoufle ». Il s'agit d'une paire de bas Nylon montant jusqu'au haut des cuisses et raccordée par remaillage à une culotte moulante. Le Mitoufle, dont on trouve la publicité dans tous les magazines féminins, coûte fort cher, et on reproche à ses bas de manquer un peu de finesse (leur maille correspond à peu près à un 20 deniers). L'explosion du prêt-à-porter au tout début des années 1960 fera un peu oublier le Mitoufle: les fabricants misent alors plutôt sur le panty. La révolution viendra d'outre-manche, avec la minijupe de Mary Quant. Les femmes étant unanimes à juger disgracieux, voire indécent, le port de la minijupe associé à des bas et un porte-jarretelles, le règne du collant sera instauré par Dim en 1968, bientôt suivi par d'autres marques françaises et étrangères.

POSTES
18 F
L'ASTRONOMIE POPULAIRE
RÉPUBLIQUE FRANÇAISE
CAMILLE FLAMMARION · 1842-1925

• Émis le 9 avril 1956.
Dessin et gravure de Raoul Serres.
Taille-douce rotative.

À la fois authentique savant et vulgarisateur de génie, l'astronome Camille Flammarion (1842-1925) a fondé en 1883 l'observatoire de Juvisy. Parmi ses ouvrages, son *Astronomie populaire* (1880) connut un succès considérable.

REPUBLIQUE
FRANÇAISE   12 F

A. A. PARMENTIER · 1737-1813

• Émis le 29 octobre 1956.
Dessin et gravure d'Henry Cheffer.
Taille-douce rotative.

Le nom d'Antoine Parmentier (1737-1813) est resté à jamais associé à la pomme de terre, dont il répandit la culture en France. Outre ses travaux d'agronomie, il eut un rôle important, sous l'Empire, comme premier pharmacien des armées.

Chaque année depuis 1951, les grands prix de l'art philatélique sont décernés au Salon philatélique d'automne. Nous avons tenu à les présenter, car ils constituent une passionnante rétrospective de tout un pan trop méconnu de l'histoire de l'art contemporain français. Ils démontrent aussi la vitalité d'une tradition figurative, allégorique ou symbolique, capable de se renouveler au gré des sensibilités personnelles ou de l'air du temps. Ces timbres-poste, véritables miniatures, sont aussi des chefs-d'œuvre au sens artisanal du terme. En 1990, 1993 et 1996, le grand prix de l'art philatélique a été attribué à une série entière: faute de place, nous n'avons pu reproduire ici qu'une seule figurine de chacune de ces trois séries.

Dessin de Paul-Pierre Lemagny
Gravure de Charles Mazelin
1951

Dessin et gravure
de Claude Hertenberger
1952

Dessin de Pierre Gandon
Gravure de Jules Piel
1953

Dessin et gravure
de Jules Piel
1954

Dessin et gravure
de Pierre Gandon
1955

Dessin et gravure
d'Henry Cheffer
1956

Dessin d'André Spitz
Gravure de René Cottet
1957

Dessin de Chamane-Frisayane
Gravure de Jean Pheulpin
1958

Dessin et gravure
de Charles Mazelin
1959

Dessin d'André Spitz
Gravure de Robert Cami
1960

Dessin et gravure
de Claude Durrens
1961

Dessin et gravure
de Pierre Gandon
1962

Dessin et gravure
de Jacques Combet
1963

Dessin et gravure
de Pierre Gandon
1964

Dessin et gravure
de Claude Durrens
1965

Dessin et gravure
de Claude Durrens
1966

Dessin d'Henry Cheffer
Gravure de Claude Durrens
1967

Dessin et gravure
de Robert Cami
1968

Dessin et gravure
de Robert Cami
1969

Dessin et gravure
de Claude Haley
1970

Dessin de Roger Chapelet
Gravure de Claude Durrens
1971

Dessin de Roger Chapelet
Gravure de Claude Durrens
1972

Dessin et gravure
de Robert Cami
1973

Dessin de Roger Chapelet
Gravure de Claude Durrens
1974

Dessin et gravure
d'Eugène Lacaque
1975

Dessin et gravure
de Claude Andréotto
1976

Dessin de Jean Chesnot
Gravure de Pierre Forget
1977

Dessin et gravure
d'Albert Decaris
1978

Dessin et gravure
de Claude Haley
1979

Dessin et gravure
de Pierre Forget
1980

Dessin et gravure
de Michel Monvoisin
1981

Dessin et gravure
de Pierre Béquet
1982

Dessin et gravure
de Georges Bétemps
1983

Dessin et gravure
de Claude Andréotto
1984

Dessin de Raymond Peynet
Heliogravure
1985

Photo de Peter Kaplan
Mise en page de Howard Paine
Gravure de Claude Jumelet
1986

Les grands prix de l'art philatélique

Dessin et gravure
de Claude Haley
1987

Dessin et gravure d'Eugène Lacaque
Mise en page de Roger Druet
1988

Dessin et gravure
de Jacques Gauthier
1989

Dessin de Raymond Moretti
Mise en page d'Alain Rouhier
Héliogravure
1990

Dessin de Pierrette Lambert
Mise en page de Jean-Paul
Véret-Lemarinier
Héliogravure **1991**

Dessin d'Alain Rouhier
Offset
1992

Dessin et gravure
de Marie-Noëlle Goffin
1993

Dessin de Désiré Roegiest
et Jean-Paul Véret-Lemarinier
Gravure de Claude Andréotto
1994

Dessin et gravure d'Ève Luquet
Mise en page d'Ève Luquet
et Charles Bridoux
1995

Dessin et gravure
de Marie-Noëlle Goffin
1996

Dessin de Jean-Paul
Véret-Lemarinier
Gravure de Claude Jumelet
1997

Dessin de James Prunier
Héliogravure
1998

Mise en page
de Michel Durand-Mégret
Gravure de Jacky Larrivière
1999

Dessin et gravure
de Pierre Albuisson
2000

Dessin de Jean-Paul
Véret-Lemarinier
Gravure de Jacky Larrivière
2001

Gravure
de Claude Jumelet
2002

Dessin de Christian Broutin
Héliogravure
2003

Dessin de Jean-Paul
Véret-Lemarinier
Gravure de Claude Jumelet
2004

Les Cérès de la philatélie

Les clients de La Poste ont aussi leur mot à dire! Ce sont eux qui achètent et utilisent les timbres-poste, et leur choix est encore la meilleure indication de leurs goûts et de leurs demandes. C'est la raison pour laquelle La Poste a créé en 1990 une sorte de référendum annuel pour élire les plus beaux timbres de l'année. Une élection matérialisée depuis 2000 par un trophée : une moderne Cérès en cristal de Daum sculptée par Michel Coste.

Jusqu'en 1999, les lauréats des clients de La Poste ont été les suivants: «Odilon Redon, profil de femme», mise en page de Louis Arquer d'après Odilon Redon, offset (1990); le bloc-feuillet «Bicentenaire de la Révolution française», dessin et gravure de Jacques Jubert (1991); «Sandro Botticelli 1492, fondation d'Ajaccio», dessin de Jean-Paul Véret-Lemarinier d'après Botticelli, mise en page de Louis Arquer, héliogravure (1992); la bande «Bicentenaire du musée du Louvre», dessin de Dirk Behage, Pierre Bernard, Fokke Draaijer et Sylvain Enguehard, héliogravure (1993); la série des personnages célèbres 1994 (Yvonne Printemps, Fernandel, Joséphine Baker, Bourvil, Yves Montand, Coluche), mise en page de François Miehe et Évelyne Siran, héliogravure (1994); la série des personnages célèbres 1995 (santons de Provence), dessin et gra-vure de Marie-Noëlle Goffin (1995); la série nature 1996 (parcs nationaux), dessin de Guy Coda, mise en page d'Odette Baillais, héliogravure (1996); «Versailles, 70e Congrès de la Fédération française des associations philatéliques», dessin de Claude Andréotto, héliogravure (1997); «Coupe du monde de football France 98», dessin et mise en page de Louis Briat, héliogra-vure (1998); «Château du Haut-Koenigsbourg», conception de Serge Hochain, gravure de Claude Jumelet, impression mixte offset/taille-douce (1999). À partir de 2000, les timbres élus par les clients de La Poste sont devenus les Cérès de la phila-télie. Un degré supplémentaire dans la reconnaissance de leurs choix. Les timbres lauréats sont reproduits ci-dessous. Mais à l'appellation, La Poste a ajouté le trophée: c'est une Cérès en cristal de Daum, sculptée par Michel Coste. Ce dernier explique: «Il fallait que la sculpture corresponde à l'image de la déesse – une figure ambiguë. Elle présente deux versus, l'un pour le printemps et l'été avec ses promesses de luxuriance, l'autre l'hi-ver et ses représentations de dénuement. J'ai donné libre cours à ma main pour illustrer ces deux versus.» (*Philinfo*, novembre 2000.) Michel Coste n'est pas seulement un amoureux des dées-ses antiques. On doit à ce sculpteur et ingénieur de recherche en sciences sociales le concept de l'impressionnant panorama de 17 mètres de long qui reproduit tous les timbres français depuis 1849 et qui fut présenté à Philexfrance 99. Ce panora-ma est, depuis, installé au musée de La Poste, et il a fait en 2002 l'objet d'une magnifique édition par le SNTP sous le titre *Panorama des timbres-poste de France. 1849-2001*.

La figure emblématique du timbre-poste français pour le trophée du meilleur timbre de l'année.

Gravure de René Quillivic
Mise en page de Charles Bridoux
2000

Dessin de Christian Broutin
Héliogravure
2001

Dessin et gravure
d'André Lavergne
2002

Dessin de Christophe Drochon
Gravure d'André Lavergne
2003

Dessin de Claude Andréotto
Gravure de Claude Jumelet
2004

Paris, 1er janvier 1960
En raison du passage au nouveau franc (voir ci-contre), le tarif de la lettre simple est fixé à 0,25 F (celui de la carte postale à 0,20 F).

Paris, 19 janvier 1960
Ivan Cabanne devient secrétaire général des PTT.

Paris, 5 février 1960
Michel Maurice-Bokanowski (1912-2005) devient ministre des P et T. Il est le fils de Maurice Bokanowski, qui fut ministre des P et T dans le gouvernement Poincaré (1926-1928).

France, 28 mars 1960
Émission d'un timbre à l'effigie d'Edmond Debeaumarché (1906-1959), un des fondateurs du réseau Résistance PTT. Membre de l'Assemblée consultative en 1945, il fut aussi directeur des PTT.

Paris, 15-29 octobre 1960
Première réunion de la Conférence européenne des postes et télécommunications (CEPT).

Paris, 21 janvier 1961
Émission d'une première série de timbres de service de l'Unesco. Ils sont utilisables exclusivement pour l'affranchissement des plis déposés dans les boîtes disposées au siège de l'organisation, place de Fontenoy.

France, 2 mai 1961
Un bureau de poste est installé dans l'enceinte des usines Simca.

France, 3 mai 1961
Création du Bureau d'études des postes et télécommunications d'outre-mer (Beptom), qui succède à l'Office administratif central des postes et télécommunications d'outre-mer. C'est un établissement public à caractère administratif, doté de la personnalité civile et disposant de l'autonomie financière.

France, 13 novembre 1961
Émission des premiers timbres de la série des œuvres de peintres modernes, au format 36 x 48 mm.

France, 30 novembre 1961
Création de la Société mixte pour l'étude et le développement de la technique des centres postaux mécanisés (Somepost), constituée en groupement d'intérêt économique (GIE). En 2003, elle affichera 1,1 million d'euros de résultat d'exploitation.

Il va falloir s'habituer aux francs lourds !

C'est Antoine Pinay, ministre des Finances, qui a eu l'idée de réformer la monnaie française. Il montre ici la nouvelle pièce de 1 F, pour laquelle la Semeuse de Roty a ressuscité.

France, 1er janvier 1960
Quand la Marianne à la nef d'André Regagnon a été émise en 1959, on savait que sa durée de vie serait très courte : l'avènement du nouveau franc était programmé depuis décembre 1958. Ce franc « lourd », équivalent à 100 F anciens (et à 180 mg d'or fin), entre aujourd'hui en circulation. Tous les billets de banque, les pièces de monnaie et les timbres-poste, bien sûr, sont remplacés. La Marianne à la nef l'est donc aussi... mais par une autre Marianne à la nef. La figurine de Regagnon a été reprise, avec une valeur faciale de 0,25 F (au lieu de 25 F), le tarif de la lettre simple n'ayant pas changé. Elle a aussi subi au passage une nette amélioration de ses couleurs : aux tons pâlots et fades de la première version ont succédé les couleurs nationales, franches et vives. Toutefois, l'ancien timbre pourra être utilisé encore un an, jusqu'au 18 février 1961.

Pas de taille-douce pour cette Marianne

France, 15 juin 1960
Fils d'un ancien ministre des PTT et lui-même ministre des PTT, Michel Maurice-Bokanowski voulait remplacer la Marianne à la nef par une figurine en taille-douce. Mais l'impression en taille-douce étant encore trop coûteuse pour un tirage aussi important que celui qu'exigerait un timbre d'usage courant, on dut provisoirement y renoncer. Albert Decaris se mit à l'ouvrage, fit une gouache en deux couleurs, et Jules Piel, technicien hors pair, fut chargé de graver en typographie cette altière Marianne. Cette figurine d'usage courant, émise ce mercredi, fera l'objet de 49 tirages différents jusqu'en 1965.

Le 6 avril 1960, les PTT inaugurent une nouvelle formule : les télégrammes illustrés. Ils remplacent désormais les « télégrammes de luxe » lancés en 1956.

L'envol de l'oiseau des PTT

Paris, 6 décembre 1960
Les PTT avaient besoin d'un emblème qui puisse symboliser leur mission fondamentale de messager. Plusieurs projets furent alors proposés. C'est finalement celui de Guy Georget qui est retenu. Cet oiseau en forme de flèche n'est pas sans évoquer la conquête des airs... Il est vrai que dans le sigle PTT, il y a le mot « télécommunications ». Et

puis Guy Georget a créé des affiches pour Air France : il en reste des traces dans ce fort dynamique emblème, dans la flèche duquel sera parfois inscrite la marque « Postes et télécommunications ». Certains journalistes croiront y voir une fine allusion à la fusée postale dont les PTT envisagent alors de se doter. Une légende qui aura la vie dure et que l'administration se fera un devoir de démentir encore en 1969 !

La philatélie arrive sur le petit écran

France, 25 janvier 1961

Jacqueline Caurat n'avait que 24 ans, en octobre 1953, lorsqu'elle est devenue la présentatrice vedette de la télévision, rôle prestigieux qu'elle devait partager avec Catherine Langeais et Jacqueline Huet. Mais cette jolie blonde est aussi une phi-latéliste passionnée, et elle a convaincu Albert Ollivier, directeur des programmes de la RTF, de lui laisser « monter » avec Jacques Mancier une émission consacrée à l'univers du timbre. Olivier lui donne son accord pour un « numéro zéro ». Pour voir. Mais il a si bien vu que ce « numéro zéro » est devenu le numéro un de *Télé-Philatélie*, diffusé ce mercredi à 18 h 40. Car c'est un coup de maître : Jacqueline Caurat et Jacques Mancier ont en effet obtenu, entre autres, une interview de Michel Maurice-Bokanowski, ministre des PTT, et une rencontre avec Jean Cocteau, créateur de la prochaine Marianne. Cette nouvelle émission sera bimensuelle.

Ce n'était pas Nicot, mais Nicquet...

France, 27 mars 1961

Le Comité de prévention du tabagisme et le Comité national du droit à l'air pur sont outrés. Les PTT ont émis aujourd'hui un timbre à la gloire de Jean Nicot, le diplo-mate et lexicographe français qui, à la fin du XVIe siècle, introduisit le tabac dans le royaume. Mais ce que ne peuvent savoir ces deux associations, c'est que le per-sonnage représenté par Jacques Combet sur la figurine n'est pas Jean Nicot, mais un négociant flamand au nom d'ailleurs très proche, Jean Nicquet, dont le por-trait a été gravé en 1595 par le peintre hollandais Hendrick Goltzius. Cette confu-sion sera révélée en 1979 par un conser-vateur d'Amsterdam, Dudock Van Heel.

C'est le premier timbre-poste d'usage cou-rant imprimé en taille-douce en France.

L'œuvre de Cocteau est gravée en TD-6

France, 23 février 1961

« À l'impossible je suis tenu », faisait dire Jean Cocteau à l'un de ses personnages. Mais la vraie question est de savoir ce qui serait impossible à celui dont les dons se sont déployés dans des domaines aussi divers que le théâtre, le roman, le cinéma ou le dessin, sans oublier la chanson bien sûr, lui qui écrivit pour Marianne Oswald, en 1934, *la Dame de Monte-Carlo* et *Anna la bonne*. Il ne lui restait plus qu'à créer un timbre-poste pour une autre Marianne, mais cette fois c'est plutôt celle du *Chant du départ* ! Commandée par le ministre des PTT, Michel Maurice-Bokanowski, la Marianne de Cocteau a été gravée en taille-douce six couleurs (TD-6) par Albert Decaris, après un premier essai infruc-tueux : on observe en effet une différence de hauteur de 2 mm entre les premières épreuves effectuées l'été dernier et le tim-bre tel qu'il est émis aujourd'hui, ainsi que des modifications dans la calligra-phie des légendes et des chiffres. Cette nouvelle figurine affranchit la carte pos-tale dans le régime intérieur.

Depuis le 6 avril 1961, les îles de Sein, d'Ouessant et de Molène reçoivent le courrier deux fois par semaine par hélicoptère (ici, au décollage du continent). L'appareil est un Bell 47. Ce petit hélicoptère américain, dont le premier vol remonte à décembre 1945, a connu un succès considérable à l'exportation.

Casquette à l'oiseau-flèche

France, 1er novembre 1961

Le képi rigide adopté en 1952 n'aura pas vécu dix ans. Il est remplacé en cette fin d'année par une casquette gris-bleu ornée de l'oiseau-flèche dont les PTT ont fait l'an passé leur emblème. Indé-niablement, c'est une réussite : dorénavant les facteurs n'auront plus, avec ce nouveau couvre-chef, cette allure quelque peu militaire qui, vu de loin, les faisait quelquefois confon-dre avec les gendarmes ou les pom-piers ! Mais cette réforme vestimentaire concerne l'ensemble de l'uniforme : le pan-talon ne comporte plus de passepoil et à l'insigne de col au « P » gothique a été substitué le sigle « PTT ». Ce détail est, du reste, discuté. Non parce qu'il eût mieux valu conserver l'ancien insigne, mais tout simplement parce que le nouveau a quelque chose de vieillot par rapport à la modernité que symbolise l'oiseau-flèche. Il y sera du reste remédié en 1965, grâce à l'adoption d'un nouveau type de veste au col plus largement ouvert et à seule-ment trois boutons. Et pour insi-gne, on trouvera sur le revers de la poche de poitrine et sur les boutons le même oiseau-flèche que sur la casquette.

Une série de quatre figurines consacrées aux oiseaux est émise en novembre et décembre 1960. Ce sont les premiers timbres imprimés en taille-douce six couleurs (TD-6) par l'Atelier des timbres-poste du boulevard Brune. L'impression en TD-6 implique deux passages dans la nouvelle presse : un premier passage dit taille-douce indirecte et un second dit taille-douce directe. Ici, le détail d'une feuille d'essai pour le timbre « Macareux », dessiné et gravé par Gandon, et émis le 14 novembre.

Paris, 14 mars 1962
Parution d'un nouveau *Code des PTT*.

Paris, 15 avril 1962
Jacques Marette (1922-1984) est nommé ministre des P et T.

Prague, 16 août-2 sept. 1962
L'Association internationale des journalistes philatéliques est créée.

France, novembre 1962
Émission du premier timbre français fluorescent, le Coq d'or (le Coq gaulois de Decaris), expérience visant à faciliter sa détection sur les lettres pour rendre l'oblitération automatique plus aisée.

France, décembre 1962
À la demande de Jacques Marette, la poste répond désormais à chaque lettre adressée au Père Noël. La réponse type est écrite par sa sœur, la psychanalyste Françoise Dolto.

France, 28 janvier 1963
À partir du timbre Bathyscaphe Archimède, l'année d'émission est inscrite sur tous les timbres, sauf sur les petits formats d'usage courant.

Paris, 9 mai 1963
René Joder est nommé directeur général des Postes.

France, 3 décembre 1963
La création de l'ordre national du Mérite entraîne la suppression de l'ordre du Mérite postal.

France, 13 janvier 1964
Décès de Pierre Yvert (*30.9.1900).

France, 29 mars 1964
Décès de Pierre Morel d'Arleux (*9.4.1897), signataire du *Roll of Distinguished Philatelists* en 1950.

France, 5 mai 1964
Décès d'Eugène Olivier (*17.9.1881), président de l'Académie de philatélie. Léon Dubus lui succède en octobre.

France, 19 mai 1964
Le tarif spécial pour la carte postale cinq mots disparaît.

France, 18 janvier 1965
Le tarif de la lettre simple passe à 0,30 F (0,25 F pour la carte postale).

France, janvier-juin 1965
Les timbres à date portent désormais le numéro du département.

La circulaire DGP n° 41 du 15 mai 1962 stipule que la couleur jaune sera désormais adoptée pour toutes les boîtes aux lettres installées sur la voie publique. Les anciennes boîtes (ici un modèle Foulon datant des années 1930) seront donc repeintes aux nouvelles couleurs: fond jaune, inscriptions et baguettes bleu foncé. Le même jaune deviendra le signe distinctif de tous les véhicules de la poste.

Du courrier rapide comme une fusée...

Fonsorbes, 2 mars 1962
L'essai a eu lieu sur un terrain de Haute-Garonne, près de Toulouse. Ce n'était sans doute qu'une maquette, mais le résultat a été jugé prometteur par Michel Maurice-Bokanowski. Conçu par le Centre national d'études des télécommunications (CNET), cet engin est une fusée postale qui, à un stade de développement futur, pourrait transporter le courrier à une vitesse très élevée. L'idée n'est cependant pas tout à fait nouvelle. On y songeait déjà avant la Seconde Guerre mondiale, et plusieurs expérimentations furent alors tentées. En particulier par Friedrich Schmiedl qui, le 2 février 1931, fit voler en Autriche une fusée transportant 102 lettres et cartes postales, puis par Stephen Smith qui, en 1937, fit de même à l'occasion d'un rassemblement de scouts indiens: cet événement sera du reste célébré par un timbre émis en 1992 par les postes indiennes. Autant d'expériences parmi d'autres, dont aucune ne dépassera ce stade. Ce sera le cas aussi de la fusée postale du CNET qui, en dépit des prévisions du ministre des PTT, sera rapidement abandonnée.

Jean Pheulpin

Précision et probité, finesse et sensibilité, telles sont les qualités que tous les philatélistes ont reconnu à Jean Pheulpin, né le 2 octobre 1907. Ancien élève de l'École Boulle, où il apprit le travail sur métal, puis des Beaux-Arts, il créa son premier timbre (dessin et gravure) en 1949, pour les Comores. Il a gravé plus de 650 timbres pour la France et les pays étrangers (en particulier le Laos), la majorité en taille-douce. Jean Pheulpin excella dans la gravure d'œuvres du passé, telles l'une des tapisseries de *L'Apocalypse* d'Angers (1965) ou *Diane au bain* de Boucher (1970). Pour être peu connus, ses travaux personnels n'en sont pas moins d'un paysagiste dont la fermeté du dessin n'exclut pas la délicatesse. Décédé le 8 octobre 1991, Jean Pheulpin avait illustré les grands classiques (Racine, Molière). Il félicitait de leur exigence les philatélistes, «qui ne laissent rien passer».

La valise ou le cercueil pour les rapatriés

Sur le port de Marseille se pressent des Français qui viennent des quartiers européens populaires d'Alger ou d'Oran, et qui bien souvent n'ont pas eu d'autre choix qu'entre «la valise ou le cercueil». Ce sont ceux que l'on appellera bientôt «rapatriés».

Algérie, 5 juillet 1962
Ce jeudi 5 juillet, 132 ans jour pour jour après la soumission du dey d'Alger (5 juillet 1830) qui fut le premier acte de la colonisation, l'Algérie proclame et célèbre son indépendance. Les résultats du référendum du dimanche 1er juillet sur l'autodétermination avaient été sans équivoque: par 99,72 % des voix (près de 92 % des inscrits), les Algériens ont opté pour la création d'un État algérien indépendant associé à la France. Le 3 juillet, le président de la République française a officiellement reconnu l'indépendance algérienne. En attendant l'impression des premiers timbres nationaux, on utilise des timbres français portant la surcharge EA (État algérien). Fêtée dans la liesse, la naissance du jeune État sera endeuillée par des enlèvements et des massacres d'Européens, et des représailles contre les harkis, hier encore fidèles auxiliaires des Français, que les militaires, obéissant aux ordres reçus, n'ont pu faire tous échapper à la vengeance de leurs anciens ennemis. Craignant pour leur sécurité, beaucoup de familles d'Européens ont, dès l'annonce du cessez-le-feu du 19 mars 1962, commencé à quitter le pays.

Mars
1962

Janvier
1965

Janvier
1965

1962 - 1965

Des scooters pour la poste

France, 1963

À la poste, les chariots poussés à la main et les traditionnels triporteurs à pédales sont progressivement remplacés par des équipements motorisés. Économiques, faciles à piloter et se faufilant facilement dans la circulation, les scooters, lancés en Italie au lendemain de la guerre, ont connu un vif succès chez leurs voisins européens. Le cinéma a d'ailleurs contribué à leur popularité. Si l'affiche de *Vacances romaines* (1953), film de William Wyler

qui lança Audrey Hepburn, était trompeuse (en réalité on n'y voyait les deux principaux protagonistes sur un scooter que fort brièvement), les Vespa et autres Lambretta avaient le beau rôle dans un film fétiche de la fin des années 1950, *Les Tricheurs* (1958) de Marcel Carné. Aménagés en triporteurs, les nouveaux scooters de la poste peuvent transporter 300 kg de charge utile. Avantage supplémentaire, ils sont équipés d'un toit (avec hublot pare-brise à l'avant et à l'arrière) qui offre une protection relativement efficace contre la pluie, mais pas contre le vent et la boue puisque les côtés sont ouverts. Plus tard vont apparaître des modèles complètement carénés, qui vont les faire ressembler beaucoup plus à des mini-voitures qu'à des scooters...

Ce triporteur Lambretta du début des années 1960 offre une protection contre les intempéries.

PAQUEBOT "FRANCE" - Longueur : 315m50 - vitesse 31 nœuds - nombre de passagers : 2.000
Propriété de la Compagnie Générale Transatlantique

Pour son 1er voyage, le France vogue vers les Canaries. À bord, 1 705 passagers et une passagère d'honneur, Yvonne de Gaulle. Un timbre gravé et dessiné par Claude Hertenberger a été émis pour l'inauguration officielle au Havre, sous la présidence du Premier ministre Michel Debré, le 11 janvier 1962. La chapelle du bord a eu une inauguration spéciale le 17 janvier avec un office protestant célébré par le pasteur Boegner, suivi le 18 d'une messe dite par l'archevêque de Rouen. Mme de Gaulle était la marraine du paquebot lors de son lancement par les Chantiers de l'Atlantique de Saint-Nazaire, le 11 mai 1960. « Le France, avait alors dit le général de Gaulle, va épouser la mer »... En 1974, le navire sera désarmé et passera cinq ans à quai au port du Havre avant de renaître sous le nom de Norway.

Philatec ou la grand-messe des timbres

Paris, 21 juin 1964

La philatélie se porte bien en France. La démonstration en a été donnée par Philatec, l'exposition philatélique internationale qui s'achève à Paris, au Grand Palais. Inaugurée le 5 juin par le Premier ministre, Georges Pompidou, Philatec a accueilli plus de 120 000 visiteurs et enregistré une vente de timbres record. Le public a particulièrement apprécié l'évocation de l'évolution des progrès techniques réalisés dans le domaine postal, mais aussi fait des découvertes inattendues : ainsi, les États-Unis ont eu l'excellente idée de présenter un ensemble de projets demandés à différents artistes pour déterminer le choix d'une figurine, et Raymond Duxin se demandera, dans *Le Monde des philatélistes* de juillet, pourquoi « chez nous, on les cache soigneusement »... Un timbre très composite de Decaris (ci-contre) a été émis le 8 juin à cette occasion. Il était en vente jusqu'au 20 au bureau temporaire de l'exposition, au prix de 4 F (dont 3 F payant le billet d'entrée). Cette figurine, où Decaris a imaginé une fusée postale, pouvait être commandée dans tous les bureaux de poste.

Georges Pompidou (au centre) inaugure Philatec. On reconnaît aussi le ministre des PTT, Jacques Marette (avant-dernier, à droite).

Franchise militaire aux trois couleurs

France, 21 juillet 1964

Le décret du 23 mars 1901 créant la franchise militaire avait prévu l'émission de timbres spéciaux. En réalité, on se borna à imprimer une surcharge « F.M. » sur des timbres d'usage courant. Et cela jusqu'au 6 juin 1946, lorsque fut émise une figurine de Robert Louis, gravée par Georges Hourriez : verte d'abord, puis rouge à partir du 1er octobre 1948, et ne portant pas de valeur faciale. Comme celle qui la remplace aujourd'hui, toujours due à Robert Louis, mais gravée par Gilbert Aufschneider (ci-dessous). La franchise militaire sera supprimée le 1er juillet 1972.

La Postale au départ d'Orly

Opérations de chargement du courrier à bord d'un DC 4 de la Postale de nuit, à Orly.

Orly, 4 octobre 1964

La Postale de nuit entre dans une ère nouvelle. Trop à l'étroit au Bourget, elle s'est installée aujourd'hui à Orly où elle peut bénéficier des espaces du hangar N6, que le départ de la TAI (qui a fusionné avec l'UAT) rendait disponibles. De plus, Orly est géographiquement mieux situé que Le Bourget, la plupart des neuf lignes de la Postale de nuit desservant le sud de la France. Autre gros avantage, les postes ont pu y installer leur centre de tri qui, de ce fait, se trouve à proximité immédiate de l'aire d'où partent les avions. La flotte s'est d'ailleurs agrandie. Aux onze Douglas DC 3 bimoteurs qu'elle utilisait en 1959, la Postale de nuit a ajouté en 1961

deux Douglas DC 4 quadrimoteurs, volant à 350 km/h de moyenne et d'une capacité d'emport de 8 tonnes. Il faut dire que les DC 3 ne suffisaient plus à la tâche : en 1958, ils avaient transporté 8 831 tonnes de courrier, soit 800 millions de lettres ! Dirigé par l'ingénieur Jean Costes depuis le 1er mai dernier, le Centre d'exploitation postale – c'est le nom officiel de la Postale de nuit – bénéficie également de douze lignes d'ambulants routiers qui permettent de raccorder les centres de tri de certains départements isolés aux aérodromes où font escale les appareils de la Postale de nuit. Un exemple : un ambulant relie directement les Basses-Alpes à Marignane, au départ de Digne.

Le blason de Paris a perdu une couleur

France, 18 janvier 1965

De toute la série des blasons, le timbre émis ce jour est le seul qui corresponde à l'affranchissement de la lettre de moins de 20 g dans le régime intérieur (le 18 janvier, le tarif est en effet passé de 0,25 à 0,30 F), et il a été imprimé en feuilles de 100 et en carnets de 20. Mais les presses utilisées pour l'impression en carnets ne permettent pas l'impression en trois couleurs, de règle pour les autres timbres de la série. Ce blason de Paris a donc été imprimé en deux couleurs, si bien que les fleurs de lys, au lieu d'être d'or (c'est-à-dire jaunes) comme le veut l'héraldique, sont restées blanches. Cette erreur a fait couler beaucoup d'encre et suscité maintes protestations. Le journal *Le Monde* s'est emparé de l'affaire, et certains ont même écrit au président de la République !

Mais où est passé l'or des fleurs de lys ?

Claude Durrens

Trois grands prix de l'art philatélique (1961, 1965, 1966), telles sont quelques-unes des distinctions nationales et internationales qui ont marqué d'une pierre blanche la carrière de Claude Durrens. Né le 22 août 1921 et grand prix de Rome de gravure en 1952, il a gravé son premier timbre en 1958. Il en signera plus de 400 au total, pour la France ou l'étranger. Correspondant de l'Académie des beaux-arts dans la section gravure, Claude Durrens s'est illustré dans des domaines aussi divers que la décoration (au collège de Vergt, en Dordogne) ou la sculpture, avec notamment son groupe métallique d'animaux préhistoriques, très stylisés, qui orne un rond-point à Boulazac, également en Dordogne. Un thème qui était particulièrement cher à ce Périgourdin d'adoption : n'était-il pas l'auteur du splendide « Grotte préhistorique de Lascaux » émis le 16 avril 1968 ? Claude Durrens, comme d'autres, a aussi gravé des créations de ses confrères : ce fut notamment le cas pour la Marianne de Cheffer (émise le 6 novembre 1967). Décédé le 20 décembre 2002, ce maître a laissé une œuvre très riche dont témoigne *Claude Durrens ou l'art de la gravure*, bel ouvrage de sa fille Janine Durrens (2005, Éditions La Lauze).

Le progrès en marche...

L'hypermarché. La société Carrefour, fondée en 1959 par les familles Fournier et Defforey, ouvre le 15 juin 1963 le premier hypermarché à Sainte-Geneviève-des-Bois (Seine-et-Oise). Trois fois plus grand que les supermarchés classiques, il s'étend sur une surface de 2 500 m², plus un parking de 450 places. Dès le premier samedi, plus de 5 000 clients s'y rendent. En 1969, Carrefour inaugurera en Belgique son premier magasin à l'étranger. En 1999, sa fusion avec le groupe Promodès (créé en 1961 par les familles Halley et Duval-Lemmonier) le placera au deuxième rang mondial de la distribution, derrière le groupe américain Walmart. En fait, le mot « hypermarché » n'apparaîtra qu'en 1966.

Et aussi... En 1965, la détection des cancers du sein connaît un progrès décisif grâce au nouvel appareillage de **mammographie** inventé par le professeur André Willemin, de Paris, le professeur Charles Gros, de Strasbourg, et la Compagnie générale de radiologie. L'utilisation d'une anode de molybdène permet de déceler les plus faibles différences de contraste entre la peau, la glande mammaire et le tissu gras ou adipeux.

Deuxième succès pour la fusée Diamant

Hammaguir (Algérie), 17 février 1966
Ce jeudi 17 février, à 8 h 33 minutes, au
pas de tir « Alice », un lanceur de type
Diamant A a mis sur orbite le deuxième
satellite français, D-1A, baptisé Diapason.
Un satellite jumeau D-1B était prêt à prendre la suite en cas d'échec... Un timbre
commémoratif est déjà prêt, et sa vente
anticipée aura lieu demain. Conçu principalement comme un banc d'essai pour
la technologie française, le programme
Diamant a été inauguré quelques mois plus
tôt : le 26 novembre 1965, à la même
base d'Hammaguir, dans le Sahara algérien près de Colomb-Béchar, avec le lancement du premier satellite, A-1, sorte de
tonnelet d'une quarantaine de kilos tout
hérissé d'antennes, que les journalistes
surnommèrent Zébulon, du nom d'un personnage du Manège enchanté, la populaire émission de télévision pour les
enfants – à la suite de quoi il fut rebaptisé Astérix pour des raisons obscures. La
France devenait la troisième puissance
spatiale, après l'URSS et les États-Unis.
Un triptyque commémoratif réunissant
deux figurines (0,30 F et 0,60 F) et une
vignette, émis le 3 décembre dernier, avait
eu un succès phénoménal.

Le lanceur français Diamant A sur le pas de tir d'Hammaguir. En haut: le timbre dessiné
et gravé par Claude Durrens, également auteur du triptyque « spatial » de décembre 1965.

Le Nouveau-Né de 1966

France, 14 novembre 1966
Aujourd'hui est mis en vente dans tous
les bureaux de poste – au prix de 5 F par
souscription et pour deux mois seulement – le bloc souvenir de la figurine de
la série artistique (dite aussi « Musée imaginaire ») dédiée à Georges de La Tour. Émis
le 27 juin 1966, ce timbre imprimé en six
couleurs avait valu à Claude Durrens, auteur
du dessin et de la gravure, le grand prix
de l'art philatélique. Pour la première fois,
par décision du ministre des PTT Jacques
Marette, une commission de placement
sera allouée au personnel vendeur du bloc.
On notera que le feuillet philatélique est
non dentelé et dépourvu de gomme: il n'a
aucun pouvoir d'affranchissement, ce qui
n'empêchera pas la poste d'en vendre plus
d'un million d'exemplaires, tant le timbre
aura marqué par sa qualité artistique.

Pour le MUSÉE POSTAL

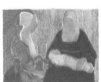

Impression taille-douce report

Impression taille-douce

Impression définitive

Phases d'impression du Timbre-poste
"Le Nouveau Né" de Georges de la Tour

5 Francs

IMPRIMERIE DES TIMBRES-POSTE PARIS

Ce bloc de 9 x 18,5 cm reproduit les trois phases de l'impression du timbre. Le produit de
la vente a été affecté au futur Musée postal. Ce type d'émission ne sera pas renouvelé.

Les Afars voulaient garder le drapeau

Afrique, 1967
La Côte française des Somalis change de
nom cette année: on l'appelle maintenant
Territoire français des Afars et des Issas.
Lors du référendum qui a précédé, les Afars,
qui préfèrent rester français, l'ont emporté
sur les Somalis ou Issas, qui voulaient le
rattachement à la Somalie indépendante.
Mais pour combien de temps? Il s'agissait
à l'origine de deux possessions séparées:
le port d'Obock, au nord du golfe d'Aden,
et le port de Djibouti, créé par les Français en 1888, qui ont fusionné au moment
de la construction de la ligne de chemin
de fer Djibouti/Addis-Abeba en 1894.

Le coprince Charles de Gaulle dans son Andorre

Andorre-la-Vieille, 23 octobre 1967

Le président de la République française, Charles de Gaulle, en visite officielle, annonce notamment sa décision de faire construire un nouveau collège dans la principauté. Une décision que le Général a pu prendre en tant que coprince de l'Andorre, titre dont jouissent les chefs d'État français en vertu d'un compromis signé en... 1278 et qui, mettant fin à une vieille querelle, instituait un condominium entre l'évêque espagnol d'Urgel (aujourd'hui encore coprince) et le comte de Foix, dont hériteront les rois de France et les présidents de la République. Le statut postal d'un pays dont le régime est si particulier ne pouvait qu'être hors du commun. L'Andorre fut gérée d'abord par les postes espagnoles comme une localité de la province de Lérida. En 1928, la principauté émit ses premiers timbres, des timbres espagnols d'usage courant surchargés «Andorra». En 1929 apparurent des timbres espagnols spécifiques à l'Andorre, mais la France ne tarda guère à réagir: des timbres français de type Blanc, Semeuse et Merson surchargés «Andorre» virent le jour en 1931, un an avant les premiers timbres spécifiques andorrans français, représentant des paysages de la principauté. Toujours assuré par La Poste et les Correos espagnols, le service postal de ce petit État admis à l'ONU en 1993 est le seul au monde à offrir à ses ressortissants la gratuité du courrier intérieur.

Camping dans la «principat d'Andorra» (selon sa dénomination devenue officielle en catalan), vers 1965. En haut : premiers timbres français et espagnols pour l'Andorre.

Ci-dessus : oblitération commémorant la visite du coprince Charles de Gaulle. Au-dessus: le viguier, principal magistrat de l'Andorre, sur des timbres «français» de 1944 et «espagnol» de 1948.

Une effigie très bucolique

France, 6 novembre 1967

Rehaussée par la finesse de la gravure de Claude Durrens, la paisible beauté de cette Marianne couronnée d'épis est en accord avec l'ère de prospérité que connaît la France au sortir de la guerre d'Algérie. Premier timbre d'usage courant à être imprimé sur une presse taille-douce trois couleurs (les feuilles ont des guillochis, faits de lignes courbes entrecroisées, sur leurs marges), ce sera aussi le premier à obtenir le grand prix de l'art philatélique. Une récompense qui apparaît comme un hommage posthume à Henry Cheffer, mort depuis dix ans. En effet, lors du concours ouvert en 1954, la Marianne de Muller avait été préférée à cette bucolique allégorie de la République française.

Pour la lettre simple (régime intérieur).

Pierre Perret les fait rougir

France, 1967

«Quand une postière vous dit: qu'est-ce que c'est?/Vous faites comme méziqu vous lui faites un baiser.» C'est la chanson de l'année, dans les bureaux de poste en tout cas. On savait le goût de Pierre Perret pour le parler populaire et les jeux de mots un peu gras. Depuis le succès de *Tord-Boyaux* en 1963 et des *Jolies Colonies de vacances* l'an dernier, nul n'ignore qu'il vaut mieux ne pas trop l'écouter si on a les oreilles un peu délicates. Mai dans *Les Postières,* Pierre Perret a poussé le bouchon un peu plus loin que d'habitude : «Vous lui dites vos lèvres sont de fruits de saison/Et ça tombe au poil mo j'adore les citrons.» Dans les bureaux cer taines en rient de bon cœur, d'autres pas

Pierre Perret, 33 ans, a connu son premier succès avec Moi j'attends Adèle *(1959).*

Jean-Claude Killy triomphe aux JO d'hiver de Grenoble

Grenoble, 18 février 1968

Aujourd'hui s'achèvent les Xes Jeux olympiques d'hiver : avec six médailles d'or dont trois pour Jean-Claude Killy, dans toutes les épreuves de ski alpin), la France se classe troisième derrière la Norvège et l'URSS. Le 6 février, la cérémonie d'ouverture a été présidée par le général de Gaulle – une semaine après l'émission d'une série de cinq timbres à surtaxe dont le dessin dynamique est de Jacques Combet. Pour la première fois, des contrôles ont eu lieu pour vérifier le sexe de certaines championnes dont la féminité pouvait être mise en doute. On note aussi l'arrivée de quelques sponsors de poids sur la scène olympique : « Notre première intervention aux Jeux olympiques, dira un responsable de McDonald's, a eu lieu en 1968 alors que nous avons expédié des hamburgers par avion aux athlètes des Jeux de Grenoble, en France. »

Héros du ski alpin, Jean-Claude Killy et Guy Périllat, médaillés d'or et d'argent en descente.

La France est en ébullition en mai 1968

Affiche de Mai-68 : le 22 mai, des bureaux de poste avaient été investis par la police.

France, 6 juin 1968

La reprise du travail se généralise dans les services publics, notamment aux PTT, à la SNCF et à la RATP. Il n'en va toutefois pas de même dans la métallurgie, et des incidents violents ont encore eu lieu toute la journée à Flins (Renault). Mais il n'en est pas moins clair que le mouvement dit de Mai-68 touche à sa fin. Il a débuté le 3 mai dernier par des manifestations d'étudiants au Quartier latin, qui se sont poursuivies les jours suivants. Les étudiants, encadrés par leurs syndicats, élèvent des barricades dans la nuit du 10 au 11, entraînant des affrontements avec les forces de l'ordre. Faisant tache d'huile en province, le mouvement de contestation est rejoint par les organisations syndicales et par les partis de gauche, avec une grande manifestation le 13 à Paris. Les grèves et occupations d'usine s'étendent à partir du 16 dans les secteurs public et privé, et, le 22, le pays est paralysé. Le 25, Georges Pompidou entame des négociations avec les syndicats. Le 27, une fracture se dessine entre les syndicats et les étudiants. Le 30, à la télévision, le général de Gaulle annonce que l'Assemblée est dissoute. Le 4 juin, un accord est en vue aux PTT. Le 30, aux législatives, la droite l'emportera avec 358 sièges sur 485. Avantages acquis par les syndicats d'un côté, et majorité renforcée de l'autre.

Ailes néerlandaises pour la Postale

France, décembre 1968

Les premiers Fokker F 27-500 commandés par Air France ont été livrés à la Postale. Ils sont destinés à remplacer les DC 3, à bout de souffle. Cet appareil de construction néerlandaise (ci-dessus : maquette) est un biturbopropulseur à aile haute, dont le premier vol remonte au 27 novembre 1957. Un accord spécial avait toutefois été trouvé entre les Pays-Bas et la France : en contrepartie de l'acquisition de douze F 27-500 par Air France, la fabrication de leur fuselage serait assurée par les usines Breguet de Biarritz-Anglet, et les Pays-Bas achèteraient 27 hélicoptères de type Alouette à Sud-Aviation. Le Fokker F 27-500 est une version au fuselage rallongé de 1,50 m du F 27-200. Propulsé par des Rolls-Royce Dart Mk 536-7R développant une puissance maximale de 2 350 ch, il affiche une vitesse de croisière de 470 km/h et une capacité d'emport de 5 805 kg, alors que celle des vieux DC 3 n'est que de 3 000 kg.

Jacqueline Caurat : *Télé-Philatélie, une*

De 1961 à 1983, les collectionneurs de timbres-poste ont eu leur émission de télévision. Une à deux fois par mois, sur la seule chaîne en noir et blanc, puis en couleurs, *Télé-Philatélie*, rebaptisée *Philatélie-Club* en 1974, est devenue une aventure sans précédent dans l'histoire du petit écran. La productrice-présentatrice de cette longue série est une pionnière de la télévision française.

En haut :
Jacqueline Caurat
avec Lucien Berthelot, qui
sera en 1963 président de
laFédération
internationale de
philatélie.
En bas, avec Jacques
Mancier, coproducteur
de Télé-Philatélie.

Entre deux annonces des programmes de la télévision française, la philatélie a toujours été le jardin secret de Jacqueline Caurat. Fille et femme de philatéliste, elle commence par se passionner pour les flammes et marques postales. Au début des années 60, alors qu'elle présente les émissions scolaires, elle apprend que l'Education nationale vient de conclure un accord avec les PTT pour distribuer des timbres dans les écoles. Elle propose à Albert Ollivier, nouveau directeur de l'unique chaîne en noir et blanc, de populariser un peu plus encore la philatélie à travers une émission régulière évoquant l'actualité, mais aussi l'histoire du timbre. Elle obtient un feu vert pour un numéro zéro qui va se transformer en un rendez-vous passionnément suivi par les initiés, mais aussi par celles et ceux qui collectionnent ou non les vignettes postales, attirées par leur beauté et leur diversité, et découvrent avec elles le monde moderne, mais aussi les traces d'un riche passé.

Une loupe grossissante

Le petit écran va ainsi se transformer une à deux fois par mois en loupe grossissante. L'aventure va se poursuivre pendant 23 ans, sous forme mensuelle ou bimensuelle, dans des conditions de travail artisanales. Avec son mari Jacques Mancier, coproducteur de l'émission, et une équipe permanente de trois personnes, elle a délaissé ses classeurs de collectionneuse pour consacrer tous ses loisirs, et même une partie de ses heures de sommeil, au tournage et au montage de ses reportages, ainsi qu'aux séquences d'interview ou d'enchaînement sur un petit plateau de la RTF, rue Cognac-Jay. « Les moyens techniques étaient particulièrement limités, se souvient-elle aujourd'hui. À l'époque, le banc-titre, quotidiennement utilisé dans toutes les émissions, n'existait pas. Pour filmer une exposition, nous nous plaçions, mon mari et moi, à chaque extrémité de celle-ci, et nous remontions lentement l'un vers l'autre afin de sélectionner les pièces les plus intéressantes, et les filmer ensuite. À chaque fois, il a fallu veiller au moindre détail technique. Le timbre-poste est l'objet le plus léger, le plus fragile, le plus sensible, que ce soit à la lumière ou à la chaleur. Placé sous verre ou sous Rhodoïd, il pose de très sérieux problèmes d'éclairage. C'est dire les difficultés rencontrées par nos réalisateurs, Jean Vernier, Yvan Jouannet, Jack Sanger, Antonia Calvin et André Fey, quand nous avions retenu quelque 250 plans pour une seule manifestation. »

Jacqueline Caurat et Jacques Mancier multiplient parallèlement les scoops journalistiques. De nombreuses personnalités vont ainsi raconter, avec un bonheur évident, leur passion pour les timbres. Dans cette longue liste de collectionneurs figurent Paul-Émile Victor, André Courrèges, Edgar Faure, Maurice Druon, Jean-Pierre Vallez, le grand-duc du Luxembourg et le prince Rainier de Monaco. Ce dernier a expliqué qu'il suivait de très près toutes les émissions de timbres de la principauté, choisissait les artistes et signait même les bons à tirer. Un autre jour, entre deux prises d'un film en Espagne, Yul Brynner a révélé que tous les soirs, dans la caravane qu'il avait fait construire à Hollywood, il se détendait en triant les timbres des Nations unies qu'il ne cessait d'amasser.

Marianne au rouge à lèvres

« Les grands artistes qui ont créé des timbres et ceux ayant accepté la reproduction de l'une de leurs œuvres sur des vignettes postales nous ont également accordé des entretiens », ajoute Jacqueline Caurat. Le premier d'entre eux a été Jean Cocteau qui a reçu l'équipe de *Télé-Philatélie* à Saint-Jean-Cap-Ferrat pour évoquer, en 1961, la nouvelle figurine de « Marianne » que les PTT lui avaient demandé de concevoir. Jacqueline Caurat n'a jamais oublié ce moment magique. « Il avait déjà adressé la maquette de son œuvre à Paris. Alors, pour montrer, en avant-première, aux téléspectateurs le profil coiffé du bonnet phrygien, il s'est emparé de mon tube de rouge à lèvres et l'a dessiné sur une glace. » Georges Mathieu, Pierre-Yves Trémois, Folon, Salvador Dali, Chagall, Brayer, Miró, Carzou et Bernard Buffet ont également figuré, un jour ou l'autre, au générique de l'émission. « Si tout cela a été possible, c'est aussi parce que l'administra-

Jacqueline Caurat avec le dessinateur et graveur Jean Pheulpi

Avec le peintre Hans Hartung, dans son atelier d'Antibes, à l'occasion de la sortie d'un timbre, en 1980.

C'est avec le tube de rouge à lèvres de Jacqueline Caurat que Jean Cocteau a dessiné le profil de sa Marianne en 1961, dans la première émission de Télé-Philatélie.

...tion postale nous a ouvert, dès le début, ses portes à deux battants», précise Jacqueline Caurat qui souligne «le caractère exemplaire d'une collaboration de 23 ans». La présence dans la première émission de Michel Maurice-Bokanowski, alors ministre des PTT, symbolise cette complicité. Les manifestations prestigieuses ont été régulièrement «couvertes» à Rio, Stockholm, Moscou, Madrid, Londres, Milan, Oslo ou New Delhi. «À chaque fois, nos équipes de tournage ont été dans l'obligation de montrer patte blanche et de satisfaire à tous les contrôles des services de sécurité.» On ne filme pas, en effet, dans n'importe quelle condition des joyaux comme ce quatre pence bleu d'Australie occidentale, émis en 1855, affichant comme particularité un centre renversé.

Collections papales et royales

À Rome, elle a tourné des images de la seule exposition de la collection privée des papes, qui s'est alors déroulée dans les galeries du Vatican. Parmi les souvenirs à jamais ancrés dans sa mémoire figure ce jour où, avec Jacques Mancier, elle est devenue la seule journaliste au monde autorisée à filmer la reine Elisabeth devant la collection royale, celle de George V. «Ce privilège nous a été accordé après des mois de tractations administratives. Nous n'avons pas regretté le mal que nous nous sommes donné. C'est l'une des plus belles collections du monde». Elle se souvient aussi d'une exposition internationale à Philadelphie, où elle a admiré le «one cent de Guyane anglaise», unique au monde et non coté dans les catalogues, les célèbres

Missionnaires d'Hawaï et la lettre oblitérée sur la Lune en 1971. Elle n'a pas oublié non plus une rencontre avec un collectionneur luxembourgeois propriétaire du 3 skilling banco jaune de Suède ou sa découverte, au fond de la Finlande, de très anciens cachets de cire enchâssant des plumes d'oiseaux, symbolisant des signes d'urgence pour les messagers à cheval. Enfin, en 1967, sur le paquebot *France*, alors au sommet de sa notoriété mondiale, elle a eu le privilège de réunir à l'image, pour les téléspectateurs, les timbres les plus rares présentés à l'Exposition universelle de Montréal, où elle fut chaleureusement accueillie: son émission était connue là-bas, puisque diffusée par satellite.

Philatélie-Club

Télé-Philatélie est un magazine unique en son genre. «À ma connaissance, aucune autre chaîne n'a diffusé régulièrement pendant plus de 20 ans un programme de 30 mn dédié à la philatélie et à l'histoire postale.» La couleur est arrivée et, en 1974, l'émission a été rebaptisée *Philatélie-Club*. En 1981, à Vienne, *Philatélie-Club* a reçu le grand prix International du Film Spécialisé. Elle a pris fin deux ans plus tard, sur décision des producteurs, à l'heure des 30 ans de télévision de Jacqueline Caurat. «Je voulais vivre pour moi, mon mari et ma fille.» Depuis, personne n'a assuré la relève. «Nous avons filmé des pièces que l'on ne reverra jamais. Ces images font partie de notre patrimoine. Un de mes plus chers désirs est qu'elles soient restaurées et mises à la disposition des philatélistes d'hier, d'aujourd'hui et de demain.»

Jacqueline Caurat vue par Eugène Lacaque: un hommage philatélique et artistique à valeur sentimentale.

Paris, 13 janvier 1969
Le tarif de la lettre simple passe à 0,40 F (0,30 F pour la carte postale). La lettre supérieure à 20 g doit être désormais revêtue d'une étiquette « Lettre » et la catégorie imprimés est supprimée, remplacée par celle des plis non urgents.

France, 20 avril 1969
Décès du comte Maurice Exelmans (*8.6.1892), collectionneur.

Paris, 22 juin 1969
Robert Galley est nommé ministre des Postes et Télécommunications.

France, 15 août 1969
Décès de l'expert et négociant Aimé Brun (*23.6.1887), signataire du *Roll of Distinguished Philatelists* en 1948.

France, 22 octobre 1969
Décès du collectionneur Jean de Micoulsky (*8.3.1901), spécialiste des marques postales.

France, 3 novembre 1970
Décès du collectionneur Robert Ginestet (*10.3.1928), spécialiste des entiers postaux.

France, 4 janvier 1971
Le tarif de la lettre simple passe à 0,50 F. Une carte postale urgente est créée, au même tarif que la lettre.

Paris, 1er février 1971
Le poste de secrétaire général des PTT, créé en 1916, est supprimé.

Paris, juillet 1971
Michel Dupouy est nommé directeur du Musée postal, succédant à Georges Rigol, décédé le 23 décembre 1970 (*26.12.1905).

Saint-Brieuc, 21 mai 1972
Pierre Langlois succède à Lucien Berthelot (élu en 1963) comme président de la Fédération des sociétés philatéliques françaises.

France, 1er juillet 1972
Le timbre de franchise militaire est supprimé.

France, 1er juillet 1972
Nouvelle taille minimum des objets de correspondance : 14 x 9 cm.

Paris, 6 juillet 1972
Hubert Germain devient ministre des Postes et Télécommunications.

Llandudno (pays de Galles), 1972
Le Français Lucien Berthelot signe le *Roll of Distinguished Philatelists*.

Le rouge et le vert pour deux vitesses

France, 13 janvier 1969
Les nouveaux tarifs postaux vont bousculer les habitudes des Français. La lettre normale passe à 40 c en conservant ses caractéristiques : couleur rouge du timbre d'usage courant et distribution à J + 1 jusqu'à une heure limite de dépôt (ce qui implique le tri nocturne, si besoin dans les bureaux ambulants, et l'emploi éventuel d'avions). L'affranchissement est fixé à 30 c pour le pli non urgent, qui remplace désormais l'imprimé ; caractérisé par la couleur verte de son timbre, il est distribué entre J + 1 et J + 4 (donc, tri de jour et transport par route ou voie ferrée).

Expérimenté à Montgeron (Essonne), où il a été mis en service le 24 mars 1969, ce BAA ou « bureau auxiliaire automatique » est en fait constitué d'un habillage de type bar regroupant machines et distributeurs – y compris des rendeurs de monnaie sur billet de 10 F. Toutefois, les affranchissements ne sont délivrés que par tranches de 10 centimes. Cet automate sera retiré à la fin de 1970 pour cause de pannes trop fréquentes.

Le courrier volera à Mach 2 sur Concorde

Les postes britanniques ont, de leur côté, émis trois timbres commémorant le premier vol du Concorde 002. Ci-contre : l'un des trois timbres.

France, 23 juin 1969
L'aérogramme est un entier postal exclusivement réservé à la poste aérienne. Il est constitué d'une feuille qui, convenablement repliée et collée, affecte la forme d'une carte postale, le verso réservé à la correspondance se trouvant clos de ce fait. Réalisé conformément aux règles de l'UPU, le premier aérogramme français a été émis aujourd'hui, avec le timbre « Concorde » de Claude Durrens imprimé en typographie à plat au recto et valable quelle que soit la destination. Le timbre de Durrens avait été émis le 7 mars, avec vente anticipée à Toulouse le 2 mars, jour du premier vol de l'avion de ligne supersonique franco-britannique. Le Concorde 001 a alors décollé de Toulouse-Blagnac pour un vol d'un peu moins d'une demi-heure, avec André Turcat (chef pilote, à gauche sur la photographie), Jacques Guignard (copilote), Michel Rétif (mécanicien) et Henri Perrier (ingénieur). Construit parallèlement en Angleterre, le Concorde 002 a pris l'air, quant à lui, le 8 avril à Fairford, entre les mains de Brian Trubshaw. Dans les deux cas, un plein succès et une récompense pour tous ceux qui ont cru en l'avenir de l'aviation civile supersonique. Si les premières études, en France et en Grande-Bretagne, pour la conception d'un avion de ligne capable de voler à Mach 2 (2 117 km/h) remontent à la fin des années 1950, c'est le 29 novembre 1962 que fut donné le coup d'envoi avec la signature, à Londres, d'un protocole d'accord entre les deux pays, deux prototypes devant être construits par British Aircraft Corporation en Angleterre et par Sud-Aviation à Toulouse.

Charte européenne de l'eau

France, 29 septembre 1969

Avec ce timbre, les postes françaises s'associent à la campagne de promotion lancée par le Conseil de l'Europe après la proclamation à Strasbourg, le 6 mai 1968, de la charte européenne de l'Eau, qui stipule notamment que: 1) Il n'y a pas de vie sans eau. C'est un bien précieux, indispensable à toutes les activités humaines. 2) Les ressources en eau douce ne sont pas inépuisables. Il est indispensable de les préserver, de les contrôler et, si possible, de les accroître. 3) Altérer la qualité de l'eau, c'est nuire à la vie de l'homme et des autres êtres vivants qui en dépendent. La qualité de l'eau doit être préservée à des niveaux adaptés à l'utilisation qui en est prévue et doit notamment satisfaire aux exigences de la santé publique.

Des bandes d'encre phosphorescente sont imprimées en surcharge sur les timbres d'usage courant. Cette encre spéciale (qui ne contient pas de phosphore, a précisé la direction des Postes), invisible à l'œil, n'est révélée que par la lumière ultra-violette, émettant alors une lueur jaunâtre. Ces bandes font partie du système d'automatisation du tri postal: si le timbre est marqué de deux barres, il s'agit d'une lettre; s'il n'est marqué que d'une barre, c'est un pli non urgent. Les premiers timbres à marquage phosphorescent sont en vente dans le Puy-de-Dôme en mars 1970: les 0,40 F et 0,30 F de la Marianne de Cheffer, et le 0,10 F «Blason de Troyes».

20 000 lieues sous les mers pour le SNLE

 Jacques Combet

Le lancement du Redoutable à Cherbourg, le 29 mars 1967, en présence du chef de l'État.

Cherbourg, 8 novembre 1969

Le premier sous-marin nucléaire lanceur d'engins (SNLE) français, *Le Redoutable*, a quitté Cherbourg pour une plongée de dix jours, dite de «longue durée». C'est la conclusion d'une campagne d'essais qui a débuté le 25 juin dernier avec une première plongée en route libre, au-dessus de la fosse d'Aurigny. Construit à l'arsenal de Cherbourg par la Direction technique des constructions navales (DTCN), *Le Redoutable* a été lancé le 29 mars 1967 en présence du général de Gaulle, qui a ainsi confirmé sa volonté de développer une dissuasion nucléaire tous azimuts. Les SNLE, qui seront dotés dans un premier temps de missiles M1 (charge nucléaire de 450 kt), doivent constituer le troisième volet de l'armement atomique français, avec les bombardiers Mirage IV basés à Orange-Caritat et les missiles sol-sol du plateau d'Albion. Robert Cami est l'auteur (dessin et gravure) du timbre-poste qui, émis le 27 octobre dernier, célèbre l'entrée de la France dans le club extrêmement restreint des puissances équipées de SNLE, avec les États-Unis, l'Union soviétique et la Grande-Bretagne (celle-ci ayant toutefois bénéficié d'une aide américaine, ce qui n'est pas le cas de la France). Cette force nucléaire indépendante, le général de Gaulle n'est pas le seul, ni le premier, à l'avoir voulue. En effet, c'est Pierre Mendès France qui, en 1954, conscient du peu de poids que la France représentait face aux États-Unis et à l'URSS, comprit que, sans dissuasion nucléaire, «le pays n'est rien».

Pour avoir collectionné des timbres étant enfant, Jacques Combet, né à Nîmes en 1920, rêvait d'en dessiner. Le rêve se réalisera, mais auparavant il aura étudié la gravure à l'École Estienne et le dessin aux Beaux-Arts. Dix ans passés dans l'atelier d'un graveur cartographe spécialisé dans les cartes marines lui enseignent la rigueur nécessaire à qui veut maîtriser l'art du burin et de l'eau-forte. Les travaux exécutés pour des éditions de luxe (il grave les illustrations conçues par des artistes comme Foujita ou Léonor Fini) lui permettent de démontrer son solide métier. En 1950, Decaris, pour qui le jeune artiste a gravé le cadre à arabesques du 1 000 F «Paris» de la Poste aérienne, est si satisfait qu'il lui demande de le cosigner. C'est en 1958 que seront émis les premiers timbres dessinés et gravés par Combet: «Berthollet», et surtout «Le Havre», début de la série des Villes reconstruites. Il gravera aussi des billets de banque (pour la France, l'Algérie, le Luxembourg...). Les cinq timbres des Jeux de Grenoble (1968), le «Barbey d'Aurevilly» de 1974, le «Rugby» (1982) ou le superbe timbre consacré au site mégalithique corse de Filitosa (1986) donnent une idée de la variété du talent de Combet, qui disparaîtra le 14 juillet 1993.

L'imprimerie de Périgueux est inaugurée

Le chantier de construction de l'ITP, la future ITVF.

Boulazac, 15 juin 1970

Yves Guéna, ministre des PTT et député de la Dordogne, inaugure l'Imprimerie des timbres-poste (ITP) dans la zone industrielle de Périgueux. La construction de ce vaste ensemble de 26 418 m² avait été décidée par le gouvernement de Georges Pompidou le 22 février 1968. Cette décentralisation affecte à la fois l'Atelier de fabrication des timbres-poste du boulevard Brune (Paris) et l'Atelier général du timbre du 11, rue de la Banque (Paris), qui imprime les valeurs fiscales, les deux établissements se trouvant réunis. Pour cette occasion, la poste a émis un tirage spécial de la Marianne de Cheffer, avec, accolée à la figurine, une vignette au blason de Périgueux, où une vente anticipée a été organisée avant-hier.

Série Europa : une dissidence française

France, 10 mai 1971

Depuis leur création, les timbres Europa se caractérisent par un motif symbolique commun aux pays qui les émettent. Mais cette année, la France a fait cavalier seul pour le timbre au tarif de la lettre dans le régime intérieur (mais ce n'est pas le cas pour le timbre au tarif de la lettre dans le régime international). Dessinée et gravée par Georges Bétemps, la figurine représente l'église de la Salute, à Venise.

Le tarif de la lettre simple dans le régime intérieur étant passé de 0,40 à 0,50 F (celui des plis non urgents restant à 0,30 F) le 4 janvier 1971, un nouveau timbre d'usage courant a été émis en vente anticipée le 2 janvier. Pierre Béquet l'a dessiné et gravé selon un cahier des charges draconien : il fallait que la valeur apparaisse en très gros chiffres, afin de faciliter le tri entre lettres et plis non urgents. La conséquence est que cet impératif ne rend pas justice au talent de Pierre Béquet, dont la Marianne, empreinte de calme et de gravité, est d'un dessin très pur. Comme Gandon en 1944, Béquet s'est inspiré du profil de son épouse Gisèle, ainsi à jamais « mariannisée » !

En hommage à de Gaulle

France, 9 novembre 1971

Pour le premier anniversaire de la mort du général de Gaulle, la poste émet une bande composée de quatre timbres à son effigie et d'une vignette centrale frappée d'une croix de Lorraine. Le ministre des PTT, Robert Galley, a choisi cette formule plutôt qu'un simple timbre d'usage courant. Robert Galley, qui est marié à une fille du maréchal Leclerc, n'a toutefois pas réalisé que cette bande, par une coïncidence malencontreuse, ne laissait pas de présenter des ressemblances avec la bande émise le 8 février 1943 à la gloire du maréchal Pétain ! Les deux figurines extérieures, dessinées par Georges Bétemps et gravées par Eugène Lacaque, sont des portraits du Général à l'époque de l'appel du 18 juin 1940 et après son accession à la présidence de la République, le 8 janvier 1959, date à laquelle le général Georges Catroux lui a décerné le grand collier de l'ordre de la Légion d'honneur (que l'on peut reconnaître sur la dernière figurine). Les deux autres figurines, dessinées et gravées par Pierre Béquet, rappellent deux grands moments de l'histoire du chef de la France libre, situés en 1944 : à Brazzaville en février, au moment de la conférence sur l'évolution du statut politique des colonies (c'est la figurine bleue, où a été également représenté le gouverneur de l'AEF, Félix Éboué), et à Paris le 26 août, après la libération de la capitale. Cette bande, dont les timbres ne sont pas vendus séparément, bénéficiera le 11 novembre d'une oblitération temporaire aux Invalides (ci-dessus).

Georges Bétemps

Auteur complet du timbre Europa « dissident » de 1971, Georges Bétemps a gravé pour la France, cette même année, le timbre au tarif de la lettre dans le régime international, d'après le motif créé par Helgi Haflidason et adopté par tous les membres de la CEPT. Mais son nom demeurera associé à l'une des plus belles figurines de la série. C'est en effet son projet qui avait été retenu pour les timbres Europa de 1964 : c'était une fleur très stylisée dont les vingt-deux pétales symbolisaient les vingt-deux pays membres de la CEPT. Né en 1921, Georges Bétemps suivit une filière classique – École Estienne, École nationale des beaux-arts de Paris – avant d'interrompre ses études pour s'engager dans la Résistance. Graveur au talent éclectique et fécond, il a reçu le grand prix de l'art philatélique en 1983 pour sa puissante transposition d'une illustration des contes de Perrault par Gustave Doré. Autre référence prestigieuse, il avait été choisi par Picasso pour graver ses dessins illustrant des poèmes de Geneviève Laporte, *Les Cavaliers d'ombre* (1954). Il est mort le 18 avril

Code postal à cinq chiffres pour le tri

France, 5 juin 1972

Le code postal à cinq chiffres est lancé, avec une grande campagne d'information à l'appui. Au programme: des affiches, une brochure adressée à 18 millions de foyers, une flamme d'oblitération permanente et deux timbres (rouge pour la lettre dans le régime intérieur, vert pour le pli non urgent). Ces deux figurines, imprimées en typographie, montrent une main tenant un stylo, celui-ci étant symboliquement constitué de cinq points suivis de l'oiseau-flèche des PTT (celui-ci jouant le rôle de la plume). L'image a été réalisée mécaniquement, ce qui explique l'absence de signature. Les cinq chiffres du code postal sont la condition de l'automatisation du tri postal. Les deux premiers chiffres sont ceux du code départemental, les trois suivants ceux du bureau distributeur.

Anquetil sacré en secret ?

France, 24 juillet 1972

Quand Georges Bétemps a dessiné et gravé la figurine dédiée aux Championnats du monde de cyclisme sur route, qui se dérouleront à Gap du 4 au 6 août prochain, il ne pouvait évidemment représenter l'un des participants, ni faire endosser à son personnage un maillot national. Le maillot est donc parfaitement neutre sur son timbre émis aujourd'hui, mais le personnage ne l'est peut-être pas. Les amateurs de la «petite reine» à la vue particulièrement affûtée croient reconnaître la silhouette et l'allure en selle de Jacques Anquetil. Il y a en effet du «Maître Jacques» dans le coureur de Bétemps, et c'est peut-être là l'hommage discret de l'artiste du burin à celui du vélo qui, rappelons-le, n'a jamais été champion du monde, son palmarès se bornant, si l'on ose dire, à une

deuxième place aux championnats courus en 1966 en Allemagne, derrière Rudi Altig. Mais, par ailleurs, quelle prodigieuse moisson de victoires... Cinq Tours de France (1957, 1961, 1962, 1963 et 1964), neuf Grand Prix des Nations (1953, 1954, 1955, 1956, 1957, 1958, 1961, 1965 et 1966), deux Tours d'Italie (1960 et 1964), record de l'heure (1956 et 1967, le dernier n'ayant toutefois pas été homologué). Sur le circuit de Gap, les supporters de l'équipe de France mettront tous leurs espoirs en un routier sprinter très doué, Cyrille Guimard, parfaitement capable de renouveler l'exploit de Jean Stablinski en 1962. Dix ans après, il est permis de rêver, et le rêve ne sera pas loin de se réaliser le 6 août: la course s'achèvera par un sprint somptueux, mais Guimard ne fera que troisième derrière Marino Basso et Franco Bitossi.

Jacques Anquetil, l'un des grands palmarès de l'histoire du cyclisme. Il a fait ses débuts professionnels en 1953, sous la direction de l'ancien champion Francis Pélissier.

Albert Decaris est fâché avec l'histoire

France, 13 novembre 1972

Petite tempête dans le monde très spécialisé de l'uniformologie et de la vexillologie: le timbre de Decaris célébrant la victoire de Bonaparte à Arcole, en 1796, serait entaché de graves erreurs. D'abord, le drapeau que brandit Bonaparte aurait dû être différent: la disposition des trois couleurs en trois bandes verticales n'a été adoptée qu'en 1812, et le drapeau de la bataille d'Arcole était un étendard blanc, avec en son centre un faisceau de licteur doré, surmonté d'un bonnet phrygien et encadré de deux branches de laurier, et avec aux quatre coins des losanges bleu et rouge... Ensuite, Bonaparte n'avait pas de chapeau et portait des gants!

1848 1900 1950 2005

Le progrès en marche...

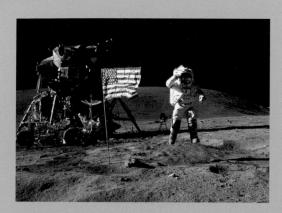

Le LEM. Le 21 juillet 1969, à 3 h 56, l'astronaute américain Neil Armstrong descend du LEM (module d'exploration lunaire) et foule le sol de la Lune, bientôt suivi de son compatriote Edwin Aldrin (ici photographié par Armstrong). Le rêve de Jules Verne est réalisé! C'est le 16 juillet que la fusée *Saturn V*, au sommet de laquelle était fixée la capsule spatiale *Apollo 11*, a décollé de cap Kennedy, emportant Armstrong, Aldrin et Michael Collins. Le 19, *Apollo 11* était satellisée autour de la Lune et, le 20, le LEM *Eagle* s'en séparait avec Armstrong et Aldrin, Collins restant à bord de la capsule. Et à 21 h 47, *Eagle* se posait en douceur sur le satellite de la Terre. Les opérations sont filmées en direct par une caméra de télévision, et on estime que 600 millions de téléspectateurs assistent à leur retransmission. Le LEM redécollera le soir même pour s'arrimer à *Apollo 11*, le retour sur la Terre s'effectuant le 24 juillet.

Et aussi... En août 1971, la Nasa expérimente un véhicule sur la Lune, le **LRV**.

0.50 +0.10
RÉPUBLIQUE FRANÇAISE
1969
1769-1832
GEORGES CUVIER

• *Émis le 19 mai 1969.
Dessin de Clément Serveau,
gravure de Jean Pheulpin.
Taille-douce rotative.*

La paléontologie doit presque tout à Georges Cuvier (1769-1832). Ses recherches sur la subordination des organes lui permirent de reconstituer des espèces
disparues. On lui doit aussi une tentative de classification du règne animal.

POSTES 1972 · 0,90 · RÉPUBLIQUE FRANÇAISE

"Ton édifice est durable comme le ciel"

1822. DÉCHIFFREMENT DES HIÉROGLYPHES
PAR JEAN-FRANÇOIS **CHAMPOLLION**

• *Émis le 16 octobre 1972.*
Dessin et gravure de Claude Durrens.
Taille-douce rotative.

Jean-François Champollion (1790-1832) fonda l'égyptologie moderne en réussissant à déchiffrer les hiéroglyphes. Professeur au Collège de France (1831), il laissa d'importants ouvrages posthumes, dont son *Dictionnaire égyptien* (1841).

Derrière la façade bleue du bâtiment d'apparence ordinaire situé sur la commune de Boulazac, dans la périphérie de Périgueux (Dordogne), se cache l'une des entreprises les plus sécurisées de France. Et les moins connues. Pourtant, son sigle, ITVF, est on ne peut plus répandu. Il figure en petits caractères sur la quasi-totalité des timbres émis en France...

Soixante-dix machines allant de la clicherie au façonnage en passant, bien sûr, par l'impression, qui se décline en trois modes : taille-douce, offset, héliogravure.

C'est le 9 novembre 1992 que le sigle ITVF a fait son apparition aux yeux du grand public. Pour la première fois, la mention était portée, en bas à droite, sur un timbre émis par l'administration postale, timbre d'une valeur faciale de 2,50 F dessiné par Niki de Saint Phalle (1930-2002) et intitulé « Le Marché unique européen » en référence à l'entrée en vigueur de celui-ci au 1er janvier 1993.

Derrière ITVF, c'est « Imprimerie des timbres-poste et des valeurs fiduciaires » qu'il faut lire, à savoir l'unité de production du Service national des timbres-poste (SNTP), dans lequel elle a été intégrée en 1989, et qui fut inaugurée le 15 juin 1970 alors qu'elle n'était encore que l'Imprimerie des timbres-poste (ITP), son appellation actuelle ne lui étant attribuée qu'au milieu des années 1970.

Le choix du site de Boulazac fut une idée d'Yves Guéna, ministre des Postes et Télécommunications (1967-1968, puis 1968-1969), qui avait été élu, en 1962, député de la 1re circonscription de la Dordogne, celle de Périgueux dont il sera le maire de 1971 à 1997.

La décision formelle de transférer l'imprimerie de Paris à Boulazac est prise le 23 février 1968 par un comité interministériel. L'agrandissement était devenu nécessaire : les locaux du boulevard Brune comme ceux de l'Atelier du timbre, rue de la Banque, étaient trop exigus pour faire face à la production croissante de figurines et procéder aux nécessaires modernisations en matériel. Le projet ne tarde pas à se concrétiser puisque la première pierre est posée le 27 octobre de la même année, en présence d'Yves Guéna, bien sûr, et de René Joder, directeur général des Postes, de Roger Marais, directeur de l'Imprimerie des timbres-poste, et des architectes Jean-Paul et Jacques

Chauliat. Moins de deux ans plus tard, l'ITP est inaugurée.

Sur l'ensemble des personnels employés à Paris, environ un quart des salariés profite de cette décentralisation pour venir s'installer en Dordogne. Les autres sont reclassés en fonction de leurs compétences, tantôt dans les bureaux de poste, tantôt dans les centres de tri de la région parisienne. Mais d'autres attendaient ce transfert avec impatience : les apprentis qui, depuis 1968, avaient été recrutés en Dordogne, de telle sorte que l'implantation de l'ITP bénéficie au bassin d'emplois périgourdin.

De même que l'émission des timbres-poste français est un monopole détenu par La Poste, leur impression est du ressort exclusif de l'ITVF – spécificité française quand la plupart des offices postaux externalisent la production. « En 2004, détaillait François Héry, directeur de l'ITVF, à la revue *Caractère*, l'ITVF a produit 2,4 milliards de timbres à usage courant, de Marianne en feuilles, en carnet ou en roulette (très utile notamment pour les entreprises et tous les gros utilisateurs), 116 millions de vignettes d'affranchissement, 303 millions de "prêts-à-poster", 507 millions de timbres de collection et 35 millions de blocs philatéliques. »

L'entreprise dispose pour cela de soixante-dix machines, allant de la clicherie au façonnage en passant bien sûr par l'impression, qui se décline en trois modes : la taille-douce, l'offset et l'héliogravure, ce qui fait d'elle un site unique en Europe. Elle est aussi la seule au monde à pouvoir effectuer de la gravure numérique en taille-douce.

Les effectifs, qui avaient atteint 700 personnes dans les années 1970, sont retombés à environ 600 employés, fonctionnaires ou contractuels. Les raisons ? Elles sont diverses. Outre l'augmentation de la productivité, l'ITVF, qui avait imprimé par exemple cinq milliards de Marianne en 1994, n'en a plus imprimé que deux milliards en 2003. La faute à Internet et aux téléphones mobiles, qui rendent les communications plus rapides – défaut, toujours, d'être moins onéreuses – que par l'envoi d'une lettre, et qui ont fait chuter la consommation de timbres. Une nouvelle donne à laquelle l'ITVF a dû s'adapter.

Toutefois l'ITVF n'imprime pas que des timbres-poste. De ses ateliers sortent également les timbres fiscaux français – marché, là encore, en régression –, l'ensemble des registres d'état

l'École Estienne. C'est d'ailleurs pour le centenaire de l'École Estienne, célébré en 1989, que l'imprimerie a réalisé son premier timbre avec un fond en héliogravure et l'illustration en taille-douce. Mais la prouesse technique dont l'ITVF est la plus fière est sans contestation la fabrication du timbre émis le 2 mars 1998 pour la Coupe du monde de football, dont la forme ronde nécessita neuf mois de recherches afin de mettre au point l'outil de perforation permettant tout à la fois de denteler le timbre et de conserver la force du papier. Depuis, toutes les formes sont possibles, comme l'ovale (utilisé pour le ballon de rugby) ou le cœur (figurines de la Saint-Valentin).

Prête à répondre aux demandes les plus insolites (timbre parfumé à la vanille ou au monoï, timbre qui brille la nuit...), l'ITVF a encore innové, en 2005, en fabriquant les premiers timbres adhésifs décollables à l'eau, imprimés sur du papier adhésivé-gommé, ainsi que des carnets de timbres à coins ronds, sur le modèle des cartes de crédit. Mis au point pour le Maroc, en deux volets, ils ont été adoptés par La Poste, qui a commandé des carnets en trois volets pour le timbre « Bonnes Vacances ». Continuellement à la recherche de la perfection, l'ITVF dispose d'une unité de vérification dont les employées sont en quasi-totalité des femmes, celles-ci étant réputées avoir l'œil plus averti que les hommes pour repérer les multiples défauts qui peuvent surgir lors de la fabrication d'un timbre : défauts d'encrage, pétouilles (le terme du métier pour désigner les toutes petites taches), rayures, décalages de la perforation, etc., raretés qui feraient la joie des collectionneurs si leur commerce n'était pas strictement interdit. Toute planche comportant ne serait-ce qu'un seul timbre défectueux est en effet détruite. Et gare à celui ou celle qui se ferait prendre à enfreindre la règle : non seulement il serait licencié – et pourrait faire l'objet de poursuites pénales – mais il perdrait aussi tous ses droits à la retraite.

Heureusement pour les philatélistes, il arrive, sur les 50 à 60 émissions annuelles de timbres-poste français, que quelques anomalies échappent à la vigilance des vérificatrices – comme ces blocs « Rugby » sortis des presses en 1999 avec la mention ITV au lieu d'ITVF – ou résultent d'un malentendu entre différents services. C'est ce qui est arrivé avec le 2,20 F « Le Thermalisme », émis en novembre 1988, dont une partie fut imprimée avec une valeur faciale rouge à titre d'essai et dont certaines feuilles furent mélangées avec celles qui portaient une valeur faciale bleue, la bonne ! Dix-sept ans plus tard, si la cote du « bleu » stagne à un euro, le « rouge » en valait plus de six cents ! Un coût bien sûr très supérieur à celui de la fabrication d'un timbre, qui est tenu secret, mais qui est de l'ordre... du dixième de centime d'euro !

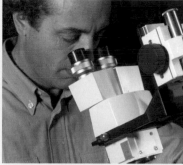

Jacky Larrivière

Claude Jumelet

Elsa Catelin

civil des 36 000 communes de France ainsi que la moitié des chèques postaux, ou encore, depuis peu, des étiquettes de vin infalsifiables pour de très grands crus, dotées du code-barres à deux dimensions Datamatrix... Elle a aussi obtenu, en sous-traitance de l'Imprimerie nationale, l'impression d'une fraction des passeports Schengen. Des produits qui justifient bien, tout autant que les timbres, que les bâtiments soient placés sous haute protection.

Si le chiffre d'affaires de l'ITVF est passé de 42 millions à 76 millions d'euros de 1995 à 2003, c'est justement parce que celle-ci à su se diversifier. Et qu'elle est de plus en plus présente à l'exportation. Outre la fabrication des timbres monégasques, qui lui a toujours été dévolue, l'ITVF a produit, en 2004, 43 millions de timbres pour 14 pays – contre 33 millions trois ans plus tôt –, essentiellement des pays d'Afrique, où elle a récemment récupéré les marchés marocain, sénégalais et nigérian, mais aussi pour le Vatican. C'est de l'ITVF que sont sortis, en un délai record, les timbres émis par la cité vaticane pour la vacance du siège pontifical après le décès de Jean-Paul II (2005) puis les premiers timbres à l'effigie de Benoît XVI, marchés obtenus sur mise en concurrence par appel d'offres.

L'intégration de tous les stades de fabrication du timbre est l'un des atouts majeurs de l'ITVF, qui emploie trois graveurs. Claude Jumelet est le plus ancien, entré à l'ITP en 1967 et plusieurs fois lauréat du grand prix de l'art philatélique, récompense également décernée à Jacky Larrivière, qui a pour sa part rejoint l'ITVF en 1972. Hélas pour les philatélistes, qui ont apprécié depuis plusieurs décennies le millier de timbres qu'ils ont gravé à eux deux, Claude Jumelet et Jacky Larrivière, nés la même année (1946), feront valoir leurs droits à la retraite en 2006... C'est dans cette perspective que, en janvier 2004, l'ITVF a embauché Elsa Catelin, sortie, tout comme ses deux aînés, de

La prouesse technique dont l'ITVF est la plus fière est sans conteste la fabrication du timbre émis le 2 mars 1998 pour la Coupe du monde de football, dont la forme ronde nécessita neuf mois de recherches.

Bel hommage aux Polonais

France, 5 février 1973
Encore un beau travail de Pierre Béquet que ce timbre, dessiné et gravé d'après un projet proposé par Raymond Juskowiak au ministère des Postes et Télécommunications. Émis à la demande de l'association d'éducation populaire Millenium de Marles-les-Mines, Pas-de-Calais, il est le témoignage d'un événement dont la portée économique, culturelle et sociale n'a pas toujours été évaluée à sa juste mesure: l'arrivée en France, entre 1921 et 1923, de quelque 400 000 immigrés polonais pour aider le pays à se reconstruire, tout en contribuant à résoudre la question du chômage en Pologne. Le ministre Hubert Germain, sensible à cette demande, donna alors son accord de principe, et Millenium fut invitée à faire des propositions. C'est donc celle de Raymond Juskowiak, lui-même d'origine polonaise, qui a été retenue et inscrite au programme des émissions de 1973. Pierre Béquet a remarquablement rendu l'esprit folklorique et populaire du projet, avec un dessin composite qui évoque un montage de papiers découpés. On remarquera que l'image du coin de droite, en haut, est une allusion à la foi catholique des Polonais, et que celle de gauche fait référence aux mines du nord de la France, où ils se sont pour bon nombre d'entre eux implantés. Une vente anticipée a d'ailleurs eu lieu le 3 et le 4 à la salle des Houillères de l'hôpital d'Auchel, Pas-de-Calais.

Le centre de tri automatique inauguré le 30 janvier 1973 à Orléans-La Source par le ministre des Postes et Télécommunications, Hubert Germain, est équipé de la machine HMO (jusqu'à 24 000 lettres à l'heure).

Lengellé gravé par Gandon

La maîtrise d'œuvre de l'Airbus A300B a été confiée à Sud-Aviation.

France, 9 avril 1973
La promotion de l'Airbus A300B a trouvé un relais de choix avec ce timbre dû aux pinceaux de Paul Lengellé et au burin de Pierre Gandon. C'est en effet à l'automne prochain que le grand espoir de l'industrie aéronautique européenne doit faire une tournée aux Amériques, où il ambitionne de concurrencer les géants Boeing, Lockheed et McDonnell Douglas. L'histoire de l'avion a commencé le 26 septembre 1967, lorsque la France, l'Allemagne et la Grande-Bretagne signèrent un accord pour développer un moyen-courrier biréacteur d'une capacité de 300 passagers, baptisé Airbus A300, puis A300B après que cette capacité a été ramenée à 250 passagers. Elle se poursuivit le 29 mai 1969 quand, après le retrait de Londres, Paris et Bonn décidèrent de poursuivre l'aventure, avec la coopération de partenaires britanniques privés. Le 3 septembre 1970, Air France commandait six A300B et, le 18 décembre suivant, le consortium Airbus Industrie était créé. L'A300B a fait son premier vol le 28 octobre dernier à Toulouse.

Le Musée postal a ouvert ses portes

Paris, 18 décembre 1973
Succédant au Musée postal de la rue Saint-Romain, la Maison de la poste et de la philatélie a ouvert ses portes boulevard de Vaugirard (au 34), à immédiate proximité de la gare Montparnasse. Et au vieil et charmant hôtel de Choiseul-Praslin s'est substitué un édifice moderne conçu par André Chatelin, architecte en chef des Bâtiments civils et palais nationaux, dont la façade est ornée de bas-reliefs futuristes de Robert Juvin. La partie muséographique se déploie sur cinq étages. Une attraction attirera particulièrement le visiteur: chaque mercredi, une presse TD-3 modèle réduit fonctionnera sous les yeux du public et imprimera une vignette qui lui sera offerte: la première représente une malle-poste de 1842, la «Briska»; elle sera diffusée jusqu'au 31 décembre 1975. Pour commémorer l'inauguration de l'établissement par Hubert Germain, un timbre sera mis en vente dès demain au musée (et après-demain dans toute la France): dessiné et gravé par Jean Pheulpin, il en reproduit la façade. Demain également sera lancé le premier document philatélique officiel. Grâce à sa vente, «le Musée postal augmentera ses ressources propres et disposera de moyens financiers nécessaires à son rayonnement». Chaque émission fera désormais l'objet d'un document philatélique officiel.

Chaque pays choisit ses timbres Europa

France, 22 avril 1974

L'an dernier, la Conférence internationale des postes et télécommunications (CEPT) a abandonné le sujet symbolique unique pour les timbres Europa annuels de ses membres. Chaque administration adoptera le sujet de son choix sur un thème commun. La France, dont on se souvient qu'elle avait été précurseur en la matière en 1971, en profite pour rendre hommage à deux de ses plus grands sculpteurs. Le timbre à 0,50 F représente *l'Âge d'airain*, l'une des œuvres les plus denses et les plus énergiques d'Auguste Rodin (1840-1917). Le timbre à 0,90 F, lui, reproduit *l'Air*, la si vivante et voluptueuse figure d'Aristide Maillol (1861-1944). De façon scrupuleuse et sensible, Georges Bétemps a dessiné et gravé les deux timbres émis aujourd'hui. Ils portent l'emblème de la CEPT, avec la mention « Europa ».

Miró joue avec l'oiseau-flèche de la Poste

L'œuvre de Joan Miró (ci-contre) a fait l'objet d'une grande rétrospective, inaugurée le 17 mai dernier au Grand Palais, à Paris.

France, 16 septembre 1974

La série artistique constituait jusqu'alors une sorte de petit musée de poche, avec la reproduction d'œuvres contemporaines ou anciennes. Mais Hubert Germain, lui, a innové en introduisant des œuvres originales. Le premier à bénéficier de cette démarche volontariste est le sympathique artiste catalan Joan Miró qui, à 81 ans, a créé pour le timbre émis ce lundi une interprétation juvénile et pleine d'humour de l'oiseau-flèche de la poste, bien dans sa manière surréaliste et ludique. Afin de parfaitement respecter les couleurs et les aplats du travail de Miró, l'impression de la figurine a été réalisée en héliogravure, de préférence à la taille-douce. D'autres artistes contemporains seront pareillement sollicités dans les années à venir, de façon fort agréablement éclectique : des abstraits Dewasne ou Soulages aux figuratifs Brayer ou Bernard Buffet.

Inquiétude et grève aux PTT

France, 31 décembre 1974

Une année chargée, fertile en drames et en rebondissements : c'est l'impression qu'elle laisse aux Français en cette nuit de la Saint-Sylvestre. Et la poste n'a pas échappé aux vagues de l'actualité. Elle avait pourtant commencé avec un événement plein de promesses : l'inauguration le 13 mars du nouvel aéroport de Roissy-Charles-de-Gaulle, dans le nord de Paris, que suivit le 18 l'émission d'un timbre de Paul Lengellé (dessin) et Pierre Forget (gravure). Mais le 2 avril, le président de la République, Georges Pompidou, succombait à la maladie de Waldenström. Après un intérim assuré par Alain Poher, président du Sénat, Valéry Giscard d'Estaing était élu le 19 mai président de la République avec 50,81 % des suffrages exprimés, contre 49,19 % à son adversaire au second tour, François Mitterrand. Mais le nouveau président, qui s'est donné pour tâche de moderniser la France et d'adapter l'arsenal législatif à l'évolution de la société, ce qu'il fera en particulier en faisant adopter le 17 janvier 1975 la loi Veil sur l'interruption volontaire de grossesse (IVG), se retrouve en revanche face à une situation sociale différente de celle qu'il aurait souhaitée. Craignant une privatisation des télécommunications au profit de Thomson et voulant rendre publiques leurs préoccupations quant à leurs conditions de travail, des agents des PTT ont engagé le 17 octobre une grève au centre de tri de Paris PLM, grève qui s'est étendue le 26 à toute la France. Le conflit ne s'est achevé que le 1er décembre, avec un accord sur la titularisation des auxiliaires et la hausse des primes.

La France seule de Giscard

Le président en concert avec Aimable, André Verchuren et Yvette Horner (de g. à dr.).

Souvenir philatélique des Assises nationales de l'Union des démocrates pour la République (UDR), le parti gaulliste, à Nantes, le 19 novembre 1973. On reconnaît, à droite, les signatures de Jacques Chirac et de Maurice Druon.

France, 1er janvier 1975

À partir d'aujourd'hui, les timbres-poste ne porteront plus la mention « République française », mais seulement « France ». Une décision du président de la République, Valéry Giscard d'Estaing. Le motif invoqué par le secrétariat d'État aux Postes et Télécommunications dans son communiqué du 27 novembre 1974 est que la légende traditionnelle occupait trop de place dans les figurines. La polémique ne manque pas évidemment de surgir : en abandonnant la référence au régime républicain, Valéry Giscard d'Estaing aurait-il eu des arrière-pensées royales ou impériales ? Ce procès d'intention paraît pour le moins tendancieux... Quant à revenir au sigle « RF » beaucoup employé avant la guerre, ainsi que le suggèrent certains chroniqueurs, ce serait contraire aux règles de l'UPU qui veulent que sur les timbres émis par les États membres, figurent explicitement et clairement le nom du pays ou de l'administration postale. Une règle parfaitement respectée en l'occurrence, ce qui est loin d'être le cas dans tous les pays du monde !

Charles Bridoux salue Jacques-Jean Barre

Arphila 1975 déploie ses fastes sous les voûtes arachnéennes du Grand-Palais, à Paris.

Paris, 6 juin 1975

Arphila, l'exposition philatélique internationale qui se tient au Grand Palais sous le patronage d'Aymar Achille-Fould, secrétaire d'État aux Postes et Télécommunications, et Michel Guy, ministre de la Culture, est placée sous le signe des rapports entre l'art et la philatélie. Un concours a été lancé au début de l'année sur ce thème, et les quatre maquettes primées, gravées par les soins de l'imprimerie de Périgueux, ont déjà fait l'objet d'une émission. Elles sont aussi rassemblées, mais avec des couleurs et des valeurs différentes, sur le bloc spécial mis en vente pendant la durée de l'exposition, inaugurée ce vendredi par le Premier ministre, Jacques Chirac. Son prix de vente (30 F) est supérieur de 15 F aux valeurs additionnées des quatre timbres, la différence correspondant au prix d'entrée. Le premier prix (concours national) a été remporté par Charles Bridoux. Ce graphiste a choisi de rendre hommage à la Cérès de Barre (ci-contre, en haut). Quant aux trois autres timbres lauréats, ils sont l'œuvre de Beat Knoblauch et Nagwekar Nandan (concours international), et de Cécile Guillame pour le concours des créateurs.

« On y édifiera une croix de Lorraine quand je serai mort », avait dit le général de Gaulle à propos de la colline de Colombey-les-Deux-Églises. Cinq ans après l'inauguration du Mémorial de Colombey-les-Deux-Églises en 1972, ce timbre commémoratif est le premier à être imprimé avec un gaufrage.

Des timbres décentralisés

France, septembre-novembre 1975

Les Régions, qui n'étaient guère que de simples découpages administratifs quand elles ont été instituées en 1972 (loi du 5 juillet portant sur la création d'une institution régionale décentralisée), acquièrent cette année un peu plus de pouvoirs, et en particulier en ce qui concerne la gestion des parcs naturels régionaux et des équipements sportifs et sanitaires. Symbole de cette très partielle autonomie, l'administration centrale des Postes délègue aux préfets de Région et aux conseils régionaux la conception de « leur » timbre, qui fera l'objet d'un concours. Six Régions seront ainsi illustrées ce trimestre : Pays de la Loire (septembre), Auvergne et Bourgogne (octobre), Picardie (novembre), Poitou-Charentes et Nord-Pas-de-Calais (décembre). D'autres Régions suivront en 1976 et 1977. Si les maquettes sont créées par des graphistes locaux, voire par des étudiants d'écoles des beaux-arts, comme en Bourgogne, la poste ne prend pas de risques avec la gravure, confiée à des artistes chevronnés, tels Jean Pheulpin et Claude Durrens.

Mayotte restera tricolore

Mayotte, 8 février 1976

Lors du référendum du 22 décembre 1974, l'archipel des Comores a opté pour l'indépendance, proclamée le 6 juillet 1975. Mais si la Grande Comore et les îles d'Anjouan et de Mohéli ont choisi à plus de 90 % de se séparer de la France, Mayotte a voté à plus de 60 % pour le maintien du statut de TOM et revendique le droit de décider de son destin. Un nouveau référendum local est organisé ce jour et donne 99,4 % de oui en faveur du rattachement à la République française. Mayotte aura désormais le statut de collectivité territoriale, à l'instar de Saint-Pierre-et-Miquelon. Mais entre temps, pour pallier la pénurie, on a utilisé les derniers timbres des TOM (ci-dessus), remplacés en 1976 par des timbres de la métropole. En fait, Mayotte n'aura ses propres timbres qu'en 1997.

Le président de la République a un faible pour Hersilie

France, 19 décembre 1977

La Marianne de Béquet, émise pour couvrir des besoins urgents et précis, fut plutôt mal acceptée, comme en témoignèrent les nombreuses lettres reçues par le ministère des PTT – voire le Premier ministre lui-même ! Valéry Giscard d'Estaing prit les choses en main et réclama une nouvelle figure emblématique de la République postale. De 1975 à 1977, pas loin de cent projets furent lancés. Certains firent l'objet d'un début d'exécution avant d'être abandonnés car incompatibles avec les contraintes techniques inhérentes à un timbre d'usage courant : ce fut notamment le cas de la maquette de Roger Excoffon, par ailleurs talentueux affichiste et créateur des polices de caractères Mistral, Banco et Antique Olive. Pierre Béquet proposa quant à lui une nouvelle Marianne extrêmement stylisée, avec une esquisse de bonnet phrygien qui se fondait dans les contours de la chevelure. Cette figurine, pour diverses raisons, ne fut pas retenue, et les tirages qui en furent faits – avec deux valeurs faciales différentes – servirent pour des essais de bandes phosphorescentes. En fin de compte, on sollicita Gandon (sa Marianne de 1945 restait la préférée des Français), et on chercha d'autres modèles picturaux… David étant le peintre préféré du président de la République, on décida de reprendre la tête de la Sabine qui figure au centre du tableau intitulé *Les Sabines arrêtant le combat entre les Romains et les Sabins* (1799). Il faut noter que cette toile célèbre, qui se trouve au Louvre, est fréquemment appelée à tort *l'Enlèvement des Sabines,* en référence à l'épisode légendaire de la fondation de Rome rapporté par Tite-Live : le rapt, perpétré par la ruse, des filles des patriciens sabins par les Romains, menacés de périr sans descendance pour cause de manque de femmes. Les Sabines, dit la légende, auraient été bien traitées par leurs ravisseurs et époux et auraient réussi plus tard à réconcilier les deux peuples. C'est cet épisode que David (après le Guerchin qui traita le même sujet en 1645) a choisi de montrer : la jeune Sabine Hersilie, devenue l'épouse de Romulus (identifiable à droite grâce à la Louve et à l'inscription « Roma » sur son bouclier) s'interpose, de ses bras largement écartés, entre les combattants casqués, tandis qu'au second plan une autre Sabine brandit, implorante, l'enfant né de cette union… Pierre Gandon a dû bien sûr « redresser » la tête de sa Sabine, qui, telle quelle, n'aurait guère convenu qu'à un timbre en losange ! Une version non retenue, dont il subsiste une belle maquette à la gouache, plaçait la valeur faciale en bas à gauche (de ce fait, la tête était légèrement moins basculée vers l'arrière). Émise ce jour en deux valeurs, au tarif de la lettre et du pli non urgent, cette Sabine de Gandon deviendra une véritable « série fleuve », avec plus de trente valeurs émises de 1977 à 1981.

Ce tableau, le préféré de son auteur, Louis David (1748-1825), apparaît comme un symbole de la réconciliation entre les peuples.

1848　　　1900　　　1950　　　2005　　　**Le progrès en marche…**

La carte à puce. C'est en 1974 que Roland Moreno (photo ci-contre) fait breveter une invention appelée à un bel avenir : la carte à puce – ou plutôt la puce, car il a d'abord imaginé d'intégrer les circuits miniaturisés à une bague ! Ancien coursier de presse, ancien employé de ministère et fondateur, en 1972, du groupe Innovatron, dont la vocation est de « vendre des idées à ceux qui en manquent », ce passionné d'informatique a eu l'idée de la carte à puce en découvrant les étonnantes propriétés des mémoires PROM (« Programmable Read Only Memory », ou mémoires programmables à lecture seule) : ces mémoires ne peuvent être programmées qu'une seule fois, par passage dans une sorte de graveur à chaud qui remplace certains des « 1 » qui les constituent au départ par des « 0 », selon un schéma déterminé. En 1975, Roland Moreno va d'abord s'employer à compléter le brevet initial par une série d'autres brevets, de manière à protéger son invention. C'est qu'en effet, les applications apparaissent très prometteuses : carte bancaire, carte de téléphone, carte de parking, etc.

Les Français partent à la chasse au gaspi

Les pays producteurs de pétrole ont contraint leurs clients à des changements d'habitude.

France, 24 avril 1978
Un timbre dessiné et gravé par Jacques Jubert est émis aujourd'hui avec la mention «Économies d'énergie». Une émission qui s'inscrit dans le cadre d'une campagne de sensibilisation menée par l'Agence pour les économies d'énergie, suite à la brutale hausse du prix du pétrole décidée par les pays membres de l'Opep en réponse à la guerre israélo-arabe d'octobre 1973. Une réponse en deux temps: 70 à 100 % dès le 17 octobre 1973, 130 % le 22 décembre suivant. Pour les pays développés, ce «choc pétrolier» a eu des conséquences économiques qu'il a fallu pallier. Tandis que la filière nucléaire était l'objet d'une montée en puissance, Valéry Giscard d'Estaing engageait les Français à réduire systématiquement leur consommation. «Chassez le gaspi», tel sera le mot d'ordre que lancera Roger Gicquel à la télévision en 1977. Il s'agit donc d'une campagne de longue haleine, qui fera d'ailleurs l'objet d'une flamme spéciale. Elle aura des résultats tangibles: entre 1973 et 1986, les économies d'énergie réalisées seront évaluées à 29 millions de tonnes d'équivalent pétrole (Mtep) par an. Les secteurs les plus économes ont été l'agriculture, l'industrie, le résidentiel et le tertiaire, seul celui des transports n'ayant pas réussi à abaisser son niveau de consommation. On observera la même évolution dans les autres pays de l'Europe, mais pas aux États-Unis.

À l'ombre des villes et villages en fleurs

France, 24 avril 1978
Ce très beau timbre dessiné par Pierrette Lambert et gravé par Pierre Forget vient à point pour appuyer les efforts du Comité national pour le fleurissement de la France. À l'origine, c'est Robert Buron, ministre des Travaux publics, des Transports et du Tourisme qui, en 1959, demanda à Jean Sainteny d'inciter les Français à fleurir leur ville, leur village ou leur maison. Robert Buron avait été frappé par le charme que dégageaient à cet égard les villages alsaciens. Des concours furent organisés entre villes et villages fleuris, provoquant une sympathique émulation, très favorable en outre au développement du tourisme. Le 24 avril 1972, sous l'impulsion de Marcel Anthonioz, secrétaire d'État au Tourisme, la structure mise en place par Sainteny devenait le Comité national pour le fleurissement de la France (association régie par la loi de 1901). Celui-ci se transformera en 2001 en Comité national des villes et villages fleuris. En 2004, le concours annuel organisé par le comité réunira près de 12 000 communes de France.

Rougegoutte, dans le Territoire-de-Belfort, s'est joliment fleuri au pied de son clocher.

Les postiers sont au GPL à Grenoble

Grenoble, 15 septembre 1978
Économie d'énergie et respect de l'environnement : tels sont les avantages que procure le gaz de pétrole liquéfié (GPL), ce carburant écologique dont on aura vu cette année l'apparition sur le marché de l'automobile en France et que la poste a choisi pour alimenter huit de ses véhicules à Grenoble. Mélange de butane et de propane liquéfié sous pression, le GPL provient des champs d'exploitation du gaz naturel ou de pétrole, ou des raffineries. C'est un carburant de récupération dont le coût est nettement moindre que celui de l'essence ou même du gazole. Comme il ne contient ni souffre ni plomb, il est aussi beaucoup moins polluant et affiche des émissions de CO_2 de 14 % moindres que celles des carburants thermiques traditionnels. Le GPL est plus propre à tous les points de vue, à commencer par celui des automobilistes qui ne risquent guère d'être incommodés par son odeur : il n'en a pratiquement pas. Si l'on tient compte du fait qu'il assure aux moteurs une longévité plus grande et qu'il réduit la fréquence des révisions, on peut considérer que, globalement, l'utilisation du GPL fait faire une économie d'environ 25 %.

Derniers timbres d'un condominium

Vanuatu, 30 juillet 1980
Le Vanuatu accède à l'indépendance. C'est ce petit archipel mélanésien qui, depuis le 27 février 1906, était un «territoire d'influence commune» à la Grande-Bretagne et à la France, sous le nom de Nouvelles-Hébrides. De 1908 à 1911, l'archipel a utilisé des timbres britanniques des îles Fidji surchargés «New Hebrides Condominium», ainsi que des timbres français de Nouvelle-Calédonie surchargés «Nouvelles Hébrides Condominium». De 1911 à cette année, des timbres spécifiques, en français et en anglais, ont été émis par les deux administrations postales (séparées, à l'instar de toutes les administrations de ce territoire), mais toujours avec une double référence symbolique à la couronne britannique et à la République française (ci-dessous).

Pierre Forget

Disparu le 30 janvier 2005, Pierre Forget a laissé une œuvre qui est celle d'un grand illustrateur. Il alliait la solidité du métier à un talent incisif, nerveux et très vivant, dont son «Château de Maisons-Laffitte» émis en 1979 offre un exemple achevé. Formé à l'École Estienne, où il enseignera plus tard lui-même, succédant à René Cottet (qui l'avait initié à l'univers du timbre), Forget a beaucoup gravé pour la poste, mais aussi pour les anciennes colonies : le triptyque sur l'indépendance des États-Unis qu'il a créé en 1975 pour le Mali est un tour de force : trois scènes de bataille, dont une navale ! Il avait fait ses gammes dès 1953 en illustrant des romans scouts dans les collections «Jamboree» et «Signe de Piste» : *Le Linceul de pourpre* d'Alain Arvel ou *L'Équipage noir* de Philippe de Baër par exemple. On lui doit aussi des bandes dessinées, dont les célèbres et chevaleresques aventures de Thierry de Royaumont, parues à partir de 1953 dans *Bayard*. Il était né le 5 décembre 1923.

L'oiseau-flèche ira encore plus vite !

France, 15 juillet 1978
C'était un oiseau-flèche, ou une fusée bien que cette appellation ait été officiellement démentie. L'emblème créé en 1960 par Guy Georget reprend son envol avec encore plus de détermination, plus de finesse. C'est Guy Georget lui-même qui l'a modernisé en en simplifiant la forme et en accentuant son aérodynamisme. Il était à l'origine constitué de cinq segments symbolisant la multiplicité des missions dévolues aux Postes et Télécommunications. Il n'y en a plus que trois, parfaitement imbriqués les uns dans les autres. Et la marque «Postes et Télécommunications» a cette fois totalement disparu. Le premier emblème était déjà une réussite. Celui-ci est un chef-d'œuvre. On ne parle d'ailleurs plus d'emblème, mais de «logo» : le mot est entré dans le langage.

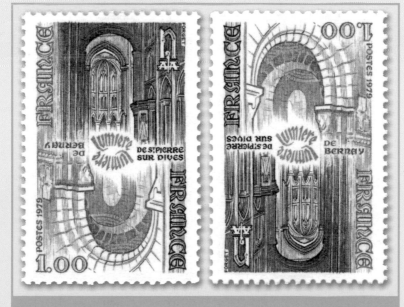

Un palindrome est un mot ou un groupe de mots (ou même de syllabes) pouvant être lus dans les deux sens. Par exemple : « Karine égarée rage en Irak ». L'écrivain français Georges Perec en a fait un fort brillant usage. Mais le principe peut être transposé dans d'autres domaines, tels que la musique (Mozart n'a pas manqué d'en jouer) ou les arts plastiques. C'est le cas avec ce timbre astucieusement dessiné et gravé par Pierre Forget, représentant la nef des abbayes de Bernay, dans l'Eure, et de Saint-Pierre-sur-Dives, dans le Calvados. Il a été émis le 18 juin 1979.

Des gapa tout neufs pour les guichetiers

Paris, 10 novembre 1980
Six bureaux de Paris et des Hauts-de-Seine sont dotés de guichets d'affranchissement postal automatique (gapa). C'est un nouveau pas en avant vers l'automatisation des procédures et des calculs. Le gapa est en effet constitué d'un microcalculateur relié à une balance électronique, à un clavier alphanumérique, à un écran de visualisation, à un afficheur numérique pour les clients et à une imprimante universelle pour l'édition des vignettes d'affranchissement et d'enregistrement, ainsi que de documents divers (bordereaux, registres, etc.). Le pesage des objets à affranchir et le calcul du montant à percevoir sont donc automatiques, le gapa mettant par ailleurs à jour le fichier des objets recommandés et permettant l'édition de données comptables ou statistiques. Il peut être aussi utilisé comme simple calculateur, indépendamment de ses fonctions d'affranchissement. Une maquette de cette machine a été testée pour la première fois en 1976, au bureau de poste de Paris 102.

Voltaire et Jean-Jacques Rousseau sont morts la même année, en 1778. Bien que ne s'aimant pas et ayant des idées opposées, ils furent indissolublement associés par la tradition républicaine, comme en témoigne la chanson «C'est la faute à Voltaire, c'est la faute à Rousseau», citée par Victor Hugo dans ses Misérables. Pour commémorer le bicentenaire de leur disparition, cette figurine dessinée et gravée par Eugène Lacaque a été émise le 3 juillet 1978.

Paris, 8 mai 1981
Maurice Bruzeau devient directeur du Musée de la poste. Marie-Claude Le Floc'h lui succédera le 1er juillet 1988.

Paris, 22 mai 1981
Louis Mexandeau devient ministre des Postes et Télécommunications.

France, 1er septembre 1981
Le tarif de la lettre simple passe à 1,60 F (pli non urgent : 1,40 F). Il sera porté à 1,80 F le 1er juin 1982 (non urgent : 1,60 F), puis à 2 F le 1er juin 1983 et à 2,10 F le 1er juillet 1984 (non urgent : 1,70 F).

France, 10 octobre 1981
À partir de l'émission, ce jour, du timbre « Saint-Émilion », tous les timbres-poste porteront à nouveau la mention « République française », décision prise par Louis Mexandeau.

France, 19 octobre 1981
Décès de Léon Dubus (*18.2.1894), ancien président de l'Académie de philatélie et de l'Union marcophile.

Paris, 2 mars 1982
Jacques Daucet devient directeur général des Postes. Lui succéderont : Marcel Roulet le 14 novembre 1984, Gérard Delage le 10 décembre 1986, Yves Cousquer le 19 juillet 1989.

Seine-Maritime, 14 avril 1982
Une boule de Moulins est repêchée dans la Seine à Vatteville-la-Rue.

France, 1983
Le prix littéraire de l'Académie de philatélie est décerné à Catherine Bertho (*Télégraphes et téléphones, de Valmy au microprocesseur*).

France, 1er janvier 1983
Création du service d'abonnement aux timbres.

France, 1984
Le prix littéraire de l'Académie de philatélie est décerné à Jean Duran et Rémy Plagnes (*L'Époque héroïque des bureaux de poste ambulants des origines à 1914*).

France, 20 février 1984
Parution d'un nouveau magazine en couleur : *Timbroscopie*.

Paris, 30 mars 1984
Fin du service des pneumatiques.

François Mitterrand au tombeau des héros

France, 3 novembre 1981
Victor Schoelcher, Jean Jaurès, Jean Moulin : trois grands noms de la démocratie, des droits de l'homme et de la République, dont la silhouette se détache au-dessus du Panthéon, où reposent leurs cendres. Tel est le thème du timbre de Pierre Forget dont l'émission d'aujourd'hui commémore la cérémonie du 21 mai 1981, au cours de laquelle François Mitterrand, élu président de la République le 10 mai 1981 avec 51,76 % des suffrages, leur a rendu un solennel hommage. Sous l'objectif des caméras de télévision, en direct, François Mitterrand marchait seul dans la crypte, d'un pas empreint de recueillement, et déposait une rose sur le tombeau de ces trois héros de l'histoire de France. Sur la place du Panthéon, en dépit de l'orage, ils étaient venus par milliers l'acclamer à son arrivée et écouter Placido Domingo chanter une vibrante *Marseillaise*.

Le président de la République dans la crypte du Panthéon. En haut : le timbre de Forget.

La Liberté de Delacroix gravée en effigie

France, 4 janvier 1982
Comme son prédécesseur Valéry Giscard d'Estaing, François Mitterrand a demandé à l'administration des Postes de marquer son accession à la magistrature suprême avec un nouveau timbre d'usage courant. C'est une fois de plus une création de Pierre Gandon qui a été choisie. Elle était toute prête : à l'époque de sa Sabine, il avait déjà proposé une effigie de la République, dont le célèbre tableau d'Eugène Delacroix, *La Liberté guidant le peuple*, lui avait fourni le modèle. Le nhouveau président de la République n'a pas dû longtemps hésiter, tant l'image symbolisait le sens qu'il voulait donner à son septennat. Résultat, ce ne sont pas moins de treize valeurs qui sont émises ce lundi, allant du 0,05 c au 5 F. Il y en aura beaucoup d'autres et, jusqu'en 1990, les philatélistes compteront 54 émissions différentes ! C'est dire le succès de cette nouvelle Marianne, que l'on distingue par convention de celle de 1945 en l'appelant la Liberté. Toutefois, Gandon a légèrement modifié la tête de la figure centrale du tableau de Delacroix : il l'a inclinée vers la droite (alors que, pour la Sabine, il l'avait à l'inverse redressée), en arrondissant le profil. Cette licence ne compromet évidemment en rien la valeur de l'hommage rendu à l'une des œuvres les plus importantes de l'histoire de l'art. Présentée au Salon de 1831 et acquise par le roi Louis-Philippe Ier, *La Liberté guidant le peuple* est en effet un tableau doublement révolutionnaire. Il l'est bien sûr par le sujet, qui commémore les journées des 27, 28 et 29 juillet 1830, ces Trois Glorieuses qui mirent fin à la Restauration et offrirent le trône au duc d'Orléans. Il l'est surtout par la forme. Mêlant le réel à l'allégorie, la scène est située sur une barricade élevée devant Notre-Dame de Paris, avec des personnages représentant le peuple en armes, depuis le bourgeois à haut-de-forme jusqu'au gamin préfigurant le Gavroche de Hugo, en passant par l'ouvrier au béret. Il n'est jusqu'à la Liberté dont le réalisme anatomique ne soit très novateur. Elle a d'ailleurs scandalisé.

L'œuvre de Delacroix et l'une des treize valeurs de la Liberté de Gandon émises ce lundi.

Le timbre en panoramique

France, 19 septembre 1983

La série touristique, qui a déjà beaucoup fait pour mieux faire connaître la France, nous invite cette fois à découvrir le chef-lieu des Ardennes, Charleville-Mézières. Mais c'est aussi l'occasion d'inaugurer le premier timbre français en taille-douce au format panoramique de 22 x 76 mm, soit le double du format habituel de la série. C'est une incontestable réussite, mais l'on ne pouvait attendre moins de l'artiste qui l'a dessiné et gravé, Jacques Gauthier. Cet ancien second prix de Rome n'avait-il pas fait plus que ses preuves avec les figurines qu'il avait consacrées à l'abbaye de Notre-Dame du Bec-Hellouin (1978) ou à Frédéric Mistral (1980), celle-ci renouvelant d'une façon fort originale l'effigie du poète provençal créée naguère par Marcel Émile Fabre pour un timbre de 1941. Grâce à ce format inhabituel, Gauthier a pu représenter dans toute leur splendeur les fastes (ici enneigés) de la place Ducale, construite au XVIIe siècle dans un style voisin de celui de la place des Vosges de Paris, et qui est le plus bel héritage architectural légué par Charleville à la nouvelle commune de Charleville-Mézières. C'est en 1966, en effet, que Charleville a fusionné avec Mézières, ainsi qu'avec trois autres petites communes voisines (Mohon, Étion et Montcy-Saint-Pierre). Le document ci-dessus est extrait d'un jeu d'épreuves imprimé à Périgueux pour choisir la mieux venue : celle-ci a été revêtue de la signature donnant le « bon à tirer » (BAT).

Amitié franco-canadienne

France et Canada, 24 avril 1984

En 1934, les postes canadiennes et françaises s'étaient entendues pour, chacune de son côté, émettre un timbre célébrant le 400e anniversaire de la découverte du Canada par le Malouin Jacques Cartier. Mais pour le 450e, les deux administrations ont fait mieux : une véritable émission commune. Dessiné par le Canadien Yves Paquin (vainqueur d'un concours auquel participaient d'autres artistes canadiens) et gravé par le Français Claude Haley, le timbre est d'une très grande richesse iconographique. Outre le portrait supposé du navigateur, on peut reconnaître *La Grande-Hermine*, le navire de 120 tonneaux avec lequel Cartier fit ses deuxième et troisième voyages, et, au premier plan, quatre éléments relatifs à son histoire : la croix surmontée des armoiries royales qu'il planta le 24 juillet 1534 à Gaspé (mais sans l'écriteau « Vive le roy de France » qui y était également), le manoir de Limoelou où il s'est retiré et, au tout premier plan, l'ancien blason de Saint-Malo (un dogue auquel, plus tard, succédera une hermine blanche) et enfin un calumet symbolisant sa rencontre avec les Indiens micmacs et iroquois. Deux versions du même timbre ont été imprimées à Périgueux, seuls changeant le nom du pays et la valeur faciale (2 F pour la France et 32 cents pour le Canada). Le 20 avril, une vente anticipée « Premier Jour » a eu lieu à Québec et à Saint-Malo.

Michel d'Ornano, ministre de l'Environnement et du Cadre de vie dans le cabinet de Raymond Barre, fait campagne pour la qualité de l'eau et s'entend avec les PTT pour réaliser un timbre. Un concours auprès des élèves de CM2, de 6e et de 5e est lancé. Sur 50 000 projets, celui de Virginie Saura est retenu. Gravé par Claude Jumelet, le premier timbre dont l'auteur est un enfant est émis le 16 mars 1981.

Courrier transporté à très grande vitesse

Lyon, 1er octobre 1984

Le tout premier TGV postal est entré en service, sur la ligne Paris-Lyon. La rame comporte huit wagons et deux motrices, et peut transporter jusqu'à 85 t de courrier. Ce n'est pas pour autant un « ambulant » dans la mesure où le tri n'est pas effectué à bord : les sacs postaux y sont en effet rangés dans des conteneurs, selon leur destination. L'avènement du TGV postal représente une étape importante dans la grande aventure industrielle dont les débuts remontent au 1er août 1966, quand fut créé un service de la recherche à la SNCF, avec pour mission d'envisager les potentialités du rail face à la concurrence de l'avion. Ainsi naquit le projet C03, qui fut entériné le 25 mars 1971 par le gouvernement. Mais entre-temps la SNCF avait déjà commandé à Alsthom un prototype de train à grande vitesse conforme à C03, si bien que les essais du TGV purent débuter dès le 4 avril 1972, la première ligne choisie étant Paris-Lyon. Alors qu'avançait la construction de la ligne, la traction thermique adoptée au départ était remplacée par la traction électrique. Et le 22 septembre 1981, le TGV Sud-Est était inauguré par François Mitterrand.

Le 24 septembre 1982, Louis Mexandeau, ministre des PTT, avait commandé deux rames de TGV, plus une demi-rame de réserve, aux sociétés Alsthom-Atlantique et Francorail.

• *Émis le 28 juin 1982.*
Dessin et gravure de Claude Andréotto.
Taille-douce rotative.

REPUBLIQUE FRANÇAISE

1,80

FREDERIC ET IRENE JOLIOT-CURIE

Fille de Marie Curie, Irène Joliot-Curie (1897-1956) et son époux Frédéric Joliot-Curie (1900-1958) apportèrent une contribution considérable à la physique nucléaire. Prix Nobel de chimie en 1935, ils eurent aussi un rôle institutionnel.

REPUBLIQUE
FRANCAISE

Évariste Galois
1811-1832

révolutionnaire et géomètre

Postes 1984

2,10-0,40

• Émis le 12 novembre 1984.
Dessin et gravure de Jacques Combet.
Taille-douce rotative.

Tué à moins de 21 ans dans un duel provoqué par ses farouches idées républicaines, Évariste Galois (1811-1832) eut l'intuition des mathématiques modernes en établissant la théorie des groupes de substitution. Un génie à l'état pur.

Gilbert Haffner, directeur du musée de La Poste, affiche l'état d'esprit du musée pour le XXIᵉ siècle : ouverture d'esprit, humour et mélange des genres.

*Sur plus de 2 000 m²
et en onze salles
d'exposition, le musée passe
en revue l'histoire
de La Poste. À la sortie,
une boutique alléchante
attend les visiteurs...*

« C'est bien simple, depuis le Cérès, premier timbre émis en France en 1849, on a tout, même les ratés », s'amuse Gilbert Haffner, le directeur du musée de La Poste. « Idem pour les timbres étrangers... Nous en avons aujourd'hui un peu plus de 700 000 et nous en recevons tous les ans du monde entier par l'intermédiaire de l'Union postale universelle [UPI]. » Bienvenue au musée de La Poste, le plus grand musée d'entreprise français, installé dans un immeuble de huit étages, à deux pas de la gare Montparnasse à Paris. Au-delà du bon mot, l'ancien postier de 58 ans sait que la fonction du musée qu'il dirige depuis un an et demi ne se réduit pas à la seule philatélie.

Loin de là. Pour lui, il n'y a pas de doute : « Nous sommes avant tout un musée d'histoire », prévient-il avant d'ajouter tenir tout particulièrement à la dénomination de « musée d'entreprise ». Son ambition ? Mieux faire connaître le rôle de La poste dans l'histoire de la France et des Français, cette poste « qui, comme

Le musée de La Poste en chiffres

Installé depuis 1973 au 34, boulevard de Vaugirard, à Paris, le musée de La Poste gère les collections philatéliques et postales de l'État, ainsi que celles de l'établissement public. Le fonds comprend 15 000 objets, 8 000 images (lithographies, gravures, aquarelles, dessins, etc.), 15 000 cartes postales, 8 000 calendriers. À cela, il faut ajouter une photothèque riche de près de 200 000 clichés et de 600 films d'entreprise. Quant à la bibliothèque, elle compte plus de 40 000 ouvrages et 800 périodiques. Le département des collections philatéliques conserve, lui, 700 000 archives de fabrication du timbre-poste français (dont 10 000 maquettes et projets, et 4 200 poinçons), 100 000 archives du timbre-poste des anciennes colonies (dont 10 000 poinçons), 18 000 entiers postaux et documents pré-affranchis, 72 000 marques postales et oblitérations, 700 000 timbres-poste étrangers, 4 000 griffes, cachets et timbres à date, et 135 000 pièces des anciennes collections privées acquises par achats, donations, legs ou dations en paiement.

Le 18 décembre 1973, le musée est inauguré solennellement par le ministre des Postes et Télécommunications, Hubert Germain.

grand musée d'entreprise français !

on le disait dans le temps, livrera le courrier jusqu'au bout du dernier chemin creux, même s'il n'y a qu'une personne et qu'elle est isolée ». Un retour aux racines « qui prouve combien notre fonction est vitale pour l'entreprise, s'enthousiasme Haffner, surtout en ces périodes de profondes mutations ». De fait, sur plus de 2 000 m² et en 11 salles d'exposition, le parcours passe en revue l'histoire de la Poste, à cheval du temps de l'empereur Auguste et de Louis XI, par les malles-poste aux XVIIIe et XIXe siècles, puis par les wagons-poste, les paquebots à vapeur, les bicyclettes, les automobiles, l'Aéropostale, etc.

Un nouveau positionnement

Quand Gilbert Haffner a été nommé à la direction du musée de La Poste, en février 2004, la fréquentation du musée tournait bon an, mal an, autour de 35 000 visiteurs. Lors de sa prise de fonction, sa feuille de route était donc simple : il fallait gagner le plus grand nombre possible de visiteurs par an. La première année, en six mois, le chiffre de 40 000 visiteurs était quasiment atteint. Le secret de cette réussite ? « On est passé de 4 à 5 expositions temporaires annuelles à 15, avec des approches plus ludiques et pédagogiques, et l'ouverture de nouvelles salles. Le public a suivi avec une fréquentation en hausse de 20 % en 2005 par rapport à la même période l'an dernier. Les collections du musée permanent profitent également de cet afflux. On a créé un cabinet des trésors pour faire circuler des timbres qu'on voit très rarement ou même jamais. J'imagine que l'on doit donc être sur le bon chemin. » Un chemin qui a d'abord dû passer par un nouveau positionnement autour de l'« écrit qui voyage » : histoire et société, écrit et correspondance, beaux-arts et art postal. « Écrivains, artistes, sportifs, hommes et femmes politiques, tout le monde utilise, utilisera ou a utilisé la poste. Nous avons donc une légitimité naturelle à nous intéresser à la correspondance et nous allons le faire de plus en plus. Nous devons être le musée de l'écrit. Jusqu'à preuve du contraire, c'est quand même La Poste qui traite le maximum de courrier dans ce pays ! »
Maîtres mots de Gilbert Haffner : ouverture d'esprit, humour et mélange des genres. Dans le domaine des beaux-arts par exemple, des disciplines encore peu connues comme le mail art et l'art postal ont investi les salles. D'un côté, l'art postal consiste à détourner les objets usuels de La Poste : faire d'un sac postal une robe, d'une boîte aux lettres une sculpture ou encore de chèques postaux une compression signée César. De l'autre, le mail-art (de l'anglais *mail*, qui signifie courrier) utilise l'enveloppe comme support clandestin d'œuvre d'art, parfois en dépit de la réglementation postale ! Des enveloppes décorées, tamponnées au moyen de cachets privés ou encore des colis aux formes les plus bizarres ont pu ainsi voyager par la poste. « C'est sans doute l'œuvre la plus simple à réaliser et à transporter », constate Gilbert Haffner. Mais le détournement et le pastiche ne sont pas les seuls à avoir droit de cité. Le directeur du musée de La Poste n'a pas oublié que la plupart des grands artistes contemporains ont élaboré un timbre pour les séries artistiques. Ce vivier extraordinaire, il a bien l'intention de le mettre en valeur. Son premier essai avec une vaste rétrospective d'Hervé Télémaque, peintre d'origine haïtienne et auteur d'un timbre-poste paru en 1998 pour le 150e anniversaire de l'abolition de l'esclavage, en appelle bien d'autres. Et notamment une exposition Gaston Chaissac prévue au printemps 2006.
Si l'art occupe une place prépondérante au sein du musée, Gilbert Haffner n'oublie pas d'où il vient. Ses collègues dans les régions se chargent au besoin de lui rappeler ! Avec son équipe, il a conçu pour eux une exposition « clés en main » sur l'his-

Gilbert Haffner en quelques dates

1946 : Naissance de Gilbert Haffner.
1967 : Postier.
1980 : Diplômé de l'École nationale supérieure des Postes et télécommunications (ENSPTT).
1977 : Responsable qualité de service du courrier au ministère des PTT à Paris.
1982 : Conseiller technique du ministre des PTT.
1984 : Directeur de La Poste du Rhône.
1988 : Directeur général de Polymedia, régie publicitaire de La Poste.
1990 : Directeur de l'ENSPTT.
2000 : Chargé de mission à Posteurop (sur la e.formation), association de 43 postes européennes.
2004 : Directeur du musée de La Poste.

Gilbert Haffner

toire des Marianne. Une grande première : « C'est une direction de Bretagne qui nous en a fait la demande, suite à notre grande exposition parisienne. Comme nous ne pouvions faire voyager la collection, nous avons conçu un kit d'exposition et un cédérom. Plus des trois quarts des directions départementales ont été intéressées. Nous n'allons d'ailleurs pas nous arrêter en chemin, nous avons prévu un cédérom sur l'histoire aéropostale, le facteur, etc. C'est le premier d'une longue liste : j'ai pu constater un désir très fort de connaissance de l'histoire postale française, mêlé d'une certaine fierté. »

(Entretien réalisé le 8 juillet 2005.)

Dans le domaine des beaux-arts, des disciplines encore peu connues comme le mail-art et l'art postal ont investi les salles...

34, boulevard de Vaugirard, 75015 Paris
<http://www.museedelaposte.fr>.

Août
1985

France, 1er août 1985

Le tarif de la lettre simple passe à 2,20 F (pli non urgent: 1,80 F, tarif porté à 1,90 F le 1er août 1986 puis à 2 F le 1er août 1987). Il sera porté à 2,30 F le 11 janvier 1990 (pli non urgent: 2,10 F), puis à 2,50 F le 19 août 1991 (écopli, nouveau nom du pli non urgent: 2,20 F).

France, 1985

Le prix littéraire de l'Académie de philatélie est remis à Paul Charbon et Pierre Nougaret (*Le Facteur et ses métamorphoses*). Il sera décerné en 1986 à Pascal Rabier (*Regards sur la presse philatélique française*) ; en 1988 à Raymond Thouvenin (*La Poste aux lettres en Seine-et-Marne des origines à 1849*) ; en 1989 à l'Union marcophile (*La Révolution*) ; en 1990 à Gérard Collot et Alain Cornu (*La Ligne Mermoz*).

France, 1er janvier 1986

La poste acquiert les droits de propriété et de reproduction des timbres émis à partir de ce jour.

Paris, 16 mai 1986

Création de l'ADP: Association pour le développement de la philatélie.

Paris, 20 août 1986

Gérard Longuet, secrétaire d'État depuis le 20 mars, devient ministre délégué aux P et T. Lui succéderont Paul Quilès (12 mai 1988) puis Jean-Marie Rausch (16 mai 1991).

France, 22 juin 1988

Les timbres-taxes sont supprimés.

France, 1er janvier 1989

«La Poste» remplace désormais « Postes» sur tous les timbres.

France, 5 juillet 1989

Guy Lormand est nommé directeur du Service national des timbres-postes et de la philatélie (SNTP).

France, 11 janvier 1990

Premier carnet de timbres autoadhésifs et non plus gommés («Marianne du bicentenaire»).

Angleterre, 1990

Jean-Paul Schroeder, président de l'Académie de philatélie depuis le 2 décembre 1989, signe le *Roll of Distinguished Philatelists*. Roger Loeuillet l'avait signé en 1989.

Pour les cinglés de cinéma

Ci-dessus: Henri Langlois, cofondateur de la Cinémathèque française en 1936 avec Jean Mitry et Georges Franju. À droite: le timbre dédié à Casque d'or *de Jacques Becker (1952), avec Simone Signoret, disparue en 1985.*

Paris, 22 septembre 1986

Imprimé en héliogravure, le bloc feuillet émis ce jour en l'honneur du cinquantième anniversaire de la Cinémathèque française porte, sur chacun des dix timbres, au lieu de «gravure» et «dessin», la mention inhabituelle «mis en pages». Illustrés par des photographies de films français, ces timbres sont en effet mis en page comme un livre dont le bloc constituerait la couverture. À l'occasion de ce cinquantenaire, le musée du Cinéma du palais de Chaillot a organisé diverses projections et exposi-

tions. L'actuel président de la Cinémathèque, le cinéaste Costa-Gavras, a rendu un solennel hommage à son cofondateur Henri Langlois, qui a su insuffler l'amour du cinéma et une veine créatrice à la génération de la Nouvelle Vague. La chaîne TF1 a de son côté rediffusé deux remarquables émissions sur le cinéma commentées par Henri Langlois et consacrées, l'une à Louis Lumière, l'autre à Jacques Becker. Ce bloc-feuillet a connu un très grand succès, mais plus auprès des amoureux du 7e art qu'auprès des philatélistes.

Ils peignent leurs timbres !

Pascal Marmin et Jean-François Veillard font partie du groupe orléanais des Emballos.

Bourg-la-Reine, 17 novembre 1986

Les postiers du bureau de Bourg-la-Reine (Hauts-de-Seine) n'y ont vu que du feu, et la lettre est passée... comme une lettre à la poste ! Or ce timbre est un faux, et même un faux unique : il est directement peint sur l'enveloppe. Pascal Marmin, qui en est l'auteur, s'adonne non sans malice à cet exercice un peu particulier, avec son complice Jean-François Veillard. C'est évidemment tout à fait défendu, mais c'est du «post'art». Les deux «faussaires» exposeront d'ailleurs leurs œuvres à Conflans-Sainte-Honorine en 1988, dans une péniche-galerie: Michel Rocard, Premier ministre et maire de la ville, ne manquera pas au vernissage. Et il n'y trouvera rien à redire. «Ni une dent, ni un relief, ni une ombre ne manquent», écrira à cette occasion Georges Carlier dans le numéro de *VSD* du 24 novembre 1988.

Timbre d'usage courant à la lettre

France, 1er août 1986

Les changements de tarif obligent à émettre dans des délais très courts non seulement de nouvelles valeurs, mais encore des valeurs complémentaires s'additionnant aux anciens timbres. Mais il y a parfois des pénuries... Pour y remédier, La Poste a imaginé un système ingénieux: elle fera imprimer à l'avance deux timbres portant une lettre correspondant au nouveau tarif quel qu'il soit – l'un de couleur rouge pour les lettres, l'autre de couleur verte pour les plis non urgents. Mais comme cette année l'augmentation de tarif n'a concerné que les plis non urgents, le timbre rouge n'a pas été émis, bien qu'ayant été imprimé.

Les communications vues par Alfred...

France, 1er février 1988

Au lendemain du Festival d'Angoulême, intitulé cette année «Bande et Ciné», qui s'est déroulé du 29 au 31 janvier sous la présidence d'Enki Bilal, paraît aujourd'hui le premier carnet commémoratif dédié à ce populaire festival dont c'est la quinzième édition. Intitulé «La communication par douze auteurs de la bande dessinée française», il réunit 12 timbres à 2,20 F et est présenté ouvert aux guichets de la poste. Sa couverture, dessinée par Greg, s'orne du pingouin mascotte d'Angoulême, Alfred. Les douze timbres, tous différents, ont été dessinés par Pellos, Reiser, Marijac, Fred, Giraud-Moebius, Gillon, Claire Brétécher, Forest, Mézières, Tardi, Lob et Bilal. Des signaux de fumée aux satellites, en passant par les missives, ils ont pour thème les messages et communications.

Coup de jeune dans le look

France, 3 mars 1988

À La Poste, on n'est pas superstitieux ! Treize stylistes créateurs présentent leurs modèles à l'issue du grand concours lancé par La Poste, concours qui a pour objet le nouveau « look » des facteurs. Le grand prix du jury est attribué à Fanchon Le Fouler : casquette siglée, coupe-vent badgé, polo bicolore, le tout aux couleurs fétiches marine et jaune, cette nouvelle tenue est un pied de nez à la morosité ! C'est dans le même esprit que les 163 bureaux de poste parisiens ont changé de nom quelques mois plus tôt (le 26 octobre 1987) : au lieu d'être banalement désignés par une triste série de chiffres, ils recevront des noms plus parlants et beaucoup moins bureaucratiques, qui indiquent leur adresse : Paris-Bonne-Nouvelle, Paris-Édith-Piaf ou Paris-Buttes-Chaumont...

Des couleurs qui s'emmêlent

France, 21 novembre 1988

Une incertitude à propos de l'augmentation ou de la non-augmentation du tarif postal explique que l'on ait attendu le dernier moment pour graver la valeur faciale (qui finalement ne changeait pas) de ce timbre « Thermalisme » qui doit être mis en vente ce jour. Des essais ont été faits en rouge et en bleu pour l'impression de cette valeur faciale, et c'est l'épreuve avec l'encre bleue qui a été retenue et qui porte le BAT. Mais par un malheureux hasard, des timbres à valeur rouge, au lieu d'être détruits, ont été mélangés aux timbres à valeurs bleues et envoyés dans un petit nombre de bureaux de poste. Quelques-uns ont même été vendus à des usagers avant que l'on s'aperçoive de l'erreur. Les feuilles restantes ont alors été annulées par de larges ratures au feutre indélébile.

Michel Rocard crée le SNTP

Paris, 18 mai 1989

Selon le décret n° 89-324, « il est créé au ministère des Postes, des Télécommunication et de l'Espace un Service national des timbres-poste et de la philatélie » (article 1). Ce service « est chargé de l'ingénierie, de la fabrication, de la vente et de la promotion des timbres-poste, des produits philatéliques et des valeurs fiduciaires » (article 3). Placé sous l'autorité du directeur général de La Poste, le Service national des timbres-poste et de la philatélie (SNTP) aura notamment pour tâche de proposer un avant-programme d'émissions à la Commission philatélique, laquelle procédera à une sélection finale qui sera, ensuite, soumise à l'approbation du ministre de tutelle. Présidée par le directeur du Courrier, la Commission comprend des représentants de La Poste, du ministère de la Culture, des associations philatéliques, des négociants et, bien sûr, des artistes. Quant au choix des artistes chargés de créer les figurines dont l'émission aura été décidée, elle reviendra à la seule initiative de la direction du SNTP.

Il était logique qu'un haut lieu de culture et de traditions comme l'École Estienne demande à ses propres élèves de créer le timbre de son centenaire, qui doit être mis en vente le 6 février 1989. Sandrine Ramoin en a dessiné la maquette, et Pierre Forget, professeur après avoir été élève, exécute la gravure. Le E est un rappel du triple « e » du logo (Estienne, École pour Entreprendre), qui va remplacer cette année l'arbre, emblème ancestral de la famille de l'imprimeur et humaniste de la Renaissance Robert Estienne.

La Poste et France Télécom se quittent

France, 2 juillet 1990

« Il est créé, à compter du 1er janvier 1991, deux personnes morales de droit public placées sous la tutelle du ministre chargé des postes et télécommunications, qui prennent respectivement le nom de La Poste et de France Télécom et sont désignées ci-après sous l'appellation commune d'exploitant public. » Tel est, cité ici dans sa totalité, l'article 1 de la loi n° 90-568 du 2 juillet 1990 « relative à l'organisation du service public de la poste et des télécommunications ». Bien que le ministère de tutelle soit le même, c'en est cette fois bien fini d'une histoire qui a commencé le 27 février 1878, avec le décret fusionnant les Postes et les Télégraphes. La loi, dans son article 2, définit les domaines de compétence respectifs de La Poste et de France Télécom. Il s'agit notamment, pour La Poste, d'« assurer, dans les relations intérieures et internationales, le service public du courrier sous toutes ses formes », mais également d'« offrir, dans le respect des règles de la concurrence, des prestations relatives aux moyens de paiement et de transfert de fonds ». Les mêmes obligations, qui associent service public et respect des règles de la concurrence (il est vrai dans des champs d'activités différents), sont énoncées dans cet article pour France Télécom. « Le premier conseil d'administration de chacun des deux exploitants publics sera installé avant le 31 décembre 1990 » (article 45).

L'offset

Dérivée de la lithographie, la technique d'impression offset consiste, dans son principe de base, à reporter une surface sur un support en utilisant la répulsion réciproque de l'eau et des corps gras : les zones non imprimantes étant mouillées pour repousser l'encre, seules les zones imprimantes sont encrées et reportées, le support étant sensible à l'encre grasse et non à l'eau. C'est bien entendu beaucoup plus compliqué en pratique... Mais la plaque d'impression pouvant être obtenue par photogravure, on comprend les possibilités quasi illimitées qu'offre l'offset, sans parler du gain de temps ! C'est en 1986 que l'imprimerie de Périgueux a expérimenté une machine offset en imprimant des timbres de service pour le Conseil de l'Europe, soit trois valeurs (1,90 F vert, 2,20 F rouge et 3,40 F bleu) d'une figurine dessinée par Charles Bridoux. Quant au premier timbre-poste imprimé en offset, ce sera l'« Avènement d'Hugues Capet » dessiné par Alain Rouhier et émis le 22 juin 1987 pour le millénaire du fondateur de la dynastie capétienne.

Janvier 1990

Janvier 1990

Un bicentenaire de la Révolution très philatélique

Paris, 14 juillet 1989

L'année entière a été placée, en France, sous le signe du bicentenaire de la Révolution. Mais le clou des festivités a eu lieu ce soir, à Paris, avec le gigantesque spectacle en forme de parade qui, sur les Champs-Élysées, aura été la représentation vivante des droits de l'homme et des libertés. Mise en scène par le créateur publicitaire Jean-Paul Goude, cette parade a été couronnée par une grandiose *Marseillaise*, chantée place de la Concorde par une Jessye Norman toute de tricolore vêtue. Tout cela sous les yeux d'un million de spectateurs et de 800 millions de téléspectateurs. Cette célébration aura été aussi pain bénit pour les philatélistes! Car du 2 janvier au 31 décembre, La Poste saura faire les choses en grand, avec un somptueux programme d'émissions. C'est Jean-Michel Folon qui a ouvert le bal avec un timbre bien dans sa manière, élégante, symbolique et radieuse. Imprimée en héliogravure, sa figurine a été émise dès le 2 janvier. Viendra ensuite le 27 février, dans la série des personnages célèbres, une galerie de six portraits remarquablement dessinés et gravés par Pierre Forget: l'abbé Sieyès, Mirabeau, La Fayette, Barnave, le vicomte de Noailles et Jean-Baptiste Drouet, le maître de poste de Sainte-Menehould qui reconnut Louis XVI lors de sa tentative de fuite, le 21 juin 1791. Autres personnages de la Révolution française, ceux

Le 14 juillet, la parade de Jean-Paul Goude a étonné le monde par son inventivité.

que Marie-Noëlle Goffin a dessinés et gravés pour un bloc émis le 26 juin. On y reconnaît trois des plus illustres victimes de la Terreur: la belle et si intelligente Madame Roland, l'égérie des Girondins, Camille Desmoulins et Condorcet, qui se retrouvent en compagnie du général Kellermann, que Napoléon fera maréchal et duc de Valmy. Quant à la Déclaration des droits de l'homme, elle fera l'objet de deux émissions distinctes. Un premier bloc de quatre timbres reproduisant un document d'époque sera mis en vente le 7 juillet, dans le cadre de Philexfrance 89; mis en page par Alain Rouhier, gravé par Claude Jumelet et Jacky Larrivière, il a bénéficié d'une impression mixte, taille-douce et offset. La seconde émission (28 août) est un polyptyque de quatre timbres et une vignette, également dû à Rouhier, Jumelet et Larrivière; elle contient une erreur dans le texte de la Déclaration, le mot «pouvoirs» s'étant substitué au mot «devoirs»! Entre-temps aura été émis, le 17 juillet, un triptyque sur les thèmes de la liberté, de l'égalité et de la fraternité, d'après des gravures du temps (dessin de Michel Durand-Mégret, mise en page de Roger Druet, gravure de Claude Durrens). Et, le 31 décembre, l'année s'achèvera avec l'émission anticipée d'une nouvelle Marianne, la Marianne du bicentenaire, dessinée sur ordinateur par Louis Briat et gravée par Jumelet. Elle sera choisie par François Mitterrand parmi sept projets sélectionnés.

Mme Roland, Camille Desmoulins, Condorcet et Kellermann vus par Marie-Noëlle Goffin.

Le bicentenaire a pris son envol avec ce timbre dessiné par Jean-Michel Folon.

1991, c'est l'année Mozart

Paris, 9 avril 1991

Pour La Poste et les phi-
latélistes, l'année Mozart
commence avec la vente
anticipée du timbre consacré à la mémoire de Wolfgang
Amadeus Mozart, mort à Vienne le
5 décembre 1791. Cette vente anticipée
fera l'objet d'une opération fort originale.
Avant son émission officielle le 29 avril,
il y en aura en effet dix-sept autres dans
dix-sept villes de France différentes, jusqu'au 26 avril. Le timbre, de format carré,
a été dessiné par Philippe Favier, mis en
page par Charles Bridoux et imprimé en
héliogravure. Ici reproduit avec le cachet
« Premier Jour », il évoque deux aspects
de la personnalité du compositeur autrichien : ludique et féerique avec les figures fantastiques qui volent dans les cieux,
sombre et tragique avec sa silhouette noire
qui se détache sur un fond mystérieux et
grandiose comme son *Requiem*... L'année
Mozart, d'autres administrations postales
n'ont pas manqué de la célébrer. Et bien

sûr à commencer par les postes d'Autriche, avec un bloc extrêmement soigné qui
se compose, à gauche, d'un timbre à l'effigie de l'auteur de *La Flûte enchantée,* à
droite, d'un second timbre reproduisant justement une sculpture représentant Tamino
et Pamina, les héros de cet opéra, enfin,
au centre, d'une vignette montrant la
maison natale de Mozart, à Salz-
bourg. L'année Mozart aura
été fertile en manifesta-
tions de toute nature, les
concerts et les produc-
tions d'opéras se mul-
tipliant dans le monde.
Le livre et le disque ne
seront pas en reste, et
l'on se bornera à citer la
parution cette année, en
France, des premiers volumes
de la correspondance de celui qui
s'amusait quelquefois à signer « Trazom »
en verlan, dans une scrupuleuse traduc-
tion de Geneviève Geffray, et l'édition en
180 CD de l'intégrale de son œuvre... L'impact de l'année Mozart sur le public, et
pas seulement le public strictement
mélomane, aura incontestablement été la
conséquence directe du succès phénoménal d'*Amadeus,* le film de Milos Forman
sorti en 1984, lauréat de huit oscars à Hollywood et du césar du meilleur film étranger à Paris. Quant au timbre de Favier et
Bridoux, il bénéficiera directement de cet
« effet Mozart » puisqu'il sera vendu à 9,76
millions d'exemplaires. En tout cas, à Salz-
bourg, on songe déjà à la prochaine année
Mozart : ce sera en 2006, pour le 250e
anniversaire de sa naissance !

Deux figurines surréalistes

Sceaux et Bonn, 10 octobre 1991
Les philatélistes parisiens sont venus en
nombre à Sceaux (Hauts-de-Seine) pour
la vente anticipée du timbre consacré au
grand artiste surréaliste français d'origine
allemande Max Ernst (1891-1976). Et ce
n'est pas « du timbre » qu'il faut dire, mais
« des timbres » car il y en a deux, l'un émis
par La Poste, l'autre par la Deutsche Bun-
despost, et ils sont mis en vente au bureau
temporaire franco-allemand installé dans
la rotonde du jardin de la Ménagerie de

Sceaux, avec la coopération du très actif
CPBRS, le Cercle philatélique de Bourg-
la-Reine/Sceaux. Une manifestation équivalente a d'ailleurs lieu ce même jeudi à
Bonn, comme l'attestent les oblitérations
« Premier Jour ». Il s'agit d'une émission
commune en effet, les deux timbres ayant
été imprimés en héliogravure sur une mise
en page de Jean-Paul Véret-Lemarinier.
La France et l'Allemagne ont choisi toutefois de reproduire deux œuvres différentes, mais fort proches par l'inspiration
et le style, et datant toutes les deux de
la première période française de Max Ernst :
Monument aux oiseaux (1928) pour le timbre allemand et *Après nous la maternité*
(1927) pour le timbre français. Leur mise
en vente générale est pour demain.

Max Ernst a vécu en France de 1922 à 1941, puis de 1953 jusqu'à sa mort, en 1976.

1848   1900   1950   2005

Le progrès en marche...

1 - Le Macintosh. En 1984, l'univers de l'informatique entre dans l'ère du « Think dif-
ferent » lorsqu'apparaît, sur l'écran du premier Macintosh, le fameux « Hello ! ». Steve
Jobs (ci-contre, vingt ans après), qui préside à ce lancement, a voulu en effet que la
convivialité soit souveraine et que la complexité technologique reste cachée à l'uti-
lisateur. Il y a déjà huit ans que Steve Jobs et Steve Wozniak (dit « the Wizard of
Woz ») ont fondé la société Apple et qu'ils ont construit dans leur garage le premier
véritable ordinateur personnel, l'Apple I, pas plus gros qu'une machine à écrire por-
tative... En 1983, le modèle Lisa apportait une innovation majeure : la souris. Quant
à ce premier « Mac », bien que de puissance modeste, il n'en possède pas moins un
lecteur de disquette 3" 1/2 intégré, un logiciel de dessin (MacPaint) et un programme
de mise en page (MacWrite) dont la souplesse a rarement été égalée.

2 - Le Web. Internet, dont l'origine remonte à 1969 avec la création du réseau
Arpanet, connaît un bond en avant en 1989 avec la naissance du World Wide Web,
qui en fait désormais un système d'information global à la disposition du public.

Et si le timbre-poste était le plus extraordinaire vecteur de culture qui soit ? Tel est le pari que Françoise Eslinger, directrice du Service national des timbres-poste et de la philatélie, a décidé de tenir. Avec un objectif majeur : redonner aux jeunes le goût de l'écriture... avec des timbres qui les y incitent !

La foi du postier n'a pas de limites. Celle de Françoise Eslinger non plus. Une preuve ? Sa dernière contravention, elle l'a postée avec un timbre « Cœur », et sa déclaration de revenus avec un timbre « Merci »... Cette passionnée préside aux destinées du Service national des timbres-poste et de la philatélie (SNTP). Avec un mot d'ordre : le timbre doit devenir « un objet de séduction permanent » pour renouer avec les tirages d'antan. Il y a dix ans, La Poste flirtait avec les 5 milliards de timbres émis. Depuis, Internet, la carte Vitale et les prélèvements automatiques ont fait chuter ce chiffre impressionnant à 3 milliards, dont 2,4 milliards de Marianne et 600 millions de « beaux timbres ». « Le rapport est trop inégal, constate Françoise Eslinger. Nous devons renverser la vapeur et, petit à petit, faire basculer les tendances. » D'où son credo, cent fois répété : « Imaginer pour demain des timbres qui donnent envie d'écrire la lettre de plus... »

Car le timbre-poste demeure indissociablement lié à l'écrit : « Si le timbre reste toujours à la mode – c'est même le premier objet de collection en France –, on observe une désaffection notable

Pour le timbre de la Saint-Valentin émis le 29 janvier 2001, le SNTP a mis à contribution le talent du couturier Christian Lacroix. Et celui de la photographe Dominique Sarraute pour lui assurer une promotion éclatante.

tes de vœux), les Américains vingt et les Anglais quarante. En fait, les Français écrivent lors de deux grandes périodes : en vacances et pour les vœux de fin d'année. « Vous voyez que nous avons encore une sacrée marge de progression ! »

▌ Un des rares loisirs gratuits pour les enfants

Pour toucher les jeunes, Françoise Eslinger a son idée. Elle a commencé à la mettre en œuvre avec la création à Paris d'un Salon du timbre dont le thème était « 100 % passion ». Opération réussie puisque l'édition 2004 a accueilli plus de 15 000 enfants. Les ateliers de création d'enveloppes étaient même les stands les plus courus par le jeune public. « La philatélie est aujourd'hui un des rares loisirs gratuits pour les enfants », assure-t-elle.

De fait, les premières collections d'enfants s'articulent autour des enveloppes reçues à la maison, qu'on découpe et que l'on trempe dans l'eau pour en décoller le beau timbre que l'on glisse entre deux livres avant de le ranger dans un classeur. « Un rituel et une ouverture au monde à encourager en éditant des timbres toujours plus colorés, curieux, amusants, comme la prochaine série qui va sortir en collaboration avec le dessinateur du Chat, Philippe Geluck. »

Françoise Eslinger sait la tâche ardue et délicate. Raison pour laquelle, quand on l'interroge sur son métier, elle dit être une « accoucheuse ». Accoucheuse du programme philatélique français, précise-t-elle fièrement. Un terme choisi à dessein, car la gestation du timbre n'est pas chose simple. « Nous recevons chaque année environ 1 200 demandes de timbres en provenance d'associations philatéliques, d'élus locaux, de villes pour des anniversaires liés à des commémorations. Au final, il y aura 60 timbres émis », explique Françoise Eslinger. « Mais notre rôle est aussi de dire non », précise-t-elle. « En revanche, nous étudions toutes les propositions et les répartissons dans notre programme. Ce sont sur ces bases que la commission philatélique

*Le Salon du timbre 2004 :
100 % passion,
100 % de réussite !*

des jeunes pour l'écrit », regrette-t-elle. Doit-on y voir un « effet Internet » ? Pour Françoise Eslinger, la réponse est catégorique : « Internet est formidable, il a redonné le goût de l'écrit aux jeunes, mais il reste très impersonnel ; en comparaison, la lettre permet une personnalisation et une attention à l'égard de l'autre sans commune mesure. »

La solution ? « Il faut redonner le goût d'écrire. » Aux jeunes et aux moins jeunes d'ailleurs... Il faut savoir que les Français envoient en moyenne neuf cartes postales par an (plus dix car-

La Poste autour du monde

France, 27 septembre 1993

Pour encourager l'équipage de *La Poste,* le timbre de Pierre Forget émis le 8 février 1993 avec une valeur faciale de 2,50 F est émis à nouveau, mais avec une valeur de 2,80 F correspondant au changement de tarif. Il y a deux jours, le bateau a pris le départ de la Whitbread, la course autour du monde dont il est l'unique participant français. L'aventure a commencé en 1989 avec l'achat par La Poste d'un First51 Bénéteau de 15,63 m, engagé en 1990 dans la Whitbread avec un équipage de huit postiers et qui se classa honorablement dans sa catégorie. L'âme du projet était le skipper Daniel Mallé, qui prit une part active à la construction chez Bénéteau du nouveau maxi-yacht de 25 m. À la demande de Mallé, Éric Tabarly prendra la barre pour les dernières étapes. *La Poste* finira septième en 123 jours et 22 heures.

Les faussaires seront collés

France, avril 1994

Les premiers TVP (timbres à validité permanente) type de la Marianne du bicentenaire apparaissent le 19 avril 1993. Ils sont très favorablement accueillis par les usagers, assurés de pouvoir écouler leurs anciens timbres sans avoir à se procurer de valeurs complémentaires. Puis, au mois de juillet suivant, ils sont proposés en carnets de type Sterner, dont le prix est obligatoirement un multiple de 10 F, car les distributeurs Sterner n'acceptent pas d'autres pièces. Ces carnets sont donc composés de huit timbres autoadhésifs : soit sept TVP rouges et un 70 c brun en valeur de complément, plus deux vignettes publicitaires de La Poste pour l'enveloppe à cases. Ils sont vendus 20 F, ce qui représente pour l'usager un rabais de 30 c destiné à l'inciter à utiliser les distributeurs. Mais les TVP donnent lieu à des contrefaçons. C'est la raison pour laquelle La Poste met en vente ce mois-ci un nouveau carnet avec les premiers timbres autoadhésifs à prédécoupage et bords latéraux ondulés, beaucoup plus difficiles à contrefaire.

La France, la Belgique et la Suisse célèbrent Simenon

France, Belgique, Suisse, 25 oct. 1994

Pour le centenaire de la naissance de Georges Simenon, trois timbres à son effigie sont émis dans les trois principaux pays francophones d'Europe : France, Belgique et Suisse, avec mise en vente anticipée le 15 octobre au premier Salon européen des loisirs du timbre. Leurs couleurs sont différentes mais tous trois s'ornent du même portrait du romancier dessiné par Désiré Hoegiest. En revanche, l'arrière-plan varie d'un timbre à l'autre. Pour les Français, il fait référence à la série policière des Maigret, puisque le décor représente l'île de la Cité et le Quai des Orfèvres, siège de la préfecture de police et de la brigade criminelle où officie Maigret. On y distingue la fameuse Tour pointue bien connue de tous les amateurs de polars à la française des années 1940-1960. C'est du reste cette tour pointue (et non l'ensemble du bâtiment) qui figure au centre du timbre à date ovale de l'oblitération « Premier Jour » du 15 octobre. Le timbre belge montre le pont des Arches à Liège, ville natale de Simenon. C'est chez l'éditeur liégeois Bénard qu'il publia en 1921, sous le pseudonyme transparent de Georges Sim, son premier roman, qui s'intitulait d'ailleurs *Au pont des Arches*. Sur le timbre suisse figure le château d'Échandens, près de Lausanne, qui fut de 1957 à 1963 la résidence de Georges Simenon. Le commissaire Maigret attendra 1996 pour avoir son timbre dans la série des personnages célèbres.

Inauguration à Liège en 2003, dans le cadre de l'année du centenaire de Simenon, de la place du Commissaire Maigret, non loin de la maison natale du romancier, rue Léopold. Le décor du Quai des Orfèvres sur le timbre français est de Jean-Paul Véret-Lemarinier.

2,80 Mai 1995* 2,80 Mai 1995*

Le pont de Normandie reliera l'Europe du Nord au Sud

France, 23 janvier 1995

Deux grands talents ont été associés pour créer ce timbre : il a été dessiné par Jean-Paul Véret-Lemarinier et gravé en taille-douce par Pierre Albuisson. Le panoramique s'imposait pour marquer l'entrée en service de ce chef-d'œuvre technique et esthétique qu'est le pont de Normandie. Commencé en 1988 sous la direction de l'architecte Charles Lavigne et de l'ingénieur Michel Virlojeux, ce pont à haubans détient le record du monde de portée avec sa travée centrale de 856 m. Seules les simulations sur ordinateur ont permis de déterminer des structures permettant à cet ouvrage d'art de résister à des vents de 300 km/h. Sans l'informatique, de tels calculs eussent été tout simplement impossibles! Avantage des haubans: ils peuvent être remplacés. Le pont a été inauguré le 20 janvier. Le timbre est mis en vente aujourd'hui.

Une vocation européenne: en enjambant l'estuaire de la Seine, le pont de Normandie permettra d'assurer la continuité autoroutière entre le nord de l'Europe et l'Espagne.

Véret-Lemarinier: sensibilité et minutie.

Nestor Burma et les autres

France, 7 octobre 1996

Maigret, Rocambole, Arsène Lupin, Rouletabille, Fantômas, Nestor Burma... Autant de figures désormais mythiques du roman policier français, autant de personnages popularisés par le cinéma et la télévision, autant de timbres dessinés par Marc Taraskoff. Ainsi de Nestor Burma, le «détective de choc» né en 1943 de la féconde imagination du poète surréaliste Léo Malet avec le roman *120 rue de la Gare,* dont on peut dire qu'il a jeté les fondations du

«polar» français contemporain. Le roman sera d'ailleurs adapté pour le cinéma dès 1945 avec l'excellent film du même nom de Jacques Daniel-Norman, où René Dary tient le rôle de Nestor Burma. C'est toutefois avec la série des «Nouveaux Mystères de Paris», commencée en 1954, que Léo Malet va donner toute la mesure de son génie ironique, sceptique et grinçant. Elle fera l'objet à partir de 1991 d'une série de téléfilms où Guy Marchand restitue bien le côté anar et gouailleur du détective.

RÉPUBLIQUE FRANÇAISE
3,00 +0,60
NESTOR BURMA
Détective de choc
1996 LA POSTE

Marianne cheveux au vent

Ève Luquet a dessiné et gravé son premier timbre français en 1987 («Traité d'Andelot»,

liberté égalité fraternité LA POSTE

liberté égalité fraternité LA POSTE 0,50

France, 15 juillet 1997

«Je voulais lui donner de la vie, du mouvement, d'où ce dessin de trois quarts, les cheveux longs, qui permettent à l'image de vivre avec ou sans valeur faciale.» Ève Luquet est la gagnante du concours ouvert aux artistes à la demande du président de la République Jacques Chirac pour renouveler le timbre d'usage courant et succéder à la Marianne du bicentenaire. Si sa Marianne n'est pas conventionnelle, elle est vivante, pimpante et pleine de fraîcheur. Même le graphisme de la devise a quelque chose d'optimiste : «J'ai choisi l'écriture manuscrite, proche de l'écriture à la craie

sur un tableau noir», précise Ève Luque. Quant aux étoiles, elles symbolisent l'Europe en devenir, conformément au cahier des charges d'ailleurs. L'émission des trois premières figurines (le TVP rouge, le 2,70 vert et le 3,80 F bleu) est pour ce mardi, mais une vente anticipée a eu lieu hier 14 juillet à Paris et dans tous les chefs-lieux des départements. Aux trois premières valeurs s'en ajouteront douze autres le 15 septembre, de 0,10 F à 10 F. C'est le cas du 0,50 F violet reproduit ci-dessus avec le TVP rouge. Les Marianne du 14-Juillet comme elles sont désormais appelées, sont toutes gravées par Claude Jumelet.

Léo Malet (1909-1996) devant la vieille Underwood que lui avait offerte Léon Trotsky...

La Poste avait parié sur la victoire des Bleus

Saint-Denis, 12 juillet 1998

Une gigantesque clameur monte du Stade de France de Saint-Denis, les téléspectateurs hurlent de joie, les rues sont en délire : pour la première fois de son histoire, l'équipe de France de football remporte la Coupe du monde. Deux têtes de Zinedine Zidane en première mi-temps, un but d'Emmanuel Petit dans les dernières minutes, et aussi des arrêts magistraux de Fabien Barthez, le gardien de but. Résultat, trois buts à zéro contre une équipe du Brésil assommée. La fête est complète pour la France, pays organisateur d'une Coupe du monde où, il y a un mois encore, plutôt rares étaient ceux qui pariaient sur la victoire des Bleus ! Mais le SNTP, s'il n'avait évidemment pu prévoir cette victoire, avait tout fait pour que la fête soit belle. Dès novembre 1996, il avait décidé que c'était l'occasion, pour la France, d'émettre son premier timbre rond. Cinq agences furent alors mises en concurrence pour proposer des projets, à savoir Briat, Desdoigts, Desgrippes, Dragon Rouge et Widmer. Trois projets ont été ensuite sélectionnés par un jury réuni par La Poste le 23 octobre 1997. Et pour les départager, ils furent testés auprès d'un échantillon représentatif de la population française. Les conclusions s'imposèrent d'elles-mêmes : près de 60 % des Français avaient marqué leur préférence pour le projet de Briat, qui sera donc le signataire du timbre rond. Entre-temps, on n'était pas resté inactif à Périgueux ! L'Imprimerie des timbres-poste et des valeurs fiduciaires dut en effet mettre au point un système de perforation adéquat,

afin que la dentelure soit impeccable, ce qui fut réalisé en temps et en heure : en juin 1997, Michel Platini, coprésident du Comité France 98, et Guy Meynié, président de l'Union des ASPTT (associations sportives des PTT), ont été les premiers à découvrir à Périgueux les essais faits avec le nouvel outillage. Le timbre, dont la valeur faciale correspond au tarif de la lettre simple dans le régime intérieur, a été émis le 2 mars 1998 en feuilles de 30 timbres et en carnets de 10 timbres autoadhésifs, à quoi s'ajoute toute une gamme de prêts-à-poster. Il sera vendu à plus de 120 millions d'exemplaires et, dès le lendemain de la finale victorieuse, La Poste émettra de nouveau le ballon rond de Briat, mais revêtu de la légende « Champion du Monde ». Il sera imprimé dans la nuit et distribué le lendemain dans les départements En fait, le projet avait mûri après la victoire des Bleus en quart de finale, le 4 juillet. Mais le pari n'était pas évident : la France n'avait éliminé l'Italie que lors de la séance des tirs aux buts (4 à 3), le score étant resté vierge après 120 minutes de jeu. On dut commencer à respirer le 8, en demi-finale, quand les joueurs d'Aimé Jacquet, sélectionneur de l'équipe de France, vinrent à bout des Croates grâce à deux buts de l'infatigable Lilian Thuram. Pourtant, là encore, on avait eu chaud, très chaud. Dès le début de la seconde mi-temps, Davor Suker inscrivait le premier but de la partie au bénéfice de la Croatie… Paradoxalement, ce sont les Brésiliens, tenants du titre, qui auront été les moins dangereux !

Ci-dessus : depuis deux ans, La Poste a émis une série de timbres dédiés aux villes dont les stades ont été choisis pour accueillir la phase finale de la Coupe du monde, et représentant différentes techniques de jeu : Lens, Montpellier, Saint-Étienne et Toulouse le 3 juin 1996, Lyon, Marseille, Nantes et Paris le 2 juin 1997, Bordeaux et Saint-Denis le 26 janvier 1998. Tous ont été dessinés et mis en page par Louis Briat, comme le timbre rond. Un bloc complet a été émis le 24 janvier.

« Zizou » a marqué ses deux buts contre l'équipe du Brésil en récupérant deux corners tirés par Emmanuel Petit et Youri Djorkaeff.

Janvier
1999

France, 2000
Le prix littéraire de l'Académie de philatélie est décerné à Luc Guillard et Laurent Bonnefoy (*Les Empreintes de machines à affranchir utilisées en France*). Il sera décerné en 2003 à Gilbert Pingard (*Nancy, siège de l'administration prussienne des postes*) et en 2004 à Jacques Gautherin (*Chine et philatélie*).

France, mars 2000
La Journée du timbre devient la Fête du timbre.

France, avril 2000
La fusion du *Monde des philatélistes*, de *Timbroscopie* et de *Timbroloisirs* fait naître *Timbres magazine*.

France, 2 juin 2000
Le tarif de la lettre simple est fixé à 0,46 euro (écopli : 0,41 euro). Il sera porté à 0,50 euro le 1er juin 2003 (écopli : 0,45 euro) puis à 0,53 euro le 1er mars 2005 (écopli : 0,48 euro), date à laquelle le tarif de la lettre sur la zone A (Union européenne et Suisse) sera dissocié du tarif intérieur (0,55 euro).

Paris, 14 septembre 2000
Sylvine Vargoz succède à Serge Debien, nommé le 15 décembre 1996, comme directrice du Musée de La Poste. Gilbert Haffner prendra sa suite le 1er février 2004.

Paris, 2 mars 2002
Robert Abensur est élu président de l'Académie de philatélie.

France, 1er avril 2003
Françoise Eslinger est nommée directrice du Service national des timbres-poste et de la philatélie (SNTP)

France, 17 juin 2004
Lancement de la lettre recommandée électronique (LRE), qu'il est possible d'expédier 24 h/24 *via* laposte.fr.

Bucarest, 15 sept.-5 oct. 2004
L'UPU élit pour la première fois à sa tête un Français : Édouard Dayan.

France, 12 novembre 2004
Les timbres ne comportent plus la mention « RF» mais « France».

Derby (Angleterre), 2005
Le Français Jean Storch signe le *Roll of Distinguished Philatelists*.

Familiarisez-vous déjà avec les euros !

France, 1er janvier 1999
L'euro, ce sera le 1er janvier 2002. Ce n'est pas une raison pour ne pas déjà s'y habituer. D'où ce timbre, tiré à 500 millions d'exemplaires pour que chacun puisse en acquérir dès aujourd'hui. Conçu par Jean-Paul Cousin, il a un but pédagogique : la valeur est exprimée en euros et en francs, selon le taux officiel du 31 décembre 1998. Trois francs égalent donc 46 centimes de la monnaie unique européenne. Quant au symbole de l'euro, inspiré de l'epsilon grec, il a été dessiné par Alain Billiet.

Des formes et des couleurs

France, 13 septembre 1999
L'imprimerie de Périgueux avait réussi un sans faute avec le timbre rond de la Coupe du monde. Alors, pourquoi s'arrêter en si bon chemin ? Le 8 février dernier, La Poste a donc émis deux figurines en forme de cœur : un 3 F rouge et un 3 F multicolore avec la légende « Je t'aime» (reproduit ci-contre). C'était bien entendu pour que tous les amoureux puissent fêter la Saint-Valentin par correspondance de façon plus ludique que d'habitude ! Ils avaient six jours pour s'écrire des mots doux : la Saint-Valentin, c'était en effet le 14 février. Ces timbres, qui ont été également émis en carnets d'autoadhésifs, sont l'œuvre d'une graphiste formée à l'École supérieure d'arts graphiques-Penninghen, Aurélie Baras. Elle n'a que 31 ans, mais elle a déjà prouvé beaucoup de choses à la tête de son propre studio de création graphique. Des affiches, des prêts-à-poster, des timbres à date et des timbres-poste, le premier en 1997.

Aurélie Baras a notamment à son actif un bloc de dix timbres « Meilleurs Vœux» et « Bonne Année» émis le 9 novembre 1998. Ses timbres, comme beaucoup d'autres, illustrent les multiples possibilités iconographiques offertes par l'héliogravure, utilisée aussi pour le timbre émis aujourd'hui pour la Coupe du monde de rugby et qui, ainsi que l'espéraient les philatélistes qui en pincent pour l'«ovalie», est ovale... C'est le premier du genre au monde. Créé par l'agence Desdoigts, il a été ces deux derniers jours l'objet d'une vente anticipée à Paris (dans les murs du musée de La Poste) et dans cinq villes où se dérouleront certaines rencontres, à savoir Béziers, Bordeaux, Toulouse, Lens, Saint-Denis. La Poste n'a d'ailleurs pas été loin d'être aussi bon prophète que pour la Coupe du monde de football. Le XV de France, auteur d'un exploit mémorable en battant les All Blacks néo-zélandais en demi-finale, ne s'est incliné qu'en finale, face aux Australiens (35-12).

Un siècle dans la mémoire des Français

France, 17 avril 2000
La Poste a eu l'idée, l'année dernière, de demander au public quels étaient les événements qui, à leur avis, avaient marqué le XXe siècle et qui méritaient d'être commémorés par le timbre. Ces événements étaient classés en six domaines distincts : le sport, les faits de société, la vie quotidienne, les sciences, la communication et les transports. Des résultats dépendaient l'émission, en 2000, 2001 et 2002, de six feuillets de dix timbres chacun, réunis sous la rubrique « Le Siècle au fil du timbre». Ainsi du 20 septembre au 20 octobre 1999, quelque 650 000 clients de La Poste se sont déterminés sur le sport et les faits de société. Leurs choix, publiés en janvier 2000, ont été les suivants pour le sport : les Bleus champions du monde de football (catégorie «Victoires françaises de légende», 69,96 %), la traversée de l'Atlantique par Lindbergh («Aventures de légende», 31,02 %), les trois médailles

Ces timbres ont un double affichage de leur valeur faciale : en francs et en euros.

d'or remportées par Jean-Claude Killy à Grenoble («Exploits de légende», 33,43 %), le 100 m de Carl Lewis en moins de 10 s («Performances de légende», 38,13 %) et Marcel Cerdan («Sportifs de légende», 54,37 %). Le feuillet entérinant ce vote est émis aujourd'hui avec, chose exceptionnelle en France, des timbres représentant des personnages toujours vivants (Killy, Lewis, les Bleus). Le feuillet sur les faits de société sera émis le 2 octobre. Et cette fois encore, il démontrera que les Français n'ont pas la mémoire courte ! Résultats : les congés payés («Un siècle de progrès social», 49,92 %), le droit de vote des femmes («Un siècle d'émancipation de la femme», 63,05 %), la Déclaration universelle des droits de l'homme («Un siècle de démocratie», 41,29 %), les premiers pas sur la lune («Un siècle d'événements», 62,33 %), la machine à laver («Un siècle au quotidien», 67,97 %). Les dix timbres sont mis en page par Claude Andréotto.

Mondial du timbre à Paris

Couverture de la bande-carnet conçue par Charles Bridoux et émise le 2 janvier 1999.

Paris, 11 juillet 1999

Plus de 300 000 visiteurs sont venus au parc des Expositions de la porte de Versailles pour découvrir les trésors offerts à leur émerveillement par Philexfrance 99. Close ce soir, cette grande exposition philatélique internationale, placée sous le haut patronage du président de la République, avait ouvert ses portes le 2 juillet. Outre une scénographie évoquant 150 ans d'histoire des transports postaux ou la présentation d'un panorama de tous les timbres français émis depuis 1849 (qui sera ensuite installé au musée de La Poste), 759 collections provenant de France et d'une soixantaine de pays étrangers ont été présentées et soumises à l'appréciation d'un jury. La Poste était évidemment très présente à Philexfrance 99, avec un stand institutionnel, des démonstrations effectuées par l'imprimerie de Périgueux et des points de vente et d'oblitération. Depuis 50 ans, c'est la sixième fois que la France organise une exposition philatélique internationale : il y avait eu Citex en 1949, Philatec en 1964, Arphila en 1975 et Philexfrance en 1982 et 1989. L'animation de Philexfrance 99, ludique et diversifiée, a été plus particulièrement axée en direction des jeunes. Avec succès.

La vignette à votre effigie

Paris, 9 novembre 2000

Grande innovation au Salon philatélique d'automne qui ouvre ses portes jusqu'au 12 novembre, à l'Espace Champerret. Au stand de La Poste, vous pouvez personnaliser vos timbres de la façon suivante : après que votre portrait a été pris en photo numérique, une mini-feuille en offset vous est remise quelques minutes après, comportant dix timbres du Troisième Millénaire auxquels sont accolées des vignette à votre effigie (exemple ci-dessus). Une opération qui sera renouvelée en 2001 au musée de La Poste et aux salons de Tours et de Nancy, puis généralisée en juillet 2002 par correspondance avec la possibilité, à partir de 2004, de passer commande en ligne sur le site Internet de La Poste. La procédure est simple et rapide. Elle est très clairement expliquée sur le site Internet <http://www.laposte.fr/TPP>. Il ne vous reste plus qu'à vous « timbrifier » !

Pour le 150ᵉ anniversaire du premier timbre-poste français, une première émission commémorative a eu lieu le 2 janvier 1999, avec deux timbres reproduisant les Cérès noir et rouge de Jacques-Jean Barre. Un troisième timbre (ci-dessus) a été ensuite émis le 5 juillet 1999, dans le cadre de l'exposition Philexfrance 99. C'est un hommage composite à la figurine de Barre, créé par Aurélie Baras, avec, en bas à droite, le visage de Cérès en hologramme. Sur la vignette verticale se trouve le logo de Philexfrance, créé par l'agence Stratéus. Ce timbre « Philexfrance 99 » est le tout dernier dont la valeur faciale est exprimée exclusivement en francs.

Et voici la monnaie unique

Europe, 1ᵉʳ janvier 2002

Le franc, le florin, le mark, la lire, la peseta, l'escudo ou la drachme, c'est fini. Exception faite pour le Danemark, le Royaume-Uni et la Suède, l'Union européenne est passée à la monnaie unique. En raison du décalage horaire, les premières transactions en euros ont été effectuées dans le département français de la Réunion. La Poste s'était évidemment préparée à cet événement historique. Aujourd'hui, elle a émis quinze timbres dont la valeur faciale est exprimée uniquement en euros et qui correspondent aux valeurs des huit pièces de la nouvelle monnaie et aux valeurs en usage pour l'affranchissement, à savoir des timbres du type Marianne du 14-Juillet, de 1 centime d'euro à 2 euros.

À Paris, le symbole de la nouvelle monnaie est projeté dans la nuit sur le Pont-Neuf.

Eugène Lacaque

On l'appelait l'« homme aux doigts d'or », ou encore le « graveur de l'impossible ». Son nom a même été inscrit le 23 décembre 1999 au prestigieux Guinness des Records pour la finesse de sa gravure : 78 coups de burin au millimètre carré ! Né le 11 février 1914, cet Alsacien est venu relativement tard au timbre. Alors qu'il s'était spécialisé dans la gravure sur rouleaux pour l'industrie textile, Eugène Lacaque ne verra son premier timbre émis qu'en 1968 (par le Laos). Son premier timbre français le sera en 1970 : l'extraordinaire « Triomphe de Flore » d'après la sculpture de Carpeaux. Lacaque gravera en taille-douce près de 600 timbres pour la France et l'étranger, dont beaucoup de portraits et des reproductions d'œuvres d'art. Lauréat de nombreux prix (dont deux fois le grand prix de l'art philatélique), meilleur ouvrier de France à deux reprises, commandeur des Arts et Lettres, il est décédé le 23 février 2005.

Ils ont ouvert leurs albums

France, 30 septembre 2002
Pour le 6e et dernier bloc-feuillet de la série « Le Siècle au fil du timbre », dédié à la vie quotidienne, La Poste avait lancé le concours « Ouvrez vos albums », en partenariat avec *Paris-Match* et Kodak. Il était demandé aux Français d'envoyer des clichés personnels ou familiaux de ce qu'avait pu être la vie quotidienne de 1900 à 1999. Plus de 26 000 ont été envoyés. Sélectionnés à l'échelon départemental, puis national, ils n'étaient plus que 94 en finale. C'est le public qui a choisi, notamment par Internet, les cinq « cartons » destinés à être immortalisés par le timbre. C'est le cas de celui de Michel Fresneau. En vacances à Saint-Brévin-les-

Pins, en 1955, il a été pris en photo par son père alors qu'il partait en promenade en scooter, avec sa femme et sa fille. Les autres clichés représentent un « pêcheur » de sable avec sa mule, un gamin de Paris buvant à la borne-fontaine de son quartier, une fillette dans sa classe, une vieille dame repassant son linge. Tous ces documents en noir et blanc ont été mis en page par Valérie Besser. Émis ce lundi, le feuillet est présenté dans un collector à griffe de Ben et dédicacé par Michel Drucker. Mais les autres clichés finalistes ne seront pas oubliés: le 3 octobre prochain paraîtra un livre où ils seront réunis (avec d'autres documents) sous le titre *Vous êtes formidables! L'album des Français*.

Le super postier américain

Paris, 27 juillet 2003
Les postiers américains sont fiers de leur champion. Lance Armstrong, le leader de l'équipe US Postal, a remporté le Tour de France pour la cinquième fois d'affilée. Et ce Tour de France avait quelque chose de particulièrement prestigieux: c'était celui du centenaire de l'épreuve. C'est en effet en 1903 que fut organisé le premier Tour

de France, qui sera remporté par le Français Maurice Garin. Pour cet anniversaire, deux timbres hexagonaux, dus à Frédéric Ruyant, ont été émis le 30 juin, l'un représentant Garin (ci-dessous), l'autre un coureur d'aujourd'hui anonyme. Le 28 juin a eu lieu une vente anticipée à Montgeron (Essonne), d'où est partie cette année la « grande boucle ». Comme en 1903...

Sur le podium final: Lance Armstrong, Jan Ullrich (2e) et Alexandre Vinokourov (3e).

Bloc 28 F (4,27 €) dont 10 F reversés à la Croix-Rouge Française

Plein feu sur six grands disparus de la chanson française, avec six timbres créés par Aurélie Baras: Barbara (1930-1997), Dalida (1933-1987), Léo Ferré (1916-1993), Serge Gainsbourg (1928-1991), Claude François (1939-1978) et Michel Berger (1947-1992). Tous étaient à des degrés divers des enfants du microsillon et surtout du 45 tours – que l'on retrouve sur le bloc-feuillet émis avec une surtaxe le 21 mai 2001, en même temps que les timbres vendus séparément.

Jacobs, Blake et Mortimer

France et Belgique, 17 mai 2004
Les postes belges et La Poste font cause commune, et la cause est belle: célébrer le centième anniversaire de la naissance, le 30 mars 1904 à Bruxelles, d'un maître de la « ligne claire », Edgar P. Jacobs. Le père du professeur Philip Mortimer et du capitaine Francis Blake a fait l'objet d'un hommage binational, avec deux timbres dont l'un reproduit la couverture de son album *La Marque jaune* (1956), véritable poème graphique et narratif à la gloire de la capitale de l'Empire britannique, et l'autre les portraits de ses deux héros (ci-dessous). Seuls changent la légende, la référence nationale et les sigles: sur les timbres français, ITVF pour Imprimerie des

timbres-poste et des valeurs fiduciaires; sur les timbres belges, MVTM pour Thierry Martin et Myriam Voz, deux graphistes que connaissent bien les philatélistes. Décédé le 20 février 1987 à Lasnes, en Belgique, Edgar P. Jacobs avait donné naissance à Blake et Mortimer dans l'hebdomadaire *Tintin* le 26 septembre 1946, avec la première planche du *Secret de l'Espadon*.

Jacobs: un maître de la bande dessinée.

Christian Broutin jardinier

Nîmes, 15 mai 2005

Peintre, illustrateur, affichiste (c'est à lui que l'on doit notamment la célèbre affiche de *Jules et Jim* de François Truffaut, en 1962), Christian Broutin dit volontiers qu'il aurait aimé vivre à la Renaissance, qui vit naître l'art des jardins en Europe. Entre les jardins et Broutin, c'est d'ailleurs un peu une histoire d'amour. N'a-t-il pas « timbrifié » ceux de Versailles en 2001, puis en 2003 le parc des Buttes-Chaumont et le jardin du Luxembourg (qui lui valurent le grand prix de l'art philatélique) ? Cette fois, il a exalté le jardin de la Fontaine de Nîmes, créé au XVIIIᵉ siècle par Jacques-Philippe Mareschal sur les ruines d'un sanctuaire romain dédié à Auguste. C'est Valérie Besser qui a mis en page ce bloc dépliant où les deux figurines de Broutin se découpent sur un fond évoquant un décor de théâtre de poche... La vente « Premier Jour » a eu lieu aujourd'hui, à Nîmes bien sûr. Le timbre à date, fort élégant, est aussi de Christian Broutin.

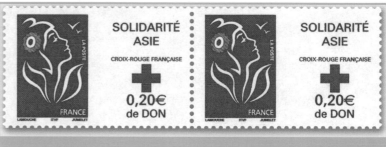

Le 14 janvier 2005, émission spéciale de la Marianne des Français (qui a été lancée le 8 janvier) pour venir en aide aux pays d'Asie du Sud et du Sud-Est ravagés par le tsunami du 26 décembre 2004. Le 17 juin 2005, la Croix-Rouge internationale établira le bilan de la catastrophe à près de 180 000 morts.

À Austerlitz, 200 ans après

Paris et Slavkov, 4 mai 2005

Le 2 décembre 1805, par une manœuvre d'une audace inouïe, Napoléon remportait une victoire éclatante sur les Autrichiens et les Russes, malgré son infériorité numérique. C'était à Austerlitz, en Moravie... Aujourd'hui, Austerlitz se trouve en République tchèque et s'appelle Slavkov. Un monument y commémore la bataille des Trois Empereurs, ainsi nommée car, face à l'empereur des Français, l'armée austro-russe était commandée par les empereurs Alexandre Iᵉʳ (Russie) et François TT (Autriche). Ce monument, on le retrouve avec l'effigie napoléonienne sur le timbre émis conjointement par la République tchèque et la France. Il a été dessiné par l'artiste tchèque Karel Zeman (à ne pas confondre avec le célèbre auteur de dessins animés) et gravé par Jaroslav Tvrdon (pour la République tchèque) et Claude Jumelet (pour la France). Vente anticipée aujourd'hui.

Moretti ne swinguera plus

Paris, 3 juin 2005

Un grand illustrateur, qui fut également un créateur de timbres important, est mort cette nuit : Raymond Moretti. Né à Nice le 25 juillet 1931, il était principalement connu pour les portraits d'écrivains qui, des décennies durant, ont fait la couverture du *Magazine littéraire*. Artiste imaginatif, il eut la chance de travailler avec Cocteau et Picasso qui, curieusement, ne l'influencèrent guère. Moretti est resté un artiste indépendant. Il conjuguait un sens aigu de la ressemblance physionomique avec une expression graphique proche de l'abstraction lyrique d'un Mathieu. Lui qui aimait tant les surfaces monumentales (sa fresque de 46 m sur l'évolution humaine, installée au Forum des Halles en 1979, en témoigne) ne fut nullement dérouté par cet art de la miniature qu'est le timbre-poste ! Parce qu'il aimait, comprenait et vivait intensément le jazz, il dessina pour La Poste un Django Reinhardt mémorable (1993), puis surtout, en 2002, une très « swinguante » série de six jazzmen.

Émis le 7 juin 2004 pour célébrer le soixantième anniversaire du débarquement allié en Normandie et la libération de la France, ce timbre aura été le dernier signé Moretti.

Napoléon donnant ses ordres avant la bataille (détail d'un tableau de Carle Vernet).

La Poste a émis la Marianne

Pour la première fois depuis l'avènement du timbre-poste, toutes les Françaises et tous les Français ont été invités à participer à un concours ouvert pour la création d'une nouvelle Marianne. Quelque 50 000 d'entre eux y ont participé. Le timbre du vainqueur, Thierry Lamouche, a été émis mis en vente générale le 10 janvier 2005. Une histoire pas vraiment ordinaire...

« Un jour, mon épouse est revenue de la poste avec une petite brochure sur le concours. Elle a ensuite insisté pour que j'y participe. Plus tard, quand j'ai envoyé mon dessin, je pensais que je n'aurais plus aucune nouvelle... »

« Elle a la tête penchée en arrière, les yeux entrouverts comme quelqu'un qui arrive en vacances et respire les embruns. » Ainsi Thierry Lamouche décrit-il sa Marianne. « Je voulais qu'elle inspire la quiétude, qu'elle soit rassurante et paisible. Je la voulais graphiquement "zen" et très épurée. » Après la « Sabine de David » choisie par Valéry Giscard d'Estaing en 1977, après la « Liberté de Delacroix » voulue par François Mitterrand en 1982 et, enfin, après la « Marianne du 14-Juillet » de Jacques Chirac en 1997, c'est une femme-fleur, à peine éclose, jeune, fraîche et un peu rêveuse qui figure depuis le début de l'année 2005 sur les timbres-poste français d'usage courant. L'illustrateur Thierry Lamouche, qui l'a imaginée et dessinée, est l'heureux gagnant du concours « Dessinez la nouvelle Marianne » lancé par La Poste le 8 décembre 2003 sur le thème de « l'engagement en faveur de l'environnement et des valeurs fondamentales de la République ». Un thème original pour un personnage symbolique comme Marianne qui, selon les résultats d'un sondage Sofres publié en février 2004, incarne les valeurs positives de la République : liberté, égalité et fraternité. Un message écologique et pacifique que « j'ai trouvé très intéressant pour un timbre qui, en un certain sens, représente le pays, poursuit Thierry Lamouche. Et puis, pour moi, c'était beaucoup plus sympathique que de dessiner une Marianne guerrière ». « Le thème m'a tout de suite inspiré », explique celui qui préfère se définir comme un créatif plutôt que comme un dessinateur. « J'ai immédiatement pensé que Marianne devait être une fleur, car c'est ce qu'il y a de plus beau pour représenter l'environnement. Pour fixer l'idée, j'ai fait de nombreux croquis qui, au début, ressemblaient plus à des cartoons ! » Les premières esquisses, en effet, contenaient des feuilles, des pétales, des arbres disposés autour d'une fleur au visage de femme, auxquels se sont ajoutées des silhouettes d'oiseaux. La vignette était amusante mais si détaillée que, « réduite à la dimension d'un timbre, elle était illisible. Petit à petit, j'ai donc enlevé tous les éléments qui alourdissaient l'ensemble. Ainsi, le dessin s'est peu à peu transformé en un simple profil ».
Thierry Lamouche est l'une des 50 000 personnes, dessinateurs professionnels ou non, âgées de 4 à 94 ans et provenant de toutes les régions, à avoir envoyé leur création à La Poste dans l'espoir de voir leur Marianne voyager à travers la France et le monde entier. Car en fait, pour la toute première fois, le concours était ouvert à tous.

Entre décembre 2003 et mars 2004, pas moins de 43 000 dessins sont arrivés par courrier et plus de 6 000 par le biais d'Internet. Entre mars et avril, des jurys régionaux ont sélectionné les 500 plus beaux dessins, parmi lesquels un jury national présidé par la comédienne Véronique Genest en a retenu 100. Ceux-ci, à partir du mois de juin, ont fait l'objet de publications et de plus de quatre-vingts expositions à travers toute la France, à l'occasion desquelles le public pouvait choisir son favori. À l'issue du vote, les dix dessins préférés des Français ont été affichés sur la colonnade de l'Assemblée nationale. Après avoir brillamment passé toutes ces sélections, la Marianne de Thierry Lamouche a été choisie par le président Jacques Chirac pour représenter la France et ses idéaux.
Une belle réussite dont l'heureux vainqueur n'est pas encore revenu. D'autant que tout a commencé par hasard, comme dans les plus beaux romans d'aventure. « Un jour, mon épouse est revenue de la poste avec une petite brochure sur le concours, raconte-t-il. Elle a ensuite insisté pour que j'y participe. Plus tard, quand j'ai envoyé mon dessin, je pensais que je n'aurais plus aucune nouvelle. Et puis, un jour, j'ai reçu un courrier dans lequel on m'informait que mon dessin figurait parmi les 100 retenus. J'ai appris par la même occasion le nombre impressionnant de participants ! Je n'y aurais peut-être jamais pris part si je l'avais su avant... Pour moi, c'était déjà un résultat formidable ! Ensuite, tout est allé très vite. Un jour, La Poste m'a appelé pour m'annoncer que je faisais partie des dix derniers. Savoir

Oblitération « Premier jour » pour la Marianne de Lamouche.

Thierry Lamouche : sa première expérience en matière de timbre.

que mon dessin allait être exposé à l'Assemblée nationale était très émouvant. J'ai senti alors que j'étais bien parti. »

Encouragé par ses amis et ses proches, Thierry Lamouche participe alors, en tant que finaliste, à la cérémonie de présentation du timbre vainqueur, qui se tient à l'Assemblée nationale le 12 juillet 2004 (par ailleurs le jour de son anniversaire !).

« J'étais déjà très heureux d'être arrivé jusque-là, se souvient-il. J'avais bon espoir, bien sûr, mais je ne pouvais pas dire que mon dessin était le meilleur. J'avais vu de très belles choses parmi mes "concurrents". Par exemple, j'aimais bien le projet d'Alexandra Stolz, une jeune femme de profil qui, soufflant dans sa main, faisait s'envoler des fleurs et des animaux. Selon moi, cette Marianne était dans le même esprit que la mienne. »

Puis est arrivé le moment tant attendu. « Le voile cachant le dessin retenu est enfin tombé, et c'est mon projet qui est apparu. Je n'en croyais pas mes yeux. Les micros, la télévision, un discours officiel... J'étais sur la plus haute marche, mais j'avais l'impression de rêver ! »

Gravé en taille-douce par Claude Jumelet et imprimé sur un fond rouge dans un format de 15 mm × 22 mm, le timbre – que « j'ai eu également l'honneur de mettre en page », confie Lamouche – est émis le 10 janvier 2005. Il sera tiré chaque année à 3 milliards d'exemplaires.

Thierry Lamouche, 50 ans, passionné de guitare, poète et écrivain à ses heures, travaille comme illustrateur indépendant depuis les années 1980 dans son atelier de Saint-Ange-le-Vieil (Seine-et-Marne), essentiellement pour les secteurs de l'édition, de la publicité et de la presse. Ce dernier lui plaît tout particulièrement pour son « petit côté culturel qui [lui] permet de lire de nombreux articles et d'aborder des thèmes qui normalement [lui] sont étrangers ». Survenu, selon son propre aveu, au cours d'une « période de creux », son succès s'est révélé très stimulant pour le père de la nouvelle Marianne. « Voir qu'on vous fait confiance donne une véritable satisfaction, explique-t-il. Lorsqu'on travaille pour son compte, on cherche en permanence de nouveaux contacts, pour progresser. Depuis cette Marianne, beaucoup de gens ont cherché à me rencontrer. Je suis souvent sollicité par des annonceurs et des agences de publicité. Je reçois aujourd'hui beaucoup de commandes très diverses, et il m'est beaucoup plus facile de décrocher des rendez-vous ; il suffit presque de dire : "J'ai fait le timbre !" Bien sûr, ça ne fonctionne pas toujours, mais ce concours m'a

sans doute aidé à faire ouvrir des portes jusque-là fermées. »

Après l'ouragan qui a suivi l'élection de sa Marianne, Thierry Lamouche, modeste et rêveur malgré son succès aussi soudain qu'inattendu, mais aussi déterminé et avec les pieds sur terre, ne craint pas de rentrer dans le rang. « D'autant moins, précise-t-il en riant, que j'en sortais ! » Le moment est donc venu de reprendre en main certains de ses projets personnels. « Après le livre *Autour de la guitare,* que j'ai créé en 2000 en collaboration avec plusieurs guitaristes célèbres, j'ai aujourd'hui envie de faire un second tome. » Y aura-t-il d'autres timbres ? « Cette Marianne était ma première expérience dans ce domaine, conclut-il. L'univers de ce très bel objet qu'est le timbre m'a beaucoup plu et j'aimerais bien avoir l'occasion d'y revenir. »

Ci-dessous et ci-contre : les neuf autres projets finalistes sélectionnés par les Français.

Marie-Pierre Martinez

Alexandra Stolz

Catherine Kunkel

Dorothée Zuliani

Régis Chemineau

Monique Arquizan

Ding-Lam Vu

Olivier Bocquet

Frédérique Bardoulat

Aérogramme ▮ Entier postal, pliable et collable, destiné à être envoyé par avion. Imprimé sur du papier fin et comportant un timbre préimprimé, il bénéficie, compte tenu de son faible poids, de tarifs préférentiels. Il est interdit d'y introduire des feuilles de correspondance supplémentaires.

Affranchissement ▮ Acquittement du port d'une lettre, d'une carte postale, d'un colis, matérialisé sur l'objet à envoyer par un timbre-poste, une marque spécifique ou une empreinte de machine à affranchir.

Ambulant ▮ Employé de la poste affecté au service des wagons ou des trains postaux. Désigne aussi le wagon postal et par extension, chez les philatélistes, les lettres revêtues d'un timbre à date de ligne d'ambulants.

Aminci ▮ Se dit du papier d'un timbre dont l'épaisseur a été réduite. La perte de valeur d'un timbre est proportionnelle à son degré d'amincissement.

Ballon monté ▮ Courrier expédié par ballon vers la province pendant le siège de Paris, en 1870-1871.

Bande ▮ Groupe horizontal ou vertical de trois timbres ou plus attachés.

Bienfaisance (timbre de) ▮ Timbre mis en vente à un prix supérieur à sa valeur d'affranchissement. Le plus souvent, la différence est versée à des œuvres charitables. Depuis 1952, en France, la surtaxe est attribuée à la Croix-Rouge française.

Bloc ▮ Groupe de quatre timbres ou plus, non séparés, se présentant sur deux rangées ou plus.

Bloc-feuillet ▮ Mini-feuille composée de un ou plusieurs timbres, émise à l'occasion de la célébration d'un événement, philatélique ou autre.

Bord de feuille ▮ Se dit d'un timbre situé en bordure d'une feuille et auquel la marge est encore attachée.

BPM ▮ Trigramme signifiant « Bureau postal militaire ».

Brucelles ▮ Ancien terme désignant la pince de forme variable permettant de manipuler les timbres sans les abîmer.

Burelage ▮ Fond de sûreté imprimé, constitué d'un réseau de lignes parallèles ou croisées. Ces lignes sont destinées à empêcher la contrefaçon.

Cachet ▮ 1) Tampon en relief permettant d'apposer une empreinte sur le courrier. 2) Empreinte laissée par ce tampon.

Cachet à date ▮ Appellation philatélique du timbre à date. Le terme est improprement employé par de nombreux philatélistes pour désigner les empreintes des timbres à date.

Cachet muet ▮ Cachet sur lequel ne figure pas de nom de bureau de poste.

Carnet ▮ Feuillet ou ensemble de feuillets de timbres protégés par une couverture, parfois illustrée de publicités. Généralement, les carnets sont vendus au montant de la totalité de la valeur des timbres qu'ils comportent.

Carte de visite ▮ Bristol sous enveloppe non close qui bénéficiait d'un tarif réduit à condition de ne comporter, outre le nom et l'adresse de l'expéditeur, que cinq mots au maximum.

Carte-lettre ▮ Carte mince, vendue au prix du timbre préimprimé, figurant sur son recto, conçue pour être pliée en deux et fermée au moyen de bords gommés et dentelés.

Carte maximum ▮ Carte postale dont l'illustration, le timbre et l'oblitération se rapportent au même sujet, avec un maximum de concordances de temps et de lieu. Les collectionneurs de ces documents sont des « maximaphiles ».

Cécogramme ▮ Pli ou paquet envoyé par un non-voyant et contenant des textes en braille ou des enregistrements destinés à des non-voyants. Les cécogrammes bénéficiaient autrefois de tarifs très avantageux et aujourd'hui de la dispense d'affranchissement.

Charnière ▮ Rectangle de papier gommé utilisé pour fixer les timbres dans les albums. Admise pour les timbres oblitérés, la charnière est de nos jours proscrite pour les timbres neufs, dont elle altère la gomme.

Chopin ▮ Pièce rare dont le vendeur méconnaît la valeur. On dit de l'heureux acquéreur qu'il a « fait un chopin ».

Code postal ▮ Numéro permettant le tri du courrier par département et par commune.

Coin daté ▮ Angle de la feuille où, dans la marge, se trouve indiquée la date d'impression. Généralement, les coins datés se collectionnent en blocs de quatre timbres.

Commémoratif (timbre) ▮ Timbre émis en quantité réduite à l'occasion d'un événement particulier, d'un anniversaire, etc. Les premiers timbres commémoratifs français ont été émis en 1924 à l'occasion des Jeux olympiques de Paris.

Démonétisé ▮ Se dit d'un timbre qui, suite à un décret le retirant de la circulation, n'a plus valeur d'affranchissement. Cette mesure, rare en France, a surtout concerné des timbres émis entre 1941 et 1944.

Dentelé ▮ Se dit d'un timbre-poste pourvu d'une dentelure, par opposition à non dentelé. Les premiers timbres-poste n'étaient pas dentelés et devaient être découpés avec une paire de ciseaux.

Dentelure ▮ Ensemble de petites dents situées sur la bordure des timbres afin d'en faciliter la séparation. Ce système de perforation a été créé en 1854, en Grande-Bretagne, par Henry Archer.

Entier postal ▮ Objet de correspondance destiné à l'envoi, sur lequel le timbre est préimprimé. Il se collectionne dans son intégrité. L'expression « entier postal » est purement philatélique.

Épreuve ▮ Document imprimé à partir du poinçon en cours de réalisation pour vérifier la qualité de l'œuvre.

Épreuve d'artiste ▮ Tirage réalisé en monochromie et en petit nombre à partir du poinçon définitif, et signé par le graveur.

Étoile ▮ Oblitération en forme d'étoile constituée de points, utilisée à Paris entre 1852 et 1876. D'abord muette, elle comporte ensuite un numéro en son centre.

Feuille ▮ Format de papier sur lequel est imprimé un nombre déterminé de timbres.

Figurine ▮ Autre mot employé par les offices postaux pour désigner le timbre-poste.

Filigrane ▮ Moyen de lutter contre les contrefaçons, le filigrane est une marque se trouvant dans le corps du papier et pouvant généralement se voir par transparence. Utilisé très souvent dans les pays anglo-saxons.

Fiscaux-postaux ▮ Contrairement aux timbres fiscaux, dotés d'une valeur fiduciaire non postale, les timbres dits fiscaux-postaux ont un usage à la fois fiscal et postal.

Flamme d'oblitération ▮ Marque postale apposée à côté du timbre dateur lors d'une oblitération mécanique et pouvant comporter des inscriptions, une illustration ou des lignes parallèles, droites ou ondulées ; dans ce troisième cas, on parlera de « flamme muette ».

Fluorescence ▮ Bande imprimée appliquée sur le timbre, ou parfois substance ajoutée au papier lors de la production, réagissant aux ultraviolets et servant au tri automatique du courrier.

Fond de sûreté ▮ Trame constituée d'un réseau de lignes, préalablement imprimée sur le papier des timbres afin d'en empêcher la contrefaçon.

Gomme ▮ Matière collante appliquée au dos des timbres et permettant, une fois humidifiée, de les coller.

Grand chiffre ▮ Terme philatélique désignant le cachet losange constitué de points portant en son centre le numéro, établi par la nomenclature de 1862, du bureau de poste qui a oblitéré le timbre. Afin d'en accroître la lisibilité, les chiffres du numéro ont été agrandis par rapport à ceux de la précédente nomenclature. Abréviation : GC. (Voir Petit Chiffre.)

Guillochis ▌ Décor formant des entrelacs, souvent gravé mécaniquement dans les marges des feuilles de timbres afin d'empêcher leur utilisation par des faussaires.

Mancoliste ▌ Liste de timbres manquant à un collectionneur.

Marge ▌ Partie non imprimée du timbre, située entre le dessin et le bord du papier.

Millésime ▌ 1) Chiffre imprimé sur l'interpanneau des feuilles typographiques et indiquant l'année d'impression. En France, le millésime était surtout utilisé avant l'apparition des coins datés, à la fin du XIXe siècle et au début du XXe siècle. 2) Indication de l'année d'émission sur un timbre-poste.

Non émis ▌ Timbres qui ont été imprimés mais jamais mis en circulation.

Oblitération ▌ Marque d'annulation appliquée sur un timbre-poste pour en interdire la réutilisation.

Oblitération mécanique ▌ Oblitération réalisée par une machine.

Oblitération temporaire ▌ Oblitération apposée à l'occasion d'un événement particulier ou d'une commémoration.

Paire ▌ Ensemble vertical ou horizontal de deux timbres non séparés.

Perforation ▌ Petits trous percés dans un timbre et représentant des lettres, des chiffres ou des dessins. De nombreuses firmes ont utilisé ce procédé pour éviter que leurs timbres ne soient détournés par des employés indélicats. Les perforations ont été interdites fin 1954.

Petit chiffre ▌ Terme philatélique désignant le cachet losange constitué de points portant en son centre le numéro, établi par la nomenclature de 1852, du bureau de poste qui a oblitéré le timbre. Abréviation : PC.

Pigeongramme ▌ Message porté à Paris par des pigeons envoyés de Tours, puis de Bordeaux, pendant l'encerclement de la capitale par les Prussiens, en 1870-1871.

Planche ▌ Désigne chez les philatélistes une feuille entière.

Pneumatique ▌ Correspondance autrefois envoyée de bureau à bureau, grâce à un système à air comprimé, par des tubes souterrains. Ce système fut utilisé par la poste jusqu'au 30 mars 1984. Il demeure toutefois employé dans certaines entreprises privées.

Poinçon ▌ Pièce métallique, ou plus rarement en bois, sur laquelle le graveur réalise le timbre dans ses dimensions réelles et à partir de laquelle seront préparées les matrices qui permettront l'impression.

Premier jour ▌ Oblitération datée du premier jour de l'émission d'un timbre ou de sa vente anticipée dans un bureau spécial à l'occasion d'un événement ou d'une commémoration.

Préoblitéré ▌ Timbre oblitéré à l'avance et vendu pour les envois en nombre.

Recette principale ▌ Bureau central situé dans le chef-lieu d'un département et exécutant toutes les opérations postales. Abréviation : RP.

Régime ▌ Ensemble des règles régissant les envois postaux. On parle de régime intérieur pour les envois au sein d'un même pays, et de régime international pour les acheminements à l'étranger.

Retrait (date de) ▌ Date à laquelle les timbres sont retirés de la vente dans les bureaux de poste, ce qui ne les empêche toutefois pas de conserver leur pouvoir d'affranchissement s'ils n'ont pas été démonétisés.

Roulette ▌ 1) Bobine de timbres-poste destinée aux machines distributrices et aux commerçants habilités à la vente de timbres. 2) Chez les philatélistes, désigne généralement une bande verticale de onze timbres issue d'une bobine.

Série ▌ Ensemble de tous les timbres émis conjointement et se rapportant à un même thème, généralement iconographique.

Surcharge ▌ Inscription imprimée sur un timbre pour en modifier la valeur ou le nom du pays émetteur, ou encore pour commémorer un événement.

Surtaxe ▌ Valeur supplémentaire s'ajoutant à celle de l'affranchissement et attribuée en France, depuis 1952, à la Croix-Rouge française.

Tête-bêche ▌ Se dit de timbres attachés dont l'un est renversé, le plus souvent à la suite d'une erreur d'impression.

Timbre ▌ 1) Cachet gravé ou fondu en relief qui, encré, est apposé sur un objet de correspondance pour y laisser une empreinte. 2) Empreinte laissée par ce cachet.

Timbre à date ▌ 1) Cachet laissant une marque postale indiquant la date et le lieu d'expédition, de transit ou de distribution. 2) Empreinte laissée par ce cachet. Abréviation : TAD. «Timbre à date» est l'appellation officielle de La Poste, mais les philatélistes disent souvent « cachet à date ».

Timbre à validité permanente ▌ Timbre d'usage courant sans valeur faciale permettant d'affranchir une lettre simple et présentant l'avantage de rester valable en cas de changement de tarif. La France en émet depuis 1993. Abréviation : TVP.

Timbre de service ▌ Timbre-poste utilisé par des administrations internationales et émis par les pays où ceux-ci ont leur siège (en France, l'Unesco et le Conseil de l'Europe) ; cette utilisation n'est effective que dans leurs locaux.

Tirage ▌ Terme désignant à la fois l'action d'imprimer, le résultat de cette impression et le nombre total de timbres imprimés.

Type ▌ Figurine d'usage courant faisant l'objet d'émissions diversifiées (type Cérès, type Marianne de Gandon, type Sabine, type Marianne des Français, etc.). L'impression de timbres en grand nombre entraînant parfois une détérioration de l'outil de fabrication, les timbres imprimés après correction peuvent présenter de légères différences avec le modèle d'origine. Ceux-ci constituent des types particuliers, référencés I, II, etc.

Usage courant (d') ▌ Timbres-poste émis en grande quantité et en permanence (par opposition aux timbres commémoratifs) ; ils servent à affranchir la plus grande partie du courrier.

Valeur faciale ▌ Exprimée par le chiffre inscrit sur le timbre et correspondant à la taxe d'affranchissement acquittée.

Validité ▌ Période durant laquelle le timbre-poste a pouvoir d'affranchissement.

Validité permanente (timbre à) ▌ Voir timbre à validité permanente.

Variété ▌ Timbre présentant des particularités le distinguant du timbre-type au niveau du dessin, de la couleur ou de la dentelure, suite à des erreurs ou des incidents survenus lors de la fabrication. Certaines variétés sont constantes, d'autres ponctuelles.

Vignette ▌ 1) Figurine décorative, informative ou publicitaire sans valeur faciale, attachée ou non à un timbre-poste, et qui n'a aucune valeur fiduciaire. 2) Ce mot a été aussi employé comme synonyme de timbre-poste.

Bibliographie

Sources principales

▌ Arthur Maury, *Histoire du timbre-poste français,* Arthur Maury, Paris, 1907.

▌ Michel Coste, *Panorama des timbres-poste de France. 1849-2001,* La Poste-SNTP, Fontenay-aux-Roses, 2002.

▌ Jean-François Brun, Annette Apaire, Michèle Chauvet, Pascal Rabier, Bertrand Sinais, *Le Patrimoine du timbre-poste français,* Flohic Éditions, Charenton-le-Pont, 1998.

▌ Paul Charbon, Patrick Marchand, Pascal Rabier, Benoît Oger, *Le Patrimoine de La Poste,* Flohic Éditions, Charenton-le-Pont, 1996.

▌ Documentation, archives et bases de données Micromusée du Musée de La Poste, Paris.

▌ Site Internet de l'Académie de philatélie : <http://mapage.noos.fr/academiephilatelie>.

▌ Catalogues Yvert & Tellier, tomes 1 à 7.

Index timbres-poste

Index timbres-poste

Index personnages

Index personnages

Index personnages

Index lieux et événements

Index lieux et événements

Crédits photographiques

Malgré toute l'attention qui a été apportée à cet index, des erreurs ont pu se glisser. Dans ce cas, nous demandons aux agences de bien vouloir nous en excuser et de nous notifier la correction aux fins de rectifications. La position des images est indiquée par des lettres : h = haut, b = bas, g = gauche, d = droite, m = milieu, pp = pleine page. Des = dessin ; Gr = gravure.

Pour tous les timbres-poste français représentés dans cet ouvrage : © La Poste/DR.

Pour tous les timbres-poste étrangers représentés dans cet ouvrage : © Poste étrangère/DR.

Pour tous les timbres-poste de la frise (haut de page), l'Adagp représente les artistes suivants : Pierre Alechinsky, Jean-Charles Blais, Henry Cheffer, Albert Decaris, Pierre Gandon, Gérard Garouste, Eve Luquet, Louis Muller, Martial Raysse.

Couverture – hg : Le Segretain/Sipa – hd et bg : Roger-Viollet – mg : Coll. Musée de La Poste, Paris/Des Thierry Lamouche – md : Agence T.C.D. – bd : Coll. Musée de La Poste, Paris

2-3 – pp : Roger-Viollet

6 – pp : DR/SNTP

8 – hg et bd : Coll. Musée de La Poste, Paris

9 – hd : Coll. Société d'histoire de La Poste et de France Telecom en Alsace – bg : Coll. Musée de La Poste, Paris

10 – b : Coll. Musée de La Poste, Paris

11 – hg et bd : Coll. Musée de La Poste, Paris

12 – hd, bg et bm : Coll. Musée de La Poste, Paris

13 – hg, hd et bd : Coll. Musée de La Poste, Paris

14 – hg et bg : Coll. Musée de La Poste, Paris – bm : Coll. Musée de La Poste/François Doury

15 – hg : Coll. Musée de La Poste, Paris – bd : DR/T.C.D.

16 – h : Roger-Viollet

17 – hm, hd, bg, mm et bm : Coll. Musée de La Poste, Paris

18 – hg, bg et bd : Coll. Musée de La Poste, Paris – hd : DR

19 – hg et hd : Coll. Musée de La Poste, Paris

20 – hd, bm et bd : Coll. Musée de La Poste, Paris

21 – pp : Coll. Musée de La Poste, Paris

22 – hg, hm et bd : Coll. Musée de La Poste, Paris – bg : DR

23 – hg et hd : Coll. Musée de La Poste, Paris – bg et bm : Roger-Viollet

24 – hg : Ville d'Amboise, Dépôt Musée de La Poste, Paris – mg et mgg : Coll. Musée de La Poste, Paris – mm : Roger-Viollet

25 – hg : Coll. Musée de La Poste, Paris – mg : Coll. Musée de La Poste et des Techniques de communication de Basse-Normandie, Caen – bd : Roger-Viollet

26 – pp : Coll. Musée de La Poste, Paris

27 – pp : Coll. Musée de La Poste, Paris **sauf** – hg : © Société canadienne des Postes

28 – hm : Roger-Viollet – hhm : Coll. Behr – mm et bd : Coll. Musée de La Poste, Paris

29 – hg et mg : Coll. Musée de La Poste, Paris – bd : Roger-Viollet

30 – hd et mg : Coll. Musée de La Poste, Paris – bd : Roger-Viollet

31 – hd, hm et mg : Coll. Musée de La Poste, Paris – bg et bm : Roger-Viollet

32 – hg : Coll. Guy Prugnon – hm et bd : Coll. Musée de La Poste, Paris

33 – hg, hd et bm : Coll. Musée de La Poste, Paris

34 – h : Roger-Viollet

35 – hm et hd : Coll. Musée de La Poste, Paris – hd : Ville d'Amboise, Dépôt Musée de La Poste, Paris

36 – hg et md : Coll. Musée de La Poste, Paris – b : Roger-Viollet

37 – hg : Roger-Viollet – hhg et bg : Coll. Musée de La Poste, Paris – hd : Coll. Musée de La Poste, Paris/Des et Gr Raoul Serre – md : Coll. Musée de La Poste, Paris/Des et Gr S. Carpenter

38 – mg : DR

39 – hd : Coll. Bertrand Sinais – md : Coll. Roumet – bd : Coll. Musée de La Poste, Paris

40 – hg, hm, mm et bd : Coll. Musée de La Poste, Paris

41 – hg, hd et bm : Coll. Musée de La Poste, Paris

42 – hm et bd : Coll. Musée de La Poste, Paris

43 – hg et hm : Coll. Musée de La Poste, Paris – mg : AKG – bg et bm : Roger-Viollet

44 – hg et hm : Coll. Musée de La Poste, Paris – bg : Roger-Viollet

45 – hm, hd, mg et md : Coll. Musée de La Poste, Paris – bm : DR

46 – hg : DR – md : L'Illustration/Sygma

47 – hg, hm et hd : Coll. Musée de La Poste, Paris – mg, bg et bd : Roger-Viollet

48 – hg, hd, mg, md et bd : Coll. Musée de La Poste, Paris – hm : Roger-Viollet

49 – hm : AKG – bm : Coll. Musée de La Poste, Paris

50 – mg, mmg, mmd, md, bg et bm : Coll. Musée de La Poste, Paris

51 – hd : Roger-Viollet – md (T) et bm : Coll. Musée de La Poste, Paris

52 – mg : L'Illustration/Sygma – hd, mhd, mbd, bg et bd : Coll. Musée de La Poste, Paris

53 – hg, hd et md : Coll. Musée de La Poste, Paris – bg : L'Illustration/Sygma

54 – hg : Roger-Viollet – hm, md, bg et bd : Coll. Musée de La Poste, Paris

55 – hd : Coll. Musée de La Poste, Paris – bm : Roger-Viollet

56 – hg et hd : Coll. Musée de La Poste, Paris – md : Coll. Fondation des postes et télécommunications, archives de la philatélie, Bonn – bd : Coll. Musée Central des Communications A.S. Popov, Département des Recherches des Collections Philatéliques, St Pétersbourg

57 – hd, hg, mm et mg : Coll. Musée de La Poste, Paris – bg : Kharbine-Tapabor – bm : Roger-Viollet

58 – mg et md : Roger-Viollet

59 – hg et bg : Roger-Viollet – md : François Doury/Editions Chronique

60 – hg et hd : Coll. Musée de La Poste, Paris – bg et bm : DR

61 – h : Coll. Musée de La Poste, Paris – bg et bm : Kharbine-Tapabor

62 – hd, bg et bm : Coll. Musée de La Poste, Paris

63 – hm et md : Coll. Musée de La Poste, Paris – bg : Roger-Viollet – bm : Kharbine-Tapabor

64 – hm : Tufan/Sipa (T) – hd : Editions Larousse (T) – bg et bd : Coll. Musée de La Poste, Paris

65 – hd, mg et md : Coll. Musée de La Poste, Paris – bg : Roger-Viollet – bm : Kharbine-Tapabor

66 – hg, mm et bg : Coll. Musée de La Poste, Paris – hd : Coll. Musée de La Poste, Paris/Des J.C. Chapelain

67 – hd, mg et md : Coll. Musée de La Poste, Paris – b : Coll. Mx/Kharbine-Tapabor

68 – hg et hd : Coll. Serge Zeyons – bg : Coll. Musée de La Poste, Paris

69 – hg : Coll. Musée de La Poste, Paris – mhg, mhmd, mhd, mbg, mbmg, mbmd et mbd : Coll. Musée de La Poste, Paris/Des Jules Auguste Sage - Gr Louis Eugène Mouchon – b : Kharbine-Tapabor

70 – hg et bg : Coll. Musée de La Poste, Paris – hd : DR – md : Roger-Viollet

71 – hg et hd : Coll. Musée de La Poste, Paris – mm : Archives Yvert et Tellier – bg et bm : Roger-Viollet

72 – hd : Roger-Viollet – hm : Coll. Musée de La Poste, Paris/Des Jules Auguste Sage - Gr Louis Eugène Mouchon – mg : Coll. Musée de La Poste, Paris – bm : Coll. Société d'histoire de la Poste et de France Telecom en Alsace

73 – hg : Coll. Société d'histoire de la Poste et de France Telecom en Alsace – hm, hd et mm : Coll. Musée de La Poste, Paris – b : Roger-Viollet

74 – hg, hd, mg, bg et bd : © La Poste/DR

75 – hg, hm, mm, mgb et bd : © La Poste/DR – bg : François Doury/Editions Chronique

76 – hd : Roger-Viollet – bm, mhd et mbd : Coll. Musée de La Poste, Paris

77 – hg (T) et hd : Roger-Viollet – hm, mg et mm : Coll. Musée de La Poste, Paris – b : Roger-Viollet

78 – hg, hd et mg : Coll. Musée de La Poste, Paris – bd : Coll. Société d'histoire de la Poste et de France Telecom en Alsace

79 – hg, hd, bg et bd : Coll. Musée de La Poste, Paris – hm : DR

80 – hg : Coll. Musée de La Poste et des Techniques de communication de Basse-Normandie, Caen – hd : Coll. Musée de La Poste, Paris – md : Coll. Société d'histoire de la Poste et de France Telecom en Alsace – bm : Coll. Serge Zeyons

81 – hg, hd, md, bdm et bd : Coll. Musée de La Poste, Paris – bm : Kharbine-Tapabor

82 – hg : Roger-Viollet – hm, md, bg et bm : Coll. Musée de La Poste, Paris

83 – hg, hm, mm et md : Coll. Musée de La Poste, Paris – bg : Roger-Viollet – bm : RAS (T)

84 – hg, hd et bm : Coll. Musée de La Poste, Paris

85 – hg, hd, bd et bm : Coll. Musée de La Poste, Paris – bg : Bibliothèque nationale et universitaire, Strasbourg

86 – hd et bg : Coll. Musée de La Poste, Paris – bd : Coll. Musée postal d'Auvergne, Saint-Flour

87 – hg, mg et md : Coll. Musée de La Poste, Paris – bm : Coll. Jean-François Brun

88 – hm, bg et bm : Coll. Musée de La Poste, Paris

89 – md (T) et hg : Coll. Musée de La Poste, Paris – bg et bm : Rue des Archives

90 – hd : Roger-Viollet – md : Coll. Musée de La Poste, Paris

91 – pp : Coll. Musée de La Poste, Paris

92 – bg et bd : Roger-Viollet

93 – hg, bd et bm : Coll. Musée de La Poste, Paris

94 – hg : Coll. Société d'histoire de la Poste et de France Telecom en Alsace – b : Coll. Musée de La Poste, Paris/Croix-Rouge

95 – hg et bd : Coll. Musée de La Poste, Paris

96 – hg, hd, bg et bm : Coll. Musée de La Poste, Paris – bd : Coll. Musée de La Poste, Paris/Des Louis Dumoulin - Gr Léon Ruffé

97 – hg : Coll. Musée de La Poste, Paris/Gr Léon Ruffé – hd : Coll. Musée de La Poste, Paris – b : Roger-Viollet (T)

98 – pp : Coll. Musée de La Poste, Paris **sauf** – mhd et mbd : Coll. Musée de La Poste, Paris/© Adagp, Paris 2005

9 – pp : Coll. Musée de La Poste, Paris **sauf** – hg et hd : Coll. Musée de La Poste, Paris/© Adagp, Paris 2005
00 – hg, bm et bd : Coll. Musée de La Poste, Paris – mm : Coll. Gérard Collot
01 – hg : L'Illustration/Sygma (T) – hd et m : Coll. Gérard Collot
02 – hg (T) et bd : Coll. Musée de La Poste, Paris – hd : Coll. Gérard Collot
03 – mg, mm et hd : Coll. Musée de La Poste, Paris – b : Keystone
04 – DR – hd : Coll. Musée de La Poste, Paris
05 – hd, mg, mmg, mmd et md : Coll. Musée de La Poste, Paris – bg : DR
06 – hg : Coll. Musée de La Poste, Paris – bd : Roger-Viollet
07 – hgh et hgm : Coll. Lucien Coutan – hd et mg : Coll. Musée de La Poste, Paris – bd : L'Illustration/Sygma (T)
08 – hg et mg : Coll. Laurent Bonnefoy – bg : Coll. Musée de La Poste, Paris – bd : Setboun Michel/Sipa
09 – hg et hd : Coll. Musée de La Poste, Paris – bd : AKG – bm : Roger-Viollet
10 – hm, hd, bg et mm : Coll. Musée de La Poste, Paris
11 – hm : ADAGP – hg, bg et bd : Coll. Musée de La Poste, Paris
12 – hg : Coll. Lucien Coutan – mm : Coll. Gérard Collot – md et bg : Coll. Musée de La Poste, Paris – bd : Coll. Luc Guillard
13 – hg, mg et hd : Coll. Musée de La Poste, Paris – bg et bm : Rue des Archives
14 – mg : Coll. Pierre Albuisson
15 – hg : Coll. Pierre Albuisson – md et b : Coll. Musée de La Poste, Paris
16 – hm : Coll. Gérard Collot – md et b : Coll. Musée de La Poste, Paris
17 – hg, bg et bd : Coll. Musée de La Poste, Paris
18 – hg : Coll. Société d'histoire de la Poste et de France Telecom en Alsace – hd, bm et bd : Coll. Musée de La Poste, Paris – mg : Coll. Michel Couvé – bg : Roger-Viollet
19 – hg et hd : Coll. Musée de La Poste, Paris – mm : Coll. Roumet – bg : Kharbine-Tabador (T) – bm : Rue des Archives
20 – hg : Coll. Gérard Collot – mg, bg et bd : Coll. Musée de La Poste, Paris
21 – hm et mm : Coll. Musée de La Poste, Paris – bm : Coll. Musée de La Poste, Paris/© Adagp, Paris 2005 – md : DR
22 – hg (T), hm et bg : Coll. Musée de La Poste, Paris – mm : L'Illustration/Sygma (T) – md : Keystone (T)
23 – hg, mm, mg et md : Coll. Musée de La Poste, Paris – hm et hd : Roger-Viollet – bg : Rue des Archives – bm : DR
24 – hg : Keystone – hd et bd : Coll. Musée de La Poste, Paris
25 – hg, hd et md : Coll. Musée de La Poste, Paris – bd : Roger-Viollet
26 – hg, m et md : Coll. Musée de La Poste, Paris – hd : Coll. Musée de La Poste, Paris/Gr Antonin Delzers – mg et bg : Coll. Yvon Nouazé
27 – hg : Keystone (T) – mm : Roger-Viollet – md : Coll. Musée de La Poste, Paris – bg : Rue des Archives
28 – hm : Coll. Musée de La Poste, Paris/© Adagp, Paris 2005 – hd, bm et md : Coll. Musée de La Poste, Paris – bg : Coll. Musée de La Poste, Paris/© Société canadienne des postes
29 – hm et mg : Coll. Musée de La Poste, Paris – bd : Roger-Viollet
30 – hg, bm, md et hmd : Coll. Musée de La Poste, Paris – hd : Roger-Viollet – bg : Spadem/Sipa
31 – hd : Roger-Viollet – hdh : Coll. Musée de La Poste, Paris/© Adagp, Paris 2005 – bg et bm : Rue des Archives
32 – hm : Roger-Viollet – hd, m et bm : Coll. Musée de La Poste, Paris

133 – hm : E.R.L./Sipa – hd et bm : Coll. Musée de La Poste, Paris – bg : Agence T.C.D. – bd : Coll. Musée de La Poste, Paris/© Adagp, Paris 2005
134 – hm et bm : Roger-Viollet – hg, md et mg : Coll. Musée de La Poste, Paris – hmg : Coll. Musée de La Poste, Paris/© Adagp, Paris 2005
135 – hg : Coll. Musée de La Poste, Paris/© Adagp, Paris 2005 – mm : Coll. Musée de La Poste, Paris/Des et Gr Antonin Delzers – hd : Coll. Musée de La Poste, Paris – bg : DR/Coll. Musée de l'Air et de l'Espace (T)
136 – pp : Harlingue/Roger-Viollet – hd : Coll. Musée de La Poste, Paris
137 – pp : Roger-Viollet – hd : Coll. Musée de La Poste, Paris
138 – hg et mm : Roger-Viollet – hd, bm et md : Coll. Musée de La Poste, Paris/© Adagp, Paris 2005 – bd : Coll. Musée de La Poste, Paris
139 – hg et bd : Roger-Viollet – mg, hd, bg et bm : Coll. Musée de La Poste, Paris
140 – hg et hm : Roger-Viollet – hd, bm et bd : Coll. Musée de La Poste, Paris – mg : Keystone
141 – hg : Coll. Musée de La Poste, Paris/© Adagp, Paris 2005 – hm : Roger-Viollet – md, mg, mm, bm et bd : Coll. Musée de La Poste, Paris
142 – hg : Roger-Viollet – hd : Coll. Musée de La Poste, Paris – bg : Rue des Archives
143 – hmh et hmm : Coll. Bertrand Sinais – mm : Coll. Musée de La Poste, Paris/Des Achille Ouvré – md : Coll. Musée de La Poste, Paris/Des et Gr Achille Ouvré – bm : Coll. Musée de La Poste, Paris/© Adagp, Paris 2005
144 – hg : L'Illustration/Sygma (T) – hd : Coll. Thierry Wirth – bg et bd : Coll. Musée de La Poste, Paris
145 – mg, hd et md : Coll. Musée de La Poste, Paris – bd : Archives de Gaulle/Giraudon (T)
146 – hg : Roger-Viollet (T) – hm, hd, bg, bm et bd : Coll. Musée de La Poste, Paris
147 – pp : Coll. Musée de La Poste, Paris
148 – mg et hd : Coll. Musée de La Poste, Paris – hg : Coll. Musée de La Poste, Paris/© Adagp, Paris 2005/Henry Cheffer – hmg : Coll. Musée de La Poste, Paris/René Cottet – bg : DR/Coll. Musée de l'Air et de l'Espace (T) – bm : Rue des Archives
149 – hg : Coll. Musée de La Poste, Paris/Des Charles Mazelin – Gr Jules Piel – hhd et hd : Coll. Musée de La Poste, Paris – md : Roger-Viollet – bd : Coll. Musée de La Poste, Paris/© Adagp, Paris 2005
150 – hg : Roger-Viollet – hd : Coll. Musée de La Poste, Paris/Des E. Faure – bg : Coll. Musée de La Poste, Paris – bmg : Coll. Musée de La Poste, Paris/Des Paul Dufresne - Gr Achille Ouvré – bm : Coll. Musée de La Poste, Paris/Des et Gr Jules Piel – bmd : Coll. Musée de La Poste, Paris/Des Robert Louis - Gr Henri Cortot – bd : DR/Cinémagence (T)
151 – hg et hd : Keystone – hm : Coll. Musée de La Poste, Paris/© Adagp, Paris 2005 – md et bd : Coll. Musée de La Poste, Paris – bg : Ginies/Sipa
152 – hg, hm, bg et bd : Coll. Musée de La Poste, Paris – hd : Coll. National Postal Museum de Londres
153 – hg : L'Illustration/Sygma (T) – hd et bd : Coll. Musée de La Poste, Paris – mg : Coll. Musée de La Poste, Paris/© Adagp, Paris 2005
154 – hg, hm, hd, bg et bd : Coll. Musée de La Poste, Paris
155 – hg : Coll. Jean-François Brun – hgh et md : Coll. Musée de La Poste, Paris/© Adagp, Paris 2005 – mg : Coll. Musée de La Poste, Paris – bg : Kharbine-Tabador – bm : Rue des Archives
156 – pp : Boyer/Roger-Viollet – bd : Coll. Musée de La Poste, Paris
157 – pp : Roger-Viollet – hd : Coll. Musée de La Poste, Paris/© Adagp, Paris 2005
158 – hg : Coll. Musée de La Poste, Paris – hm et bd : Coll. Musée de La Poste, Paris/© Adagp, Paris 2005 – bm : Coll. Jean Goanvic
159 – hm, mm, mmd et md : Coll. Musée de La Poste, Paris – bg : Coll. Musée de La Poste, Paris/© Adagp, Paris 2005 – bd : Keystone

160 – hg et hm : Coll. Musée de La Poste, Paris – hd : Roger-Viollet – bg : Dalmas/Sipa – bm et bd: Coll. Musée de La Poste, Paris/© Adagp, Paris 2005
161 – hg : Coll. Musée de La Poste, Paris/© Adagp, Paris 2005 – hd : Coll. Musée de La Poste, Paris – bg et bm : Rue des Archives
162 – hd : Coll. Société d'histoire de la Poste et de France Telecom en Alsace – bg : Lido/Sipa (T) – mm : Coll. Musée de La Poste, Paris/© Adagp, Paris 2005 – md : Coll. Musée de La Poste, Paris
163 – hm et hd : Coll. Musée de La Poste, Paris – bg et bd : Coll. Musée de La Poste, Paris/© Adagp, Paris 2005 – md : Keystone
164 – hg et mm : Coll. Musée de La Poste, Paris/© Adagp, Paris 2005 – hm : Coll. Musée de La Poste, Paris – bm : Keystone
165 – hg, hm et bm : Coll. Musée de La Poste, Paris/© Adagp, Paris 2005 – md : Coll. Société d'histoire de la Poste et de France Telecom en Alsace – bg : Keystone – bd : DR
166 – hg : DR – hm : Kharbine-Tabador – hd et bg : Coll. Musée de La Poste, Paris/© Adagp, Paris 2005 – mg et bm : Coll. Musée de La Poste, Paris/© Adagp, Paris 2005 – bd : Coll. Société d'histoire de la Poste et de France Telecom en Alsace
167 – hg : Coll. Musée de La Poste, Paris/Des et Gr Claude Hertenberger – hm : Coll. Musée de La Poste, Paris/René Cottet – mg : Coll. Musée de La Poste, Paris/© Adagp, Paris 2005/Henry Cheffer – mm : Coll. Musée de La Poste, Paris/Charles Mazelin – md : Keystone – mdh : Coll. Musée de La Poste, Paris/© Adagp, Paris 2005 – bg : Rue des Archives
168 – pp : Harlingue/Roger-Viollet – bd : Coll. Musée de La Poste, Paris
169 – pp : N.D./Roger-Viollet – hd : Coll. Musée de La Poste, Paris
170 – hg : Keystone – hgm et bm : Coll. Musée de La Poste, Paris – mg : Roger-Viollet – md : Coll. Musée de La Poste, Paris/© Adagp, Paris 2005
171 – hg et mg : Coll. Musée de La Poste, Paris/© Adagp, Paris 2005 – hm : Coll. Musée de La Poste, Paris/Des Daniel Gonzagues - Gr Jules Piel – hmm et hd : Coll. Musée de La Poste, Paris – bm : Keystone – md : DR
172 – hg : Keystone – mg, mm et md : Coll. Musée de La Poste, Paris – hd : Coll. Musée de La Poste, Paris/© Adagp, Paris 2005 – bg : Coll. Musée de La Poste, Paris/© Adagp, Paris 2005/Des Louis Muller - Gr Jules Piel
173 – hg : Keystone – mg et md : Coll. Musée de La Poste, Paris – hm : Coll. Musée de La Poste, Paris/© Adagp, Paris 2005/Pierre Gandon – bg et bm : Rue des Archives
174 – pp : Harlingue/Roger-Viollet – bd : Coll. Musée de La Poste, Paris
175 – pp : Roger-Viollet – hd : Coll. Musée de La Poste, Paris/© Adagp, Paris 2005
176-179 – pp : Coll. Musée de La Poste, Paris et © Adagp, Paris 2005 pour les années 1953, 1955, 1956, 1962, 1964, 1967, 1971, 1972, 1974, 1976, 1978, 1984, 1985, 1990, 1994, 1995 et 2004
180 – hg : Universal Photo/Sipa – hm : Coll. Musée de La Poste, Paris/Gr Jules Piel – md et bd : Coll. Musée de La Poste, Paris – bg : Coll. Musée de La Poste, Paris/© Adagp, Paris 2005
181 – hd et md : Coll. Musée de La Poste, Paris – mg et b : Coll. Musée de La Poste, Paris/© Adagp, Paris 2005
182 – hg : Coll. Musée de La Poste, Paris – hd : Coll. Jacqueline Caurat – bg : Keystone – bm : Coll. Musée de La Poste, Paris/© Adagp, Paris 2005/Des Louis Muller - Gr Jules Piel
183 – mg, hd, bg et bd : Coll. Musée de La Poste, Paris/© Adagp, Paris 2005
184 – hg : Coll. Musée de La Poste, Paris – hd : Coll. Jacqueline Caurat – mm : Coll. Musée de La Poste, Paris/Des Robert Louis - Gr André Barre – bg : EPP/Keystone (T)